Wolfgang Neugebauer
Peter Schwarz

DER WILLE ZUM AUFRECHTEN GANG

Offenlegung der Rolle des BSA bei der gesellschaftlichen Reintegration ehemaliger Nationalsozialisten

Herausgegeben vom
Bund sozialdemokratischer AkademikerInnen,
Intellektueller und KünstlerInnen (BSA)

GEGRÜNDET
1999

Wolfgang Neugebauer
Peter Schwarz

DER WILLE ZUM AUFRECHTEN GANG

Offenlegung der Rolle des BSA bei der gesellschaftlichen Reintegration ehemaliger Nationalsozialisten

Herausgegeben vom
Bund sozialdemokratischer AkademikerInnen,
Intellektueller und KünstlerInnen (BSA)

Czernin Verlag, Wien

Gedruckt mit Unterstützung des Bundeskanzleramtes / Sektion Kunst, des Bundesministeriums für Bildung, Wissenschaft und Kunst, der Österreichischen Nationalbank und der Wiener Städtischen Versicherung.

Bibliografische Information Der Deutschen Bibliothek
Neugebauer, Wolfgang / Schwarz, Peter: Der Wille zum aufrechten Gang – Offenlegung der Rolle des BSA bei der gesellschaftlichen Reintegration ehemaliger Nationalsozialisten / Wolfgang Neugebauer, Peter Schwarz
Herausgegeben vom Bund sozialdemokratischer AkademikerInnen, Intellektueller und KünstlerInnen (BSA)
Wien: Czernin Verlag 2005
ISBN 3-7076-0196-X

Umschlaggestaltung: Ulrich Schueler
Satz und Layout: Elisabeth Natz
Produktion: Die Druckdenker GmbH, Wien
Druck: Druckerei Theiss GmbH, St. Stefan
ISBN 3-7076-0196-X

Josef Schneeweiß
und
Kurt Steyrer
gewidmet

Inhaltsverzeichnis

Vorwort

Wenn die Wunden der Vergangenheit heilen sollen,
sind das Aufdecken der Wahrheit und ihre Anerkennung
von grundlegender Bedeutung.[1]

Der Wille zum aufrechten Gang

Am 20. Jänner 1979 beschuldigt der Unfallchirurg Dr. Werner Vogt den weithin angesehenen Psychiater und Primarius Dr. Heinrich Gross öffentlich, an der Tötung von hunderten angeblich geisteskranken Kindern beteiligt gewesen zu sein. Gross klagt Vogt daraufhin wegen Ehrenbeleidigung. Damit kam ein Prozess der Offenlegung ins Rollen, der nun, fünfundzwanzig Jahre später, mit der Veröffentlichung der Studie von Neugebauer und Schwarz zu einem vorläufigen Abschluss kommt.

Heinrich Gross ist lediglich ein Beispiel. Allerdings ein herausragendes. Er ist ein Beispiel für einen Mann, der im Nationalsozialismus dem Regime ohne Hinterfragen der Ziele und der zu ihrer Erreichung eingesetzten Mittel gedient hat, der nicht davor zurück schreckte, auch die mörderischen Vorgaben des NS-Regimes zu erfüllen und der nach Ende des NS-Unrechtsregimes seinen Weg in die demokratische Nachkriegsgesellschaft, nicht zuletzt mit Hilfe des Bundes sozialistischer Akademiker (BSA) und der SPÖ, gefunden hat. Er hat Karriere gemacht, war jahrzehntelang der meist beschäftigte Gerichtsgutachter am Landesgericht

[1] Dullah Omar, Südafrikas Justizminister anlässlich der Einsetzung der ‚Kommission für Wahrheit und Versöhnung', zitiert nach G. Smith, Ein normatives Niemandsland? Zwischen Gerechtigkeit und Versöhnungspolitik in jungen Demokratien, in: Amnestie oder Die Politik der Erinnerung, edition suhrkamp 2016, Frankfurt a. M. 1997, Seite 15.

für Strafsachen Wien – vielleicht auch oder gerade wegen seiner Fähigkeit, Entscheidungen anderer nach deren Maßstäben abzusichern – und konnte in seinem Boltzmann Institut die präparierten Hirne der auch von ihm umgebrachten Kinder untersuchen. 1975 erhält er das Österreichische Ehrenkreuz für Wissenschaft und Kunst 1. Klasse. Im März 1981 entscheidet das Oberlandesgericht Wien rechtskräftig auf Freispruch für Werner Vogt und stellt im Urteil unter anderem fest, dass „Dr. Heinrich Gross an der Tötung einer unbestimmten Zahl von geisteskranken, geistesschwachen oder stark missgebildeten Kindern [...] mitbeteiligt war...". Einen Monat später beschließt der Vorstand der SPÖ Wien, Gross aus der Partei auszuschließen. Er beruft gegen die Entscheidung, das Schiedsgericht der SPÖ Wien bestätigt die Entscheidung im September. Gross beruft neuerlich. Im Juli 1982 entscheidet das Schiedsgericht der Bundes-SPÖ endgültig auf Ausschluss von Dr. Heinrich Gross aus der SPÖ. Erst sechs Jahre später, im Mai 1988, wird Gross auch aus dem BSA ausgeschlossen.

Vierzig Jahre nach Ende der Schreckensherrschaft der Nationalsozialisten gerät der BSA so neuerlich ins Gerede und steht damit bei vielen vor allem jüngeren und kritischen Menschen für einen mehr als schlampigen Umgang mit der Geschichte im Allgemeinen und der Geschichte zahlreicher seiner Mitglieder im Besonderen. Der BSA ist nicht zum ersten Mal in diesen Geruch geraten. Kritisch bis ätzend wurde er schon zuvor gelegentlich als ‚BSSA' apostrophiert oder auch mitunter die Frage aufgeworfen, was das ‚B' in seinem Namen zu suchen habe. Die Funktion, die der BSA für die SPÖ wahr zu nehmen hatte, nämlich qualifiziertes Personal für die im Proporzsystem zu besetzenden Führungspositionen in Staat und Wirtschaft zu rekrutieren, hatte ihn auch zu einem Sammelbecken ehemaliger Nationalsozialisten werden lassen. Um diese Zielgruppe hatten sich nach 1945 alle politischen Parteien bemüht. Beim BSA war dies auch vielen bewusst und bekannt. Dem BSA selbst gelang es allerdings lange Zeit nicht, den historischen Tatsachen offen ins Auge zu sehen. Zu schwer lastete die Geschichte auf vielen Mitgliedern und Funktionären. Und: Hatte irgendeine andere vergleichbare Einrichtung ihre Rolle bei der gesellschaftlichen Reintegration von ehemaligen Nationalsozialisten offen gelegt, sich Jahre später der neuerlichen Kritik ausgesetzt? War es nicht Zeit, endlich Gras über diese Vergangenheit wachsen zu lassen? Der Fall Gross ließ diese Lösung jedenfalls nicht mehr zu.

Im April 2002 beauftragt der BSA unter seinem damaligen Präsidenten Sepp Rieder Wolfgang Neugebauer und Peter Schwarz vom Dokumentationsarchiv des österreichischen Widerstandes (DÖW) mit einer Studie zur „Rolle des BSA bei der gesellschaftlichen Reintegration ehemaliger Nationalsozialisten". Die Fachgruppe der Ärzte im BSA, der auch Gross angehört hatte, ist bereit, die Hälfte der Projektkosten zu tragen, die andere Hälfte trägt die Bundesorganisation. Im Dezember 2003 liegt ein Zwischenbericht vor, der im Rahmen einer Pressekonferenz der Öffentlichkeit vorgestellt und zugleich auch auf der Homepage des BSA veröffentlicht wird. Der Bundesvorstand des BSA beschließt auf meinen Vorschlag eine Veranstaltungsreihe unter dem Titel „Der Wille zum aufrechten Gang", in deren Rahmen eine offene Auseinandersetzung mit der Art des Umgangs mit der eigenen Geschichte und den durch das vorangegangene Unrechtsregime Kompromittierten in Österreich und in der Abschlussveranstaltung auch weltweit stattfinden soll. Die bloße Veröffentlichung des Zwischenberichts erscheint zu wenig. Es braucht eine darüber hinausgehende Auseinandersetzung mit dem Thema, wenn wir, wenn Mitglieder und

Funktionäre des heutigen Bundes sozialdemokratischer Akademikerinnen/Akademiker, Intellektueller und Künstlerinnen/Künstler (BSA) uns nicht mehr wegducken wollen vor den Vorwürfen zu unserer Vergangenheit. Die Diskussion im Bundesvorstand zeigt, wie schmerzlich dieser Prozess auch für die heutigen Funktionsträgerinnen und Funktionsträger ist, die alle schon allein aufgrund ihres Alters nicht zur Gruppe der Belasteten zählen können. Natürlich steht da wieder die Frage im Raum, ob nicht endlich Schluss sein könnte mit diesen Fragen. Natürlich ist auch die Frage da, warum wir uns das antun. Andere politische Parteien oder Organisationen hätten sich dieser Qual nicht unterzogen. Die Antwort liegt in dem Zitat von Dullah Omar zu Beginn: Ohne gänzliche und freimütige Offenlegung kann diese Wunde nicht heilen. Das ist ein schmerzlicher, aber ein notwendiger, ein unverzichtbarer Prozess. Die Entscheidungen werden daher einstimmig getroffen.

Die Veranstaltungen finden alle in dem Räumlichkeiten des BSA statt, werden medial angekündigt und sind öffentlich zugänglich. Alle Veranstaltungen werden von Univ. Prof. Dr. Andreas Schwarcz moderiert.

Der BSA hat sich zur Offenheit durchgerungen und bekennt sich zu seiner Vergangenheit. Die vollständige Studie wird hiermit als Buch vorgelegt und wird zu einem späteren Zeitpunkt auch auf der Homepage des BSA zugänglich sein. Wir wollen, dass die Wunden dieser Vergangenheit heilen können, weil erst dann ein Lernprozess möglich ist. Und wir wollen wieder eine politische Organisation mit eindeutig sozialdemokratischem Profil sein, die einen ehrlichen Umgang mit der eigenen Geschichte pflegt. Denn anders können wir diejenigen nicht ansprechen, die wir für eine gemeinsame Politik für eine gerechte Welt brauchen. Wir wollen wieder aufrecht gehen.

Zum Abschluss möchte ich all denen danken, die dazu beigetragen haben, dass es zu dieser Studie kommen konnte – den Vorstandsmitgliedern des BSA von 2001/2002, die die Studie beschlossen haben, den Mitarbeiterinnen und Mitarbeitern im Generalsekretariat des BSA, die die alten Protokolle zugänglich gemacht haben, und allen Teilnehmerinnen und Teilnehmern an der Veranstaltungsserie „Der Wille zum aufrechten Gang“.

Caspar Einem – Präsident des BSA

Andreas Schwarcz

Der BSA und „Der Wille zum aufrechten Gang“

In den ersten fünf Monaten des Jahres 2004 veranstaltete der Bund Sozialdemokratischer AkademikerInnen auf Initiative von Caspar Einem eine Serie von fünf öffentlichen Diskussionen, die dem Thema des Umgangs mit der Erinnerung an die Verbrechen des Nationalsozialismus, dem Gedenken an seine Opfer, dem Problem der Entnazifizierung in Österreich und der Reintegration von Mitgliedern verbrecherischer Regime auch im internationalen Vergleich gewidmet waren. Angelika Sestersheim übernahm dankenswerterweise gemeinsam mit dem Bundessekretariat des BSA die organisatorische Vorbereitung und Betreuung der Abende in den neuen Räumen des BSA in der Landesgerichtsstrasse, ich selbst die Moderation der Veranstaltungsreihe und Caspar Einem leitete alle Abende mit einem persönlichen Statement zum Thema ein. Die Serie erhielt den Titel „Der Wille zum aufrechten Gang“ und sollte durchaus auch die Absicht der Trägerorganisation dokumentieren, sich beim Umgang mit ihrer eigenen Nachkriegsgeschichte der Öffentlichkeit zu stellen.

Angesichts der seit Jahren immer wieder aufbrechenden Debatte über die nationalsozialistische Vergangenheit mancher Mitglieder des BSA, zu deren Symbol der Fall des Primarius Dr. Heinrich Gross geworden war und seine Beteiligung an der Kindereuthanasie am Spiegelgrund, bestand auch durchaus Handlungs- und Nachholbedarf. Immerhin hatte die SPÖ ihr ehemaliges Mitglied Gross bereits 1981 ausgeschlossen, der BSA war in dieser Causa erst 1988 gefolgt. Deswegen hatte bereits unter Caspar Einems Vorgänger, dem Amtierenden Stadtrat für Finanzen Dr. Sepp Rieder, der Bundesausschuss des BSA am 7. 9. 2001 in einem Grundsatzbeschluss einstimmig beschlossen, das Dokumentationsarchiv des Österreichischen Widerstandes zu beauftragen, die Rolle des BSA bei der Reintegration ehemaliger Nationalsozialisten wissenschaftlich zu untersuchen. Der konkrete Auftrag dazu wurde nach Vorlage eines Projektentwurfs durch Hon. Prof. Dr. Wolfgang Neugebauer, den wissenschaftlichen Leiter des DÖW, ebenso einstimmig vom gleichen Gremium am 13. 4. 2002 beschlossen. Die Projektbearbeitung übernahm Mag. Peter Schwarz unter der Projektleitung von Wolfgang Neugebauer. Die Finanzierung der Studie wurde vor allem auch durch die massive Unterstützung der Bundesfachgruppe der ÄrztInnen im BSA und das persönliche Engagement von Elisabeth Pittermann und Roland Paukner, dem Vorsitzenden der Fachgruppe Ärzte im BSA, ermöglicht. Ein Zwischenbericht lag dem Bundesausschuss des BSA am 10. 12. 2003 vor. Er wurde sofort bei einer Pressekonferenz des Präsidenten der Öffentlichkeit präsentiert und in vollem Wortlaut ins Netz gestellt. Bei der gleichen Sitzung präsentierte Caspar Einem auch die Veranstaltungsserie zur Umsetzung der Ergebnisse des Zwischenberichts.

Gleich der erste Abend am 22. Jänner 2004 war dann auch der Rolle des BSA nach 1945 gewidmet. Wolfgang Neugebauer und Peter Schwarz erläuterten ihre Arbeitsergebnisse in einem zum Bersten gefüllten Bundessekretariat vor einem Publikum, in dem sich ZeitzeugInnen, kritische Studierende, eine interessierte Öffentlichkeit und Funktionäre des BSA zu einem intensiv diskutierenden Forum mischten. Persönliche Erinnerungen von Altfunktionärinnen des BSA an die von den Referenten geschilderten Abläufe und die handelnden

Personen ergänzten das wissenschaftliche Bild und gaben Anlass zu einer Grundsatzdebatte über den generellen Umgang Österreichs mit den „braunen Flecken“ seiner Geschichte, die erst nach vier Stunden ausklang.

Der zweite Abend am 17. 2. 2004 war dem jugendlichen Engagement bei der Memoria für die Opfer des Nationalsozialismus gewidmet. Zum Thema „Gedenkdienst: Zivildiener auf der Suche nach der Wahrheit hinter dem ‚Schlussstrich‘ “ berichteten Mitarbeiter des Vereins Gedenkdienst von ihrer 14monatigen Zivildiensttätigkeit an Gedenkstätten. Günther Sturm verbrachte diese Zeit in Westerbork (Niederlande), Gregor Ribarov in Berlin, Stefan Schmid in Yad Vashem (Israel) und Christian Klösch in Polen, und ihre Erfahrungen wurden noch durch eine Videodokumentation ergänzt. Ein dieses Mal erfreulicherweise sehr junges Publikum nahm die Berichte interessiert auf.

Einen Monat danach, am 18. 3. 2004, referierte Dr. Lisa Fischer unter dem Titel „Mut zur Möglichkeit“ über ihr Buch zur Geschichte des Badeorts Krumpendorf und die von ihr dazu recherchierten Akten im Archiv der Republik. Besondere Erwähnung fanden neben der anschaulichen Schilderung des Badelebens der Zwischenkriegszeit die Enteignung der jüdischen Badegäste im Jahr 1938, ihr tragisches Schicksal danach, soweit es sich aus den Akten erschließen ließ, und das mutige Vorgehen des ersten Bürgermeisters von Kritzendorf nach der Befreiung 1945, Hans Reif, der die arisierten Badehäuser an Opfer des Nationalsozialismus übertrug. Dieser Abend war wieder von einer starken Beteiligung von ZeitzeugInnen gekennzeichnet, die ihre persönlichen Erinnerungen in die Debatte einbrachten. Erfreulicherweise hatten auch viele Kritzendorfer den Weg in die Landesgerichtsstrasse gefunden, darunter auch nahe Verwandte von Hans Reif.

Am vierten Abend, dem 21. 4. 2004, berichteten Leon Zelman von seiner „Idee des ‚Hauses der Toleranz'" im Palais Epstein und Caspar Einem vom Widerstand aller vier Parlamentsparteien gegen dieses Projekt an diesem Ort, den das Parlament für Büroräumlichkeiten nutzen will. In der vehementen Debatte unter reger Beteiligung von ZeitzeugInnen und kritischen Jugendlichen zeichnete sich die Hoffnung ab, dass zumindest eine Teilnutzung für Leon Zelmans Projekt im Palais Epstein erreichbar sein könnte, da dieses sowohl durch seine Besitzgeschichte wie durch seine zentrale Lage besonders geeignet für eine derartige Stätte der Begegnung und der Erinnerung wäre.

Die Abschlussveranstaltung am 12. 5. 2004 war dem Vergleich der österreichischen Situation mit den Erfahrungen Südafrikas nach dem Ende des Apartheidregimes gewidmet. Unter dem Thema „Vergessen, verurteilen – oder Wahrheit suchen" diskutierten Alfred Gusenbauer, Adv. Nkosimati S. Memela (Erster Sekretär der Südafrikanischen Botschaft in Wien und Rechtsspezialist) und Univ.Prof. Dr. Gerhard Botz, einer der profiliertesten und engagiertesten Zeithistoriker Österreichs, über den Umgang mit den Tätern und Mitläufern nach dem Ende des Regimes. Auch dieses Mal war der Saal bis zum letzten Platz gefüllt. Aus durchaus unterschiedlichen Erfahrungen fand man sich bei der Einschätzung, dass in einer demokratischen Gesellschaft eine große Gruppe auf Dauer nicht von der Mitwirkung am politischen Leben ausgeschlossen werden kann. In Österreich gab es nach 1945 fast 700 000 ehemalige Mitglieder der NSDAP und ihre Angehörigen, von denen nach Dieter Stiefel im Jänner 1947 549.343 als Nationalsozialisten registriert waren, davon 42.159 als Belastete, gegen die Maßnahmen bis 1957 in Kraft blieben. Nichtsdestoweniger, daran erinnerte Gusenbauer, waren in Österreich nicht die Täter, sondern die Opfer gesellschaftlich diskreditiert. Mit der Zulassung der Minderbelasteten zum Wahlrecht setzte ab 1949 rasch ein Prozess des Vergessens und Verdrängens ein, manchmal geradezu einer der Anbiederung an die Ehemaligen von Seiten aller Parteien, während das offizielle Österreich wenig tat, um den Überlebenden eine Rückkehr aus dem Exil zu ermöglichen. Herr Adv. Memela gab im Vergleich dazu einen Erfahrungsbericht, wie Südafrika mit den Kommissionen zur Wahrheitsfindung und einer gezielten Amnestiepolitik in Verbindung mit Schuldeinsicht einen anderen Weg gefunden hat, allerdings auch aus einer Situation, in der die Opfer weitaus die Mehrheit im Vergleich mit den Unterdrückern ausmachten.

Mit der nun vorliegenden Publikation steht jetzt der Endbericht des DÖW einer breiten Öffentlichkeit zur Verfügung und Einsicht. Es bleibt zu wünschen, dass der BSA auch dieses Buch zum Anlass des Nachdenkens und Diskutierens nimmt.

1. Einleitung

Im April 2002 wurde das Dokumentationsarchiv des österreichischen Widerstandes, vertreten durch Hon.-Prof. Dr. Wolfgang Neugebauer als Projektleiter und Mag. Peter Schwarz als Sachbearbeiter, vom damaligen BSA-Präsidenten Vizebürgermeister Dr. Sepp Rieder mit der Durchführung des Projekts *Die Rolle des Bundes Sozialistischer Akademiker (BSA) bei der gesellschaftlichen Reintegration ehemaliger Nationalsozialisten* beauftragt. Initiiert wurde dieses Projekt nicht zuletzt infolge der jahrelangen Diskussion um den ehemaligen NS-Euthanasiearzt Dr. Heinrich Gross, dessen bis 1988 währende Mitgliedschaft beim BSA zunehmend ins Schussfeld öffentlicher Kritik geraten war. Vor allem von Seiten der Medien wurde verstärkt die Forderung erhoben, die Sozialdemokratie möge ihr Verhältnis zu ihrem langjährigen Mitglied Gross restlos aufklären wie auch ihren Umgang mit ehemaligen Nationalsozialisten in ihren eigenen Reihen grundlegend aufarbeiten. Das von den Medien transportierte Schlagwort von den „braunen Flecken" der SPÖ bzw. des BSA erwies sich als ausgesprochen schädlich für die Sozialdemokratie und machte für die SPÖ bzw. den BSA die Auseinandersetzung mit diesem Abschnitt der Geschichte unumgänglich. An sich sind die in den letzten Jahren verstärkt auftauchenden medialen Vorwürfe nichts Neues, da auch schon in der Vergangenheit unfreundliche, verhöhnende Pauschalinterpretationen des Organisationsnamens „BSA" bekannt waren. So war in der Öffentlichkeit gelegentlich vom „BSSA" die Rede, und der BSA musste sich polemische Fragen wie beispielsweise „Was macht das ‚B' vor dem ‚SA'?" gefallen lassen.[1] Ebenso rief die Bestellung von Ministern mit NS-Vergangenheit durch Bundeskanzler Bruno Kreisky in den siebziger Jahren ein zum Teil weit über die Grenzen Österreichs hinausreichendes, kritisches Medienecho hervor.[2]

Unserem Forschungsauftrag liegt die Intention zugrunde, den im Rahmen der öffentlichen Auseinandersetzung um die Causa Gross gerade von den Medien erhobenen Vorwurf der „braunen Flecken" des BSA wissenschaftlich zu überprüfen und kritisch zu untersuchen. Forschungsgegenstand sollen jedoch nicht nur einzelne Personen, sondern auch der dahinter stehende gesellschaftlich-politische Prozess bzw. Kontext sein.

[1] So schreibt etwa Simon Wiesenthal: „Der Bund Sozialistischer Akademiker (BSA) hieß unter Kennern bis in die sechziger Jahre nur BSS." Siehe: Simon Wiesenthal, Recht, nicht Rache. Erinnerungen, Frankfurt/Main-Berlin 1988, S. 355. Selbst Bruno Kreisky witzelt in seinen Memoiren darüber, dass „von boshaften Leuten BSA als B-SA ausgesprochen wurde, weil eine große Zahl der Mitglieder bei der SA gewesen sein soll". Siehe: Bruno Kreisky, Im Strom der Politik. Der Memoiren zweiter Teil, Wien 1988, S. 210. Siehe dazu auch ausführlich das Kapitel „Was macht das B vor der SA?" in: Oliver Lehmann/Traudl Schmidt, In den Fängen des Dr. Gross. Das misshandelte Leben des Friedrich Zawrel, Wien 2001, S. 127 ff.

[2] Vgl. die deutschsprachige Ausgabe des in Amsterdam erschienenen Buchs des holländischen Journalisten: Martin van Amerongen, Kreisky und seine unbewältigte Gegenwart, Graz-Wien-Köln 1977.

2. Schwerpunkte, Recherchen, Literatur- und Quellenlage, Methodik

Zunächst seien in Form eines kursorischen Überblicks die wesentlichen Rechercheschritte wie auch das von uns verwendete Literatur- und Quellenmaterial dargelegt. Mit diesem Endbericht stellen wir auf der Grundlage des von uns über Jahre hindurch gesammelten und ausgewerteten Quellenmaterials und der von uns mit wichtigen Zeitzeugen geführten Interviews die zentralen inhaltlichen Ergebnisse dieses Projekts in übersichtlicher Weise vor. Inhaltlich haben wir einige Akzente und Schwerpunkte gesetzt, die besonders repräsentativ für die hier zu behandelnde Thematik sind.

Bei unseren Untersuchungen mussten wir sehr bald feststellen, dass wir die Gesamtproblematik des Umgangs des BSA mit den ehemaligen Nationalsozialisten nicht flächendeckend behandeln können, wofür mehrere Gründe verantwortlich sind: Zuallererst der enorme Umfang des Mitgliederstandes des BSA, dessen Fachverbände und Landesorganisationen und des damit in Zusammenhang stehenden Quellenmaterials (Zehntausende Karteikarten, Beitrittsformulare, Archive der Landesorganisationen). Eine Aufarbeitung dieses umfassenden Datenbestands hätte in zeitlicher, personeller und budgetärer Hinsicht den Rahmen unserer Untersuchungen gesprengt und muss deshalb möglichen weiteren Analysen vorbehalten bleiben. Darüber hinaus muss auch der interessante Komplex der Vereinigten Österreichischen Eisen- und Stahlwerke (VOEST) in Oberösterreich ausgeklammert werden, da hier die Quellenlage für uns eine äußerst unzulängliche blieb. So konnten uns von Seiten der oberösterreichischen BSA-Landesorganisation und deren Vorsitzenden Landeshauptmann-Stellvertreter DI Erich Haider keine relevante Unterlagen (BSA-Mitgliederlisten von VOEST-Mitarbeitern etc.) zur Verfügung gestellt werden.[3] Die seriöse Erforschung einer solchen heiklen Thematik steht und fällt mit der Qualität der Quellenlage. Wir empfehlen deshalb in diesem Zusammenhang eine gesonderte Aufarbeitung dieses Themas durch den BSA-Oberösterreich. Ferner musste auch auf den gesamten Bereich der übrigen Verstaatlichten Industrie und des staatsnahen Sektors verzichtet werden, weil auch hier keine spezifischen BSA-Mitgliederverzeichnisse eruiert werden konnten.

Deshalb haben wir uns entschlossen, bei unseren Untersuchungen den Schwerpunkt auf die Gruppe der BSA-Ärztinnen und -Ärzte in Wien und insbesondere auf den „Fall Gross" zu legen. Im Bereich der Wiener BSA-Ärztinnen und -Ärzte haben wir aufgrund der im BSA-Archiv vorhandenen Beitrittsansuchen die Namen und wichtigsten Eckdaten (Geburtsdatum, Titel, Beruf, Adresse, BSA-Beitritts- und Austrittsdatum etc.) von insgesamt 1.388 BSA-ÄrztInnen (Geburtsjahrgänge bis inkl. 1927) der Landesorganisation Wien erfasst und zunächst mit bereits verfügbaren NS-Registrierungslisten und Akten des DÖW abgeglichen, sodass bei den einzelnen ÄrztInnen eine eventuelle Zugehörigkeit zur SS, SA, NSDAP oder zu einer von deren Gliederungen festgestellt und vermerkt werden konnte. Eine weitere Überprüfung dieser Daten wurde mit wichtigen Unterlagen des Wiener Stadt- und Landesarchivs (NS-Registrierungsakten,

[3] In einem Schreiben des Landeshauptmann-Stellvertreters DI Erich Haider an das DÖW vom 9. Januar 2003, Zl.: 9. 1. 2003 Db/Hab, heißt es wörtlich: „1984 wurde die Mitgliedererfassung des BSA OÖ auf EDV umgestellt, wobei alle zu diesem Zeitpunkt aktiven Mitglieder elektronisch erfasst wurden. Nicht erfasst wurden aber jene Personen, die zu diesem Zeitpunkt dem BSA nicht mehr angehörten (Austritt oder Todesfall). Die über diese Personen vorhandenen handschriftlichen Aufzeichnungen wurden zudem bei einem späteren Umzug des oberösterreichischen BSA-Büros aus Platzgründen auch nicht mehr weiter verwahrt."

Personalakten)[4], der Magistratsabteilung 2 der Stadt Wien (Personalakten), des Archivs der Republik im Österreichischen Staatsarchiv (Gauakten der NSDAP) und des Bundesarchivs Berlin (Bestand ehemaliges Berlin Document Center: Personalunterlagen der NSDAP, deren Gliederungen und angeschlossenen Verbände) vorgenommen, wobei hier vor allem – um die Recherchen und den damit verbundenen Finanzbedarf nicht ausufern zu lassen – einzelnen, besonders krassen Fällen nachgegangen wurde. Aufgrund dieser Arbeiten ist es uns gelungen, im Bereich der uns näher interessierenden Wiener BSA-Ärztinnen und -Ärzte eine Stichprobe vorzulegen, die letztlich verlässliche empirisch-quantitative und -qualitative Schlussfolgerungen für einen doch wichtigen Wiener Fachverband ermöglicht.

Neben den BSA-ÄrztInnen wird auf die Gruppe der BSA-Juristen eingegangen, wobei auch hier aussagekräftige Einzelfälle im Mittelpunkt unserer Darstellung stehen. Durch die Einbeziehung von Forschungs- bzw. Rechercheergebnissen anderer wissenschaftlicher DÖW-Projekte zur NS-Justiz konnten Synergieeffekte erzielt werden, die uns bei dieser Analyse zugute kamen.[5]

Im Archiv des BSA war es uns möglich, wichtige Aktenbestände des BSA (ab 1946) zu sichten und auszuwerten, insbesondere die Protokolle des BSA-Präsidiums, des BSA-Bundesvorstands, des BSA-Bundesausschusses, sämtliche

[4] Mittels Bescheid des Magistrats der Stadt Wien, Magistratsabteilung 8, Wiener Stadt- und Landesarchiv, Zl.: MA 8-B-2103/2003, wurde dem DÖW die Genehmigung zur Benützung des einschlägigen Aktenbestandes erteilt.

[5] Dabei handelt es sich um folgende vom DÖW in Kooperation mit der Philipps-Universität Marburg durchgeführte Forschungsprojekte, und zwar um Projekt 1: Hochverrat, Landesverrat, Wehrkraftzersetzung – Politische NS-Strafjustiz in Österreich und Deutschland; sowie um Projekt 2: Zur Nazifizierung der Strafjustiz in Österreich 1938–1945.

Jahresberichte des BSA sowie die Unterlagen zur Gründung des BSA. Darüber hinaus konnten Funktionärslisten des BSA aus den vierziger, fünfziger und sechziger Jahren und diverse BSA-Zeitschriften (*Der Sozialistische Akademiker, Der Sozialistische Arzt*) eingesehen werden. Dabei haben wir vom damaligen BSA-Generalsekretär Jürgen Pfeffer und seinen Mitarbeiterinnen jede erdenkliche Unterstützung erhalten.

Aufgrund einer Genehmigung der SPÖ-Bundesgeschäftsführerin Doris Bures konnten wir auch die einschlägigen Bestände des Vereins für Geschichte der Arbeiterbewegung (VGA) in unsere Untersuchungen einbeziehen.[6] Im VGA wurden von uns sämtliche relevante Akten ausgewertet, darunter die BSA-Korrespondenz 1947–1955, die BSA-Korrespondenz mit dem Zentralsekretariat der SPÖ 1946–1967, Teile des Schärf-Nachlasses (Box 26) sowie das Schiedsgerichtsverfahren der SPÖ-Landesorganisation Wien gegen Dr. Heinrich Gross. Der Leiter des VGA, Dr. Wolfgang Maderthaner, und seine KollegInnen haben uns dabei fachkundig betreut.

Als besonders kooperationsbereit hat sich der ehemalige Vorsitzende der Sozialistischen Ärztevereinigung im BSA Landessanitätsdirektor i. R. Hofrat Dr. Ermar Junker erwiesen, der uns aus seiner privaten Sammlung umfangreiches biographisches Material zu einzelnen Mitgliedern der Sozialistischen Ärztevereinigung überließ und uns mit seinem Insiderwissen nach Kräften unterstützte.

Schon bei der Konzeption des Projekts haben wir der Oral History-Methode besondere Bedeutung beigemessen. Anhand von biographischen Tiefeninterviews mit ehemaligen BSA-Funktionären konnten spezifische Fragestellungen näher und im konkreten Kontext erörtert und somit die auf der

---

[6] Schreiben der SPÖ-Bundesgeschäftsführerin Abg. z. NR. Doris Bures an das DÖW betreffend Einsichtnahme in BSA-Unterlagen im VGA vom 4. Juni 2003.

Auswertung von schriftlichen Quellen basierenden Erkenntnisse überprüft, ergänzt und qualitativ vertieft werden. Wir möchten uns bei den nachstehenden Personen bedanken, dass sie uns für ein Interview zur Verfügung gestanden sind: bei dem ehemaligen Vorsitzenden der Vereinigung Sozialistischer Hochschullehrer im BSA Abg. z. NR ao. Univ.-Prof. Dr. Alfred Gisel, den beiden ehemaligen Vorsitzenden der Vereinigung Sozialistischer Ärzte im BSA Bundesminister a. D. Dr. Kurt Steyrer und Landessanitätsdirektor i. R. HR Dr. Ermar Junker sowie bei dem Vorstandsmitglied des BSA-Burgenland Altbundeskanzler Dr. Fred Sinowatz. Die Kernaussagen dieser Interviews sind ebenfalls in den Endbericht eingeflossen.

Darüber hinaus sind wir all jenen Personen zu außerordentlichem Dank verpflichtet, die unsere Recherchen ermöglicht bzw. tatkräftig unterstützt haben: Herrn OR Dr. Rudolf Jeřábek und Frau Mag. Hanna Keller vom Österreichischen Staatsarchiv für die unbürokratische Zurverfügungstellung der NSDAP-Gauakten, Frau Dr. Erika Schwarz für die Durchführung unserer Recherchen in den Beständen des Berlin Document Centers im Bundesarchiv Berlin, OAR Prof. Herbert Exenberger für die Überlassung von einzelnen Dokumenten aus seiner Archivsammlung sowie unserer Kollegin Dr. Ursula Schwarz für die Erledigung unserer Recherchen im Österreichischen Staatsarchiv. Unser besonderer Dank ergeht gleichfalls an das Stadtarchiv Innsbruck, an das Tiroler Landesarchiv, an das Oberlandesgericht Innsbruck, an die SPÖ Tirol sowie an das OLG Wien, die uns jeweils die Einsichtgenehmigung in wichtige Aktenbestände gewährt haben. Nicht unerwähnt soll ferner die ausgezeichnete Zusammenarbeit mit den Mitgliedern jener von der SPÖ eingesetzten Arbeitsgruppe bleiben, die sich parallel zu unserem Projekt mit der wissenschaftlichen Aufarbeitung der Rolle der SPÖ bei der Integration ehemaliger Nationalsozialisten widmet. Für zahlreiche Anregungen, wertvolle Hinweise und den Austausch wichtiger Materialien möchten wir uns bei Univ.-Doz. Dr. Maria Mesner, Mag. Maria Wirth und Dr. Theodor Venus bedanken, die als Projektteam des Instituts für Zeitgeschichte der Universität Wien die Fragen der personellen Kontinuitäten innerhalb der SPÖ erforschen.

Schließlich soll auch der wichtige Beitrag der BSA-Mitarbeiterinnen Greta Artner, Hilde Benedik und Dorothea Uridil nicht vergessen werden, die uns eigentlich erst die Erschließung des BSA-Archivs ermöglicht haben.

Univ.-Prof. Dr. Michael Hubenstorf, Vorstand des Instituts für Geschichte der Medizin, verdanken wir zahlreiche wertvolle Hinweise und wichtige Ergänzungsvorschläge.

Unser besonderer Dank gilt last but not least unseren beiden Kollegen Mag. Herwig Czech und Heribert Schiedel, die unseren Endbericht mit ihrem Fachwissen in Bezug auf den Fall Heinrich Gross (Czech) und den Bereich Rechtsextremismus (Schiedel) nach besten Kräften unterstützt haben.

3. Die Gründung des BSA und die personalpolitische Ausgangssituation der SPÖ nach 1945

Der Bund Sozialistischer Akademiker (BSA) wurde als Dachorganisation selbstständiger Akademikergruppen (Fachverbände und Landesorganisationen) offiziell am 9. Mai 1946 gegründet, seine konstituierende Sitzung fand am 2. Juni 1946 statt.[7] Im Bericht an den SPÖ-Parteitag 1946 definierte der BSA erstmals seine grundlegenden Zielsetzungen: „1. Die Intellektuellen und Akademiker für die Ziele der sozialistischen Bewegung und damit für die SPÖ zu gewinnen; 2. der Partei jene Fachleute zur Verfügung zu stellen, die sie zur Erfüllung ihrer Aufgaben in Staat, Wirtschaft und Gesellschaft benötigt."[8] Diese Aufgabendefinition des BSA entsprang einer konkreten historischen Notwendigkeit: Die SPÖ war nach 1945 mit einem Mangel an parteieigenen bzw. parteinahen Akademikern und Fachkräften konfrontiert, sodass es ihr nicht gelang, gehobene und leitende Positionen in der öffentlichen Verwaltung und Wirtschaft (Bundesministerien, Schulen, Banken, Spitäler, Verstaatlichte Industrie etc.) mit qualifizierten Vertrauensleuten ent-

---

[7] Der 9. Mai 1946 ist das Datum der Anmeldung des BSA bei der Vereinsbehörde. Der BSA wurde nicht als Parteisektion, sondern als Vorfeldorganisation gegründet, d. h. für einen Beitritt zum BSA war bzw. ist keine SPÖ-Mitgliedschaft notwendig. Am BSA-Bundestag im April 1947 wurde die Umbenennung des BSA in den „Bund Sozialistischer Akademiker, Intellektueller und Künstler" beschlossen, ein nach außen hin sichtbares Zeichen dafür, dass der BSA über die Gruppe der Akademiker hinaus auch die Aufnahme von Studenten (der VSStÖ war damals noch in den BSA integriert), Maturanten, Mittelschulingenieuren, Künstlern und anderen „geistigen Arbeitern" ermöglichte. Siehe dazu: Mappe „Gründung BSA": Protokolle der BSA-Bundesvorstandssitzungen und der Bundestage 1946–1947, Archiv BSA Wien; vgl. ferner: Ulrike Lang-Kremsmayer, Aspekte zur Funktion der Intellektuellen in der SPÖ – am Beispiel des BSA unter besonderer Berücksichtigung der Wiederaufbauphase in Österreich, Wien 1987, S. 63 ff.; 35 Jahre BSA. In: Der Sozialistische Akademiker, Heft 7/8, 1981, S. 7 ff.; Franz Skotton, Der Aufbau einer Intellektuellenorganisation. In: Festschrift für Karl Waldbrunner zum 65. Geburtstag, Wien 1971, S. 85–109.

[8] Zit. nach: Lang-Kremsmayer, a. a. O., S. 63.

sprechend ihrer politischen Stärke zu besetzen. In dem zuvor zitierten Bericht wurde das Manko an Führungskräften und damit die personalpolitische Benachteiligung gegenüber dem politischen Gegner bereits 1946 unverhohlen eingestanden: „Der erste Überblick zeigt aber bereits, dass Faschismus, Krieg und Emigration in den Reihen der sozialistischen Intelligenz verheerend große Lücken gerissen hatten. ‚Wir haben zu wenig Fachleute zur Verfügung', war die bittere Erkenntnis, die im ersten Jahr nach der Befreiung allgemein vorherrschte."[9] Der BSA zählte am 31. März 1947 – inklusive aller seiner Fach- und Landesorganisationen – 1.265 Mitglieder.[10] Das relativ begrenzte Potential von akademischen Führungskräften, das der SPÖ nach 1945 zur Verfügung stand, hatte wiederum historische Ursachen: Zum einen war es der Sozialdemokratie im Gegensatz zu den Christlichsozialen in der Ersten Republik nie wirklich gelungen – die Gemeindeverwaltung des „Roten Wien" ausgenommen –,

[9] Ebd.

[10] Protokoll des BSA-Bundestages vom 12. 4. 1947, Archiv BSA Wien.

[11] Bezeichnenderweise wurden von der Parteiführung der SPÖ nach 1945 die Traumata des Bürgerkriegs 1934 sowie der Verfolgung ihrer Parteifunktionäre durch das „austrofaschistische" Regime aus Rücksicht auf den Koalitionsfrieden mit der ÖVP nach außen hin beinahe tabuisiert. Vgl. Elisabeth Klamper, Ein einig Volk von Brüdern. Vergessen und Erinnern im Zeichen des „Burgfriedens". In: Zeitgeschichte, Heft 5/6, Innsbruck-Wien 1997, S. 170–185.

[12] Die österreichischen Sozialdemokraten bzw. die österreichische Sozialdemokratie änderten in ihrer Geschichte mehrmals den Namen ihrer Partei: Vom Hainfelder Parteitag 1888/89 bis zu ihrem Verbot im Februar 1934 hieß sie Sozialdemokratische Arbeiterpartei (SDAP). Nach den Februarkämpfen 1934 und dem Verbot der SDAP formierten sich in der Illegalität und im Widerstand gegen die Regierungsdiktaturen von Dollfuß und Schuschnig meist aus Angehörigen von sozialdemokratischen Jugend- und Nebenorganisationen zusammengesetzte Gruppen zur Vereinigten Sozialistischen Partei Österreichs (VSPÖ), für die sich ab Ende 1934 der Name Revolutionäre Sozialisten (RS) durchsetzte. Die RS grenzten sich sowohl gegen die KPÖ als auch gegen den „Reformismus" der Sozialdemokraten ab. Obwohl sich die RS im März 1938 auflösten, leisteten einzelne RS-VertreterInnen Widerstand gegen die NS-Herrschaft. Am 14. April 1945 wurde die 1934 verbotene Partei als Sozialistische Partei Österreichs (SPÖ) von VertreterInnen der alten SDAP und der RS wieder gegründet und trug deshalb kurze Zeit den Untertitel Sozialdemokraten und Revolutionäre Sozialisten. Nach dem Fall des Eisernen

in das deutschnational und später vor allem christlichsozial geprägte höhere Beamtentum des Bundes und der Länder einzudringen. Zum anderen zogen 1933/34 die Beseitigung des Parlamentarismus, der darauf folgende Bürgerkrieg[11] und die Errichtung des autoritären „Ständestaates" für die Sozialdemokratische Partei[12] zwölf Jahre der Illegalität und Verfolgung nach sich, die 1938 mit dem „Anschluss" Österreichs an das Deutsche Reich und der „NS-Machtergreifung" noch radikalisiert wurden: Durch die Vertreibung und Ermordung ihrer jüdischen Funktionäre in der NS-Zeit hatte die SPÖ einen unersetzlichen menschlichen, politischen, wissenschaftlichen und kulturellen Verlust an intellektueller Elite erlitten, der nicht ohne weiteres wettgemacht werden konnte.[13] Die

Vorhangs und dem Sturz der kommunistischen Regime in Osteuropa wechselte die Partei ihren Namen in Sozialdemokratische Partei Österreichs (SPÖ). Der Kurs der Partei (1888/89–1934: SDAP, 1945–1991: Sozialistische Partei Österreichs, ab 1991: Sozialdemokratische Partei Österreichs) war unabhängig von ihrem Namen stets sozialdemokratisch, was insbesondere durch eine deutliche Abgrenzung zur KPÖ (Kommunistische Partei Österreichs) zum Ausdruck kam. Wird darüber hinaus von Seiten der Autoren dieser Studie die sozialdemokratische Ausrichtung bzw. die historische Kontinuität der Partei betont, so ist im vorliegenden Text die Rede von der (österreichischen) Sozialdemokratie bzw. von der Sozialdemokratischen Partei (Österreichs) – unabhängig vom konkreten historischen Namen. Analog zu seiner Mutterpartei änderte auch der 1946 gegründete Bund Sozialistischer Akademiker (BSA) die Langfassung seines Namens Bund Sozialistischer Akademiker, Intellektueller und Künstler 1991 in Bund Sozialdemokratischer Akademikerinnen und Akademiker, Intellektueller, Künstlerinnen und Künstler (BSA). Zur Geschichte der österreichischen Sozialdemokratie sei auf folgende Literatur (Auszug) hingewiesen: Hans Hautmann/Rudolf Kropf, Die österreichische Arbeiterbewegung vom Vormärz bis 1945. Sozialökonomische Ursprünge ihrer Ideologie und Politik, 3. Aufl., Wien-München-Zürich 1978; Helene Maimann (Hg.), Die ersten 100 Jahre. Österreichische Sozialdemokratie 1988–1988. Katalog zur Ausstellung, Wien 1988; Franz Kreuzer, Was wir ersehnen von der Zukunft Fernen. Der Ursprung der österreichischen Arbeiterbewegung. Das Zeitalter Victor Adlers, Wien 1988; Peter Pelinka/Gerhard Steger (Hg.), Auf dem Weg zur Staatspartei. Zur Geschichte und Politik der SPÖ seit 1945, Wien 1988.

[13] In der Ersten Republik hatten die österreichischen Juden bei Wiener Landtags- und Nationalratswahlen in ihrer überwältigenden Mehrheit sozialdemokratisch gewählt. Ebenso hatte sich der Großteil der politisch aktiven Juden in der Sozialdemokratischen Arbeiterpartei (SDAP) und ihren Jugendorganisationen engagiert bzw. organisiert. Vgl.: Walter B. Simon, The Jewish Vote in Austria. In: Year Book XVI, Publications of the Leo Baeck Institute, London-Jerusalem-New York 1971, S. 97–121.

Parteiführung der SPÖ, allen voran Dr. Adolf Schärf und Oskar Helmer, unternahm nach 1945 so gut wie keine Bemühungen, die vertriebenen Parteifunktionäre zurückzuholen, wofür mehrere Gründe ausschlaggebend gewesen sein dürften: So befürchtete die Parteispitze der SPÖ, dass ihr mit diesem Personenkreis eine Konkurrenz um den Machtanspruch innerhalb der Partei erwachsen könnte. Nicht nur in Teilen der SPÖ, sondern ebenso in breiten Kreisen der österreichischen Nachkriegsgesellschaft bestanden auch nach der NS-Zeit hartnäckige Vorurteile gegen die als „linke, jüdische Intellektuelle" etikettierten, im Exil vergeblich auf die Rückkehr in ihre Heimat wartenden vertriebenen Funktionäre der alten Sozialdemokratie und der Revolutionären Sozialisten.[14] Nach Ansicht des Partei-Establishments um

[14] Die Abneigung gegen Vertriebene war nicht nur auf die SPÖ beschränkt. Es versteht sich in diesem Zusammenhang von selbst, dass die Emigranten mit keinerlei Sympathie von Seiten des VdU bzw. dessen Nachfolgepartei FPÖ rechnen konnten, vertraten doch diese Parteien hauptsächlich die Interessen der ehemaligen Nationalsozialisten. Aber auch die ÖVP machte den Repräsentanten des konservativ-bürgerlichen Exils wie etwa dem vormaligen Wiener Vizebürgermeister Dr. Ernst Karl Winter und dem früheren Sozialminister Univ.-Prof. Dr. Josef Dobretsberger die Rückkehr schwer. Denn führende ÖVP-Politiker, allen voran Bundeskanzler DI Leopold Figl, teilten ebenso Vorurteile gegenüber den Vertriebenen. So erklärte der ehemalige KZ-Häftling Figl im November 1945, dass es für die Emigranten sicher bequemer gewesen wäre, „die Zeit in ihren Clubsesseln verbracht zu haben, anstatt für Österreich zu leiden." Siehe: Das Kleine Volksblatt, 22. 11. 1945, S. 2; Vgl. ferner: Robert Holzbauer, Ernst Karl Winter. In: Friedrich Stadler (Hg), Vertriebene Vernunft II. Emigration und Exil österreichischer Wissenschaft 1930–1940, Teilband 1, Münster 2004, S. 458–462; Hugo Pepper, Ernst Karl Winter und die Sozialdemokratie – im Spiegel von AZ und Kampf. In: DÖW-Jahrbuch 1996, S. 150–171; Peter Autengruber, Univ.-Prof. Dr. Josef Dobretsberger – vom Bundesminister für soziale Verwaltung zum Obmann der Demokratischen Union. In: DÖW-Jahrbuch 1996, S. 172–203.

[15] Zum Themenkreis politisches Exil und Remigration im Allgemeinen siehe: Wolfgang Neugebauer/Siegwald Ganglmair, Exil et retour d'exil politique. In: Austriaca. Cahiers universitaires d'information sur l'Autriche, Nr. 56, Juin 2003, Universitè de Rouen 2004, S. 27–36;Wolfgang Neugebauer/Siegwald Ganglmair, Remigration. In: DÖW-Jahrbuch 2003, Wien 2003, S. 96–102; Peter Schwarz/Siegwald Ganglmair, Emigration und Exil 1938–1945. In: Emmerich Tálos u. a. (Hg.), NS-Herrschaft in Österreich. Ein Handbuch, Wien 2000, S. 817–849; Helga Embacher, Eine Heimkehr gibt es nicht? Remigration nach Österreich. In: Exilforschung, Ein internationales Jahrbuch, Band 19, 2001: Jüdische Emigration und zwischen Assimilation und Verfolgung, Akkulturation

Schärf und Helmer hätte eine solche systematische Reintegration der in ihrer Mehrheit als „Austromarxisten" geltenden „Emigranten" in die SPÖ vor allem auch eine massive Belastung der Regierungskoalition mit der ÖVP bedeutet. Darüber hinaus herrschte in der SPÖ-Führung offensichtlich die Angst vor, mit einer gezielten Rückholung der größtenteils jüdischen Funktionäre für die Partei negative, antisemitische Reaktionen in der Bevölkerung zu schüren.[15] Aufgrund dieser Umstände hatte die SPÖ hinsichtlich ihres intellektuellen Potentials gegenüber der ÖVP eindeutig das Nachsehen, die dank ihrer katholischen Korporationen, allen voran des Österreichischen Cartellverbandes (ÖCV bzw. CV), über eine beinahe intakte Möglichkeit zur Elitenrekrutierung verfügte.[16] Darüber hinaus konnte die bei den Nationalratswahlen

und jüdischer Identität, München 2001, S. 187–209; Zur Rückkehr-Thematik in Bezug auf die Sozialdemokratie vgl.: Christian Fleck/Heinrich Berger, Gefesselt vom Sozialismus. Der Austromarxist Otto Leichter (1897–1973), Frankfurt/Main 2000 (= Studien zur Historischen Sozialwissenschaft, Bd. 27), S. 108–131; Wilhelm Svoboda, Politiker, Antisemit, Populist. Oskar Helmer und die Zweite Republik. In: Das jüdische Echo, Oktober 1990, S. 30–38; Joseph Buttinger, Am Beispiel Österreichs. Ein geschichtlicher Beitrag zur Krise der sozialistischen Bewegung, Frankfurt/Main 1972; Adolf Sturmthal, Zwei Leben. Erinnerungen eines sozialistischen Internationalisten zwischen Österreich und den USA, hg. von Georg Hauptfeld und Oliver Rathkolb unter Mitarb. von Christina Wesemann, Wien-Köln 1989, S. 206–221; Wolfgang Fritz, Der Kopf des Asiaten Breitner. Politik und Ökonomie im Roten Wien. Hugo Breitner, Leben und Werk, Wien 2000, S. 518–533; Herbert Exenberger, Probleme der Anfangsjahre 1945–1949. In: Der Sozialdemokratische Kämpfer, Nr. 10–12, 1998, S. 15–18. Klamper, Ein einig Volk von Brüdern, a. a. O., S. 170–185; Oliver Rathkolb, Die „Nazi-Frage". Antisemitismus und „braune Flecken" in der österreichischen Nachkriegsgesellschaft. In: Das Jüdische Echo, Oktober 2001, S. 143; Brigitte Bailer, Wiedergutmachung kein Thema. Österreich und die Opfer des Nationalsozialismus, Wien 1993, S. 151; Joseph T. Simon, Augenzeuge. Erinnerungen eines österreichischen Sozialisten, hrsg. von Wolfgang Neugebauer, Wien 1979, S. 398 ff.; Karl Stadler, Adolf Schärf, Wien 1982, S. 244 ff.; Albert Sternfeld, Betrifft: Österreich. Von Österreich betroffen, Wien 1990, S. 70–84. Zum Vergleich eine weniger kritische Studie: Heinz Kienzl/Susanne Kirchner (Hg.), Ein neuer Frühling wird in der Heimat blühen: Erinnerungen und Spurensuche, Wien 2002 (= Forschungen und Beiträge zur Wiener Stadtgeschichte, Bd. 38).

[16] An dieser Stelle sei auf eine Publikation verwiesen, die sich mit den Verlusten des CV auseinandersetzt, die dieser in der NS-Zeit durch Widerstand und Verfolgung erlitten hatte: Josef Windisch/Peter Richter, 1938–1945: Widerstand und Verfolgung in der NS-Zeit, Leoben 1985.

1945 mit einer absoluten Mehrheit ausgestattete ÖVP unter anderem auf einen Funktionärsapparat zurückgreifen, der ihrer Vorläuferin, der christlichsozialen Partei, angehört und während der Regierungsdiktatur von 1934 bis 1938 sämtliche leitende Positionen im Staat besetzt hatte. Auch war der Zeitraum, in dem die Funktionäre der ÖVP vom öffentlich-politischen Leben ausgeschaltet waren, mit sieben Jahren erheblich kürzer als bei der SPÖ, die sich nach zwölf langen Jahren erst regenerieren und in ihre Rolle als staatstragende Partei einfinden musste. In der Auseinandersetzung der beiden Großparteien ÖVP und SPÖ um die Postenbesetzungen in Verwaltung, Justiz, an den Universitäten, Schulen sowie den verstaatlichten Unternehmungen war die ÖVP klar im Vorteil. Der in Konkurrenz mit dem CV, der Akademikerbastion der ÖVP, befindliche BSA sah es nun konsequenterweise als eine seiner Hauptaufgaben an, dieser Entwicklung gegenzusteuern und für ein entsprechendes Gleichgewicht bei der Postenbesetzung zu sorgen. Jedoch verschoben die im Hinblick auf die Haltung der Alliierten zustandegekommenen Entnazifizierungsmaßnahmen das personalpolitische Übergewicht noch weiter zugunsten der ÖVP. Denn die durch die Entfernung der ehemaligen Nationalsozialisten aus dem öffentlichen Dienst entstandenen Lücken wurden einerseits im „Wiedergutmachungswege" durch die Wiedereinsetzung der 1938 gesäuberten Beamten behoben, die größtenteils aus der Dollfuß- und Schuschnigg-Ära stammten, andererseits von CVern und der ÖVP nahe stehenden Personen gefüllt[17], während die SPÖ in dieser Phase noch nicht die entsprechenden Machttechniken entwickelt bzw. die nötigen Kader zur Verfügung hatte. Rückblickend unterzog Adolf Schärf

[17] Schreiben der Sozialistischen Ärztevereinigung an den Parteivorstand der SPÖ vom 10. 3. 1946, BSA-Korrespondenz mit dem Zentralsekretariat der SPÖ 1946, Archiv des Vereins für Geschichte der Arbeiterbewegung, Wien.

die Entnazifizierung heftiger Kritik, weil sie seiner Ansicht nach dazu geführt habe, „dass der öffentliche Dienst und mancher Zweig der freien Berufe in höherem Maß von Menschen katholischer Orientierung besetzt wurde, als es je in Zeiten der Gegenreformation der Fall war.“[18] Schärf sprach sogar von einem „Machtantritt des CV“, als Bundeskanzler Figl im Bundeskanzleramt die Säuberung ehemaliger Nationalsozialisten ankündigte.[19] Er warf der Volkspartei und insbesondere dem CV vor, den „von den Alliierten geforderten“ Abbau der Nationalsozialisten uneingeschränkt für ihre Interessen genützt zu haben, wobei sich die ÖVP vor allem mit jenen ehemaligen Nazis arrangiert habe, „die vorher klerikal gewesen waren und sich ihr nun wieder zuwandten“.[20] Nach Schärfs Überzeugung nutzte die ÖVP die Eliminierung des „nationalliberalen“ Elements aus der Beamtenschaft, das für Schärf ein antiklerikales Gegengewicht zum CV darstellte, geschickt dazu, um auch Andersgesinnte, die mit dem Nationalsozialismus gar nichts zu tun gehabt hätten, klammheimlich aus ihren Positionen zu entfernen. Die Angst vor einer „absoluten Vorherrschaft der ÖVP im Staatsapparat, die das Verhältnis der Klassen verschiebt“, teilte auch der ehemalige Leiter des London-Bureaus und spätere Chefredakteur der Arbeiter-Zeitung, Oskar Pollak, der als einer der wenigen Funktionäre von der SPÖ aus dem Exil zurückgeholt wurde. In der Zukunft beklagte er, dass der CV „heute fast ein Monopol auf alle akademischen Berufe und alle höheren Verwaltungsstellen“ innehabe.[21]

Der drückende Mangel an eigenen, sozialistisch gesinnten AkademikerInnen, das CV-Monopol im öffentlichen Dienst

[18] Lang-Kremsmayer, a. a. O., S. 187.
[19] Adolf Schärf, Österreichs Erneuerung 1945–1955. Das erste Jahrzehnt der Zweiten Republik, Wien 1960, S. 156.
[20] Ebd., S. 157.
[21] Oskar Pollak. In: Zukunft, 1/1946.

und die Tatsache, dass die SP-Parteiführung keine systematische Remigration ihrer vertriebenen „alten", jüdischen Intelligenz betrieb, dürften aus personalpolitischer Perspektive die Hauptfaktoren für eine prinzipielle Öffnung der SPÖ bzw. des BSA gegenüber den ehemaligen Nationalsozialisten gewesen sein. Gleichzeitig sollte mit dieser Haltung auch die Rückkehr jener abtrünnigen Sozialdemokraten, die sich 1934 bzw. 1938 aus verschiedenen Gründen der NS-Bewegung angeschlossen hatten, beschleunigt und intensiviert werden.

In einer Rede vor BSA-Akademikern 1954, in der er Kritik an der Entnazifizierungspolitik der ÖVP übte, legte Adolf Schärf in der Retrospektive und mit einer aus heutiger Sicht fragwürdigen Differenzierung nochmals dar, zu welchen ehemaligen Nationalsozialisten ihm eine Annäherung möglich schien: „Mit den Nazi sind nicht nur jene echten Nazi verdrängt worden, sondern auch jene, die seinerzeit bloß aus Opposition gegen das Dollfuß-Schuschnigg-Regime beim Nationalsozialismus Anlehnung suchten oder sogar jene, die sich in der Zeit, da der Nationalsozialismus legal war, zu ihm bekannt haben. [...] Ich will nicht verhehlen, dass es auch in unserer Partei einzelne gab, die aus Rachegefühlen diese Politik [einer rigorosen Entnazifizierung] kurzsichtig mitunterstützt haben, die in erster Linie eine Politik für den Klerikalismus gewesen ist."[22] Demnach fiele dem BSA verstärkt die Aufgabe der „Entklerikalisierung" und der Brechung des CV-Monopols zu, beides konnte unter den gegebenen Voraussetzungen aber nur mithilfe des „integrierbaren" Teils der ehemaligen Nationalsozialisten erfolgen. Auch der Parteilinke und damalige Nationalratsabgeordnete sowie Bezirksvorsitzende der SPÖ-Döbling, Karl Mark, hielt diese Integrati-

[22] Adolf Schärf, Rede vor dem BSA. In: Der Sozialistische Akademiker, 11/1954.

on für unausweichlich. Ähnlich wie Schärf gab er vor allem den Kommunisten die Schuld, mit ihren „Forderungen nach rigiden NS-Gesetzen die Universitäten und die Bürokratie den CVern ausgeliefert zu haben."[23]

Am 12. April 1947 tagte der Bundestag des BSA, auf dem Dr. Alfred Migsch, der 1944/45 als Widerstandskämpfer im KZ-Mauthausen inhaftiert gewesen war, als BSA-Präsident zurücktrat. Zu seinem Nachfolger wurde der Wiener Bürgermeister Dr. h. c. Theodor Körner gewählt.[24] In seiner Abschlussrede als BSA-Präsident sprach sich Migsch für eine differenzierte und vorsichtige Einbindung ehemaliger Nationalsozialisten in den BSA aus: „Die ÖVP ist darauf gerichtet, jeden Unternehmer zu entschuldigen, wenn er Nationalsozialist war, jeden Beamten aber zu vernichten, wenn er nicht CVer war. Wir können wohl überzeugt sein, dass ein Teil dieser Intellektuellen für jede demokratische Entwicklung von vornherein verloren ist und dass man hier nicht den leisesten Versuch machen dürfe, hier etwas zu unternehmen. Aber wir wissen, dass alle diese Menschen durchaus nicht aus rein soziologischen Motiven zum Nationalsozialismus übergegangen sind. Es sind auch Menschen dazugekommen, die ihrem Wesen nach nicht Faschisten sind. Hier stehen wir vor der konkreten Frage, sollen wir diesen Menschenschichten den Weg zu uns möglich machen oder nicht. Die Partei hat diese Frage bejaht. Wir Akademiker bejahen sie auch. Sie sollen zu uns kommen, um sich neu zu organisieren und eine neue Heimat zu finden. [...] Da hier alle Verbindungen nationaler Art weggefallen sind, besteht ein gewisser Boden für die sozialistische Bewegung selbst. Ein Boden, der vielleicht uns jenes Material an Fachkräften schafft, das die sozialis-

[23] Lang-Kremsmayer, a. a. O., S. 186.

[24] Dr. Alfred Migsch übernahm das Energieministerium, nachdem die KPÖ aus der Konzentrationsregierung ausgeschieden war. Vgl. Lang-Kremsmayer, a. a. O., S. 73 f.

tische Bewegung zur Erfüllung ihrer Aufgaben benötigt."[25] Die Führung der SPÖ als auch die des BSA waren nun aus strategischen Gründen entschlossen, in das Lager der ehemaligen Nationalsozialisten einzudringen, um deren Stimmen nicht vollends der ÖVP zu überlassen. Nach der Meinung des ehemaligen BSA-Funktionärs Alfred Magaziner war die Anwerbung der „Ehemaligen" sogar das Hauptmotiv für die Gründung des BSA.[26] Aufgrund der Konkurrenz mit der ÖVP bzw. dem CV dominierte innerhalb der SPÖ bzw. des BSA ein ausgeprägtes personalpolitisches Machtdenken, das letztendlich für die Aufnahme ehemaliger Nationalsozialisten bestimmend war. Die Sozialdemokratie befand sich in einem Dilemma von moralischem Anspruch und machtpolitischem Kalkül und gab offensichtlich letzterem in der konkreten historischen Situation nach 1945 den Vorzug.

Aus heutiger Sicht erscheint es nur schwer verständlich, warum sich die SPÖ (und mit ihr der BSA), eine nach ihrem Programm, ihrer Geschichte, ihrem Selbstverständnis und ihren geistigen Traditionen der Demokratie zutiefst verbundene, antifaschistische Partei, die während der NS-Herrschaft in Österreich in ihren Reihen durch Verfolgung, Vertreibung und Ermordung schwerste Opfer hinnehmen musste[27], ausgerechnet dem Lager der ehemaligen Nationalsozialisten öffnete bzw. anbiederte. Diese Frage kann nur vor dem politisch-strukturellen Hintergrund der österreichischen Nachkriegsgesellschaft beantwortet werden.

---

[25] Protokoll des BSA-Bundestages vom 12. 4. 1947, Mappe „Gründung BSA", Archiv des BSA Wien.

[26] Lang-Kremsmayer, a. a. O., S. 178.

[27] Vgl. die Erklärung des SPÖ-Vorsitzenden Dr. Alfred Gusenbauer: „Zur Aufarbeitung des NS-Erbes in der Zweiten Republik im Rahmen der SP-Zukunftsdiskussion", DÖW.

4. Der Umgang der österreichischen Nachkriegsgesellschaft mit den ehemaligen Nationalsozialisten

Unter dem Eindruck der welthistorischen Niederlage Hitler-Deutschlands und der klaren Beschlüsse der alliierten Siegermächte zur Überwindung des Nationalsozialismus kündigte die Provisorische Staatsregierung Renner, in Übereinstimmung mit dem bei den maßgeblichen politischen Kräften vorherrschenden „antifaschistischen Geist", in ihrer Regierungserklärung vom 27. April 1945 eine Abrechnung mit dem Nationalsozialismus an, die sich in ihrer Intention aber ausschließlich auf die politisch „Schuldigen" bezog und bereits die gesamte Ambivalenz im Umgang mit der NS-Frage enthielt.[28] So stellte die Regierungserklärung den NS-Mitläufern, die „nur aus Willensschwäche, infolge ihrer wirtschaftlichen Lage [...] wider innere Überzeugung und ohne an den Verbrechen der Faschisten teilzuhaben, mitgegangen sind", eine furchtlose Rückkehr in die „Gemeinschaft des Volkes" in Aussicht. „Auf keine Milde rechnen" sollten hingegen „nur jene, welche aus Verachtung der Demokratie [...] ein Regime der Gewalttätigkeit, des Spitzeltums, der Verfolgung und Unterdrückung [...] aufgerichtet und erhalten, welche das Land in diesen abenteuerlichen Krieg gestürzt und es der Verwüstung preisgegeben haben [...]."

In der Folge erließ die Regierung am 8. Mai 1945 ein Verfassungsgesetz über das Verbot der NSDAP und ihrer Gliederungen („Verbotsgesetz"), in dem auch die Registrierung

[28] Bildung der österreichischen Regierung. Offizielle Dokumente, Wien 1945, S. 11 f.; Brigitte Bailer-Galanda, Die Entstehung der Rückstellungs- und Entschädigungsgesetzgebung. Die Republik Österreich und das in der NS-Zeit entzogene Vermögen, Wien-München 2003 (Veröffentlichungen der österreichischen Historikerkommission. Vermögensentzug während der NS-Zeit sowie Rückstellungen und Entschädigungen seit 1945 in Österreich, hg. von Clemens Jabloner u. a., Bd. 3), S. 26 f.

der ehemaligen Nationalsozialisten, die Bestrafung der so genannten „Illegalen“ (jener Personen, die zwischen 1933 und 1938 der verboten gewesenen NSDAP als Mitglied angehört hatten) und der „schwer belasteten“ Nationalsozialisten sowie die Schaffung der Volksgerichte zur Aburteilung der NS-Verbrecher verfügt wurden. Von der Registrierungspflicht waren ca. 700.000 Österreicher betroffen, die vor 1945 der NSDAP angehört hatten.[29] Tatsächlich lag die Zahl derer, die sich registrieren ließen, „nur“ bei 549.353[30]. Diese Differenz von 150.000 ehemaligen Nationalsozialisten setzte sich einerseits aus jenen zusammen, die offensichtlich bewusst „Registrierungsbetrug“, den das NS-Verbotsgesetz sogar als Verbrechen qualifizierte, begingen, zum anderen aber auch aus jenen, die im Krieg gefallen, in Kriegsgefangenschaft geraten oder aber von den Alliierten interniert worden waren. Ein weiteres Verfassungsgesetz vom 26. Juni 1945 über Kriegsverbrechen und andere nationalsozialistische Untaten, das so genannte „Kriegsverbrechergesetz“, bildete die legistische Grundlage für die gerichtliche Ahndung der NS-Verbrechen, deren Bilanz bis zur Abschaffung der Volksgerichte 1955 in der Einleitung von Voruntersuchungen gegen 136.829 Personen, in der Erhebung der Anklage in 28.148 Fällen sowie in 13.607 Verurteilungen, darunter 43 Todesurteile (von denen 30 vollstreckt wurden), bestand. Allerdings wurden fast 80 Prozent aller Verfahren in den Jahren 1946 und 1947 eingeleitet, in den Jahren danach war die Zahl der Volksge-

[29] Gerhard Jagschitz, Von der „Bewegung“ zum Apparat. Zur Phänomenologie der NSDAP 1938 bis 1945. In: Emmerich Tálos u. a. (Hg.), NS-Herrschaft in Österreich. Ein Handbuch, Wien 2002, S. 88 ff.; vgl. auch bei: Wolfgang Neugebauer, Zum Umgang mit der NS-Euthanasie in Wien nach 1945. In: Eberhard Gabriel/Wolfgang Neugebauer (Hg.), NS-Euthanasie in Wien, Wien-Köln-Weimar 2000, S. 111.

[30] Dieter Stiefel, Die Entnazifizierung in Österreich, Wien-München-Zürich 1981, S. 115.

richtsverfahren immer mehr rückläufig.[31] Die am 6. Februar 1947 beschlossene, auf Druck der Alliierten verschärfte Novelle des Verbotsgesetzes („Nationalsozialistengesetz") sah neben der Registrierung der ehemaligen Nationalsozialisten deren Entfernung aus Staatsapparat und Wirtschaft sowie Berufsverbote, Sühnemaßnahmen – die von der Sühneabgabe bis zur Möglichkeit der Zwangsarbeit und Zwangsinternierung reichten –, die Aberkennung des aktiven und passiven Wahlrechts und anderes vor. Die vom NS-Gesetz getroffene Unterscheidung zwischen „belasteten" (zu diesen zählten u. a. „Hoheitsträger" der NSDAP, Angehörige der SS, des SD und der Gestapo, Angehörige der SA im Offiziersrang sowie Träger bestimmter Auszeichnungen des NS-Regimes) und „minderbelasteten" Nationalsozialisten zielte bereits darauf ab, der Gruppe der „Minderbelasteten" nach Ableistung der vorgeschriebenen Sühne eine rasche Wiedereingliederung in die Gesellschaft in Aussicht zu stellen. Ein Jahr nach Inkrafttreten des Gesetzes waren 43.468 Belastete und 487.067 Minderbelastete registriert.[32]

In den westlichen Bundesländern, die nicht unter sowjetischer Besatzungskontrolle standen, erhielten die von der Provisorischen Regierung in Wien bis dahin erlassenen Entnazifizierungsmaßnahmen theoretisch mit der Anerkennung der Regierung Renner durch den Alliierten Rat am 20. Oktober 1945, die die Regierungskompetenz auf das gesamte

[31] Winfried R. Garscha, Entnazifizierung und gerichtliche Ahndung von NS-Verbrechen. In: Emmerich Tálos u. a. (Hg.), NS-Herrschaft in Österreich. Ein Handbuch, Wien 2002, S. 877 ff.; Vgl. Claudia Kuretsidis-Haider/Winfried R. Garscha (Hg.), „Keine Abrechnung". NS-Verbrechen, Justiz und Gesellschaft in Europa nach 1945, Leipzig-Wien 1998; Winfried R. Garscha, Die Verfahren vor dem Volksgericht Wien 1945–1955 als Geschichtsquelle. Forschungsprojekt des Dokumentationsarchivs des österreichischen Widerstandes, Wien 1993.

[32] Garscha, Entnazifizierung, a. a. O., S. 859.

Bundesgebiet ausweitete, ihre Gültigkeit.[33] Im Unterschied zu den Sowjets hatten die westalliierten Militärbehörden in ihren Zonen die „Entnazifizierung“ zunächst selbst in die Hand genommen, umfassende personalpolitische Säuberungen vorgenommen und teils nach bereits vorbereiteten Listen (Automatic Arrest Lists, schwarze Listen, Kriegsverbrecherlisten etc.), teils auf Basis von eigens durchgeführten Fragebogenaktionen mehr als 25.000 ehemalige Nationalsozialisten verhaftet und interniert. Zu den drei größten Nazi-Internierungslagern zählten „Camp Marcus W. Orr“ in Glasenbach bei Salzburg (US-Zone), Wolfsberg (britische Zone) und „Oradour“ bei Schwaz (französische Zone).[34] Die Entnazifizierungsstrategie der westlichen Alliierten, die nationalsozialistische Elite zumindest temporär unter Quarantäne zu stellen, stieß sehr rasch an ihre Grenzen. Inwieweit das von Lutz Niethammer für die erste Phase der alliierten Entnazifizierung in Deutschland konstatierte Ergebnis, nämlich „volle Internierungslager und leere Ämter“, auch auf Österreich zutrifft, ist von der Forschung noch nicht geklärt worden.[35]

---

[33] De facto traten die Alliierten die Entnazifizierungskompetenz in den westlichen Bundesländern erst im Februar 1946 an die österreichische Bundesregierung ab. Bis dahin war die Registrierung der ehemaligen Nationalsozialisten in den westlichen Bundesländern vonseiten der Gemeindebehörden zweigleisig erfolgt – sowohl nach den österreichischen als auch nach den alliierten Auflagen. Die Registrierung nach österreichischem Recht war vor allem auch notwendig für die Erstellung brauchbarer Wählerverzeichnisse für die am 25. November 1945 durchzuführende Nationalratswahl. Vgl. Garscha, Entnazifizierung, a. a. O., S. 855 f.

[34] Klaus Eisterer, Österreich unter alliierter Besatzung 1945–1955. In: Rolf Steininger/ Michael Gehler (Hg.), Österreich im 20. Jahrhundert. Ein Studienbuch in zwei Bänden, Bd. 2, Wien-Köln-Weimar 1997, S. 168 ff.; zur Rolle der Alliierten und zur Besatzungszeit Österreichs im Allgemeinen vgl.: Manfried Rauchensteiner, Der Sonderfall. Die Besatzungszeit in Österreich 1945 bis 1955, Graz-Wien-Köln 1979; und im Besonderen: Oliver Rathkolb, US-Entnazifizierung in Österreich zwischen kontrollierter Revolution und Elitenrestauration 1945–1949. In: Zeitgeschichte, 11. Jg., 1983/84, S. 302–325.

[35] Lutz Niethammer, Die Mitläuferfabrik. Die Entnazifizierung am Beispiel Bayerns, 2. Aufl., Berlin-Bonn 1982, S. 12; Garscha, Entnazifizierung, a. a. O., S. 857.

Die Haltung der drei österreichischen Parteien ÖVP, SPÖ und KPÖ war anfänglich zwar von einem gemeinsamen, antifaschistischen Grundkonsens geprägt, doch wichen die konkreten Positionen der Parteien in der Frage der Behandlung ehemaliger Nationalsozialisten voneinander erheblich ab, wobei diese Positionierungen oftmals eher von einem machttaktischen Kalkül diktiert gewesen sein dürften. Die innerhalb der SPÖ geführte Diskussion über die NS-Frage bot nach Oliver Rathkolb ein „Spiegelbild auch der innerparteilichen Flügelkämpfe“[36] zwischen der Partei-Linken um Erwin Scharf, Paul Speiser, Hilde Krones und Heinz Hackenberg und dem pragmatisch-rechten Flügel um Adolf Schärf, Karl Renner und Oskar Helmer, der das „Partei-Establishment“ stellte.[37] In den ersten Monaten nach Kriegsende dürfte im Parteivorstand der Einfluss der Gruppe um Zentralsekretär Erwin Scharf in Bezug auf die Nazi-Frage noch relativ groß gewesen sein: Am 2. Juli 1945 erörterte der Parteivorstand einen Vorschlag der Wiener SPÖ hinsichtlich der Behandlung der Nazis, der u. a. die Aberkennung des aktiven und passiven Wahlrechts für die Dauer von fünf Jahren, das Verbot der Mitgliedschaft bei allen politischen

---

[36] Rathkolb, Die Nazi-Frage, a. a. O., S. 146.

[37] 1947/48 wurde die politische Linke innerhalb der SPÖ entmachtet. Wegen seines Naheverhältnisses zur KPÖ wurde der damalige SP-Zentralsekretär Erwin Scharf (1945–1948) am 30. 10. 1948 aus der SPÖ ausgeschlossen und musste auf sein Nationalratsmandat verzichten. Am 16. 12. 1948 nahm sich die Nationalratsabgeordnete und ehemalige Funktionärin der Revolutionären Sozialisten Hilde Krones mit 38 Jahren das Leben. Erwin Scharf war in der Folge Mitbegründer der Partei der Linkssozialisten, die bei den Nationalratswahlen 1949 auf einer gemeinsamen Liste mit der KPÖ kandidierte und 1956 in die KPÖ eingegliedert wurde. Von 1949–1953 gehörte Scharf dem Nationalrat als Abgeordneter des Linksblocks an, danach war er Mitglied des Zentralkomitees und des Politbüros der KPÖ sowie Chefredakteur der Volksstimme. Er starb 1994 in Wien. Mit Scharf wechselten tatsächlich nur wenige SP-Linke zur KPÖ, da sich die SJ-Linke (u. a. Peter Strasser, Josef Hindels und Paul Plau) von Scharf distanziert hatte. Siehe: Fritz Weber, Der Kalte Krieg in der SPÖ. Koalitionswächter, Pragmatiker und Revolutionäre Sozialisten 1945–1950, Wien 1986.

Parteien für die gleiche Zeitspanne, die Entfernung aus allen leitenden Stellen im öffentlichen und privaten Leben sowie die Leistung einer Wiederaufbauabgabe vorsah.[38] Die SPÖ gab sich jedenfalls in der Öffentlichkeit zunächst ein antifaschistisches Image, obwohl Renner und Schärf innerhalb der Provisorischen Staatsregierung für eine relativ milde Behandlung der NSDAP-Mitglieder eintraten.[39] Am 11. September 1945 beschloss der Alliierte Rat die Zulassung der drei politischen Parteien ÖVP, SPÖ und KPÖ für das gesamte Bundesgebiet und genehmigte die Durchführung von Nationalratswahlen.[40] In diesem Zusammenhang führte die Frage, ob ehemalige Nationalsozialisten das Wahlrecht erhalten sollten, innerhalb des SPÖ-Parteivorstands zu einer heftigen Kontroverse. In deren Brennpunkt stand der von der Wiener SPÖ vorgelegte und vermutlich von Paul Speiser verfasste Entwurf, wonach jenen ehemaligen Nationalsozialisten, die „verbrecherischer Natur" gewesen waren, das aktive und passive Wahlrecht auf Lebenszeit abgesprochen, und allen anderen das Wahlrecht auf fünf Jahre entzogen werden sollte.[41] Vor allem Karl Renner distanzierte sich energisch von Speisers Vorschlag: Im Vergleich zu einer solchen Vorgangsweise – so vermerkt das Protokoll – „sei laut Renner Hitler ‚ein Engel' gewesen. Er, Renner, würde sich schämen, wenn so etwas jemals beschlossen werden sollte."[42] Interessant sind auch die Argumente, mit denen Renner seine Haltung be-

[38] Ebd., S. 146.
[39] Ebd., S. 145.
[40] Josef Leidenfrost, Die Nationalratswahlen 1945 und 1949: Innenpolitik zwischen den Besatzungsmächten. In: Günter Bischof/Josef Leidenfrost (Hg.), Die bevormundete Nation. Österreich und die Alliierten 1945–1949, Innsbruck 1988, S. 131 f.
[41] Bailer-Galanda, Die Entstehung der Rückstellungs- und Entschädigungsgesetzgebung, a. a. O., S. 43; Protokoll der Sitzung des erweiterten Parteivorstandes der SPÖ, 3. 9. 1945, VGA Wien.
[42] Protokoll der Sitzung des erweiterten Parteivorstandes der SPÖ, 3. 9. 1945, VGA Wien.

gründete. So sei mehr Milde in der NS-Frage notwendig, weil es fast „keine sozialistische Arbeiter-Familie“ gebe, „in der nicht einer den Nazis nachgelaufen“ sei. In diesen Familien könne die Stimmung bei strengem Strafausmaß leicht umschlagen.[43] Auf einer Parteiländerkonferenz im Oktober 1945 gab Renner seiner Befürchtung Ausdruck, dass bei einem Wahlausschluss der Nationalsozialisten der SPÖ durch den Verlust dieser Wählerstimmen schwerer Schaden erwachsen werde: „Es geht nicht, dass wir so weit gehen, unter Umständen sehr wertvolle Elemente von uns abzustoßen.“ Im Protokoll heißt es weiter: „Es müßte auch darauf Rücksicht genommen werden, dass jetzt die jüdischen Wähler wegfallen und wenn wir damit auch noch diese Stimmen abstoßen, kann das eine Gefahr sein.“[44] Renner, flankiert von Schärf und Helmer, konnte sich mit seiner Haltung innerparteilich nicht durchsetzen. Vor allem die Wiener SPÖ-Gruppe um Zentralsekretär Scharf und den späteren Wiener Bürgermeister Bruno Marek[45], der in einer eventuellen Wahlzulassung der Nationalsozialisten einen „Schlag ins Gesicht der KZler und Inhaftierten“ sah[46], hatten hohen Anteil daran, dass die SPÖ letztlich für einen Wahlausschluss der ehemaligen Nationalsozialisten eintrat.

Die ÖVP plädierte auf der zweiten und dritten Länderkonferenz im Oktober 1945 für eine Bestrafung der „wirklichen“ Nazis, aber ebenso für eine Amnestie aller Mitläufer, „die unter Zwang und Terror der NSDAP als Mitglied

[43] Ebd.

[44] Protokoll der Parteiländerkonferenz, 8. 10. 1945, VGA Wien.

[45] Bruno Marek war von 1965–1970 Landeshauptmann und Bürgermeister von Wien und von 1971–1984 DÖW-Präsident.

[46] Protokoll der Parteiländerkonferenz, 8. 10. 1945, VGA Wien.

beigetreten waren, ohne sich jemals nationalsozialistisches Gedankengut angeeignet zu haben."[47] Dieser Gruppe sollte nach den Vorstellungen der ÖVP das Wahlrecht zuerkannt werden. Im Vorfeld der Nationalratswahlen kamen die Vorschläge der ÖVP einem geschickten, taktischen Liebäugeln mit dem Wählerreservoir der Angehörigen der von der Wahl ausgeschlossenen ehemaligen Nazis gleich.

Auch auf Regierungsebene wurde im Oktober 1945 nochmals ein Anlauf zugunsten des Wahlrechts für die Nationalsozialisten genommen. So zog der Kabinettsrat in Erwägung, nur bestimmte Gruppen der ehemaligen Nationalsozialisten vom Wahlrecht auszuschließen. Angesichts des kurzen Zeitlimits bis zur Nationalratswahl und angesichts der Tatsache, dass vonseiten der Alliierten für dieses Vorhaben keine Zustimmung zu erwarten war, wurde dieser Plan vom Kabinettsrat wieder rasch verworfen. Die SPÖ und die KPÖ, bei der die NS-Frage in der politischen Argumentation die größte Rolle spielte, hatten schlussendlich erreicht, dass die Nazis von den ersten freien Wahlen in Österreich ausgeschlossen blieben.

Dennoch muss festgestellt werden, dass alle drei Parteien bereits im Nationalratswahlkampf 1945 die ehemaligen Nationalsozialisten mit der Absicht umwarben, bei den Wahlen die Stimmen von deren Angehörigen und Freunden zu erhalten. In diesem Sinn zögerten ÖVP und SPÖ nicht, Wahlversprechen bezüglich einer milden Behandlung der ehemaligen Nationalsozialisten zu geben.[48] Aber auch der antifaschistisch geprägten KPÖ gelang es nicht, solche tak-

[47] Lang-Kremsmayer, a. a. O., S. 177; Dieter Stiefel, Nazifizierung plus Entnazifizierung = Null? Bemerkungen zur besonderen Problematik der Entnazifizierung in Österreich. In: Sebastian Meissl u. a. (Hg.), Verdrängte Schuld, verfehlte Sühne. Entnazifizierung in Österreich 1945–1955, Bad Vöslau 1986, S. 31 ff.

[48] Bailer-Galanda, Die Entstehung der Rückstellungs- und Entschädigungsgesetzgebung, a. a. O., S. 44 ff.

tischen Überlegungen ganz außer Acht zu lassen. So findet sich in den politischen Berichten des Political Officer der US-Legation in Wien, Martin F. Herz, auch eine Aufzeichnung über ein Gespräch zwischen ihm und KPÖ-Staatssekretär für Volksaufklärung und Unterricht, Ernst Fischer, das in diesem Zusammenhang sehr erhellend ist. Fischer gab bereits im August 1945 unumwunden zu, dass es sich bei dem „Vorwurf der Anwerbung von ehemaligen Nazis durch die KPÖ nicht um ein von ihren Feinden gestreutes, böses Gerücht handelte, sondern im Gegenteil um einen etablierten programmatischen Standpunkt seiner Partei, der – bei aller Gefahr der Missinterpretation – seinen Sinn darin hatte, aus den im Grund unpolitischen Anhängern der Nazi-Partei politischen Nutzen zu ziehen. Niemand anderer [als die KPÖ] sei nachhaltiger für eine harte und sofortige Bestrafung der Nazi-Führer und Kriegsverbrecher eingetreten."[49] Im Bericht wird weiter ausgeführt, dass die Massen der unpolitischen Mitläufer der NSDAP – Fischer schätzte ihre Zahl auf 500.000 – gar nicht wüssten, wo sie stünden, und daher nicht vom politischen Leben ausgeschlossen werden könnten.[50] Die Historikerin Brigitte Bailer-Galanda weist zurecht darauf hin, dass damit auch Ernst Fischer von der KPÖ jenes „Lied vom kleinen Nazi" anstimmte, „das die Geschichte der Entnazifizierung und deren schrittweise Rücknahme bis zum Staatsvertrag begleiten sollte."[51] Diese Haltung nahm beispielsweise auch der Wiener Bürgermeister Theodor Körner im August 1945 in einem Gespräch mit Mitarbeitern des

[49] Reinhold Wagnleitner (Hg.), Understandig Austria. The Political Reports and Analyses of Martin F. Herz, Political Officer of the US Legation in Vienna 1945–1948, Salzburg 1984, S. 22.
[50] Ebd., S. 22.
[51] Bailer-Galanda, Die Entstehung der Rückstellungs- und Entschädigungsgesetzgebung, a. a. O., S. 45.

OSS (Office of Strategic Services), des US-amerikanischen Auslandsgeheimdienstes, ein.[52]

Mit dem Ausgang der Nationalratswahlen vom 25. November 1945 konnte vor allem die ÖVP zufrieden sein: Sie erreichte – allerdings durch ein mehrheitsförderndes Verhältniswahlrecht, das die stärkste Partei bei der Mandatsvergabe bevorzugte – mit 49,8 % der Stimmen die absolute Mehrheit an Mandaten (85), die SPÖ kam auf 76, die KPÖ auf 4 Mandate. Wie wahlentscheidend die jeweiligen Stellungnahmen der politischen Parteien zur NS-Frage gewesen sein dürften, geht u. a. aus der kritischen Analyse eines „außenstehenden Beobachters" hervor: John G. Erhardt, der politische Berater des kommandierenden Generals der United States Forces in Austria (USFA), erklärte den überraschend hohen Wahlerfolg der ÖVP vor allem mit deren „liberaler" Haltung in der NS-Frage.[53] Diese Einschätzung wurde auch von der SPÖ-Führung geteilt. Zwar brachte sie das schlechte Abschneiden der SPÖ mit dem Fehlen der jüdischen Stimmen in Zusammenhang, stimmungsmäßig führte sie die Wahlniederlage mehrheitlich aber auf ein von der „Sozialistischen Jugend" Wiens eigenmächtig herausgegebenes Wahlplakat zurück, das wie kaum ein anderes Dokument die radikale Position des linken Parteiflügels zur NS-Frage versinnbildlichte, indem es den Austausch der Kriegsgefangenen in Sibirien gegen Nationalsozialisten in Österreich propagiert hatte.[54] Die Wahlniederlage führte bei der SPÖ zu einem Überdenken des bisherigen Kurses in der NS-Frage und verschaffte dem

[52] Oliver Rathkolb (Hg.), Politik und Gesellschaft am Beginn der Zweiten Republik. Vertrauliche Berichte der US-Militäradministration aus Österreich 1945 in englischer Originalfassung, Wien-Köln-Graz 1985, S. 119.

[53] Günter Josef Bischof, Between Responsibility and Rehabilitation: Austria in International Politics 1940–1950, Harvard University 1989, S. 297.

[54] Rathkolb, Die Nazi-Frage, a. a. O., S. 146

Flügel um Schärf und Helmer nun in den parteiinternen Diskussionen absolute Dominanz.[55]

1946 sprach man bereits von einem Wettlauf der beiden Großparteien um die Gunst der „einfachen“ NSDAP-Mitglieder. So schloss sich die SPÖ den Forderungen der ÖVP nach verstärkten Amnestierungen der „Ehemaligen“ an, von denen inzwischen viele versucht hatten, die Ausnahmebestimmungen des Paragraphen 27 des „Verbotsgesetzes vom 8. Mai 1945“ – jenes Paragraphen, der seinerzeit auf Initiative von Schärf in das Gesetz aufgenommen worden war – für sich zu nutzen.[56] Dieser Paragraph räumte der Provisorischen Staatsregierung bzw. der Bundesregierung die Möglichkeit ein, ehemalige Nationalsozialisten u. a. von der Registrierung und von den Bestimmungen gegen „Illegale“, schwer belastete Nationalsozialisten und Förderer in Einzelfällen auszunehmen, „wenn der Betreffende seine Zugehörigkeit zur NSDAP oder einem ihrer Wehrverbände (SS, SA, NSKK, NSFK) niemals missbraucht hat und aus seinem Verhalten noch vor der Befreiung Österreichs auf eine positive Einstellung zur unabhängigen Republik Österreich mit Sicherheit geschlossen werden kann.“[57] In diesem Sinn setzte ein reger Handel mit „Persilscheinen“ und politischen Leumundszeugnissen ein, der wiederum eine Inflation der §27-Ansuchen nach sich zog. So war es bereits vielen „Ehemaligen“ gelungen, auch in der SPÖ Fuß zu fassen. Allein in der Steiermark waren auf Veranlassung bzw. mit Zustimmung der SPÖ „einige tausend“ Nationalsozialisten bis zum Juni 1946 entregistriert worden. Laut Adolf Schärf hatte

[55] Ebd., S. 146.
[56] Art. 6 § 27 des Verbotsgesetzes vom 8. 5. 1945, StGBl. 1945/13.
[57] Ebd.

Bundeskanzler Figl in Niederösterreich zu diesem Zeitpunkt bereits „20.000–30.000 Entregistrierungen" durchgeführt.[58] Darüber hinaus war bereits im Februar 1946 im Parteivorstand der SPÖ die Befürchtung gehegt worden, dass sich eine mögliche Verschärfung des Verbotsgesetzes im Bereich des öffentlichen Dienstes zugunsten der ÖVP auswirken würde. Der steiermärkische SP-Landeshauptmannstellvertreter Reinhard Machold hatte damals argumentiert, dass in einem solchen Fall in der Steiermark „in den oberen drei Rangstufen kein einziger Sozialist im Dienst" bleiben würde. Vor einer solchen Entwicklung hatte auch der SPÖ-Nationalratsabgeordnete Hans Brachmann mit dem drohenden Hinweis gewarnt, dass in Niederösterreich 4.000 Lehrer außer Dienst gestellt und somit „die Schulen gesperrt werden" müssten.[59] Adolf Schärf hatte sich persönlich für zahlreiche Entregistrierungen eingesetzt und in diesem Sinn politisch interveniert. So konnten beispielsweise die ehemaligen NS-Ärzte Dr. Heinrich Preis, Assistent an der II. Wiener Medizinischen Universitätsklinik, und Univ.-Doz. Dr. Kurt Polzer, Mitarbeiter an der Wiener Universitätsnervenklinik, auf die besondere Unterstützung von Schärf zählen. In beiden Fällen berief sich Schärf auf angebliche Widerstandshandlungen in der Endphase der NS-Herrschaft, die eine Entregistrierung rechtfertigen würden. In einem Brief an den Betriebsratsobmann des Wiener Allgemeinen Krankenhauses, Univ.-Doz. Dr. Paul Grüneis, vom 15. November 1945 stellte Schärf dazu fest: „Gelegentlich der dritten Länderkonferenz wurden vom politischen Kabinettsrat zehn Entregistrierungen beschlossen. Es sind die ersten zehn überhaupt

[58] Protokoll der Sitzung des Parteivorstandes der SPÖ, 27. 6. 1946, VGA Wien; Brigitte Bailer, L'esprit antifasciste de l'apres-guerre. In: Austriaca. Cahiers universitaires d'information sur l'Autriche, Nr. 51, 2000, Universitè de Rouen 2001, S. 42 f.
[59] Protokoll der Sitzung des Parteivorstandes der SPÖ, 18. 2. 1946, VGA Wien.

gewesen; unter diesen befanden sich Prof. Schönbauer und Herr Dr. Preiss [sic!]. Die Unterschriften sollten von den Kabinettsratsmitgliedern nachmittags abgegeben werden. An dem Nachmittag erklärte dann Herr Staatssekretär Figl namens der Volkspartei, dass er nicht in der Lage sei, auch nur eine einzige Unterschrift zu einer einzigen Entregistrierung abzugeben. [...] Zweifellos hat der Vorstand der Volkspartei Herrn Staatssekretär Figl untersagt, seine Unterschrift abzugeben."[60] Seiner Empörung über diese Entscheidung verlieh Schärf auch in einem Brief an den Dekan der Medizinischen Fakultät der Universität Wien, Univ.-Prof. Dr. Leopold Arzt, Ausdruck, in dem er den ehemaligen „illegalen" Nationalsozialisten Dr. Preis als Widerstandskämpfer charakterisierte und im Anschluss meinte: „Bei der Schaffung des Verbotsgesetzes habe ich im Kabinettsrat auf jene Tatsache [der Widerstandshandlung] hingewiesen und damit begründet, dass man den Ausnahmeparagraph des Verbotsgesetzes schaffen soll, der, wie ich dann höre, in der Folge der Besprechungen den Namen Schönbauer-Paragraph erhalten hat. Es war im Kabinettsrat einhellig die Meinung, dass man solche Fälle pardonieren soll."[61]

Blieb den Interventionsbemühungen Schärfs in diesen beiden Fällen auch der spontane Erfolg versagt, so zogen sie für die betroffenen Ärzte doch zumindest eine bevorzugte Behandlung im Rahmen des Entnazifizierungsprozesses nach sich.[62]

---

[60] Brief von Dr. Adolf Schärf an Doz. Dr. Paul Grüneis vom 15. 11. 1945, Schärf-Nachlass, Box 26, Verein für Geschichte der Arbeiterbewegung.

[61] Brief von Vizekanzler Dr. Adolf Schärf an den Dekan der medizinischen Fakultät der Universität Wien vom 28. 12. 1945, UAW, Akademischer Senat, Sonderreihe S 123, Schachtel 90; UAW, Dekanatsakten, Medizinische Fakultät, Zl. 141, 1945/46.

[62] Vgl. Brief des Dekans der medizinischen Fakultät der Universität Wien an Vizekanzler Dr. Adolf Schärf vom 8. 1. 1946, UAW, Akademischer Senat, Sonderreihe S 123, Schachtel 90; UAW, Dekanatsakten, Medizinische Fakultät, Zl. 141, 1945/46.

Die parteiübergreifenden massiven Amnestierungsbestrebungen riefen in der Folge den Widerstand der Alliierten auf den Plan. Das zeigte sich besonders beim Zustandekommen des „Nationalsozialistengesetzes“ von 1947: So wurde das auf einer Drei-Parteien-Vereinbarung beruhende und im Juli 1946 vom Nationalrat beschlossene Verfassungsgesetz vom Alliierten Rat beeinsprucht, der es für viel zu milde hielt und für dessen endgültigen Genehmigung im Februar 1947 an die 50 verschärfende Abänderungen forderte.[63]

Durch das rigide Vorgehen der Alliierten trug das „NS-Gesetz“ sehr bald das Stigma des „Fremdbestimmten“. Als „Gesetz, das keiner wollte“[64], erleichterte es den beiden Großparteien, eine nachhaltige Milderung der von außen aufgezwungenen Entnazifizierungsbestimmungen anzupeilen.[65]

Aber selbst die Alliierten hatten im neuen NS-Gesetz die Möglichkeit der individuellen Begnadigung der ehemaligen Nationalsozialisten nicht abgeschafft. Nunmehr konnte der Bundespräsident nach § 27 des Verbotsgesetzes auf Antrag der zuständigen Bundesminister Ausnahmen von der Behandlung nach den Bestimmungen der Artikel III (Strafbestimmungen gegen „Illegale“ und schwerer belastete Nationalsozialisten) und IV (sonstige Bestimmungen: Zwangsarbeit, Entlassungen aus dem Dienst etc.) sowie eine Nachsicht von den Sühnefolgen aussprechen.[66] Außerdem stand es den registrierungspflichtigen Nationalsozialisten weiterhin offen, Beschwerdekommissionen anzurufen und auf diese Weise eine Änderung ihrer Einstufung zu erwirken. So konnten „Belastete“ ihre Umwandlung in „Minderbelas-

---

[63] Stiefel, Entnazifizierung, a. a. O., S. 111.

[64] Ebd., S. 111.

[65] Lang-Kremsmayer, a. a. O., S. 178 f.

[66] Art. 6 § 27 des Verbotsgesetzes von 1947 (Nationalsozialistengesetz), BGBl. 1947/25.

tete" und „Minderbelastete" ihre Befreiung von der Registrierungspflicht erreichen.[67]

Ab 1947/48 begann sich das gesamtgesellschaftliche Klima in Österreich zugunsten der ehemaligen Nationalsozialisten nachhaltig zu verändern: „In der Weltpolitik beendete der Kalte Krieg zwischen Ost und West die Anti-Hitler-Koalition, Antikommunismus trat anstelle des Antifaschismus".[68] Vor allem der Kalte Krieg hatte das Interesse der Alliierten an der Fortführung einer harten Entnazifizierung rasch beendet. Insbesondere die bis dahin in der Frage der Entnazifizierung tonangebende US-Besatzungsmacht reduzierte ihre diesbezüglichen Bemühungen, obgleich sie im Alliierten Rat dennoch darauf bedacht blieb, die österreichischen Bestrebungen zur Beendigung der Entnazifizierung zu verhindern.[69] Vor dem Hintergrund einer Gesellschaft, die von der „Kriegsgeneration" (700.000 Ex-NSDAP-Mitglieder und 1,2 Mio. Kriegsteilnehmer) dominiert wurde, waren

[67] Art. 2 § 7 des Verbotsgesetzes 1947 sowie Durchführung des Verbotsgesetzes, BGBl. 1947/64; Vgl. Bailer-Galanda, Die Entstehung der Rückstellungs- und Entschädigungsgesetzgebung, a. a. O., S. 215 ff.

[68] Neugebauer, Umgang mit der NS-Euthanasie, a. a. O., S. 110 f.; Vgl. Robert Knight, Kalter Krieg, Entnazifizierung und Österreich. In: Sebastian Meissl, Verdrängte Schuld, a. a. O., S. 37–51.

[69] Nicht zuletzt aufgrund eines Einspruchs der US-Besatzungsmacht verweigerte der Alliierte Rat seine Zustimmung zu u. a. folgenden vom österreichischen Nationalrat beschlossenen Gesetze, die auf eine Aufweichung der Entnazifizierungsbestimmungen abzielten: Mit einem Verfassungsgesetz zur Spätheimkehreramnestie von 1951 sollten alle nach dem 30. 4. 1949 entlassenen Kriegsgefangenen von der Registrierungs- und Sühnepflicht befreit werden. Ferner sollten alle gegen sie laufende Strafverfahren eingestellt, bereits verhängte Strafen nachgesehen werden. Das aufgrund des NS-Gesetzes verfallene Vermögen sollten sie zurückerhalten können. Mit dem Vermögensrückübertragungsgesetz von 1954 sollte die Rückgabe des aufgrund von Volksgerichtsurteilen verfallenen Vermögens an die ehemaligen Nationalsozialisten ermöglicht werden. Das zur selben Zeit beschlossene Bundesgesetz betreffend die Gewährung von Versorgungsgenüssen an ehemalige öffentlich-rechtliche Bedienstete des Ruhestandes sah die Gewährung von Pensionen an ehemalige Beamte vor, die aufgrund ihrer nationalsozialistischen Belastung 1945 aus dem öffentlichen Dienst hatten ausscheiden müssen. Vgl. dazu ausführlich: Bailer-Galanda, Die Entstehung der Rückstellungs- und Entschädigungsgesetzgebung, a. a. O., S. 220 f. u. 344 f.

die Weichen aber in Richtung Integration der „Ehemaligen" gestellt.[70] Eine erste Amnestiewelle war die Folge. Im April 1948 kam es zunächst zur Jugendamnestie („Gesetz über die vorzeitige Beendigung der Sühnefolgen für Jugendliche"). Im Juni desselben Jahres sorgte bereits ein Gesetz, das auf einen Vorschlag der Sowjetunion im Alliierten Rat zurückging, für die „vorzeitige Beendigung der Sühnefolgen für Minderbelastete". Kernpunkt der „Minderbelasteten"-Amnestie war die Zuerkennung des Wahlrechts.[71] Von dieser Amnestie waren 90 Prozent aller Registrierten betroffen. Dieter Stiefel hat nicht Unrecht, wenn er meint: „Damit war die Entnazifizierung in Österreich als Massenerscheinung beendet."[72]

An dieser Stelle sei aber auch die Meinung vertreten, dass eine rigorose Politik der Entnazifizierung in Österreich nur unter Inkaufnahme einer enormen Destabilisierung des Landes gangbar gewesen wäre. Eine radikale Lösung des „Nazi"-Problems[73] wäre vermutlich an der großen Zahl der Betroffenen gescheitert: Das Lager der „Ehemaligen" – 700.000 ehemalige NSDAP-Mitglieder, Hunderttausende SS- und SA-Angehörige sowie deren Familien – umfasste weit mehr als ein Viertel der Bevölkerung, das schon aus Gründen eines demokratischen Neuaufbaus und einer funktionierenden Wirtschaft nicht dauerhaft von Politik und Gesellschaft ausgeschlossen werden konnte. Andere historische Beispiele, wie etwa der Demokratisierungsprozess nach dem Sturz der KP-Systeme in Osteuropa, belegen ebenso, dass es keine Patentrezepte für eine demokratiepolitisch notwendige „Säube-

[70] Brigitte Bailer, L'esprit antifasciste de l'apres-guerre, a. a. O., S. 35 ff.

[71] Lang-Kremsmayer, a. a. O., S. 181.

[72] Stiefel, Nazifizierung, a. a. O., S. 33.

[73] Eine literarische Schilderung einer solchen Entwicklung findet sich im Roman von Christoph Ransmayr Morbus Kitahara, Erstausgabe bei S. Fischer, Frankfurt/Main 1995.

rung" gibt und – mit Ausnahme der DDR – nirgendwo ein völliger Austausch der Systemeliten erfolgte.[74]

Mit der Zulassung des Gros der „Ehemaligen" zu den Wahlen erlebte das Buhlen der Parteien um deren Wählerstimmen jedenfalls einen erneuten Höhepunkt. ÖVP wie SPÖ versuchten durch Integrationsausschüsse, Interventionsstellen etc. „den ehemaligen NSDAP-Mitgliedern bei der Amnestierungsprozedur durch Empfehlungen und Persilscheine behilflich zu sein (ebenso wie die katholische Kirche) und sie so an die Partei zu binden."[75] Beide Großparteien gingen bei ihrem Konkurrenzkampf um den jeweils größeren Anteil am Wählerpotential der ehemaligen Nationalsozialisten strategisch unterschiedliche Wege: Die ÖVP versuchte sich als „antisozialistische Sammelbewegung" bzw. „bürgerliche Einheitsliste" gegenüber den ehemaligen Nationalsozialisten zu profilieren. Durch die Akquirierung ehemals führender NS-Funktionäre sollte die breite Masse der Mitläufer gewonnen werden. In der Steiermark waren auf Initiative des späteren ÖVP-Bundeskanzlers Alfons Gorbach eigene „Befriedungsausschüsse" bzw. „Aktionsausschüsse" ins Leben gerufen worden, die die Eingliederung des vormaligen NS-Führungscorps bezwecken sollten.[76] Im späteren Präsidentschaftswahlkampf 1951 führte die ÖVP Gespräche mit deklarierten Nationalsozialisten, bei denen es um die Bildung gemeinsamer Listen und vor allem um einen gemeinsamen Präsidentschaftskandidaten (Dr. Gleiss-

[74] Weitere Anregungen und kritische Gedanken zur Frage, wie nach einem Regimewechsel mit den durch das vergangene Regime Kompromittierten umgegangen werden kann oder soll, sind in folgendem Buch skizziert: Gary Smith/Avishai Margalit (Hg.), Amnestie oder Die Politik der Erinnerung in der Demokratie, Frankfurt/Main 1997.

[75] Rathkolb, Nazifrage, a. a. O., S. 146.

[76] Schärf, Erneuerung, a. a. O., S. 244; Hermann Gruber, Die Jahre in der Politik. Erinnerungen, Klagenfurt 1982, S. 50; Lang-Kremsmayer, a. a. O., S. 182 f.

ner) ging[77], ferner wurden eigene Sekretariate für ehemalige Nazis eingerichtet.

Die Strategie der SPÖ, die damals bereits von dem Flügel um Schärf/Helmer/Waldbrunner dominiert wurde, zielte einerseits auf eine Aufsplitterung des bürgerlichen Lagers durch die Ermöglichung einer vierten Partei sowie andererseits auf die Gewinnung bzw. Neutralisierung von ehemaligen Nationalsozialisten durch den BSA.[78] So bemühte sich die Parteiführung der SPÖ erfolgreich um eine Zulassung des „Verbands der Unabhängigen" (VdU), der sich als eine Art „Sammelbewegung der ‚Ehemaligen' unter dünner liberaler Führung" konstituiert hatte, bei den Nationalratswahlen 1949. Die Zustimmung der Alliierten hatten Schärf und Helmer durch ihre geschickte Interventionspolitik bei der amerikanischen, britischen und französischen Regierung herbeigeführt.[79] Die ÖVP versuchte hingegen die SP-Strategie zu durchkreuzen, in dem sie eigene Kontakte zu NS-Kreisen knüpfte. Unter Mitwirkung des damaligen steirischen ÖVP-Landeshauptmannes Josef Krainer sen. und des späteren ÖVP-Bundeskanzlers Ing. Julius Raab wurden in der Villa des ÖVP-Politikers Alfred Maleta in Oberweis bei Gmunden Geheimtreffen mit führenden „Ehemaligen" arrangiert, die jedoch das Antreten des VdU/WdU[80] bei den

[77] Lang-Kremsmayer, a. a. O., S. 181. Ein gemeinsamer Präsidentschaftskandidat zwischen der ÖVP und dem so genannten „dritten Lager" kam im Übrigen erst bei der Bundespräsidentenwahl 1957 zustande, bei der der ÖVP-FPÖ-Kandidat Dr. Wolfgang Denk gegen den SPÖ-Kandidaten Dr. Adolf Schärf unterlag.

[78] Lang-Kremsmayer, a. a. O., S. 183.

[79] Ebd., S. 183 f.

[80] Die Partei konstituierte sich als Verband der Unabhängigen (VdU), trat aber als die Wahlpartei der Unabhängigen (WdU) zu den Wahlen an und bildete auch unter diesem Namen die Parlamentsfraktion. Siehe: Brigitte Bailer-Galanda, Hoch klingt das Lied vom „kleinen Nazi". Die politischen Parteien Österreichs und die ehemaligen Nationalsozialisten. In: DÖW (Hg.), Themen der Zeitgeschichte und der Gegenwart. Arbeiterbewegung – NS-Herrschaft – Rechtsextremismus. Ein Resümee aus Anlass des 60. Geburtstages von Wolfgang Neugebauer, Wien 2004, S. 125 f.

Nationalratswahlen 1949 nicht zu verhindern vermochten.[81] Nach Ansicht des Politologen Anton Pelinka betrieb die ÖVP die Integration der ehemaligen Nazis stärker als die SPÖ: „So etwa durch die Organisation der ‚Jungen Front', die durch das Herausstellen von ‚Kriegshelden' mehr oder minder ehemalige Nationalsozialisten zur ‚Volkspartei' ziehen sollte."[82] Nach dem Einzug des VdU/WdU in den Nationalrat änderte die ÖVP ihre Strategie dahingehend, dass sie aus taktischen Überlegungen die gezielte und inhaltlich-punktuelle Annäherung zum VdU/WdU suchte. Um Teile der VdU/WdU-Wählerschaft für sich zu gewinnen, war die ÖVP beispielsweise in der NS-Frage zu einer kaum verhüllten Kooperation mit dem VdU/WdU bereit. Eine erste Erfolgsbilanz, die sich gleichzeitig hervorragend als Wahlwerbung nutzen ließ, verkündete der damalige ÖVP-Generalsekretär Alfred Maleta im Nationalratswahlkampf 1953. So betonte er in einer Rundfunkansprache, wie viele Männer aus dem „nationalen" Lager den Weg in die ÖVP gefunden hätten und verwies dabei auf Finanzminister Reinhard Kamitz, den Bundesminister für Land- und Forstwirtschaft Franz Thoma und den Bundesminister für Handel und Wiederaufbau

[81] Vgl. Rudolf Neck, Innenpolitische Entwicklung. In: Erika Weinzierl/Kurt Skalnik (Hg.), Österreich. Die Zweite Republik, Bd. 1, Graz-Wien-Köln 1972, S. 160; Kurt Skalnik, Parteien. In: Erika Weinzierl/Kurt Skalnik (Hg.), Österreich. Die Zweite Republik, Bd. 2, Graz-Wien-Köln 1972, S. 208–215; Ludwig Reichhold, Geschichte der ÖVP, Graz 1975, S. 187–191; Viktor Reimann, Die dritte Kraft in Österreich, Wien-München-Zürich-New York 1980, S. 121 ff.; Lothar Höbelt, Von der vierten Partei zur dritten Kraft. Die Geschichte des VdU, Graz 1999, S. 89 ff.; Vgl. auch die Darstellung im Kapitel „Konferenz von Oberweis" in dem revisionistischen Werk von: Wilhelm Höttl, Einsatz für das Reich, Koblenz 1997, S. 391 f.

[82] Anton Pelinka, Die Großparteien und der Rechtsextremismus. In: Dokumentationsarchiv des österreichischen Widerstandes (Hg.), Handbuch des österreichischen Rechtsextremismus, 2. Aufl., Wien 1993, S. 470 ff.

Josef Böck-Greisenau sowie den Nationalratsabgeordneten Franz Gschnitzer.[83]

Während sich die SPÖ von ihrer VdU-Strategie eine dauerhafte Schwächung der ÖVP erhoffte, beabsichtigte sie mit der BSA-Strategie ihr akutes Akademikerdefizit mit der Erschließung von – aus ihrer Sicht – integrierbaren, intellektuellen nationalsozialistischen Eliten zu beheben. Der Historiker Oliver Rathkolb konstatiert in diesem Zusammenhang, dass die SPÖ „auch im Bereich der Verstaatlichten Industrie unter Minister Karl Waldbrunner", der ab 1950 als BSA-Langzeitpräsident fungierte, „kein großes Interesse an tiefgreifender Entnazifizierungspolitik" besaß.[84] Viktor Reimann, ein Mitbegründer des VdU, liefert in seinem Buch „Die dritte Kraft in Österreich" einen entscheidenden Hinweis darauf, dass beide SP-Strategien innerhalb der SPÖ nicht unumstritten waren: „Das sozialistische Konzept der Unterstützung des VdU stammt von Schärf und Helmer. Es gab viele Funktionäre innerhalb der SPÖ, vor allem die ehemaligen Insassen der Konzentrationslager, die dem Konzept ihrer beiden wichtigsten Funktionäre skeptisch gegenüberstanden. Sie wollten lieber mit Hilfe des Gnadenparagraphen des NS-Gesetzes ehemalige nationale Akademiker in den BSA lotsen, um diesen aufzufüllen und als Gegengewicht zum CV zu stärken. Hier hatten sie die Nationalen unter Kontrolle und, wenn notwendig, auch unter Druck. Die VdU-Gegner in der SPÖ saßen vor allem im Osten Österreichs, während die Funktionäre im Westen meist hinter dem Schärf-Helmer-Konzept standen."[85] Wie sehr der SPÖ an einer Etablierung des VdU

[83] Zit. nach: Der VdU und wir. Rundfunkrede von Nationalrat Maleta im Sender Rot-Weiß-Rot, 24. 1. 1953, Redner-Unterlage Nr. 8 der Bundesparteileitung, Karl von Vogelsang-Institut Nr. 1470, Kopie in Materialsammlung Quellenedition zur österreichischen Parteiengeschichte 1945–1966, Karl von Vogelsang-Institut.
[84] Rathkolb, Die Nazi-Frage, a. a. O., S. 146.
[85] Reimann, Die dritte Kraft, a. a. O., S. 125.

gelegen war, wurde auch daran ersichtlich, dass sie dem VdU 1949 den Wahlkampf in Oberösterreich finanzierte.[86]

Wie groß die Versuchung aller Parteien war, einen Anteil am „braunen" Wählerpotential zu ergattern, veranschaulicht auch die Taktik der KPÖ, „Heimkehrer" und „Kriegsgefangene" nach 1949 über die „Tarnorganisation" der „Nationalen Liga" in die KPÖ zu integrieren, nachdem sich die Methode der Umerziehung von Kriegsgefangenen in sowjetischen „Antifa-Lagern" nicht wirklich bewährt hatte.[87]

Bei den Nationalratswahlen am 9. Oktober 1949 erzielte der VdU 16 Mandate, die Kommunisten erhielten gemeinsam mit den 1947 von der SPÖ abgespaltenen Linkssozialisten fünf Mandate. Auf die ÖVP entfielen 77 Mandate, sie büßte mit dem Verlust von acht Mandaten ihre absolute Mehrheit ein. Die SPÖ kam auf 67 Mandate, was ein Minus von neun Mandaten darstellte. Mit dem Einzug des VdU in den Nationalrat verfügten die „Ehemaligen" nun aber auch über eine durchsetzungsfähige, parlamentarische Lobby, die nachdrücklich für die Aufhebung der Entnazifierungsmaßnahmen, gegen die Restitution „arisierten" Eigentums und für eine „Wiedergutmachung" an den „diskriminierten" ehemaligen Nationalsozialisten eintrat. Tatsächlich wurden in der Folgezeit die noch bestehenden Entnazifizierungsmaßnahmen durch eine milde Praxis und unzählige Einzelfallamnestierungen ausgehöhlt. Brigitte Bailer-Galanda kommt in ihrem Bericht für die österreichische Historikerkommission u. a. zu dem Schluss, dass sich die Parteien bereits seit 1947 darum bemühten, „die Entnazifizierung so weit und so rasch wie möglich wieder zurückzunehmen. Abseits der Öffentlichkeit wurde alles daran gesetzt, die Folgen des NS-Gesetzes

[86] Ebd., S. 125 f.

[87] Rathkolb, Die Nazi-Frage, a. a. O., S. 141; vgl. Michael Pucher, Umerziehung im sowjetischen Kriegsgefangenenlager Talicy, Dipl.-Arb., Univ. Graz 1997.

für die Betroffenen individuell abzuschwächen, nach außen versuchte die Regierung, durch schrittweise Maßnahmen die NS-Gesetzgebung nach und nach zu beseitigen, wobei allerdings die Alliierten bis zum Staatsvertrag 1955 diesen Bestrebungen immer wieder Grenzen setzten."[88] Im Brennpunkt der Politik standen nun der Wiederaufbau und die Erlangung des Staatsvertrags. Nach dessen Unterzeichnung und dem Abzug der alliierten Besatzungstruppen gab es keine Hemmungen mehr: Ende 1955 wurden die Volksgerichte abgeschafft, mit der Amnestie von 1957 wurde praktisch die Entnazifizierung rückgängig gemacht: Nun waren auch die „Belasteten" wieder voll rehabilitiert: Während ihnen die neuen Regelungen – die Wiedereinstellungen, Gehalts- und Pensionsnachzahlungen, Vermögensrückstellungen, die Aufhebung aller Verbots- und Sühnemaßnahmen, die Strafnachsicht und die Tilgung von Verurteilungen – gänzlich zugute kamen, wurden die staatliche Anerkennung und Wiedergutmachung gegenüber den NS-Opfern nur schleppend und halbherzig betrieben und blieben gegenüber bestimmten Opfergruppen bis heute nicht gänzlich befriedigend.[89]

[88] Bailer-Galanda, Die Entstehung der Rückstellungs- und Entschädigungsgesetzgebung, a. a. O., S. 157.

[89] Bailer-Galanda, Die Entstehung der Rückstellungs- und Entschädigungsgesetzgebung, a. a. O.; Brigitte Bailer, Wiedergutmachung kein Thema, a. a. O.; Robert Knight, „Ich bin dafür die Sache in die Länge zu ziehen." Die Wortprotokolle der österreichischen Bundesregierung von 1945–1952 über die Entschädigung der Juden, Frankfurt/Main 1988.

5. Die Aufnahme der ehemaligen Nationalsozialisten in den BSA

Obwohl der 1946 gegründete BSA als Teil der zuvor beschriebenen SPÖ-Strategie gesehen werden kann, wäre es eine historische Verzerrung, seine Funktion ausschließlich als „Auffangbecken der ehemaligen akademischen NS-Eliten" zu beschreiben. Seit der Gründung des BSA[90] gehörten ihm teils in höchsten Funktionen ehemalige Widerstandskämpfer, KZ-Häftlinge, politisch Verfolgte, Spanienkämpfer sowie eine Reihe von Remigranten an, die besonders – wie übrigens später auch ihre ehemaligen NS-Kollegen – im Wiener Ärztefachverband vertreten waren. Vom „antifaschistischen Geist" gleichsam durchdrungen waren vor allem auch die Repräsentanten des linken Parteiflügels, die hauptsächlich in den Wiener BSA-Fachverbänden zu finden waren. Die Präsenz dieser antifaschistischen Kräfte barg im Zusammenhang mit der einsetzenden Integration der „Ehemaligen" in den BSA ein beträchtliches Konfliktpotential in sich. Im Spiegel der BSA-Sitzungsprotokolle zeigt sich, dass gerade von dieser Seite her die NS-Aufnahmebestrebungen kritisiert und gebremst wurden.

Bald nach der Gründung des BSA traten auch führende BSA-Funktionäre, wie beispielsweise der BSA-Präsident und ehemalige Widerstandskämpfer sowie KZ-Häftling Alfred Migsch, der im Nationalrat der Berichterstatter des neu zu schaffenden NS-Gesetzes war, – mit unterschiedlicher Intensität – für eine maß- und sinnvolle Integration der ehemaligen „einfachen" NS-Mitglieder im Sinn eines notwendigen

---

[90] Am 2. 9. 1946 übermittelte der BSA der Vereinsbehörde sämtliche „eidesstattliche Erklärungen über die seinerzeitige Nichtzugehörigkeit zur NSDAP" der am 2. 6. 1946 in den BSA-Vorstand gewählten Mitglieder. Vgl.: Mappe „Gründung BSA" 1946/47, Archiv BSA Wien.

Demokratisierungsprozesses ein.[91] Der Zeitzeuge Alfred Magaziner, ein Remigrant aus Großbritannien, sieht das im Interview mit Ulrike Lang-Kremsmayer so: „Hätten wir die Leute abgestoßen, was unter Umständen manche gern getan hätten, dann hätte man all diese zu den Christlichsozialen gejagt – denn die Freiheitliche Partei ist erst viel später entstanden. [...] An sich wäre das die größte Dummheit gewesen, all diese Leute dem Gegner, der ja auch nicht ungefährlich war, [...] zu überlassen."[92]

Die erste Anwerbungsphase 1945/46 hatte der BSA – nach der Einschätzung der Tiroler Landesgruppe – ohnehin versäumt: „Die Mitgliederwerbung blieb bisher erfolglos. Ende 1945, anfangs 1946 wurden die besten Gelegenheiten verpasst, die Ingenieure und Juristen schlossen sich größtenteils der ÖVP an, da diese ihnen bei der Entregistrierung behilflich war."[93] Nach dem Inkrafttreten des als hart empfundenen NS-Gesetzes 1947 dürfte eine zweite Phase von Integrationsbemühungen eingesetzt haben, bei denen sich der BSA bereits mit gezielteren Werbeaktionen, wie beispielsweise mit Sondernummern der BSA-Zeitschrift Sozialistischer Akademiker[94], mit Veranstaltungsabenden, Referaten zur NS-Frage und dergleichen an Interessierte im Lager der „Ehemaligen" wandte. Dabei ist auffällig, dass sich die Werbeaktionen vor allem auf die westlichen bzw. südlichen Bundesländer Salzburg, Tirol, Oberösterreich, Steiermark und Kärnten konzentrierten.

[91] Lang-Kremsmayer, a. a. O., S. 180.

[92] Ebd., S. 186.

[93] Bericht der Landesorganisation Tirol, vertreten durch Ing. Havel, Protokoll der BSA-Bundesausschusssitzung vom 10. 4. 1948, Archiv BSA Wien.

[94] So wurde beispielsweise in einem Schreiben des BSA an Karl Waldbrunner eine Sondernummer des „Sozialistischen Akademikers" für Ende September 1948 angekündigt, die neben dem allgemeinen Werbematerial auch vier Artikel – darunter einer zum „Nationalsozialistenproblem" – enthalten sollte. Vgl. Schreiben von Dr. Rosenzweig, BSA, an Karl Waldbrunner vom 21. 8. 1948, Archiv VGA Wien.

Der Fleiß der BSA-Werber sollte sich lohnen. Im Juni 1947 berichtete die oberösterreichische Landesorganisation bereits von der Entfaltung einer „regen Tätigkeit“: „Es melden sich täglich neue Mitglieder an, ein großer Prozentsatz davon sind allerdings ehemalige Nationalsozialisten, die nach Überprüfung aufgenommen werden.“[95]

Für den BSA-Fachverband der Ärzte in Wien stellte deren Obmann Dr. Rom fest, dass „die Aussendung eines Flugblattes einen wesentlichen Zuwachs der Ärztesektion verzeichnet und über 100 Ärzte neu beigetreten sind. Davon bilden ehemalige Nationalsozialisten den größeren Teil. Aber es müssen auch diese Leute erfasst werden, wenn sie gewillt sind, zu uns zu stoßen. Es sind in Wien ungefähr 2.000 Ärzte durch den Nationalsozialismus gegangen, und es wird der Durchschlagskraft der sozialistischen Ärztebewegung bedürfen, wenn diese Ärzte bei uns Anschluss suchen.“[96]

Der Obmann der sozialistischen Lehrervereinigung Dr. Max Neugebauer führte in seinem Bericht die große Mitgliederzahl der sozialistischen Lehrerschaft darauf zurück, dass „sehr viele ehemalige Nationalsozialisten aufgenommen wurden“.[97]

Bei den Werbeaktionen wurde nichts unversucht gelassen. Dr. Wilhelm Stemmer, der spätere Wiener Landtagspräsident, berichtete in einer BSA-Vorstandssitzung, „dass er im

[95] Protokoll der BSA-Bundesausschusssitzung vom 21. 6. 1947, Archiv BSA Wien.

[96] Protokoll der BSA-Bundesausschusssitzung vom 20. 9. 1947, Archiv BSA Wien.

[97] Ebd.; Dr. Max Neugebauer (1900–1971) war nach 1945 SPÖ-Nationalratsabgeordneter und später Präsident des Stadtschulrates für Wien sowie Präsident des DÖW. Max Neugebauer wurde in der rechtsextremen Aula, Nr. 5/2004, wegen seiner 1939 verfassten Dissertation „Das Schulwesen Bulgariens von 1835 bis zur Gegenwart“ (Diss. phil., Wien 1939) angefeindet. Es liegt den Verfassern nicht der geringste Hinweis auf eine NS-Mitgliedschaft von ihm vor. Max Neugebauer war mit Hon.-Prof. Dr. Wolfgang Neugebauer, dem wissenschaftlichen Leiter des DÖW, nicht verwandt.

Auftrag der Bezirksorganisation eine ‚Arbeitsgemeinschaft ehemaligen Nationalsozialisten' geführt hat".[98]

Der Erfolg fiel allerdings bescheiden aus: „Von ungefähr 40 Leuten [sind] sechs unseren Gedankengängen nahegekommen." Bei einer Bundesausschusssitzung vom 10. April 1948 konnte BSA-intern bereits eine erste Erfolgsbilanz der NS-Mitgliederwerbung gezogen werden: Demnach waren in der Steiermark 70 Prozent der BSA-Mitglieder registrierungspflichtig, in Zahlen ausgedrückt waren 405 von 579 steirischen BSA-Mitgliedern Registrierte, in Oberösterreich 124 von 215 (58 Prozent), davon 13 Juristen, 70 Ärzte, 2 Wirtschafter und 4 Mittelschullehrer, in Tirol und Salzburg – hier waren die BSA-Landesorganisationen gerade erst gegründet worden – jeweils 8 von 13 bzw. 26.[99] Allein bei dem Wiener Fachverband der Ärzte schienen nach Angaben von Dr. Rom 126 Registrierte bei einem Mitgliederstand von 365 (April 1948) auf.[100] Ein Blick auf die interne Statistik des BSA zeigt, dass der Zulauf ab 1948 rasant anstieg, im Zeitraum von 1948 bis 1954 vervierfachte sich die Mitgliederanzahl von 2.312 auf 8.741.[101]

Dennoch dürften die Werbeaktionen nicht immer gänzlich friktionsfrei verlaufen sein. Einerseits regte sich interner Widerstand gegen die massive Eingliederung der „Ehemaligen", andererseits hatte der BSA mit strukturellen Problemen in den Bundesländern zu kämpfen, wo sich die sozialistischen

[98] Protokoll der BSA-Bundesvorstandssitzung vom 16. Februar 1948, Archiv BSA Wien.

[99] Protokoll der BSA-Bundesausschusssitzung vom 10. 4. 1948, Archiv BSA Wien; vgl. auch Lang-Kremsmayer, a. a. O., S. 189; Robert Hoffmann, „Bund sozialistischer Anfänger". Zur Integration bürgerlicher Intellektueller im Salzburger BSA nach 1945. In: Hanns Haas u. a. (Hg.), Salzburg. Städtische Lebenswelt(en) seit 1945, Wien-Köln-Weimar 2000, S. 249.

[100] Siehe: Protokoll der BSA-Bundesausschusssitzung vom 10. 4. 1948, Archiv BSA Wien.

[101] Skotton, Der Aufbau einer Intellektuellenorganisation, a. a. O., S. 96 f.

Akademiker erst im organisatorischen Aufbau befanden. So berichtete der Ärztevertreter Dr. Rom vor dem BSA-Bundesausschuss 1948 von „eigentümlichen Verhältnissen" in Kärnten, die sich vermutlich vor dem Hintergrund des damaligen Spannungsfelds zwischen der Ärztekammer und der Sozialversicherung zutrugen: Der Leiter der sozialistischen Ärzte Kärntens, ein gewisser Dr. Hernus, habe auf der Ärztekammertagung in Innsbruck erklärt, dass die Kärntner Ärzte keine Absicht hätten, sich dem BSA anzuschließen. Eine Überprüfung dieser Ärzte ergab, dass die überwiegende Mehrheit von ihnen der NSDAP angehört hatte.[102] Der Obmann der sozialistischen Lehrer Dr. Neugebauer klagte im Juni 1947 über Schwierigkeiten beim Aufbau der Sozialistischen Lehrervereinigung in Tirol: „In Tirol ist der Umstand hemmend, dass von 2.000 Lehrern ungefähr 1.900 Nationalsozialisten sind, sodass es kaum möglich war, einen kleinen Ausschuss zu bilden [Ehemalige Nationalsozialisten durften im BSA keine Funktionäre sein, Anm. d. Verf.]."[103] Sein Vertreter Dr. Stemmer bedauerte wiederum, dass „in allen Bundesländern die Frage der Nationalsozialisten verschieden behandelt wurde, in Wien am schlechtesten, trotzdem sind hier 2.000 Lehrer organisiert".[104] Wie von Stemmer angesprochen waren die Widerstände gegen eine rasche Öffnung des BSA in Richtung „Ehemaliger" in Wien am stärksten, was u. a. damit zusammenhing, dass die antifaschistische Tradition in der Wiener Partei besonders stark verwurzelt war: So verfügte die Wiener SPÖ über einen starken linken Flügel; vor allem die „Revolutionären Sozialisten", die aktiv gegen den „Austrofaschismus" und gegen die NS-Herrschaft Wider-

[102] Protokoll der BSA-Bundesausschusssitzung vom 10. 4. 1948, Archiv BSA Wien.
[103] Protokoll der BSA-Bundesausschusssitzung vom 21. 6. 1947, Archiv BSA Wien.
[104] Protokoll der BSA-Bundesausschusssitzung vom 10. 4. 1948, Archiv BSA Wien.

stand geleistet hatten und politisch verfolgt (KZ-Haft etc.) worden waren, waren in der Wiener Partei organisiert; der Einfluss der vertriebenen und aus dem Exil heimgekehrten größtenteils jüdischen SP-Funktionäre war nirgendwo größer als in ihr; der Umstand, dass die „alte" sozialdemokratische Wiener Partei von vielen führenden jüdischen Funktionären getragen worden war, sorgte klimatisch von vornherein für ein reservierteres Verhältnis gegenüber antisemitischen Gruppierungen; ferner dürfte das Erbe des „Roten Wien" auch insofern intakt geblieben sein, als die Wiener Kommunalverwaltung die Konkurrenz seitens des CV bei weitem als nicht so existenzbedrohend empfand wie die Sozialisten in den restlichen Bundesländern.[105]

In den westlichen Bundesländern bot sich jedoch ein anderes Bild: Hier war der Mangel der SPÖ an technischen und wirtschaftlichen Fachkräften besonders spürbar. Der BSA bemühte sich vorrangig um die deutschnationale Intelligenz in urbanen sowie industriellen Gebieten, während etwa die ÖVP – unterstützt von der katholischen Kirche – die Integration der „Ehemaligen" im ländlichen Bereich forcierte.[106] Vor allem in den Industrieregionen in Oberösterreich (VOEST, Chemie-Linz, Steyr-Werke etc.), in Salzburg (Kraftwerksbau Kaprun etc.) und in der Steiermark (Leoben etc.) ließ der dringende Bedarf an Experten kaum eine Kritik an der BSA-Aufnahmepolitik zu.[107] Dabei schlossen sich nicht wenige „Minderbelastete" – wie Robert Hoffmann für Salzburg konstatiert – unter dem Motto „lieber rot als schwarz" dem BSA an, vor allem, wenn bei ihnen eine antiklerikale Gesinnung und konfliktreiche Erfahrungen aus der Zeit

[105] Lang-Kremsmayer, a. a. O., S. 188.
[106] Hoffmann, „Bund sozialistischer Anfänger", a. a. O., S. 252.
[107] Vgl. Lang-Kremsmayer, a. a. O., S. 190.

des „Ständestaates“ vorhanden waren.[108] In diese Gruppe fielen auch jene Sozialdemokraten, die 1934 bzw. 1938 zur NSDAP übergelaufen waren und nun wieder die Rückkehr zur SPÖ bzw. zum BSA betrieben. Der regional unterschiedliche Zustrom zum BSA in den Bundesländern erklärt sich zum Teil daraus, ob es dem BSA wie in Kärnten oder der Steiermark gelang, auch im ländlichen Raum so genannte „Opinion Leader“ aus dem „nationalen“ Eck – Ärzte, Anwälte, Lehrer – zu gewinnen, die aufgrund ihrer Vorbildrolle einen weiteren Mitgliederzuwachs bewirkten.[109] Vor allem aber waren es die Erwartungshaltungen der „Ehemaligen“ selbst, die sie dazu motivierten, in den BSA einzutreten oder sich der ÖVP anzunähern. In aller Regel folgten sie demjenigen, von dem sie sich am ehesten versprechen konnten, dass die Chancen auf einen raschen Dispens von den Entnazifizierungsmaßnahmen sowie eine gesicherte berufliche Wiedereingliederung am größten waren.

Im Zusammenhang mit der Aufnahme ehemaliger Nationalsozialisten in den BSA stellt sich jedoch die zentrale Frage, ob von den BSA-Gremien aufgrund interner Meinungsbildung bzw. eines Entscheidungsprozesses Kriterien entwickelt wurden, nach denen eine solche Aufnahme erfolgen sollte:

Seit Juni 1947 stand die Frage der Anwerbung von ehemaligen NS-Mitgliedern beinahe regelmäßig auf der Tagesordnung der Sitzungen des BSA-Bundesvorstands bzw. des BSA-Bundesausschusses. Am ersten Jahrestag der BSA-Gründung, am 2. Juni 1947, dürfte in Bezug auf die NS-Frage noch Konfusion vorgeherrscht haben. So wurde in der BSA-Vorstandssitzung kritisiert, dass „immer wieder neue Grundsätze

---

[108] Hoffmann, „Bund sozialistischer Anfänger“, a. a. O., S. 252; vgl. Ernst Hanisch, Braune Flecken im Goldenen Westen. Die Entnazifizierung in Salzburg. In: Meissl u. a. (Hg.), Verdrängte Schuld, verfehlte Sühne, a. a. O., S. 312–336.

[109] Lang-Kremsmayer, a. a. O., S. 189.

aufgestellt werden, die aber keineswegs ausgeführt werden". Man erwarte sich deshalb vom SPÖ-Parteivorstand eine Klärung dieser Frage.[110] Der Repräsentant der BSA-Ärzte teilte bei dieser Gelegenheit mit, dass „der Fachverband ‚Minderbelastete' als Mitglieder aufnimmt". Es müsse ein Unterschied zwischen „Minderbelasteten" und „Schwerbelasteten" gemacht werden.[111] Bei der drei Wochen darauf stattfindenden Bundesausschusssitzung plädierte der Ärzte-Fachverbandsobmann Dr. Rom erneut dafür, dass „Schwerbelastete" unter den Ärzten keinen Platz hätten, da sie „eine dauernde Gefahr für die Masse des sozialistischen Gedankengutes" bedeuteten. Der Vertreter der oberösterreichischen Landesorganisation formulierte hingegen schwammig, dass ehemalige Nationalsozialisten nach einer „Überprüfung" aufgenommen werden würden. Die Landesorganisation Salzburg setzte den BSA-Bundesausschuss lapidar davon in Kenntnis, dass sie beschlossen hätte, „Minderbelastete auch aufzunehmen".[112] In der BSA-Vorstandssitzung vom 16. Februar 1948 traten aufschlussreiche Entwicklungen hinsichtlich der BSA-Landesorganisation Oberösterreich zutage: So wurde ein Schreiben der Vereinigung sozialistischer Juristen verlesen, aus dem hervorging, dass die Landesorganisation Oberösterreich bereits Personen aufnahm, „gegen die ein Verfahren gegen [sic!] das Verbotsgesetz anhängig ist". Diesen Vorgang hielt der anwesende geschäftsführende Obmann des BSA Dr. Wilhelm Rosenzweig für „unzulässig" und ergänzte: „Es müsste zumindest der Abschluss des Verfahrens abgewartet werden." Anschließend beschloss der BSA-Vorstand eine Überprüfung dieser Angelegenheit. Interessant ist auch die Feststellung des Ärzte-Vertreters Dr. Rom, „dass man in Oberösterreich über-

[110] Protokoll der BSA-Bundesvorstandssitzung vom 2. 6. 1947, Archiv BSA Wien.
[111] Ebd.
[112] Protokoll der BSA-Bundesausschusssitzung vom 21. 6. 1947, Archiv BSA Wien.

haupt keinen Vorstand stellen könnte, wenn man die Nationalsozialisten nicht aufnehmen würde". Franz Rauscher, ehemaliger KZ-Häftling und 1946 Zentralsekretär der SPÖ, teilte den Anwesenden den Standpunkt des SPÖ-Parteivorstandes mit, wonach „Minderbelastete" wohl aufgenommen würden, „diese dürften aber keine Funktionen bekleiden".[113] Bei dieser Sitzung wurde beschlossen, die Anzahl der registrierungspflichtigen Mitglieder bzw. Funktionäre festzustellen. In der Bundesausschusssitzung vom 10. April 1948 konnte das Rechercheergebnis bereits präsentiert werden. Dieser internen Erhebung zufolge wiesen vor allem die Landesorganisationen Steiermark und Oberösterreich mit 70 bzw. 58 Prozent einen äußerst hohen Anteil an registrierungspflichtigen Mitgliedern auf. Gleichzeitig wurde aber festgestellt, dass keine BSA-Funktionäre registrierungspflichtig waren.[114] Divergierende Standpunkte der einzelnen Landesorganisationen traten auch bei dieser Sitzung zum Vorschein: So hielten die Steirer eine Diskussion über die Frage der Aufnahme ehemaliger Nationalsozialisten für „überflüssig, da über eine Amnestie beraten wird," und für die steirische Organisation „jedes SP-Mitglied tragbar ist".

Die Tiroler BSA-Vertretung gab bekannt, dass die Aufnahme von NS-Mitgliedern an die Zustimmung des SP-Landesparteivorstandes geknüpft sei. Im Rahmen dieser Sitzung musste auch der damals etwas über 1.000 Mitglieder zählende Verband Sozialistischer Studenten (VSStÖ) Auskunft über seine Aufnahmepraxis geben: Durch eine dreimonatige Probemitgliedschaft und Erkundigungen bei den Parteistellen sei eine allzu starke Infiltration mit „NS-Elementen" vermieden worden.[115]

---

113 Protokoll der BSA-Bundesvorstandssitzung vom 16. 2. 1948, Archiv BSA Wien.
114 Protokoll der BSA-Bundesausschusssitzung vom 10. 4. 1948, Archiv BSA Wien.
115 Ebd.

6. Die Aufnahme von belasteten Nationalsozialisten in den BSA

In eine „heiße Phase" dürfte die interne Diskussion und Entscheidungsfindung über die Frage der Aufnahmekriterien ehemaliger Nationalsozialisten nach der Amnestie der „Minderbelasteten" 1948 eingetreten sein, als sich dem BSA nun das Problem des Umgangs mit den „belasteten" Nationalsozialisten zu stellen begann.

Der Frage, wie der BSA ab 1948 die Aufnahme „Belasteter" sowohl in normativer, d. h. regelsetzender, Hinsicht als auch in der alltäglichen Praxis handhabte, kommt im Rahmen dieser Untersuchung ein zentraler – politisch-moralisch begründeter – Stellenwert zu, weil der BSA mit einer aktiven Integrationspolitik bezüglich der „belasteten" Nationalsozialisten nicht nur gegen den humanistisch-demokratischen Wertekodex, auf dem unsere staatliche Gemeinschaft seit 1945 beruht, sondern auch gegen seine eigenen demokratischen, programmatischen, ideologischen und ethischen Grundprinzipien fundamental verstoßen bzw. zuwidergehandelt hätte. Aus diesem Grund soll im Folgenden die Haltung des BSA in Bezug auf den Umgang mit den „Belasteten" – soweit dies die Quellenlage zulässt – transparent gemacht und einer näheren Analyse unterzogen werden.

Nur zwei Wochen, nachdem der Alliierte Rat am 28. Mai 1948 die zuvor vom Nationalrat im April beschlossene „Minderbelasteten"-Amnestie genehmigt hatte, trat der BSA-Bundesausschuss am 12. Juni 1948 unter dem Vorsitz seines Präsidenten Dr. h. c. Theodor Körner zusammen, um u. a. über die geänderte Situation in Bezug auf die NS-Frage zu beratschlagen.[116] Gleich zu Beginn stellten die steirischen

[116] Protokoll der BSA-Bundesausschusssitzung vom 12. 6. 1948, Archiv BSA Wien.

Sitzungsteilnehmer den Antrag, die Behandlung der NS-Frage, die durch das neue Amnestiegesetz nicht mehr aktuell sei, von der Tagesordnung abzusetzen. Statt dessen solle das Verhältnis zur ÖVP besprochen werden. Der steirische Antrag wurde allerdings abgelehnt.

Die Diskussion über die weitere Vorgangsweise in der NS-Frage verlief dann auch entsprechend kurz. Für den Oberösterreicher Dr. Stephan Tull[117] war die Frage der „Minderbelasteten" durch das erlassene Amnestiegesetz geklärt. Er verwies darauf, dass sich SPÖ und ÖVP ein Wettrennen um die „Belasteten" lieferten, wobei die ÖVP dabei im Vorteil liege, da sie ihrer Klientel raschestens die Entregistrierung verschaffen könne.[118]

Dipl.-Ing. Franz Witzmann, vormaliger BSA-Vizepräsident, betonte in seiner Stellungnahme, dass die Nazifrage in kurzer Zeit, und zwar zum Zeitpunkt von Neuwahlen, nicht mehr zur Diskussion stünde, da die Nazis bei Bestehen einer vierten Partei dieser den Vorzug gegenüber SPÖ oder ÖVP geben würden.

Dr. Wilhelm Rosenzweig, geschäftsführender Obmann des BSA, rief hingegen nochmals die für den BSA im Umgang mit den ehemaligen NS-Mitgliedern gültigen Spielregeln – die sich offenbar an der vom SP-Parteivorstand ausgegebenen Maxime orientierten – in Erinnerung: „Die ‚Minderbelasteten' werden als Mitglieder aufgenommen, und wir werden uns auch weiterhin um sie bemühen. Jedoch müssen alle Funktionäre des Bundes nach wie vor ‚Unbe-

[117] Dr. Stephan Tull, geb. 1922, Beamter des Magistrats Linz, war von 1962 bis 1980 SPÖ-Nationalratsabgeordneter. Da er 1980 von der SPÖ ausgeschlossen worden war, gehörte er dem Nationalrat bis 1983 als „wilder", d. h. fraktionsloser Abgeordneter an. In der Folge driftete Tull immer mehr ins rechtsextreme Lager, zuletzt engagierte er sich für den inzwischen behördlich aufgelösten „Verein Dichterstein Offenhausen".
[118] Ebd.

lastete' sein."[119] Die Beschränkung des Funktionsverbots für „Minderbelastete" auf die BSA-Bundesgremien war offenbar ein Zugeständnis an die westlichen Landesorganisationen. Gleichzeitig muss aber festgestellt werden, dass sich Dr. Rosenzweig in seiner Wortmeldung auch ganz entschieden gegen die Gewinnung der „Belasteten" aussprach. Er hielt diese sogar für „eine politische Gefahr, [...] denn dann würden wir unsere konsequente politische Einstellung zum Nationalsozialistengesetz aufgeben."[120]

Das „Belasteten"-Problem spitzte sich 1949, als im Oktober die Nationalratswahlen vor der Tür standen, bei denen erstmals die „Minderbelasteten" wahlberechtigt waren und der VdU als vierte wahlwerbende Partei kandidieren durfte, für den BSA derart zu, dass eine eigene Bundesausschusssitzung für den 7. und 8. Mai 1949 anberaumt werden musste: Sowohl von den BSA-Landesorganisationen als auch von den Wiener Fachverbänden war eine Reihe von Anmeldungen „Belasteter" im BSA-Bundesekretariat eingelangt, die eine Befassung des Bundesausschusses mit dieser Frage notwendig machte.[121]

Die anschließende, „lebhaft" geführte Diskussion über die „Belasteten-Frage" zeigte nicht nur die gegensätzlichen Positionen zwischen Wien und den westlichen Bundesländern, sondern dokumentierte auch die differierenden Einstellungen in den Fachverbänden. Erhebliche Unterschiede gab es zwischen den einzelnen Landesorganisationen und Fachverbänden auch hinsichtlich der Aufnahmepraxis von „Ehemaligen". In der Debatte wurde ferner bekannt, dass mittlerweile auch die Partei (SPÖ) „belastete" NS-Mitglieder aufnahm,

[119] Ebd.
[120] Ebd.
[121] Protokoll der BSA-Bundesausschusssitzung vom 7. und 8. 5. 1949, Archiv BSA Wien.

was wiederum die Frage aufwarf, ob der (Bundes-)BSA weiterhin eine Praxis der Ablehnung beibehalten könne.[122]

Vor allem stellte sich aber heraus, dass entgegen den Direktiven des Bundes-BSA die westlichen Landesorganisationen Tirol, Vorarlberg, Oberösterreich und Salzburg bereits „Belastete" als Mitglieder bzw. Anwärter in ihre Reihen aufgenommen hatten. Dies war insofern möglich, als laut BSA-Statuten die Mitgliederaufnahme in die Kompetenz der Landesorganisationen bzw. der Fachverbände fiel. Über die Handhabung der Aufnahme von „Belasteten" seitens der Landesorganisationen Steiermark und Kärnten findet sich in dem Sitzungsprotokoll kein Hinweis, da die steirischen (entschuldigt) und Kärntner BSA-Vertreter (nicht entschuldigt) der Sitzung ferngeblieben waren.[123]

Nachstehend sei ein Überblick über die verschiedenen Konfliktlinien, Standpunkte und Vorgangsweisen in Bezug auf die „Belasteten" seitens der Landesorganisationen und der Fachverbände gegeben, wobei zunächst mit den Landesorganisationen begonnen werden soll:

Der Tiroler Vertreter (Havel) gestand offen ein, dass seine Landesorganisation schon 1948 „Belastete" nach „individueller Behandlung" aufgenommen habe, weil jene, wenn sie „überhaupt zu unserem Kreis stoßen, [...] aufgeschlossener sein können, als solche, die indifferent sind".[124]

In Oberösterreich holte der BSA Erkundigungen über den jeweiligen „belasteten" Beitrittsansuchenden ein und empfahl ihm bzw. ihr, zumindest ein §27-Gesuch einzureichen – womit ein Ansuchen um Befreiung von verschiedenen Bestimmungen des Verbotsgesetzes und um Nachsicht der „Sühneleistungen" gemeint war –, bei dem der BSA dann

---

[122] Ebd.

[123] Ebd.

[124] Ebd.

behilflich war. Auch in Salzburg (Hirt) war man von dem ursprünglichen „Gästesystem“ abgegangen und nahm „Belastete“, „die sich nicht gegen die Menschenwürde vergangen“ hatten, als Mitglieder auf, klammerte sie aber von Funktionen aus. Es handle sich dabei um fünf bis sechs Leute, die von der Parteileitung Salzburg vermittelt worden seien. Nach Einzelprüfungen wurden auch in Vorarlberg (Friedl) „Belastete“ aufgenommen.[125]

Dagegen wurde von Wiener Vertretern des BSA die Vorgangsweise der Landesorganisationen zum Teil heftig kritisiert. Vor allem die Äußerung des Salzburger BSA-Vertreters Hirt, wonach es „eigentlich zwischen Sozialismus und Nationalsozialismus nur wenige, wenn auch schwerwiegende Differenzen“ gebe und „die Nationalsozialisten, wenn diese Dinge in Wegfall kommen, rascher zu uns stoßen als die unparteiischen Kreise“, hatte bei den Wiener Bundesausschussmitgliedern für Aufregung und Empörung gesorgt. Dem Journalisten-Vertreter Zohner war völlig unverständlich, wie man „Nationalsozialismus und Sozialismus in einem Atem nennen kann“, und er schloss aus, dass ein Nationalsozialist je Sozialist werden könne. Dr. Schnardt von den sozialistischen Ärzten hielt die Salzburger Gleichsetzung von Nationalsozialismus und Sozialismus für eine „Verirrung“ und empfahl einen Schulungskurs.[126]

Auch in den Fachverbänden gab es unterschiedliche Positionierungen zur „Belasteten“-Frage; die Kritik einiger Fachverbandsfunktionäre an der Praxis der „Belasteten“-Aufnahme in den Bundesländern war sehr massiv: So wurde argumentiert (Scheffenegger sen.), dass der BSA bei einer Aufnahme der „Belasteten“ mit dem Grundsatz in Konflikt käme, dass man Mitläufer „anders behandeln wolle als die Schuldigen

[125] Ebd.
[126] Ebd.

des Nationalsozialismus", zu denen alle zählen würden, die „wir als ‚Belastete' bezeichnen". Bedenklich erschien demselben Kritiker auch die Unterstützung der §27-Ansuchen seitens des BSA-Oberösterreich, nach deren positiver Erledigung man die „Belasteten" als „entlastet" betrachten würde. Den Juristen (Scheffenegger jun.) erschien wiederum die Praxis der individuellen Überprüfung als äußerst fragwürdig. Ihr Vertreter war grundsätzlich gegen die Aufnahme von „Belasteten": „Die ‚Belasteten' sollen außerhalb unserer Reihen bleiben, solange sie von gesetzeswegen ‚belastet' sind", wobei er ferner die Vorgangsweise in den Landesorganisationen kritisierte: „Je weiter man nach Westen kommt, desto mehr ist man geneigt, sich etwas vormachen zu lassen."[127] Die sozialistischen Ärzte (Poddany) gaben wiederum an, dass ihrer Organisation keine „Belasteten" angehörten, aber der Beschluss gefasst wurde, nur jene „Belastete" aufzunehmen, die aufgrund des §27 des NS-Gesetzes als „minderbelastet" zurückgestuft worden waren.[128] Die Fachverbände der Journalisten (Zohner), Hochschullehrer (Duschek) und der Ingenieure (Häuser) plädierten hingegen für eine „individuelle Behandlung". Ing. Rudolf Häuser[129] argumentierte: „Die Ingenieure haben seit ihrem Bestehen in der Aufnahme von Nationalsozialisten vielleicht die extremste Haltung eingenommen. Trotzdem kann das Problem der Aufnahme ‚belasteter' Nationalsozialisten nur individuell gelöst werden, weil die Partei in den Ländern verschiedene Standpunkte einnimmt." Und Dipl.-Ing. Grassinger, Vorstandsdirektor von

[127] Ebd.

[128] Ebd.

[129] Der ehemalige KZ-Häftling Ing. Rudolf Häuser (1909–2000) war Bundesobmann der Sozialistischen Mittelschüler und war der Parteilinken zuzurechnen. Er stieg vom Zentralvorstandsmitglied der Freien Gewerkschaft der Industrieangestellten zum Vizepräsidenten des ÖGB auf. Von 1962 bis 1974 war Häuser SPÖ-Nationalratsabgeordneter, von 1970 bis 1976 Vizekanzler und Sozialminister der Regierungen Kreisky. Als ehemaliger KZ-Häftling war Ing. Häuser auch DÖW-Vorstandsmitglied.

Schöller-Bleckmann, schloss sich mit seiner Stellungnahme gleichfalls dieser Meinung an: „Wenn die Partei ‚Belastete' aufnimmt, kann sie der BSA nicht ablehnen."[130]

Wiederum war es auch bei dieser Sitzung der geschäftsführende Obmann des BSA Dr. Wilhelm Rosenzweig, der die stärksten Bedenken gegen die Aufnahme von „Belasteten" vorbrachte, indem er einerseits auf die Möglichkeit eines Interessenkonflikts zwischen den ehemaligen Nationalsozialisten, die „im Westen reingewaschen wurden", und den Opfern des Nationalsozialismus, die ja auch im BSA vertreten waren, anspielte und andererseits seine Sorge um die künftige politische Ausrichtung des BSA zum Ausdruck brachte. Er warnte davor, „aus dem Gedanken, Mitglieder zu werben und stärker zu werden, Dinge zu machen, die mit unseren Prinzipien und der politischen Reinheit unvereinbar sind".[131]

Nach dieser eingehenden Debatte wurden vom BSA-Bundesausschuss fünf Anträge einstimmig angenommen, deren Bestimmungen eine Art Richtschnur bildeten, an der sich in Hinkunft eine eventuelle Aufnahme „Belasteter" in den BSA orientieren sollte:[132]

1. (Antrag Havel, Tirol:) Aufnahmen belasteter NS-Mitglieder mögen nur erfolgen auf Vorschlag der Landesorganisationen und im Einvernehmen mit der zuständigen Landesparteileitung der SPÖ sowie mit Zustimmung des betreffenden Fachverbandes und des Bundesvorstandes.
2. (Antrag Scheffenegger sen.:) Prinzipiell werden belastete NS-Mitglieder nicht aufgenommen. Hingegen sind in individuellen Fällen Belastete aufzunehmen.

[130] Ebd.

[131] Ebd.

[132] Die tatsächliche Kompetenz der Mitgliederaufnahme lag ja weiterhin bei den Landesorganisationen bzw. Fachverbänden.

3. (Antrag Scheffenegger jun.:) Ein belastetes NS-Mitglied kann nicht als Mitglied des BSA aufgenommen werden, wenn gegen ihn bei einem österreichischen Gericht ein Verfahren nach dem Kriegsverbrecher- oder Verbotsgesetz vorliegt oder dieser nach einem dieser Gesetze verurteilt wurde.
4. (Antrag Tiltsch:) Belastete Nationalsozialisten können, selbst wenn sie aufgrund einer Ausnahmegenehmigung des Bundespräsidenten nach § 27 in Minderbelastete umgewandelt oder von den Sühnefolgen befreit wurden, nicht in den Vorstand eines Fachverbandes, einer Landesorganisation bzw. in den Bundesausschuss, in den Bundesvorstand oder in das Präsidium gewählt werden.
5. Die Fälle der bisher aufgenommenen NS-Mitglieder sollen intern überprüft werden, ob gegen die Betreffenden ein Verfahren nach dem Kriegsverbrecher- oder Verbotsgesetz anhängig ist oder ob diese im Sinne dieser Gesetze verurteilt wurden. Über diese Fälle soll im nächsten Bundesausschuss berichtet werden.“[133]

Diese Beschlüsse des BSA-Bundesausschusses vom 7. Mai 1949 waren im Grunde genommen nichts anderes als die Festschreibung des ohnehin schon weit verbreiteten Aufnahmeusus. Zwar wurde die Aufnahme „Belasteter“ prinzipiell abgelehnt, jedoch wurden unter gewissen Auflagen (Zustimmung von Landesleitung und Bundesvorstand; keine Involvierung in Verfahren nach dem KVG oder VG) individuelle Ausnahmen ermöglicht. Vor allem aber hatte die „§ 27-Methode“, mit der viele ehemalige „Belastete“ nun in die Rolle der „Minderbelasteten“ schlüpften, beim BSA eine Hintertür geöffnet, durch die sie sich nun problemlos den Eintritt in den BSA verschaffen konnten. Die Bestimmung, dass ihnen

[133] Protokoll der BSA-Bundesausschusssitzung vom 7. und 8. 5. 1949, Archiv BSA Wien.

grundsätzlich die Funktionärskarriere versagt blieb, störte in diesem Zusammenhang wenig, weil ohnehin weniger eine politische Karriere als die eigentliche Karriere im wiedererlangten Beruf angestrebt wurde, die über eine Mitgliedschaft beim BSA gewährleistet werden sollte.

In den anschließenden Jahren ging es im BSA eher darum, über gezielte Interventionspolitik, vor allem seitens der einflussreichen Funktionäre Waldbrunner, Schärf, Tschadek und Broda im Bereich der öffentlichen Verwaltung und Wirtschaft, möglichst viele Akademiker aus dem Reservoir der „Ehemaligen" zu gewinnen bzw. zu binden. In diesem Licht muss auch der Antrag Nummer 16 der Landesorganisation Salzburg an den BSA-Bundestag 1951 betreffend die „formalharte Anwendung des Verbots- bzw. des NS-Gesetzes" gesehen werden. Zum damaligen Zeitpunkt konnte dieser Antrag nur noch auf die Reintegration „belasteter Nationalsozialisten" abzielen, „die ihre Stellungen verloren haben und somit für die österreichische Wirtschaft als Fachleute brach liegen und außerdem besonderer sozialer Härte ausgesetzt sind."[134] Die „Belasteten", „hochqualifizierte und zumeist dringend notwendige Fachkräfte", wurden in diesem Antrag eigentlich nur noch als „Opfer" einer übertrieben harten Entnazifizierung gesehen, deren „soziale Not" durch eine rasche berufliche Wiedereingliederung „beseitigt werden" sollte. Die Landesorganisation Salzburg forderte, „allen jenen geistig Schaffenden, die seinerzeit ihre Stellungen nicht der Parteiprotektion verdankten, in jeder Weise bei der Wiedererlangung ihrer, den geistigen Fähigkeiten entsprechenden Stellungen zu helfen, sofern sie seit 1945 positiv zum öster-

[134] Beilage zum Jahresbericht 1950 an den Bundestag in Wien am 7. und 8. 4. 1951, BSA-Aktenbestand 1951, VGA Wien (Es konnte aufgrund der vorhandenen Unterlagen leider nicht festgestellt werden, ob dieser Antrag der LO Salzburg vom BSA-Bundestag angenommen wurde.).

reichischen Staat und seinen demokratischen Einrichtungen und zum wirtschaftlichen Wiederaufbau sich eingestellt gezeigt haben."[135]

Aber gerade die hier angesprochene Frage der „geläuterten Haltung" der „Belasteten" zu Österreich und zu einem demokratischen Bewusstsein zeigt die Schwachstelle dieser Argumentation auf. Denn vor dem Hintergrund der in Österreich seit 1947/48 immer mehr abgeschwächten Entnazifizierung wurde die tatsächliche politische Einstellung der „Ehemaligen" kaum ernsthaft überprüft. Das belegt vor allem auch die damals von allen Parteien (SPÖ, ÖVP, KPÖ) geübte Praxis der massenhaften Ausstellung von Unbedenklichkeitszeugnissen und „Persilscheinen" für die „Ehemaligen", ja selbst für angeklagte oder verurteilte Kriegsverbrecher, deren Zweck in aller Regel nicht die Wahrheitsfindung, sondern eine simple Weißwaschung war.

So stellt es aus heutiger Sicht ein besonderes Versäumnis seitens des BSA dar, dass bei der Festsetzung der internen Bestimmungen im Zusammenhang mit der Frage der Aufnahme von „Belasteten" in den BSA (auf der bereits erwähnten Bundesausschusssitzung vom 7. Mai 1947) eine Überprüfung des tatsächlichen „Gesinnungswandels" der beigetretenen bzw. beitrittswilligen „Belasteten" nicht berücksichtigt wurde.[136] Im BSA legte man offensichtlich keinen Wert darauf, vor allem von den „Belasteten" zu verlangen, ihre Einsicht, Umkehr oder „Reue" glaubhaft zu machen. Einen tatsächlichen Einstellungswandel von den ehemaligen Trägern eines verbrecherischen Regimes einzufordern, die sich zur Sozialdemokratie bekannten oder zumindest so taten, wäre

[135] Ebd.

[136] Es sollte eben nur überprüft werden, ob gegen ein aufgenommenes NS-Mitglied ein Gerichtsverfahren nach dem Kriegsverbrecher- bzw. Verbotsgesetz anhängig war bzw. eine diesbezügliche Verurteilung vorlag. Siehe: Protokoll der BSA-Bundesausschusssitzung vom 7. und 8. 5. 1949, Archiv BSA Wien.

durchaus gerechtfertigt, ja demokratiepolitisch erforderlich gewesen. Jedenfalls haben solche Bekundungen zumindest öffentlich nie stattgefunden.

Bei den Bundesausschusssitzungen vom 7. Mai 1949 und vom 5. März 1950 wurde die NS-Thematik (Regelung der Aufnahme der „Belasteten“ bzw. der „Burschenschafter“) von BSA-Bundesgremien zum letzten Mal eingehend behandelt. In den folgenden Jahren stand die NS-Frage weder auf der Tagesordnung von BSA-Sitzungen, noch gab es dazu Veranstaltungen, Artikel, Publikationen oder dergleichen. Über Jahrzehnte hinweg erfolgte eine totale Verdrängung der nationalsozialistischen Vergangenheit. Vor allem hatte es der BSA wie alle anderen politischen Kräfte und Organisationen verabsäumt, Initiativen zur zeitgeschichtlichen Aufklärung, politischen Bildung etc. zu setzen, die auf eine „Umerziehung“ zur Demokratie abgezielt hätten. Diese demokratiepolitisch unzulängliche Aufarbeitung der nationalsozialistischen Involvierung der ÖsterreicherInnen wurde erst in den siebziger Jahren beendet, als Wissenschaftsministerin Herta Firnberg und Unterrichtsminister Fred Sinowatz, beide BSA-Funktionäre, im Universitäts- bzw. Schulbereich erste Initiativen in Richtung zeitgeschichtlicher und politischer Bildung ergriffen. Erst im Zuge der Waldheim-Diskussion in den achtziger Jahren setzte ein Umdenken breiterer Kreise in Bezug auf die Verantwortung der ÖsterreicherInnen für den Nationalsozialismus und dessen Verbrechen ein.[137]

[137] Vgl. Gerhard Botz/Gerald Sprengnagel (Hg.), Kontroversen um Österreichs Zeitgeschichte: Verdrängte Vergangenheit, Österreich-Identität, Waldheim und die Historiker, Frankfurt/Main 1994.

7. Burschenschafter, Rechtsextremismus und der BSA

Die Politik der Integration ehemaliger Nationalsozialisten und die Konkurrenz mit dem katholischen Österreichischen Cartellverband (ÖCV) führten letztlich auch dazu, dass Angehörige deutschnationaler und rechtsextremer Studentenverbindungen („Burschenschaften") in den BSA aufgenommen wurden.

Knapp ein Jahr nach den BSA-Beschlüssen vom 7. Mai 1949 zur „Belasteten"-Frage beschäftigte sich der Bundesausschuss am 5. März 1950 mit dem Problem der Aufnahme von Burschenschaftern in den BSA. Offenbar waren dem BSA ehemalige Angehörige von „nationalen" Studentenverbindungen beigetreten, und es wurde seitens des BSA eine Infiltration befürchtet. In der „scharfen" Diskussion wurde allgemein die Meinung vertreten, dass eine Doppelmitgliedschaft bei Burschenschaften und dem BSA nicht in Frage kam. Jenen aber, „die den Weg zum BSA gefunden haben, [soll] freundliche Aufnahme zuteil werden". Es wurde daraufhin der Beschluss gefasst, ehemalige Burschenschafter unter der Voraussetzung in den BSA aufzunehmen, dass „diese sich ehrlich zu uns bekennen". Auch in diesem Zusammenhang wurde nicht erörtert, wie dieses „ehrliche Bekenntnis" zweifelsfrei ermittelt hätte werden können. Immerhin sollte allerdings „scharfe und wache Vorsicht an den Tag gelegt werden", um eine Unterwanderung des BSA zu verhindern. Aus diesem Grund wurde eine aufmerksame Beobachtung der Tätigkeit der Burschenschaften beschlossen.[138] Was hier auf den ersten Blick als eine „saubere" Lösung erscheint, hält einer kritischen Betrachtung nicht stand. Die Aufnahme von

[138] Protokoll der BSA-Bundesausschusssitzung vom 5. März 1950, Archiv BSA Wien.

Burschenschaftern, die vom BSA ja selbst als nicht ungefährlich eingestuft wurden, verstärkte jenes von „belasteten" und „minderbelasteten" Nazis gespeiste geistig-politische Kräftepotential, das innerhalb des BSA einen Rechtsruck begünstigen sollte, der sich unter anderem im Umgang mit einer kritischen BSA-Ärztegruppe in den fünfziger Jahren und in der Haltung gegenüber jüdischen Emigranten widerspiegelte. Darauf wird an anderer Stelle noch ausführlicher einzugehen sein.

Es soll in diesem Zusammenhang einer Verharmlosung der „nationalen" Burschenschaften kein Vorschub geleistet werden. Diese Studenten- und Akademikerorganisationen repräsentierten in Österreich traditionell vor allem das deutsch-völkische, antisemitische Milieu, das später im Nationalsozialismus aufgegangen war. Bis in die späten 1960er Jahre bildeten diese Verbindungen, politisch vertreten durch den RFS, ein starkes Segment an den österreichischen Hochschulen. Während der NS-Zeit waren zahlreiche Burschenschafter in hohe politische Funktionen gelangt, nicht wenige, wie beispielsweise Ernst Kaltenbrunner oder Irmfried Eberl, waren in schwerste nationalsozialistische Verbrechen involviert. Bis heute stehen deutschnationale Studentenkorporationen in engster Verbindung mit Organisationen und Publikationen des Rechtsextremismus sowie der deutschnationalen Bewegung.

Eine der Folgen der Politik der Öffnung gegenüber den ehemaligen Nationalsozialisten war, dass auch Personen mit einer rechtsextremen Einstellung (und einer meist „nationalen" Vergangenheit) in den BSA kamen; einige von diesen kehrten dem BSA später den Rücken, schlossen sich rechtsextremen Gruppierungen an oder bauten zumindest Kontakte zum rechtsextremen Milieu auf. Im Folgenden sollen die rechtsextremen bzw. neonazistischen Bezüge von einigen

BSA-Mitgliedern, darunter von DDDr. Franz Scheidl, Univ.-Prof. Dr. Friedrich Heppner, Ing. Franz Stourac, Direktor Paul Rösch und Dipl.-Ing. Mag. Günther Rehak näher dargelegt werden. Günther Rehak ist insofern ein Sonderfall, als er lange Zeit am linken Flügel der SPÖ angesiedelt war. In diesem Zusammenhang sei auch auf den Salzburger Polizeidirektor Mag. Johann Biringer verwiesen, dessen Biographie in einem späteren Kapitel ausführlich besprochen wird.

Franz Scheidl

Franz Scheidl wurde am 18. Dezember 1890 in Wien geboren. Nach der Matura studierte Scheidl Geschichte, Philosophie, Geographie und Französisch sowie Rechts- und Staatswissenschaften an den Universitäten Genf, Paris, London und Wien. Er schloss seine Studien mit dem philosophischen, rechtswissenschaftlichen und staatswissenschaftlichen Doktorat ab. Ab 1924 stand er als leitender Verwaltungsjurist an der Spitze des Wiener Fortbildungsschulrates. Daneben publizierte er als Privatgelehrter über historische und rechtswissenschaftliche Themen. Seit 1918 war er bei der Sozialdemokratischen Arbeiterpartei (SDAP) organisiert. Am 16. April 1934 wurde Scheidl NSDAP-Mitglied.[139] In der Verbotszeit verwahrte er als Treuhänder die gesamte Mitgliederkartothek und sämtliche politische Urkunden sowie Akten seiner NSDAP-Bezirksleitung. Nach dem März 1938 erhielt er die „Ostmarkmedaille“ und fungierte als Kreisamtsleiter des Amtes für Beamte und Kreisschulungsleiter im Gau Wien, Kreis II. Darüber hinaus wurde er immer wieder ehrenamtlich mit verschiedenen Sonderaufgaben betraut: So war er u. a. mit

[139] Vgl. BDC-Unterlagen zu DDDr. Franz Scheidl, BA Berlin.

der Liquidierung einer Reihe von klerikalen Organisationen und Verbänden sowie mit der Leitung der Preisprüfstelle der Kreise II und X des Gaues Wien befasst.[140]

Nach 1945 arbeitete Scheidl in der Privatindustrie. Daneben war er auch Lehrbeauftragter für Arbeitsrecht an der Rechts- und Staatswissenschaftlichen Fakultät der Universität Wien. Am 22. Mai 1950 fand Scheidl Aufnahme in der SPÖ. Nur drei Tage später, am 25. Mai 1950, trat er dem BSA, der Vereinigung Sozialistischer Juristen Österreichs, bei. Am 8. September 1960 gab Scheidl brieflich seinen Austritt aus dem BSA bekannt.[141]

DDDr. Franz Scheidl gilt als einer der ersten Holocaustleugner im deutschsprachigen Raum. 1967/68 publizierte er im Eigenverlag eine „revisionistische" „Geschichte der Verfemung Deutschlands" in sieben Bänden. 1968 wurde der Band „Deutschland und die Juden" auf Veranlassung der Staatsanwaltschaft Wien beschlagnahmt und gegen den Verfasser eine Voruntersuchung wegen des Verstoßes gegen §3g Verbotsgesetz eingeleitet. 1969 stellte eine Gerichtspsychiater in einem Gutachten fest, dass Scheidl „bei Verfassung inkriminierter Bücher von wahnähnlichen Ideen beherrscht und des Gebrauchs der Vernunft vollkommen beraubt" gewesen sei.[142] In der Folge verfasste Scheidl Artikel für die neonazistische Zeitschrift „Sieg", in welchen er ebenfalls die systematische Vernichtung von Juden und Jüdinnen in den NS-Lagern leugnete.[143]

---

[140] Ebd.

[141] Vgl. BSA-Mitgliederkartei, Archiv BSA Wien.

[142] Vgl. Stiftung Dokumentationsarchiv des Österreichischen Widerstandes (Hg.), Handbuch des österreichischen Rechtsextremismus, Wien 1996 (akt. und erw. Neuausgabe), S. 547.

[143] Vgl. Sieg, 9/1988, S. 22 f.

Friedrich Heppner

Der frühere NSDAP- und SA-Angehörige Dr. Fritz Heppner[144], geb. am 24. April 1917, machte nach 1945 eine Karriere als Neurochirurg. Im Jänner 1961 trat er dem steirischen BSA, dem Fachverband der Hochschullehrer, bei. 1988 schied Heppner aus dem BSA aus.[145]

Univ.-Prof. Dr. Friedrich Heppner, zum damaligen Zeitpunkt Vorstand der Universitätsklinik für Neurochirurgie in Graz, rief 1985 ein „Ärzte-Komitee für Dr. Otto Scrinzi" ins Leben. Mit diesem sollte unter der Ärzteschaft für den ehemaligen NSDAP-Mann Scrinzi, der gegen die damalige FPÖ-Führung und mit Unterstützung der gesamten rechtsextremen bis neonazistischen Szene für das Amt des Bundespräsidenten kandidierte, geworben werden.

In der rechtsextremen Monatszeitung Aula schaltete das „Komitee" eine von Heppner gezeichnete Anzeige für Scrinzi, der dort als „Mann von hohem moralischen Niveau" bezeichnet wurde.[146]

Franz Stourac

Der am 16. Oktober 1912 geborene Ing. Franz Stourac war im Mai 1955 dem Kärntner BSA-Fachverband der sozialistischen Ingenieure beigetreten Am 18. Jänner 1973 erklärte er seinen BSA-Austritt.[147]

Stourac war Mitte der 80er Jahre „Erster Landessprecher" der neonazistischen „Nationaldemokratischen Partei" (NPD) in Kärnten. Nach deren Verbot 1988 wurde er Obmann des

---

[144] Vgl. BDC-Unterlagen zu Dr. Friedrich Heppner, BA Berlin (DÖW 22.823).
[145] Vgl. BSA-Mitgliederkartei, Archiv BSA Wien.
[146] Aula, 12/1985, S. 8.
[147] Vgl. BSA-Mitgliederkartei, Archiv BSA Wien.

rechtsextremen „Grenzlandbundes" und verantwortlicher Redakteur von dessen Zeitschrift (Das Grenzland ruft). Als solcher wurde er 1989 nach § 283 StGB (Verhetzung) zu einer Geldstrafe verurteilt: Stourac hatte in der Dezember-Ausgabe 1988 in einer positiven Besprechung von Gerd Honsiks Freispruch für Hitler? den Holocaust als „Phantasieprodukt" und „Lüge" bezeichnet. Seitens der Behörden wurde nach diesem Stourac-Artikel auch ein Auflösungsverfahren gegen den Verein „Grenzlandbund" eingeleitet. Dieser löste sich 1990 selbst auf, um einem Verbot zu entgehen.[148] In Zusammenhang mit den Ermittlungen im Fall der ganz Österreich erschütternden Briefbombenattentate führten Beamte des Innenministeriums 1994 eine Hausdurchsuchung auch in der Wohnung von Stourac durch.[149]

Paul Rösch

Paul Rösch wurde am 9. September 1920 als Sohn eines Polizeiinspektors in Klagenfurt geboren. Nach dem Besuch der Volks- und Hauptschule absolvierte Rösch ein Jahr Wirtschaftsschule und zwei Jahre Handelsakademie. 1937 schloss er sich der illegalen Hitler-Jugend an. Am 6. April 1938 trat er in den 1. SS-Totenkopfverband (SS-TV) „Oberbayern" ein. Angehörige dieses SS-Verbandes wurden auch als Wachmannschaft im KZ Dachau eingesetzt, wobei eine solche Verwendung im Fall von Paul Rösch nicht nachgewiesen werden konnte. Im Mai 1938 wurde er NSDAP-Mitglied. Rösch diente bis Kriegsende in der Waffen-SS: Er war beim Einmarsch in die sudetendeutschen Gebiete ebenso beteiligt

[148] Vgl. Stiftung Dokumentationsarchiv des Österreichischen Widerstandes (Hg.), Handbuch des österreichischen Rechtsextremismus, Wien 1996 (akt. und erw. Neuausgabe), S. 145 f.
[149] Das Grenzland ruft, 5/1994.

wie am deutschen Überfall auf die Sowjetunion. Im Ostfeldzug mehrmals verwundet, erwarb er sich das „Eiserne Kreuz II. Klasse" und das Infanteriesturmabzeichen. Für die „Tapferkeit vor dem Feind" wurde er 1941 zum SS-Oberscharführer ernannt. Nach dem Besuch einer SS-Junkerschule wurde er 1942 zum SS-Untersturmführer und 1944 zum SS-Obersturmführer befördert. 1943 stand er im Dienst des SS-Panzer-Ausbildungs- und Ersatz-Regiments.[150]

Aus einem Schrieben an den damaligen Bundeskanzler Dr. Bruno Kreisky vom März 1981 ist ersichtlich, dass Paul Rösch Funktionär des BSA-Klagenfurt war.[151]

Paul Rösch, mittlerweile Direktor der Pensionsversicherungsanstalt der Angestellten in Klagenfurt, trat 1985 als „Festredner" am „Kärntner Freiheitskommers" deutschnationaler bis rechtsextremer Studentenverbindungen in Erscheinung. Nach jahrelanger Tätigkeit in der „Ulrichsberggemeinschaft", einem regionalen Zusammenschluss von deutschnationalen und rechtsextremen Vereinen unter der Hegemonie der „Kameradschaft IV" ehemaliger (Waffen-) SS-Männer („K IV"), als Finanz- und Europareferent wurde Rösch Ende der 90er Jahre dort in das Ehrenpräsidium gewählt. Aus einem Brief an Bundeskanzler Kreisky 1979 geht hervor, dass Rösch im „Arbeitskreis Walter Reder" der rechtsextremen „K IV" tätig war.[152] 1981 war Rösch unter jenen sozialdemokratischen Funktionären, die den damaligen SPÖ-Zentralsekretär Fritz Marsch um „eine Intervention für den SS-Mann Major Reder gebeten" haben.[153] 1982 schrieb Rösch dem damaligen Kärntner Landeshauptmann Leopold Wagner: „Aus den bisherigen Abläufen vieler Jahre ist Dir

---

[150] Vgl. BDC-Unterlagen zu Paul Rösch, PK K0014, BA Berlin.
[151] Kopie im DÖW.
[152] Kopie im DÖW.
[153] Kopie im DÖW.

sicherlich in Erinnerung, dass ich seit Beginn der Fünfziger-Jahre [...] im engsten Einvernehmen mit Major Walter Reder jene Schritte in der Heimat für ihn mache, um die er mich ersucht."[154] 1985 wurde der Kriegsverbrecher Walter Reder aus der italienischen Haft entlassen. Rösch bemühte sich weiterhin, Walter Reder von der Beteiligung an der von der SS durchgeführten Ermordung von insgesamt 1.830 Bewohnern im Raum Marzabotto[155] reinzuwaschen. So berichtete die Kärntner Woche im Juni 2004: „Nun hat in einem fundierten, militärhistorisch belegten Vortrag Paul Rösch vor der Fliegerkameradschaft die Unschuld des zu lebenslanger Festungshaft verurteilten und später begnadigten Offiziers nachgewiesen."[156]

Günther Rehak

Der ehemalige Obmann des VSStÖ und enge Mitarbeiter von Bundeskanzler Kreisky im Bundeskanzleramt Dipl. Ing. Mag. Günther Rehak gehörte seit September 1959 dem BSA an. 1981 trat er aus dem BSA aus[157] und näherte sich nach einem kurzen Intermezzo bei den Grün-Alternativen über seinen Deutschnationalismus dem Rechtsextremismus und Neonazismus an. 1987 trat er als Interviewpartner der rechtsextremen Zeitschrift Der Völkerfreund in Erscheinung.[158] 1992 versuchte er sich als „Entlastungszeuge" für

[154] Kopie im DÖW.

[155] Vgl. Christian Ortner, Am Beispiel Walter Reder. Die SS-Verbrechen in Marzabotto und ihre „Bewältigung", hg. vom Dokumentationsarchiv des österreichischen Widerstandes, Wien 1985; Wolfgang Benz u. a. (Hg.), Enzyklopädie des Nationalsozialismus. Mit zahlreichen Abbildungen, Karten und Grafiken, Stuttgart 1997, S. 579.

[156] Siehe: Kärntner Woche, 23.–29. 6. 2004, S. 4.

[157] Vgl. BSA-Mitgliederkartei, Archiv BSA Wien.

[158] Der Völkerfreund, 1/1987.

den Neonazi und Holocaustleugner Gerd Honsik: Im damaligen Schwurgerichtsprozess wegen Verstößen gegen das NS-Verbotsgesetz wurde eine Stellungnahme Rehaks verlesen.[159] Dessen Reputation als Beamter im Bundeskanzleramt und Lektor am Institut für Politikwissenschaften der Universität Wien konnte Honsik jedoch nicht vor einer Verurteilung (zu 18 Monaten unbedingter Haft) bewahren. Der führende österreichische Neonazi floh darauf hin nach Spanien. Rehak bewegte sich in der Folge im organisierten Neonazismus (v. a. in der Gruppe um Robert Dürr und Franz Radl jun.) und verlor deswegen Anfang 1994 seinen Lehrauftrag am Institut für Politikwissenschaften. Den Verdacht, Bekennerschreiben der rechtsterroristischen „Bajuwarischen Befreiungsarmee" (BBA) verfasst zu haben, versuchte er durch die öffentliche Behauptung, dass DÖW sei mit der BBA „identisch"[160] von sich zu lenken. 1998 wurde er deswegen vom DÖW beim Landesgericht für Strafsachen Wien wegen übler Nachrede geklagt; er konnte bis jetzt nicht dem DÖW die Anwaltskosten ersetzen.

[159] Vgl. HALT, 65/1992

[160] Junge Freiheit (Österreich-Ausgabe), 46/1996, S. 3.

8. Die Interventionspolitik des BSA

Die Öffnung des BSA gegenüber den ehemaligen Nationalsozialisten wirkte sich in den unmittelbaren Jahren nach 1949 auf die Entwicklung des BSA organisatorisch durchaus erfolgreich aus: BSA-Sekretär Dkfm. Wolfgang Baderle wusste auf der Bundesausschusssitzung vom 1. Dezember 1951 zu berichten, dass der Mitgliederzuwachs stetig sei und im Monatsdurchschnitt für Österreich 84 Neuaufnahmen betrage. Nach Baderle lag die Rate der positiv erledigten Aufnahmeansuchen in Tirol und Wien mit 90 bzw. 75 Prozent an der Spitze, die der übrigen Landesorganisationen pendelte zwischen 50 und 66 Prozent, nur die Quote der Steiermark blieb mit 18 Prozent hinter den Erwartungen zurück.[161]
Auf dem Bundestag 1952 berichtete der geschäftsführende Obmann Dr. Wilhelm Rosenzweig für den Berichtszeitraum 1951, dass „bereits über 7.000 Männer und Frauen in den Reihen des BSA“ stünden. Die angeschlossenen Verbände der Studenten (VSStÖ) und der Lehrer (SLÖ) miteinbezogen ergab das einen Mitgliederstand von über 16.600.[162] Obgleich die BSA-Mitgliedschaft nicht an die Zugehörigkeit zur SPÖ gebunden war, gehörten 70 Prozent der BSA-Mitglieder auch der SPÖ an. Die Reintegration der „Ehemaligen“ war voll im Gang, als Rosenzweig die folgende Bilanz zog: „In Anbetracht des Umstandes, dass höchstens zehn Prozent des Mitgliederstandes aus Personen bestehen, die bereits vor 1934 bei der Sozialdemokratischen Partei bzw. bei den Sozialistischen Studenten organisiert waren [...], kamen neun Zehntel des Mitgliederstandes daher aus anderen politischen Lagern oder waren unpolitisch. [...] Insbesondere

[161] Protokoll der Bundesausschusssitzung vom 1. 12. 1951, Archiv BSA Wien.
[162] Vgl. Bericht von Dr. Rosenzweig, BSA-Bundestag 1952, BSA-Aktenbestand 1952, VGA Wien.

sei zu vermerken, dass auch die Gründung der vierten Partei, der ‚Unabhängigen', keinen Mitgliederabfall zur Folge hatte."[163] Auf einer Sekretärekonferenz des BSA war zuvor schon 1950 gemeldet worden, dass der BSA im Bündnis mit dem VSStÖ bereits den katholischen Cartellverband (CV) in der Mitgliederstärke überholt habe, allerdings wurde kritisch vermerkt, gebe es noch andere katholische Verbindungen, die zusammen mindestens so stark wie der CV bzw. die Landsmannschaften seien.[164]

In der Nachkriegszeit hatten die Spielregeln des geltenden Proporzsystems die beiden ungleichen Konkurrenten BSA und CV in einen wechselseitigen, heftig geführten Wettkampf um die Besetzung der führenden Positionen im öffentlichen Verwaltungs- und Wirtschaftssektor geführt, bei dem der CV zweifelsohne einen eindeutigen Vorteil gegenüber dem durch den anfänglichen Akademikermangel beeinträchtigten BSA hatte.

Der BSA sah sich wiederum in der Position „David gegen Goliath" und war emsig bemüht, den Vorsprung seines übermächtigen Gegners aufzuholen. Aus dieser Sichtweise ist es deshalb nicht verwunderlich, dass der BSA dem Gegensteuern gegen die CV-Dominanz in Staat, Wirtschaft und Gesellschaft mehr Bedeutung beimaß als der Frage eines sensiblen Umgangs mit den ehemaligen Nationalsozialisten bzw. dem „dritten Lager". In diesem Kontext muss auch eine Äußerung des BSA-Präsidenten Dipl.-Ing. Karl Waldbrunner anlässlich eines Bundesausschusses 1951 gesehen werden. Nach Waldbrunners Auffassung bestand die Gefahr von neofaschistischen Gruppen nicht beim VdU, sondern eher in der ÖVP: „Der VdU würde nur eine Gefahr bedeuten, wenn

---

[163] Ebd.

[164] Protokoll der BSA-Sekretärekonferenz vom 7. 10. 1950 (BSA-Bundesausschussprotokolle), Archiv BSA Wien.

ein nationalsozialistischer Staat im Hintergrund stünde."[165] Diese Gegnerschaft zur ÖVP bzw. zum CV ließ die Integration der „Ehemaligen" in den BSA auf Hochtouren laufen, wobei dieser Integrationsprozess hinter vorgehaltener Hand von der SPÖ- und BSA-Spitze mit einigem Unbehagen erörtert wurde. Aufschlussreich ist in diesem Zusammenhang ein Briefwechsel zwischen Vizekanzler und SPÖ-Chef Adolf Schärf und BSA-Präsident Karl Waldbrunner. Der Darstellung Schärfs zufolge erreichte ihn ein Brief eines BSA-Mitglieds namens Toni Schafft, in dem dieser wenig erfreuliche Angaben über „die Nazi im BSA" gemacht haben dürfte. Der Inhalt des Briefes selbst ist nicht erhalten. Doch schienen Schärf die Angaben Schaffts „in vielem der Wahrheit zu entsprechen", wie er an seinen Freund Waldbrunner am 4. September 1950 schrieb.[166] Nach zwei Monaten stellte Waldbrunner in seinem Antwortschreiben fest, nachdem er zuvor kurz mitgeteilt hatte, dass er die Angaben des Toni Schafft auch im BSA zur Sprache gebracht habe: „Ich bleibe ja ständig bemüht, diesen Verband nicht in die Extreme gehen zu lassen, auch nicht in das Naziextrem, wie es einige unserer Landesorganisationen ja gerne üben."[167] Waldbrunner hatte bei dieser Aussage wohl die Situation der westlichen BSA-Landesorganisationen in Tirol, Salzburg und Oberösterreich sowie der Steiermark vor Augen. Möglicherweise bezog sich seine Stellungnahme aber auch auf den beträchtlichen Zulauf der „Ehemaligen" zum BSA-Kärnten. Während beispielsweise im Burgenland die SPÖ und der BSA gegenüber der ÖVP bzw. dem CV in Bezug auf die Anwerbung der „Ehemaligen"

[165] Ebd.

[166] Schreiben von Vizekanzler Adolf Schärf an Karl Waldbrunner vom 4. 9. 1950, BSA-Aktenbestand 1949/50, VGA Wien.

[167] Schreiben von Karl Waldbrunner an Vizekanzler Adolf Schärf vom 6. 11. 1950, BSA-Aktenbestand 1949/50, VGA Wien.

das Nachsehen hatten[168], konnten SPÖ und BSA diese Frage in Kärnten für sich entscheiden. Die Väter dieses Erfolges dürften zum einen in einer rigorosen Abgrenzungsstrategie von der ÖVP und dem CV und zum anderen in der Übung einer besonderen Rücksichtnahme auf die Wähler des „dritten Lagers“ zu suchen sein. Diese Motive spiegeln sich etwa in der BSA-Einladung zu einer Wählerversammlung in Klagenfurt am 8. Februar 1953 wider, bei der „der von der ÖVP meist gehasste Mann in der österreichischen Regierung“, Bundesminister für Verkehr und verstaatlichte Betriebe, BSA-Präsident Waldbrunner, eine Rede zum Thema „Die Lebensfrage des Mittelstandes“ hielt. Auf dieser Einladung wurde die SPÖ-Hegemoniestellung in Kärnten ganz unverhohlen angesprochen: „Der ÖVP-Staatssekretär [Ferdinand] Graf gab jüngst offen vor Akademikern und Intellektuellen die große Enttäuschung der ÖVP darüber zu, dass sich das Gros der anständigen ehemaligen Nationalsozialisten dem demokratischen Sozialismus zugewandt hat. Jene, die nicht den Kniefall vor dem CV machten, bezeichnete er als sozialistische Nationalsozialisten.“[169] Der BSA-Funktionär Dr. Hans Romauch, Direktor-Stellvertreter der Kärntner Landes-Hypothekenanstalt, teilte Waldbrunner noch im Vorfeld von dessen Wahlkampfauftritt brieflich die Erwartungshaltung der BSA-Bezirksorganisation Klagenfurt mit: „Wir können somit davon überzeugt sein, dass die Klagenfurter intellektuelle Schichte in der speziell auf sie wirkenden Art von einem sozialistischen Exponenten angesprochen wird. Du kennst genügend die unterschiedlichen Verhältnisse etwa

[168] Vgl. Interview der Verfasser mit Altbundeskanzler Dr. Fred Sinowatz vom 4. 5. 2004, DÖW.

[169] Einladung des BSA und des Sozialistischen Lehrervereins Österreichs zu einer Kundgebung mit Bundesminister Dipl.-Ing. Waldbrunner zum Thema „Die Lebensfrage des Mittelstandes“ im Festsaal der Arbeiterkammer in Klagenfurt, 8. 2. 1953, BSA-Aktenbestand 1949/50, VGA Wien.

zwischen Wien oder Niederösterreich und Kärnten und bist daher in der Lage, das notwendige Lokalkolorit zu geben. Der überwiegende Teil des Kärntner und auch Klagenfurter Mittelstandes ist gefühlsmäßig liberal, zum Teil großdeutsch und antiklerikal. Die antischwarze These zieht bekanntlich bei den Intellektuellen in Kärnten stark und vermag ausgezeichnet Stimmung zu geben. Die Nazifrage bedarf in Kärnten ebenfalls einer vielleicht delikateren Behandlung als etwa in Niederösterreich. Sehr stark negative Beachtung hat die jüngste Rede Grafs gegen die ‚sozialistischen' Nationalsozialisten gefunden. Der angesprochene Kreis empfindet in Kärnten in diesen Erklärungen Grafs das Eingeständnis der ÖVP, in der Nazifrage verloren zu haben."[170]

Wie dieses Beispiel veranschaulicht, tobte zwischen den beiden Großparteien ein regelrechter Kampf um die Gewinnung der ehemaligen Nationalsozialisten und deren Verankerung in der jeweiligen Partei. Eine entscheidende Rolle spielte in diesem Zusammenhang auch die von ÖVP und SPÖ betriebene Interventionspolitik, wo es darum ging, durch gezielte parteipolitische Interventionen die Schlüsselpositionen im Bereich der öffentlichen Verwaltung und Wirtschaft mit den jeweils eigenen parteigebundenen Vertrauensleuten zu besetzen.[171] Dabei muss bedacht werden, dass das Phänomen der parteipolitischen Postenbesetzungen, der Durchdringung von staatlichen Bereichen mit Parteigängern in unterschiedlichen Nuancen in den nach dem Prinzip der

---

[170] Brief von Dr. Hans Romauch an Karl Waldbrunner vom 28. 1. 1953 samt als Fernschreiben beigefügter Rede von ÖVP-Staatssekretär Ferdinand Graf, BSA-Aktenbestand 1949/50, VGA Wien.

[171] Peter Böhmer, Die Bundesministerien für Vermögenssicherung und Wirtschaftsplanung und für Finanzen. In: Historikerkommission (Hg.), Die österreichische Finanzverwaltung und die Restitution entzogener Vermögen 1945 bis 1960. Mit Beiträgen von Peter Böhmer und Ronald Faber, Wien 2003, S. 75 ff.; Siehe ferner: Peter Böhmer, Wer konnte, griff zu: „Arisierte" Güter und NS-Vermögen im Krauland-Ministerium (1945–1949). Mit einem Beitrag von Gerhard Jagschitz, Wien 1999.

Parteiendemokratie verfassten europäischen Staaten ebenso vorhanden war. In Österreich führte allerdings die Praxis der Stellenbesetzung bei Bund, Ländern, Gemeinden und in der verstaatlichten Wirtschaft zu einer völligen Aufteilung des Staates zwischen den beiden Großparteien, sodass man deren Einflusssphären als rote und schwarze „Reichshälfte" bezeichnete.[172] Für die Nachkriegsverhältnisse der Großen Koalition bedeutete diese Interventionspolitik demnach nichts Außergewöhnliches, das gesamte Proporzsystem lebte im Grunde davon.[173] Im Sinn des Gleichgewichts der politischen Kräfte galt das Proporzsystem als sakrosankt. Denn der Proporz war die Konsequenz eines Lernprozesses beider Großparteien, die aus den Erfahrungen des Bürgerkriegs von 1934 und des „Austrofaschismus" die Lehre gezogen hatten, unter Zurückstellung der ideologischen Gegensätze eine Radikalisierung der Innenpolitik, wie sie für die Erste Republik kennzeichnend war, unbedingt zu verhindern.[174] Insofern diente der Proporz dem Abbau des latenten Misstrauens zwischen ÖVP und SPÖ. Kind dieses Proporzdenkens war auch die Sozialpartnerschaft, die als Kompromiss zwischen „Kapital und Arbeit" eine wesentliche Grundlage für den wirtschaftlichen

---

[172] Gertrude Enderle-Burcel, Die österreichischen Parteien 1945 bis 1955. In: Reinhard Sieder u. a. (Hg.), Österreich 1945–1995. Gesellschaft, Politik, Kultur, Wien 1995, S. 87 ff. (= Österreichische Texte zur Gesellschaftskritik, Bd. 60).

[173] Manfried Rauchensteiner, Die Zwei. Die Große Koalition in Österreich 1945–1966, Wien 1987, S. 539 ff.; Manfried Rauchensteiner, „Die Zwei": Die Große Koalition 1945–1966 mit einem Ausblick. In: Rolf Steininger/Michael Gehler (Hg.), Österreich im 20.Jahrhundert. Ein Studienbuch in zwei Bänden. Bd. 2: Vom Zweiten Weltkrieg bis zur Gegenwart, Wien-Köln-Weimar 1997, S. 259–304.

[174] Norbert Leser, Die Entwicklung des Demokratieverständnisses in Österreich. In: Heinz Fischer (Hg.), Das politische System Österreichs, 3. Aufl., Wien-München-Zürich 1982, S. 20 ff.; Wolfgang Neugebauer, Vom Vormärz zum Spätkapitalismus. Die geistige Entwicklung der österreichischen Sozialdemokratie, hg. vom Dr.-Karl-Renner-Institut, Wien o. J., S. 18 (= Sozialistische Politik 6).

Wiederaufbau Österreichs bildete.[175] Es blieb augenscheinlich der radikalen Fundamentalopposition der Haider-FPÖ in den achtziger und neunziger Jahren vorbehalten, den Proporz als Grundkonsens der Zweiten Republik existenziell in Frage zu stellen und zum Teil zu demontieren.[176]

Nach 1945 war bei den Personalinterventionen von SPÖ und ÖVP in Bezug auf die NS-Frage der eigentlich springende Punkt, dass eine erfolgreiche Integration der „Ehemaligen“ auch die Gestaltung einer entsprechenden Personalpolitik als Voraussetzung bedingte: Denn der zu werbende NS-Personenkreis hatte auch eine gewisse Erwartungshaltung hinsichtlich einer raschen Wiedereingliederung in das berufliche und gesellschaftliche Leben.

Es war eben das Markante an der österreichischen Personalpolitik, dass die parteipolitischen Interventionen nicht nur notgedrungenermaßen für die Masse der NS-Mitläufer, sondern in erheblichem Ausmaß auch für die schwer belasteten Nazis erfolgten. Die Interventionspolitik der Sozialdemokratie bildete in diesem Zusammenhang keine Ausnahme. Von allem Anfang an zählte es nachgerade zu einer Hauptaufgabe des BSA, seine Klientel im Sinn einer effizienten Interventionspolitik mit der Vergabe von einflussreichen Positionen im staatlichen Verwaltungs- und Wirtschaftssektor zu befriedigen. In der Folge dürfte der BSA von seinen Mitgliedern massiv mit Interventionsansuchen konfrontiert worden sein, sodass sich BSA-Sekretär Baderle im Dezember 1951 zu der Feststellung genötigt sah, dass Personalinterventionen über-

[175] Ernst Hanisch, Periodisierungsversuche des 20. Jahrhunderts. In: Herbert Dachs u. a. (Hg.), Handbuch des politischen Systems Österreichs. Die Zweite Republik, 3. Aufl., Wien 1997, S. 15.

[176] Kurt Richard Luther, Die Freiheitlichen (F). In: Herbert Dachs u. a. (Hg.), Handbuch des politischen Systems Österreichs. Die Zweite Republik, 3. Aufl., Wien 1997, S. 295 ff.

hand nähmen, die „kaum mehr von verantwortlichen Funktionären vertretbar" seien.[177]

Die Auffindung und Auswertung von BSA-Aktenbeständen aus dem Zeitraum 1947 bis 1955 ermöglicht uns, einen genaueren Blick auf die Strukturen der Interventionspolitik des BSA zu werfen.[178] Wenn man von den Personalinterventionen von SP-Gewerkschaftern und -Betriebsräten absieht – die weder ausreichend erforscht noch unser Untersuchungsgegenstand sind –, ergibt sich folgendes Bild: In den vierziger und fünfziger Jahren basierte die Interventionspolitik des BSA im Wesentlichen auf einem konzertierten Zusammenspiel von drei separaten Machtzentren, nämlich der BSA-Führung, der SPÖ-Parteispitze und dem SPÖ-Regierungsteam. Auf höchster Ebene verdichteten sich die Fäden der politischen Verantwortlichkeit und liefen in den Händen nur weniger Funktionäre zusammen: Allen voran muss hier Dr. Adolf Schärf genannt werden, der in seiner Person die Funktionen des SPÖ-Vorsitzenden und Vizekanzlers von 1945 bis 1957 vereinigte und somit als die höchste Entscheidungsinstanz von Partei und Regierung bei den an ihn vom BSA herangetragenen Personalfragen fungierte. In dieser Rolle folgte ihm 1957 DDr. Bruno Pittermann. Dem Vizekanzler und SPÖ-Vorsitzenden oblag es im Verein mit den SP-Regierungsmitgliedern, die für die SPÖ wichtigen Personalentscheidungen mit der ÖVP im Koalitionsausschuss auszuhandeln. Als wichtige Brücke zwischen dem Parteivorsitzenden und dem BSA diente oftmals das SPÖ-Zentralsekretariat, in dem der ehemalige KZ-Häftling Otto Probst von 1946 bis 1970 als Zentralsekretär wirksam war. Vonseiten des BSA ist hier neben dem BSA-Präsidium vor

[177] Protokoll der Bundesausschusssitzung vom 1. 12. 1951, Archiv BSA Wien.
[178] Auswertung des BSA-Aktenbestandes 1947–1955, VGA Wien.

allem der BSA-Präsident Dipl.-Ing. Karl Waldbrunner anzuführen, dem bei der Lenkung der Postenbesetzungen im Bereich der öffentlichen Verwaltung und Wirtschaft eine Schlüsselrolle zukam. Denn als Regierungsmitglied war er von 1949 bis 1956 für die Agenden Verkehr und verstaatlichte Betriebe, von 1956 bis 1962 für Verkehr und Elektrizitätswirtschaft zuständig. Waldbrunner verdient wie kaum ein anderer die Bezeichnung „Multifunktionär": Er war u. a. Nationalratsabgeordneter (1945–1971), Zentralsekretär der SPÖ (1946–1956), Verkehrsminister (1949-1962), BSA-Präsident (1950–1973), Erster (1970/71) und Zweiter Präsident des Nationalrates (1962–1970), ferner Stellvertretender SPÖ-Vorsitzender und Gewerkschaftsfunktionär sowie Erster Vizepräsident der Österreichischen Nationalbank.[179] Erst diese Ämterverflechtung sicherte Waldbrunner einen weiträumigen politischen Handlungsspielraum und stellte außerdem ein beträchtliches Machtgefüge dar, das mitunter von Freund wie Feind als „Königreich Waldbrunner" oder „Waldbrunner-Imperium" charakterisiert wurde. Es versteht sich von selbst, dass er es vor allem in seiner Doppelrolle als BSA-Präsident und Minister verstand, seine Möglichkeiten bei den Postenbesetzungen in der Verstaatlichten Industrie weidlich auszuschöpfen. 1956/57 bekam der neue Vizekanzler Pittermann von Waldbrunner zwar die Agenden der Verstaatlichten Unternehmungen übertragen, Verkehrsminister Waldbrunner erhielt aber im Gegenzug die Ressortverantwortlichkeit für die Elektrizitätswirtschaft. Für die BSA-Interventionspolitik spielten des Weiteren auch die SP-Justizminister Dr. Otto Tschadek (1949–1952, 1956–1960) und Dr. Christian Broda (1960–1966, 1970–1983) sowie die SP-

[179] Sämtliche auf Dipl.-Ing. Karl Waldbrunner bezogene Karrieredaten sind der Website des österreichischen Parlaments entnommen: http://www.parlinkom.gv.at (siehe Biografie Karl Waldbrunner).

Sozialminister Karl Maisel (1945–1956) und Anton Proksch (1956–1966) eine nicht unwesentliche Rolle.

Die zuvor bei den Partei- und BSA-Spitzenfunktionären beschriebenen Phänomene der Ämterkonzentration und der Machtzusammenballung haben mit Sicherheit die Effizienz und das Potential der Interventionspolitik vergrößert, der Blick auf das Detail darf hier aber nicht die Sicht auf das Ganze verstellen und zu Fehlschlüssen im Sinn einer Überbewertung dieser Faktoren verleiten. Denn trotz des „Waldbrunner-Imperiums" ist es der SPÖ zumindest bis zur Ära Kreisky nicht gelungen, die Vorherrschaft der ÖVP und ihrer Organisationen (Industriellenvereinigung, Wirtschaftsbund, ÖAAB, CV) im Management des verstaatlichten Industrie- und Bankensektors zu brechen oder auch nur ernsthaft in Frage zu stellen. Selbst unter den SPÖ-Alleinregierungen in den siebziger Jahren betrug das politische Kräfteverhältnis zwischen SPÖ und ÖVP im mittleren und höheren Management in der Verstaatlichten Industrie eins zu zwei und bei den verstaatlichten Banken sogar eins zu fünf zugunsten der ÖVP.[180]

Die Initiativen für die Personalinterventionen des BSA wurden in aller Regel von dessen Fachverbänden getragen. In gewisser Weise waren die Fachverbände sogar der Motor der BSA-Interventionspolitik, da die einzelnen Vereinigungen der Juristen, Ärzte usw. für die Interessen ihrer

[180] Vgl. Konzept für eine koordinierte Personalpolitik im BSA in Form der fraktionellen Nachwuchsförderung, Februar 1976, BSA-Bundesvorstandsprotokolle 1976, BSA Wien. Kurz zur Genesis dieses Konzepts: Im Oktober 1975 war vom BSA-Bundesvorstand ein Arbeitskreis, bestehend aus Delegierten der Fachverbände der Ingenieure und der Wirtschafter, eingesetzt worden, der die Notwendigkeit einer koordinierten Personalpolitik aufzeigen und ein Konzept für die Durchführung derselben erstellen sollte. Im Februar 1976 legte dieser Arbeitskreis ein „Konzept für eine koordinierte Personalpolitik im BSA in Form der fraktionellen Nachwuchsförderung" vor, das sich u. a. auch mit dem politischen Kräfteverhältnis im mittleren und höheren Management der verstaatlichten Industrie und des Bankenwesens auseinandersetzte.

Mitglieder selbstverständlich Lobbying bei den wichtigen BSA- und Parteistellen betrieben. So richtete beispielweise die „Vereinigung Sozialistischer Juristen“ unter dem Stichwort „Personalpolitik“ im Juli 1948 ein Schreiben an den Parteivorstand der SPÖ, in dem sie die Notwendigkeit einer offensiven Interventionspolitik folgendermaßen begründete: „Die Gewinnung möglichst vieler Akademiker ist für die Durchschlagskraft der Partei in den Ministerien und Ämtern, deren Leitung sie innehat, von allergrößter Bedeutung, weil die Erfahrung lehrt, dass der sozialistische Minister machtlos und ein Gefangener seiner bürokratischen CVer-Clique ist, wenn er nicht an den wichtigsten Stellen Sozialisten oder wenigstens den Sozialisten nahestehende Beamte sitzen hat. Wir sehen dies täglich mehr oder weniger im Innenministerium und im Sozialministerium. Mit sozialistischer Empfehlung erreicht man bei den Referenten dieser Ministerien meist nichts, während man mit ÖVP-Empfehlungen sehr rasch zum Ziele gelangt. Es ist regelmäßig leider so, dass fast nur der Minister und eine geringe Anzahl meist verhältnismäßig untergeordneter Beamter Sozialisten sind oder diesen nahestehen, während die Schlüsselpositionen so gut wie ausschließlich mit Beamten besetzt sind, die innerlich und äußerlich mit der SPÖ keine Bindung haben.“[181] In diesem Schreiben beklagten sich die Vertreter der sozialistischen Juristen über deren Benachteiligung im öffentlichen Dienst im Allgemeinen und im Justizministerium im Besonderen.

Die Interventionen seitens des BSA liefen freilich nicht immer friktionslos ab. Konflikte von BSA-Funktionären mit Parteigranden und Regierungsmitgliedern schienen vorprogrammiert. Im November 1951 legte beispielsweise Rechtsanwalt Dr. Josef Korn, zermürbt von Meinungsver-

---

[181] Schreiben der Vereinigung Sozialistischer Juristen an den Parteivorstand der SPÖ vom 19. Juli 1948 betreffend Personalpolitik, BSA-Aktenbestand 1947/48, VGA Wien

schiedenheiten mit Justizminister Tschadek und Nationalratsabgeordneten Pittermann, seine Funktion als Obmann der „Vereinigung Sozialistischer Juristen Österreichs“ nieder.[182] Zahlreiche Dokumente belegen, dass BSA-Interventionen, wenn es die Wichtigkeit oder Dringlichkeit der Personalentscheidungen erforderte, bisweilen autoritativ und in scharfem Ton erfolgen konnten. So ersuchte BSA-Sekretär Baderle unter Bezugnahme auf eine Besprechung im BSA-Präsidium vom Juli 1952 Präsident Waldbrunner um eine wiederholte Intervention beim Justizminister zugunsten von fünf Juristen, bei denen es sich zumindest in drei Fällen um ehemalige Nationalsozialisten handelte. Seine briefliche Intervention bei Justizminister Tschadek begründete Waldbrunner schließlich damit, dass eine Reihe von BSA-Organisationen von ihm „in recht energischer Form“ verlangt haben, „dass ich in einigen konkreten Fällen bei Dir eine Erledigung urgiere.“[183] Der Umstand, dass drei dieser fünf Juristen eine NS-Vergangenheit aufwiesen, schien jedenfalls auf Seiten des BSA niemanden zu stören, geht doch aus dem zitierten Schreiben hervor, dass für einen Ex-Nazi bereits drei Mal beim Justizminister interveniert worden war.

Bei diesem Postenschacher wurden ehemalige Nationalsozialisten seitens des BSA nur dann kritisch wahrgenommen, wenn sie beispielsweise nicht dem eigenen politischen Lager zuzurechnen waren, den eigenen Interessen im Wege standen oder einflussreiche Positionen wie im Justizbereich bekleideten, wo die Sozialdemokratie traditionell im Personalsektor unterrepräsentiert war. Der Hinweis auf einen ehemaligen Nazi war in aller Regel taktisch-instrumenteller Natur, von

[182] Schreiben von Rechtsanwalt Dr. Josef Korn an Vizekanzler Dr. Adolf Schärf vom 24. 11. 1951, BSA-Aktenbestand 1951, VGA Wien.

[183] Brief von BSA-Sekretär Baderle an Minister Waldbrunner vom 8. 7. 1952, Brief von BSA-Präsident Waldbrunner an Justizminister Dr. Otto Tschadek vom 15. 7. 1952, BSA-Aktenbestand 1952, VGA Wien.

seinem geschickten Einsatz versprachen sich die Interventionspolitiker eine Erhöhung der Erfolgschancen für ihren eigenen Protegiertenkreis. Mit diesem Kalkül spekulierte offensichtlich auch der Vorstand der Vereinigung Sozialistischer Juristen, der am 9. März 1951 in einem Schreiben an Präsident Waldbrunner mit der Bitte um dessen Intervention herantrat. Mitunterzeichnet war diese Petition vom Personalreferenten der BSA-Juristen, Dr. Christian Broda, der hier auch in seinem eigenen Interesse tätig wurde. In dem Schreiben äußerten die BSA-Juristen den Wunsch, Waldbrunner möge in seiner Eigenschaft als zuständiger Verstaatlichtenminister bei dem sozialistischen Generaldirektor der verstaatlichten Österreichischen Länderbank AG, Dr. Franz Landertshammer, seinen Einfluss geltend machen, dass für die juristische Vertretung der Länderbank und ihrer Konzernunternehmungen hinkünftig sozialistisch organisierte Rechtsanwälte herangezogen werden. Das Schreiben gipfelte in dem moralischen Vorwurf, dass der bisher einzige befasste Anwalt der Länderbank ein ehemaliger Nationalsozialist sei.[184] Waldbrunner übermittelte Länderbank-Generaldirektor Landertshammer dieses Anliegen mit folgender Bemerkung: „Darf ich Dich bitten, Dir diese Angelegenheit nochmals zu überlegen und mitzuhelfen, damit der Vereinigung [der Sozialistischen Juristen] wenigstens ein Teilerfolg ermöglicht wird, weil deren Arbeit, wie Du ja aus der Vergangenheit weißt, sehr von solchen Aktionen abhängt."[185] Der Länderbank-Generaldirektor rechtfertigte sich dahingehend,

[184] Schreiben des Vorstands der Vereinigung Sozialistischer Juristen Österreichs an BSA-Präsidenten und Bundesminister Karl Waldbrunner vom 9. 3. 1951, unterzeichnet von Dr. Cristian Broda (Personalreferent), Dr. Josef Korn (Obmann) und Dr. Kurt Scheffenegger (Schriftführer), BSA-Aktenbestand 1951, VGA Wien.

[185] Schreiben von Karl Waldbrunner an Generaldirektor Dr. Franz Landertshammer, Österreichische Länderbank AG, vom 31. 3. 1951, BSA-Aktenbestand 1951, VGA Wien.

dass er die teilweise Heranziehung Brodas als Anwalt der Länderbank veranlasst habe. Außerdem habe er seit seiner Tätigkeit ununterbrochen darauf gedrängt, „dass ich Stellengesuche vom BSA bekomme, [ich] habe eine beträchtliche Anzahl unserer Genossen in der Bank eingestellt und bin gern auch weiterhin bereit, soweit mir geeignete Bewerber namhaft gemacht werden, diese unterzubringen." Allerdings gab er auch zu bedenken, dass „ich nicht der Generaldirektor einer sozialistischen Bank bin, sondern diese Funktion in einem Institut bekleide, das sowohl im Aufsichtsrat wie im Vorstand (politisch gesehen) eine ÖVP-Mehrheit hat."[186] Mit dieser Antwort Landertshammers gaben sich die BSA-Juristen nicht sofort zufrieden und beschwerten sich im September 1951 abermals bei Waldbrunner vor allem darüber, dass der sozialistische Anwalt Dr. Christian Broda nur in Ausnahmefällen mit der Rechtsvertretung der Länderbank beauftragt werde, während die überwiegende Zahl der bei der Länderbank anfallenden Rechtsfälle vom Leiter des Rechtsbüros Dr. Otto Reimer, einem früheren Nationalsozialisten und Nicht-Sozialisten, und vom Rechtsanwalt Dr. Viktor Kienböck[187], dem früheren christlichsozialen Finanzminister, erledigt werde.[188] Mit dieser neuerlichen Forderung dürften die sozialistischen Juristen allerdings über das Ziel geschossen haben. In seinem Antwortbrief legte Waldbrun-

---

[186] Schreiben von Generaldirektor Dr. Franz Landertshammer, Österreichische Länderbank AG, an BSA-Präsidenten Karl Waldbrunner vom 31. 3. 1951, BSA-Aktenbestand 1951, VGA Wien.

[187] Dr. Viktor Kienböck war von 1923 bis 1932 christlichsozialer Abgeordneter zum Nationalrat. Als Finanzminister (1922–1924, 1926–1929) gestaltete er die finanzielle Sanierungspolitik unter Bundeskanzler Dr. Ignaz Seipel entscheidend mit. Von 1934 bis 1938 war er ein hoher Ständestaatsfunktionär (Wiener Stadtrat, Mitglied des Staatsrates und des Bundestages). Nach dem Zweiten Weltkrieg fungierte Kienböck zunächst als Berater, von 1952–1956 als Vizepräsident der Österreichischen Nationalbank.

[188] Schreiben der Vereinigung Sozialistischer Juristen Österreichs an BSA-Präsidenten Karl Waldbrunner vom 28. 9. 1951, BSA-Aktenbestand, VGA Wien.

ner – nicht ohne ironischen Seitenhieb auf die schillernde Rolle Christian Brodas – dar, warum er in der Causa Länderbank nicht weiter intervenieren werde: „Euer Schreiben [...] nehme ich zur Kenntnis, muss aber leider sagen, dass ich außerstande bin, mehr zu erreichen. Übrigens hatte ich bisher den Eindruck, dass Dr. Broda von der Länderbank vollkommen saturiert wurde, umso mehr als er sich vor kurzem bei mir zum Fürsprecher einer sehr eigentümlichen Personalentscheidung Dr. Landertshammers machte. Es ging darum, dass bei der Gaskoks ein Genosse einem Nichtmitglied weichen musste, wofür Dr. Broda wärmstens eintrat. Dr. Landertshammer versteht Inkonsequenz sehr zu seinem Vorteil zu nützen und man kann schwer von mir verlangen, alles gut zu machen."[189]

Der Personalreferent der BSA-Juristen, Dr. Christian Broda, spielte auch bei der Intervention des BSA für den Juristen Dr. Hans Lawall keine unbedeutende Rolle. Der 1899 geborene Hans Lawall war 1919 in den Postdienst eingetreten. 1932 schloss er sich der NSDAP an und war danach Bezirksbetriebszellenleiter sowie Zellenobmann der Postdirektion, ab 1938 fungierte er als Gaustellenleiter in Niederdonau. In der Verbotszeit (1933–1938) lieferte er wichtiges Material an die Parteidienststellen.[190] Ohne seine Bindung zur NSDAP aufzugeben, wurde er 1934 Mitglied des Heimatschutzes und übte dort die Funktion eines Adjutanten des Kommandanten der Post- und Telegraphenschutzwehr aus. Im Auftrag der NSDAP nahm Lawall auch an einem Kurs des Generalmajors Ronge zur Enträtselung chiffrierter Nachrichten teil. Erst in der NS-Herrschaft wurde Lawall entsprechend seiner

[189] Schreiben von BSA-Präsidenten Karl Waldbrunner an den BSA, Vereinigung der Sozialistischen Juristen Österreichs, vom 4. 10. 1951, BSA-Aktenbestand 1951, VGA Wien.

[190] Vgl. Schreiben des Generaldirektors für die Post und Telegraphenverwaltung an Bundesminister Waldbrunner vom 2. 1. 1953, BSA-Aktenbestand 1952/53, VGA Wien.

während der Dienstzeit abgeschlossenen Hochschulstudien als Jurist eingesetzt. Seinen raschen postinternen Aufstieg bis zum Oberpostrat 1943 verdankte er – wie einem Schreiben des Generaldirektors für die Post- und Telegraphenverwaltung Dr. Dworschak aus dem Jahr 1953 zu entnehmen ist – der Tatsache, dass er als „Alter Kämpfer“ anerkannt wurde.[191] Unmittelbar nach dem Zusammenbruch des Dritten Reichs war Lawall 1945 aus dem Postdienst entlassen worden. Nachdem er als Minderbelasteter eingestuft und seine Übernahme in den Personalstand der Post abgelehnt worden war, wurde er mit Ende des Jahres 1948 in den dauernden Ruhestand versetzt.[192] Noch vor seiner Pensionierung dürfte sich Lawall der SPÖ angeschlossen haben, um seine Wiedereinstellung in den Postdienst zu erreichen. Ein paar Jahre danach unterstütze der BSA Lawalls Bemühungen, für die der BSA-Sekretär Baderle im November 1952 in einem Schreiben an BSA-Präsident Waldbrunner um Verständnis warb: „Genosse Dr. Hans Lawall [...] war bis zum Jahre 1945 Beamter des höheren Postdienstes. Als Nationalsozialist musste er ausscheiden. In der Folge hat sich Dr. Lawall als Bauhilfsarbeiter durchgebracht. Bei dieser Tätigkeit lernte der Genosse einen ihm bisher unbekannten Aspekt der sozialen Zusammenhänge kennen. Diese Erkenntnis führte ihn zur sozialistischen Idee und schließlich als aktiven Mitarbeiter in die Sozialistische Partei, deren Mitglied und Funktionär Genosse Lawall seit Oktober 1948 ist. Seit Jänner 1951 ist der Genannte auch Mitglied des BSA. Heute übt Genosse Lawall eine kommerzielle Berufstätigkeit aus, die ihm wohl seine Existenz sichert,

[191] Ebd.

[192] Vgl. Schreiben des Zentralausschusses der Post- und Telegraphenbediensteten bei der Generaldirektion für die Post- und Telegraphenverwaltung an Bundesminister Waldbrunner vom 7. 1. 1953, gez. Schober, BSA-Aktenbestand 1952/53, VGA Wien.

ihn aber geistig nicht befriedigt."[193] Sein Engagement für die Rückkehr Lawalls in den Postdienst bekräftigte BSA-Baderle unter anderem mit der Fürsprache Christian Brodas: „Auch Genosse Dr. Broda hat von Lawall einen sehr guten Eindruck gewonnen und hält ihn für äußerst empfehlenswert."[194] Das von den BSA-Funktionären Baderle und Broda unterstützte Ansuchen Lawalls scheiterte allerdings an der breiten Ablehnungsfront, die vom Zentralausschuss der Post- und Telegraphenbediensteten über die Generaldirektion für die Post- und Telegraphenverwaltung bis hin zum verantwortlichen Minister reichte. Bei Letzterem handelte es sich um Karl Waldbrunner, und dieser zeigte sich nicht geneigt, für Lawall auch nur einen Finger zu rühren.[195]

Dem BSA waren bei seiner Einflussnahme auf die großkoalitionäre Personalpolitik aber auch Grenzen gesetzt, die von den BSA-Funktionären mitunter nicht sofort als solche erkannt wurden. Im November 1950 nahm sich BSA-Sekretär Baderle des Falles des Staatsbibliothekars Dr. Rudolf Panzl-Stein an, der bei der Nachbesetzung des 1949 pensionierten Generaldirektors der Österreichischen Nationalbibliothek Dr. Bick übergangen worden war. Baderle erhoffte sich in diesem Fall Schützenhilfe von Vizekanzler Schärf, den er am 18. November 1950 brieflich davon in Kenntnis setzte, dass die Neubesetzung der Generaldirektorposition „ein bezeichnendes Kapitel rücksichtsloser Personalpolitik des CV" gewesen sei, „die keinerlei Bedenken hat, politische Protektion vor fachliche Eignung zu stellen."[196] Nach Dar-

[193] Schreiben des BSA-Sekretär Baderle an Bundesminister und BSA-Präsident Waldbrunner vom 28. 11. 1952, BSA-Aktenbestand 1952, VGA Wien.
[194] Ebd.
[195] Vgl. Schreiben von Bundesminister und BSA-Präsident Waldbrunner an den BSA-Sekretär Baderle vom 10. 1. 1953, BSA-Aktenbestand 1952/53, VGA Wien.
[196] Schreiben von BSA-Sekretär Baderle an Vizekanzler Dr. Adolf Schärf vom 18. Nov. 1950, BSA-Aktenbestand 1950, VGA Wien.

legung Baderles trug auch die Tatsache, dass Panzl-Stein in der Nationalbibliothek als Sozialist und konfessionslos galt, dazu bei, ihm eine anstehende Beförderung vorzuenthalten. Panzl-Stein sei darüber hinaus einem wiedereingestellten ehemaligen Nationalsozialisten für den Dienst im Lesesaal unterstellt worden. Im Zuge des Konflikts mit dem neuen Generaldirektor sei schlussendlich eine amtsärztliche Untersuchung der Dienstfähigkeit des Dr. Panzl-Stein angeordnet worden, die dessen vorzeitige Pensionierung nach sich ziehen könne. Baderle schloss mit der an Schärf gerichteten Bitte, dieser möge doch Einblick in den Personalakt des Dr. Panzl-Stein nehmen. Vizekanzler Schärf antwortete nicht BSA-Sekretär Baderle, sondern dessen Vorgesetzten, BSA-Präsidenten Waldbrunner, empört: „Ich muss sagen, dass ich Baderle nicht als kompetent ansehe, mich zu Interventionen aufzufordern. Es genügt, dass ihm jemand im Ohr liegt und ich soll mich dann in Bewegung setzen. Baderle scheint gar nicht zu wissen, dass die Nationalbibliothek dem Unterrichtsministerium untersteht; ja, wie soll ich dort Personalakten anfordern?“[197] BSA-Baderle hatte in diesem Zusammenhang die Möglichkeiten der Personalintervention von BSA bzw. SPÖ überschätzt. Denn Schärf waren in diesem Fall offensichtlich die Hände gebunden. Es liegt die Annahme nahe, dass schon der Versuch einer personalpolitischen Intervention des SP-Vizekanzlers im VP-Unterrichtsministerium einem Verstoß gegen das ungeschriebene Prinzip der wechselseitigen Nichteinmischung in die sorgfältig zwischen SPÖ und ÖVP aufgeteilten staatlichen Sphären gleichgekommen wäre.

[197] Schreiben von Vizekanzler Dr. Adolf Schärf an Bundesminister und BSA-Präsident Waldbrunner vom 20. 11. 1950, BSA-Aktenbestand 1950, VGA Wien.

9. Die Karriere ehemaliger Nationalsozialisten mit Hilfe des BSA – eine Auswahl

Wie im vorangegangenen Kapitel ausführlich dargelegt wurde, kam die Interventionspolitik des BSA in erheblichem Umfang den ehemaligen Nationalsozialisten zugute. Deren rasche Wiedereingliederung in das berufliche und gesellschaftliche Leben lag sowohl im ureigenen Interesse der Betroffenen als auch in dem des BSA. Die meisten „Ehemaligen" strebten keine Karriere im BSA an, von der jedenfalls die „Belasteten" nach den BSA-internen Bestimmungen von 1949 ohnehin ausgeschlossen waren. Von einem Beitritt zum BSA bzw. der SPÖ versprach sich das Gros der „Ehemaligen" eine beschleunigte Befreiung von den Fesseln der subjektiv als ungerecht empfundenen Entnazifizierungsmaßnahmen sowie die notwendige parteipolitische Protektion beim Aufbau bzw. Wiederaufbau einer beruflichen Existenz vor dem Hintergrund des proporzmäßig aufgeteilten und verwalteten Staates. Der BSA erwartete sich von seinem Engagement für die „Ehemaligen" wiederum eine Kompensation seines Mangels an Akademikern und Führungskräften. Die von ihm betriebene Integration der „Ehemaligen" umfasste aber nicht nur die viel zitierten „harmlosen, kleinen Nazis", die Mitläufer und Opportunisten des NS-Regimes, sondern auch jene Personen, die als überzeugte Nationalsozialisten ihren gesamten beruflichen Werdegang in den Dienst der nationalsozialistischen Ideologie, Partei und des NS-Staates gestellt hatten und zum Teil aufgrund ihrer beruflichen Positionen als Ärzte, Staatsanwälte, Richter oder Angehörige des Polizei- und SS-Apparates maßgeblich an NS-Verbrechen beteiligt gewesen waren oder solchen Verbrechen Vorschub geleistet hatten. Mit Hilfe des BSA gelang vielen von ihnen der ersehnte berufliche Neustart, manchen eröffnete sich somit eine beachtliche Karriere im öffentlichen Dienst, in der staatsnahen Wirtschaft, in den Medien und sogar in der Politik. Zur Verdeutlichung dieser Problematik werden im Folgenden einige dieser Karrieren exemplarisch dargelegt, wobei die Erörterung der Fallbeispiele für die Bereiche Justiz und Medizin in separaten Kapiteln erfolgt.

Johann Biringer

Der Verlauf der beruflichen Laufbahn des Salzburger Juristen Mag. Johann (Hans) Biringer erscheint nur auf den ersten Blick schwer begreiflich.[198] Die massive Unterstützung seitens der SPÖ und des BSA machte möglich, wovon andere Beamte nur träumen konnten. Ohne gezielte parteipolitische Protektion wäre auch für das vormalige SA- und SS-Mitglied Biringer ein so rasanter Aufstieg im Polizeidienst, der ihn innerhalb von zwei Jahrzehnten an die Spitze der Bundespolizeidirektion Salzburg brachte, ein Traum geblieben. Biringer war beileibe nicht der einzige Repräsentant der „Ehemaligen“ in der Bundespolizeidirektion Salzburg, für diese hatte er hinsichtlich der Einstellung, die formelle Zugehörigkeit zur Sozialdemokratie konsequent für die Karriereplanung zu nutzen, geradezu Modellcharakter.[199]

Biringer wurde am 2. März 1920 in Maria Schmolln im Bezirk Braunau/Oberösterreich geboren. Ab 1932 besuchte er das humanistische Stiftsgymnasium Wilhering bei Linz, das 1938 von den neuen NS-Machthabern geschlossen wurde. Deshalb wechselte er an das Staatsgymnasium Freistadt, wo er im Herbst 1939 sein Abitur ablegte. Biringer konnte offensichtlich den „Anschluss“ Österreichs an Hitler-

198 Hans Weiss/Krista Federspiel, Wer?, Wien 1988, siehe: Hans Biringer.

199 Karl Öllinger, Alles sehr sauber und gepflegt. Wie sehen „uns“ die „anderen“? Teil 1 der kf-Serie „Diagnose Salzburg“. Zit. nach: Kunstfehler online, Mai 2002. Der Beitrag ist unter folgender Internetadresse zu finden: www.argekultur.at/kunstfehler.

Deutschland nicht mehr erwarten. Vom 1. März 1938 an war der fast Achtzehnjährige in der SA als Scharführer tätig, als solcher nahm er mit seiner Formation noch im selben Jahr am Reichsparteitag der NSDAP teil.[200] Im Oktober 1940 trat er aus der römisch-katholischen Kirche aus und bezeichnete sich fürderhin – dem Beispiel vieler konfessionsloser Nationalsozialisten folgend – als „gottgläubig", eine Vorgangsweise, die nur den Angehörigen der „arischen Rasse" möglich war. Nach dem Kriegsausbruch meldete er sich am 27. September 1939 – seinen eigenen Angaben zufolge – freiwillig zur SS-Verfügungstruppe, der späteren Waffen-SS. Nach Absolvierung einer mehrwöchigen militärischen Grundausbildung in Wien wurde er zur 4. Kompanie des Feld-Regiments „Der Führer" der SS-Division „Das Reich" versetzt. Mit dieser Einheit machte er auch die Feldzüge nach Holland, Belgien, Frankreich, Jugoslawien und Russland mit, zuletzt als Truppenführer der schweren Granatwerfer.[201] Im Juni 1941 war seine Einheit an „Säuberungsaktionen" in der Region Minsk beteiligt. Nach dem Abzug seiner Einheit aus Minsk blieben 920 Leichen zurück, die Opfer waren großteils Juden und Partisanen.[202] Es konnte allerdings nicht der Beweis erbracht werden – und die Autoren unterstellen das auch nicht –, dass Biringer persönlich an diesem Massaker mitgewirkt hatte. Seine Leistungen an der russischen Front wurden aber gleich dreifach ausgezeichnet, zunächst mit seiner Beförderung zum SS-Rottenführer im Oktober 1941 und schließlich mit der Verleihung des Eisernen Kreuzes II. Klasse und des Infanterie-Sturmabzeichens. Im September 1941 wurde er an die SS-Junkerschule Braunschweig abkommandiert, die er allerdings aufgrund einer

[200] Vgl. BDC-Unterlagen betreffend Johann Biringer, Bundesarchiv Berlin.
[201] Ebd.
[202] Ernst Schmiederer, Der Befehlsempfänger. In: Profil, Nr. 24, 10. 6. 1985, S. 42 f.

Kropferkrankung nach kurzer Zeit verlassen musste.[203] Während seines Aufenthalts in der Genesungskompanie erhielt er Studienurlaub, in dessen Rahmen er Rechtswissenschaften an den Universitäten Graz und Prag studierte. 1945 geriet Biringer in amerikanische Kriegsgefangenschaft und wurde als SS-Angehöriger im Lager Nürnberg-Langwasser interniert. Zusammen mit anderen SS-Kameraden verfasste er eine „Eingabe an den Generalsekretär des Internationalen Militärgerichtshofs in Nürnberg", in der die Waffen-SS verharmlosend als bloß militärische Einheit charakterisiert und der Wehrmacht gleichgesetzt wurde: „Die Angehörigen der Waffen-SS haben [...] nur ihrer jedem Deutschen obliegenden Wehrpflicht genügt und damit lediglich ihrem Vaterlande als Soldaten gedient wie andere deutsche oder alliierte Soldaten auch."[204] Der Internationale Militärgerichtshof erklärte jedoch die Waffen-SS als Teil der SS zu einer verbrecherischen Organisation. Dieses Urteil dürfte Biringer allerdings nicht sehr beeindruckt haben, wie seine weitere Lebensgeschichte zeigt. Nach der Freilassung aus der russischen Kriegsgefangenschaft, in die er von den Amerikanern überstellt worden war, absolvierte er 1946/47 die Gerichtspraxis und arbeitete anschließend als Konzipient bei einem Anwalt.[205] 1951 schloss sich Dr. Johann Biringer der SPÖ-Landesorganisation Salzburg an. Noch im selben Jahr trat der Sohn eines Gendarmeriebeamten in den Polizeidienst ein. Zwei Jahre später – im Februar 1953 – wurde er Mitglied der Vereinigung der Sozialistischen Juristen Österreichs, einer Teilorganisation des BSA. Mit SPÖ- und BSA-Rückenwind stand ihm als Polizeijuristen eine glänzende Karriere bevor, die ihn vom Beamten der Kriminalabteilung bis in das Amt

[203] Vgl. BDC-Unterlagen betreffend Johann Biringer, Bundesarchiv Berlin.
[204] Ernst Schmiederer, Der Befehlsempfänger. In: Profil, Nr. 24, 10. 6. 1985, S. 42 f.
[205] Hans Biringer 65. In: Salzburger Nachrichten, 2. 3. 1985.

des Direktors der Polizeidirektion Salzburg führte, das er von 1972 bis 1985 ausübte. Der vom Polizeioberrat zum Hofrat beförderte „Law-and-Order-Mann" Biringer erwarb sich als Salzburger Polizeichef sehr rasch den Ruf eines Hardliners, dessen Polizei durch Prügeleien und Körperverletzungen wiederholt in die Schlagzeilen geriet. Biringer selber schien bei der Behandlung der Salzburger Bürger mit zweierlei Maß zu messen: Gegen antifaschistische Demonstranten bzw. linke Studenten ließ er seine Polizei oftmals hart und rücksichtslos eingreifen. Dabei konnte es nach Biringer vorkommen, dass „bei Amtshandlungen, zum Beispiel Verhaftungen, [...] schon manchmal Knochen brechen." Die Ursache dafür liege in der „Knochenstruktur", die „nicht bei allen Menschen gleich" sei.[206] Prominentestes Opfer der in der Ära Biringer bekannt gewordenen Polizeiübergriffe in Salzburg war kein Geringerer als der international renommierte österreichische Schriftsteller Peter Handke, der im Februar 1985 von einer Polizeistreife festgenommen und wegen Widerstands gegen die Staatsgewalt angezeigt wurde. Als Biringer die Vorgangsweise seiner Polizei trotz beachtlicher Medienkritik rechtfertigte, nannte ihn Handke anschließend einen „alpenländischen Folterknecht"[207], woraufhin Biringer mit einer Ehrenbeleidigungsklage reagierte. Bei rechtsextremen Veranstaltungen demonstrierte Biringer hingegen teils tolerante Zurückhaltung, teils offen zur Schau gestellte Sympathie. Als die 1975 vom stadtbekannten NDP-Funktionär Fritz Rebhandl organisierte Ausstellung „Der Tod von Dresden" vom Salzburger Uni-Rektor wegen „eindeutiger Rechtfertigung und Verherrlichung des vergangenen NS-Regimes" vom Boden der Universität verwiesen wurde, erblickte Birin-

[206] Ernst Schmiederer, Der Befehlsempfänger. In: Profil, Nr. 24, 10. 6. 1985, S. 42.
[207] Peter Handke, Eine andere Rede über Österreich. In: Profil, Nr. 13, 25. 3. 1985, S. 66–68.

ger darin eine Gefährdung des Rechtsstaates: „Schön langsam zweifle ich an der Demokratie."[208] 1976 trat er gemeinsam mit dem NPD-Journalisten Erich Kernmayr als Ehrengast bei einer Festveranstaltung der „Wohlfahrtsvereinigung der Glasenbacher" auf, einer rechtsextremen Gemeinschaft ehemaliger Nationalsozialisten, die nach dem Kriegsende im amerikanischen Internierungslager Glasenbach bei Salzburg („Camp Marcus W. Orr") inhaftiert worden waren.[209] In voller Uniform als Polizeidirektor nahm Biringer ebenso an der alljährlichen Kranzniederlegung der Kameradschaft IV zu Ehren der gefallenen SS-Angehörigen auf dem Salzburger Kommunalfriedhof teil, einem von Alt-, Neonazis und Rechtsextremen gepflogenen Ritual, das erstmals zu Allerheiligen 1954 – damals noch unter den Augen der US-Besatzungsmacht – stattgefunden hatte.[210] Mit Jahresende 1985 beendete Biringer seinen Dienst als Polizeidirektor und trat in den Ruhestand. Auch in der Pension pflegte er den Kontakt zu seinen ehemaligen SS-Kameraden, zur Sozialdemokratie schien er zunehmend auf Distanz zu gehen. Als Mitglied der Kameradschaft IV[211], eines rechtsextremen Veteranenvereins ehemaliger SS-Angehöriger, setzte er seine Besuche bei den jährlichen SS-Totenfeiern in Salzburg fort, die Ende der neunziger Jahre immer mehr zur Zielscheibe der medialen Kritik und des öffentlichen Protestes wurden.[212]

[208] Affäre Biringer: Freund und Helfer mit Vergangenheit. In: Profil, Nr. 36, 3. 9. 1979, S. 41 f.

[209] Ernst Schmiederer, Der Befehlsempfänger. In: Profil, Nr. 24, 10. 6. 1985, S. 42; Zur „Wohlfahrtsvereinigung der Glasenbacher" siehe: DÖW (Hg.), Handbuch des österreichischen Rechtsextremismus, 2. Aufl., Wien 1993, S. 235–238.

[210] Affäre Biringer: Freund und Helfer mit Vergangenheit. In: Profil, Nr. 36, 3. 9. 1979, S. 42.

[211] Schriftliche Anfrage der Abgeordneten zum Nationalrat Karl Öllinger, Freunde und Freundinnen vom 30. 10. 1998, 5082/J XX. GP, Archiv Parlament. Zur näheren Charakteristik der „Kameradschaft IV" siehe: DÖW (Hg.), Handbuch des österreichischen Rechtsextremismus, 2. Aufl., Wien 1993, S. 146–151.

[212] Siehe Beitrag von Herbert Lackner in: Profil, Nr. 14, 2000, S. 36.

Höchstwahrscheinlich hatte Biringer als ehemaliger SS-Angehöriger die Tatsache als besonders ehrenrührig empfunden, dass am 1. November 1997 als Gegenveranstaltung zum usuellen SS-Veteranentreffen erstmals eine Gedenkfeier für die von der SS ermordeten Deserteure abgehalten wurde.[213] Im Dezember 1997 trat Biringer aus dem BSA aus.[214] Die Zugehörigkeit zum BSA hatte ihren Zweck erfüllt, sie war zu diesem Zeitpunkt für Biringer nicht mehr vonnöten und stand seinem Engagement für die Kameradschaft IV im Wege. Rückblickend darf wohl der Schluss gezogen werden, dass Biringer sich der Sozialdemokratie offensichtlich nur aus Opportunitätsgründen genähert hatte, dass es in seinem Innersten tatsächlich zu keiner vollständigen Abkehr von seiner NS-Vergangenheit und zu einer Wandlung hin zu einem aufrechten Demokraten gekommen war.[215] Diese Entwicklung Biringers spiegelt aber auch das Versäumnis des BSA wider, sich niemals wirklich um einen Gesinnungswandel der „Ehemaligen" in seinen Reihen bemüht zu haben, ein Versäumnis, dessen bittere Konsequenz den BSA auch noch ein halbes Jahrhundert nach seiner Gründung empfindlich zu treffen vermochte.

Friedrich Kürbisch

Der SPÖ und dem BSA verdankte auch der ehemalige Kommandeur der Sicherheitspolizei und des Sicherheitsdienstes der SS in Veldes/Oberkrain (heute Slowenien) Dr. Friedrich Kürbisch seine berufliche Existenz. Nach 1945 war der promovierte Literaturhistoriker als Bibliothekar in der

---

213 Vgl. Salzburger Nachrichten vom 2. 11. 1997.
214 Vgl. BSA-Karteikarte von Johann Biringer, Archiv BSA Wien.
215 Vgl. das von Johann Biringer verfasste Manuskript „Geschichte der Waffen-SS", DÖW.

Steirischen Arbeiterkammer in Graz und als Leiter der Clearingstelle für Arbeiterbildung und Arbeiterdichtung in der SPÖ-nahen Österreichischen Gesellschaft für Kulturpolitik tätig.[216] Ferner war Kürbisch Mitglied des „Werkkreises Literatur der Arbeitswelt Werkstätte Steiermark". Kürbisch galt als ein ausgewiesener Experte auf dem Gebiet der Geschichte der österreichischen Arbeiterbewegung und Arbeiterliteratur. Er baute eine Sammlung der österreichischen Arbeiterliteratur auf und trat in diesem Bereich auch als Autor und Herausgeber in Erscheinung.[217] Sein erworbenes Image als Historiker und Literaturexperte der Arbeiterbewegung leistete ihm bei der Entsorgung bzw. Verschleierung seiner NS-Vergangenheit wertvolle Hilfe. Tatsächlich geriet die Rolle, die Kürbisch in der NS-Zeit gespielt hatte, rasch in Vergessenheit.

Der 1915 in Marburg/Drau geborene Kürbisch war in Österreich bereits am 1. November 1934 der NSDAP beigetreten und hatte sich damit im Sinn des NS-Gesetzes 1945 als „Illegaler" des Verbrechens des Hochverrates schuldig gemacht. Aus den Unterlagen der Zentralkartei der NSDAP geht hervor, dass Kürbisch nach dem „Anschluss" am 1. Mai 1938 unter der Nummer 6.289.829 ein zweites Mal der NSDAP beigetreten war.[218] Während des Verbots der NSDAP in Österreich war er in der illegalen Kreisleitung

[216] Vgl. BSA-Mitgliederkartei, Archiv BSA Wien.

[217] Hier eine kleine Auswahl der von Friedrich Kürbisch verfassten bzw. herausgegebenen Literatur: Friedrich Kürbisch (Hg.), Anklage und Botschaft. Die lyrische Aussage der Arbeiter seit 1900, Hannover 1969; Ders., Arbeiterdichtung. Versuch einer Standortbestimmung. Eine Publikation der Sozialistischen Bildungszentrale, Wien 1972; Ders. (Hg.), Arbeiterinnen kämpfen um ihr Recht. Autobiographische Texte zum Kampf rechtloser und entrechteter „Frauenspersonen" in Deutschland, Österreich und der Schweiz des 19. Und 20. Jahrhunderts, Wien 1975; Ders., Chronik der sudetendeutschen Sozialdemokratie 1863–1938, München 1982; Ders. (Hg.), Entlassen ins Nichts. Reportagen über Arbeitslosigkeit 1918 bis heute. Ein Lesebuch, Berlin-Bonn 1983; Ders. (Hg.), Wir lebten nie wie Kinder. Ein Lesebuch, Berlin-Bonn 1979.

[218] BDC-Unterlagen zu Dr. Friedrich Kürbisch, BA Berlin, DÖW R219.

Graz-Stadt der NSDAP als Kreisgeschäftsführer tätig. 1937 trat er dem NS-Soldatenring und der SS bei. Im März 1938 erfolgte seine Beförderung zum SS-Oberscharführer, im November 1943 jene zum SS-Untersturmführer. Ferner gehörte er auch der SA im Range eines Obertruppführers an. Vom November 1938 an diente Kürbisch als Unteroffizier bzw. Offiziersanwärter in der Luftwaffe der Wehrmacht. Im Mai 1940 wurde er in Frankreich verwundet und bis September 1942 für dienstuntauglich befunden. Während seiner Lazarettzeit ließ er sich – nach seinen eigenen Angaben – „zur politischen Arbeit abstellen“ und übernahm im Mai 1942 die Leitung des Südosteinsatzes der Reichsstudentenführung in Oberkrain. Vom April 1941 bis zum Juni 1942 war er Kulturamtswalter der Gaustudentenführung Steiermark im NSD-Studentenbund. Im Oktober 1942 wurde Kürbisch von der Wehrmacht in die Waffen-SS übernommen, in der er der Stabskompanie der Waffen-SS beim Hauptamt der Volksdeutschen Mittelstelle in Berlin angehörte. Bereits seit Juli 1942 leitete Dr. Kürbisch die Hauptabteilung I „Menschen-Einsatz“ und den Ansiedlungsstab Oberkrain bei der Dienststelle des Beauftragten des Reichsführers SS als Reichskommissar für die Festigung des deutschen Volkstums Heinrich Himmler in Veldes/Oberkrain.[219] In dieser Eigenschaft nahm er beispielsweise an Besprechungen teil, die die „rassische Beurteilung der Oberkrainer“ oder die „Überprüfung der Witwen und Waisen nach erschossenen und justifizierten Bandenangehörigen“ – damit waren die Hinterbliebenen der von der SS ermordeten Widerstands- und Partisanenkämpfer gemeint – zum Inhalt hatten. In einer Aussprache mit SS-Obersturmbannführer Dr. Obersteiner vom Rasse- und Siedlungshauptamt Berlin vom 19. September 1942 wurde

[219] Ebd.

festgehalten, dass auf der Grundlage einer Anweisung des Reichsführers SS Himmler die Kinder der „erschossenen und justifizierten Bandenmitglieder" von den Müttern zu trennen seien, „damit nicht ein unverantwortlicher Hass in den Kindern groß gezogen werde".[220] Ferner heißt es in dem Gesprächsvermerk: „Diese Kinder werden nach der rassischen Durchschleusung bei guter Eindeutschungsfähigkeit dem Verein ‚Lebensborn' übergeben, der eine Adoption dieser Kinder durch rein deutsche Familien erwirkt. Der Rest verbleibt bei der VOMI [Volksdeutschen Mittelstelle], die noch keine Weisung besässe. Die Mütter kommen voraussichtlich in KZ-Lager." Dieser Erörterung fügte Kürbisch noch hinzu: „Ich habe Dr. Obersteiner gebeten, die strenge Einhaltung des betreffenden Reichsführer-Erlasses zu erwirken." Auf derselben Sitzung wurde auch die „rassische Durchschleusung" aller noch nicht vom SS-Ansiedlungsstab erfassten Oberkrainer und damit die „Vervollständigung der Rassen- und Sippenkartei der Hauptabteilung I" angekündigt. Kürbisch zeigte sich dabei erbötig, aufgrund seiner Kontakte die für die Untersuchungen notwendigen medizinischen Hilfskräfte u. a. von der SS-Ärztlichen Akademie in Graz zu rekrutieren. Kürbisch war nicht nur an der „rassischen Eignungsbewertung der Oberkrainer Bevölkerung" beteiligt, sondern darüber hinaus auch in die Planungen zur „reinlichen Trennung zwischen Deutschen und Slowenen in den besetzten Gebieten Kärntens und Oberkrains und in der Untersteiermark" eingebunden.[221] Gerade in diesem Punkt erwies sich Kürbisch als ein radikaler Verfechter einer rücksichtslosen „Eindeutschungspolitik" der slowenischen Gebiete, wie seine in einem Bericht vom 2. November 1942 niedergelegten „grundsätzlichen Überlegungen für die auf Grund der Verlei-

[220] Ebd.

[221] Ebd.

hung der Staatsbürgerschaft auf Widerruf an die Oberkrainer Bevölkerung notwendig gewordenen Maßnahmen zur Sicherung der Anordnungen des Reichsführers SS als Reichskommissar für die Festigung des deutschen Volkstums" belegen. In diesen Ausführungen kam Kürbisch beispielsweise zum Schluss, dass „Deutschstämmige, die politisch im Slowenentum aufgegangen sind (Renegaten), und jene Slowenen, die aufgrund ihres rassischen oder erbbiologischen Unwertes, ihres asozialen Verhaltens oder ihrer einwandfreien Deutschfeindlichkeit und Unbelehrbarkeit einen unerwünschten Bevölkerungszuwachs für die deutsche Volksgemeinschaft bilden." Prinzipiell seien nach den Vorstellungen von Kürbisch auch die „Renegaten" eindeutschungsfähig, was aber deren „völlige Trennung von der bisherigen Umgebung" voraussetze, sie seien in „das Altreichsgebiet umzusiedeln". „Asoziale und sonstige minderwertige Personen" seien allerdings nicht in die „Umsiedlungsaktion" einzubeziehen: „Sie sind in ein Konzentrationslager zu überführen." Ebenso sollten politisch belastete Personen in ein KZ eingewiesen werden.[222]

Diese „Umvolkungspläne" sollten Kürbisch noch längere Zeit beschäftigen, im Juli 1943 wurde er zum Leiter der Abteilung 1 „Siedlererfassung und -lenkung" im Amt I des Staatshauptamtes des Reichskommissars für die Festigung des deutschen Volkstums bestellt. Mit Wirkung vom 14. Dezember 1944 erfolgte schließlich seine Kommandierung vom Reichskommissar für die Festigung des deutschen Volkstums zum Kommandeur der Sicherheitspolizei und des SD in Veldes/Oberkrain.

Kürbisch zählte aufgrund der hier beschriebenen Ämter, die er im SS-Apparat bekleidete, sicherlich zu jenem Personenkreis, der zum einen nur mit äußerster Vorsicht in den BSA hätte integriert werden dürfen. Zum anderen handelte

[222] Ebd.

es sich gerade im Fall von Kürbisch um ein Beispiel für einen echten Gesinnungswandel, der besonders dadurch zum Ausdruck kam, dass Kürbisch nach Bekanntwerden seiner NS-Vergangenheit Einsicht in seine Schuld zeigte. In diesem Sinn stellte Kürbisch auch seine weiteren Lebensjahre in den Dienst der Erforschung und Dokumentation der österreichischen Arbeiterliteratur und -kultur. Nach seinem Tod vermachte er seine gesamte Bibliothek dem Institut für Geschichte, Abteilung Zeitgeschichte, der Universität Graz.[223]

Albert Massiczek

Ganz ähnlich lagen die Verhältnisse im Fall Dr. Albert Massiczeks. Um seine berufliche Karriere in der österreichischen Nationalbibliothek abzusichern bzw. zu beschleunigen, näherte sich der ehemalige Nationalsozialist und damals noch als „provisorischer Staatsbibliothekar zweiter Klasse" Beschäftigte schrittweise der Sozialdemokratie: Im Oktober 1950 trat er dem BSA bei, im Juni 1951 folgte sein Eintritt in die SPÖ.[224] Innerhalb der SPÖ engagierte sich Massiczek in der Arbeitsgemeinschaft für Christentum und Sozialismus (ACUS) und als Obmann der sozialistischen Katholiken (ASK). Als Linkskatholik war er auch in der pazifistisch orientierten Ostermarschbewegung für Frieden und Abrüstung aktiv.[225] In den nächsten Jahrzehnten schlug er eine klassische akademische Beamtenlaufbahn ein, an deren Ende er 1982 als Hofrat und Direktor der Bibliothek der Akademie der bildenden Künste in Wien in Pension ging. Mit Erreichen seines Pensionsalters dürfte er allerdings auch seine

[223] Mündliche Auskunft von Prof. Herbert Exenberger.

[224] Vgl. BSA-Mitgliederkartei, Archiv BSA Wien.

[225] Gerhard Steger, Der Brückenschlag. Katholische Kirche und Sozialdemokratie in Österreich, Wien 1982, S. 149 ff. u. 261 f.

BSA-Mitgliedsbeiträge eingefroren haben, was 1980 seinen BSA-Ausschluss zur Folge hatte. Massiczek wusste, dass ihm zu diesem Zeitpunkt eine BSA-Mitgliedschaft keine persönlichen Vorteile mehr einbringen würde. Offensichtlich zählte auch Massiczek zu jenen „Ehemaligen", die sehr rasch nach dem Erreichen ihrer beruflichen Ziele dem BSA bzw. der SPÖ wieder ihren Rücken zuwandten und in der zeitlichen Distanz keinerlei Dankesschuld oder Solidaritätsgefühl gegenüber den seinerzeitigen Protektoren verspürten. Schon in seiner aktiven Berufszeit hatte er sich außerdem durch eine gezielte Publikations- und Vortragstätigkeit den Nimbus eines antifaschistischen Engagements geschaffen, der ihm nun ein Gefühl der Sicherheit gegenüber möglicher Kritik oder Anfeindung in Bezug auf seine NS-Vergangenheit vermittelte. In den späten achtziger Jahren ging er sogar dazu über, eine Uminterpretation seiner NS-Vergangenheit vorzunehmen, indem er unter dem Titel „Ich war Nazi. Faszination, Ernüchterung, Bruch 1916–1938" den ersten Teil seiner Lebenserinnerungen veröffentlichte, in denen er seine angebliche Wandlung vom überzeugten Nationalsozialisten zum Widerstandskämpfer gegen das NS-Regime beschrieb.[226] 1994 wurde im Rahmen einer Oral-History-Lehrveranstaltung am Institut für Publizistik- und Kommunikationswissenschaft der Universität Wien sogar ein Interview mit Albert Massiczek auf Video aufgezeichnet, in dem dieser vierzig Minuten lang über sein Leben in der NS-Zeit und seine durch Enttäuschung und Läuterung bewirkte Bekehrung zum Widerstand erzählte.[227] Mit dieser Interviewaufzeichnung sollte der historisch-pädagogische Wert des Zeitzeugen Mas-

---

[226] Albert Massiczek, Ich war Nazi. Faszination, Ernüchterung, Bruch 1916–1938, Wien 1988.

[227] Video: „Albert Massiczek – Vom Nazi zum Widerstandskämpfer", VHS, 40 Min., Wien 1994, Institut für Publizistik- und Kommunikationswissenschaft der Universität Wien, Videoarchiv Nr. 299.

siczek für die Nachwelt erschlossen werden. Offensichtlich hielt es in der Publizistik-Lehrveranstaltung niemand für notwendig, die Geschichtsversion Massiczeks quellenkritisch nachzuprüfen. Denn einer solchen Überprüfung hält die behauptete Metamorphose Massiczeks nicht stand, die vorhandenen Dokumente sprechen eine deutlich andere Sprache. Massiczeks Darlegung hat mit dem Bemühen um historische Wahrheit sehr wenig zu tun, sie ist vielmehr Produkt selbststilisierender, retrograder Projektionen, die eher ein Licht auf seine Persönlichkeitsstruktur werfen, als tatsächlich Auskunft über seine Vergangenheit geben.

Nach den Unterlagen des österreichischen Staatsarchivs und des Bundesarchivs Berlin ergibt sich folgendes Bild: Albert Massiczek wurde 1916 in Bozen in Südtirol geboren. Nach Absolvierung von Volksschule, Realschule und einem einjährigen Ergänzungslehrgang für das Realgymnasium begann er 1935 an der Universität Wien mit dem Studium von Geschichte und Latein, das er 1939 mit der Promotion in Geschichte abschloss. Bereits 1933 gehörte er der Hitlerjugend an. Vom Oktober 1935 bis zum Juni 1936 versah er zum Teil als Fähnlein-Führer Dienst im Deutschen Jungvolk. Daneben musste er nach seinen eigenen Angaben als Hochschüler zwangsweise der Vaterländischen Front beitreten. Seit Juni 1936 war er Mitglied des NSD-Studentenbundes, in dem er seit September 1937 die Funktion eines Kameradschaftsführers ausübte.[228] Im Oktober 1937 trat er sowohl der NSDAP als auch der SS bei, womit er eindeutig ein so genannter „Illegaler" war. In der SS wurde er mit dem „Ehrenzeichen der alten Kämpfer bei der SS" ausgezeichnet. In den BDC-Akten des Bundesarchivs Berlin scheint Massiczek des Weiteren als Mitarbeiter des Sicherheitsdienstes (SD) der SS auf.[229] Für

[228] Vgl. NSDAP-Gaupersonalakt Albert Massiczek, AdR, ÖStA.
[229] Vgl. BDC-Unterlagen zu Albert Massiczek, BA Berlin, DÖW 21.393.

den Juni 1939 liegt eine interne Beurteilung des Albert Massiczek durch den NSD-Studentenbund vor, die ihn zunächst als „große nordische Erscheinung, guter Sportler" charakterisiert, dem ein „äußerst sicheres Auftreten" konstatiert wird. Ferner ist die Rede davon, dass er „große Kenntnisse in [der] Geschichte des deutschen Volkes" besitze und auch „organisatorisch und rednerisch sehr wertvoll" sei. In charakterlich-weltanschaulicher Hinsicht wird sein „Verhalten gegen Kameraden und Vorgesetzte" als „immer tadellos" beschrieben. Er habe sich „politisch bereits sehr verdient" gemacht. In der Gesamtbeurteilung heißt es, dass er „für jeden Einsatz geeignet" sei und „sich auf das beste bewährt" habe.[230] In einem Interview mit dem DÖW schilderte er u. a. auch seine Teilnahme an einer Razzia in einer Wiener Judenwohnung im Zuge des Novemberpogroms 1938.[231] Dies alles klingt bislang nicht nach einem Widerstandskämpfer.

Im April 1940 rückte Massiczek zur Wehrmacht ein. Über seinen Kriegsdienst ist nur wenig bekannt. Sicher ist, dass er an der Ostfront eine schwere Verwundung erlitt, bei der er das rechte Augenlicht verlor. Auf diese Weise vom restlichen Kriegsdienst befreit, wurde er Beamter bei der DDSG (Donaudampfschifffahrtsgesellschaft) Wien. Als solcher bemühte er sich Ende 1942 um die Stelle eines Bibliotheksreferendars an der Österreichischen Nationalbibliothek. Im Dezember 1942 forderte deshalb das Reichsministerium für Wissenschaft, Erziehung und Volksbildung vom Personalamt der NSDAP-Gauleitung Wien eine politische Beurteilung des Albert Massiczek ein.[232] In seinem Gutachten stellte der NSDAP-Ortsgruppenleiter Leopold Graf fest, dass

[230] Vgl. NSDAP-Gaupersonalakt Albert Massiczek, AdR, ÖStA.
[231] Interview mit Albert Massiczek, DÖW-Interviewsammlung Nr. 271; Massiczek, Ich war Nazi, a. a. O., S. 173 ff.
[232] Ebd.

Massiczek Mitglied der NSDAP und SS sei und sein gegenwärtiges Verhalten als „national" bezeichnet werden könne. Ferner fügte er hinzu: „Er [...] hat im Kampf gegen den Bolschewismus in der Nähe von Taganrog das rechte Auge durch eine Gewehrkugel verloren und gilt dadurch als 75 % Invalide. Politisch und charakterlich [ist er] vollkommen einwandfrei und treuer opferfreudiger Kamerad."[233] Auch in diesem Gutachten wird Massiczek als Antipode eines Widerstandskämpfers, als NS-Kriegsheld und loyaler Parteigenosse, geschildert. Es ist immerhin denkbar, dass ihn seine schwere Kriegsverletzung möglicherweise vom Krieg und von der NS-Bewegung entfremdete. Eine solche innere Distanz ist aber gerade deshalb so unglaubwürdig, weil sie nicht einmal ansatzweise die Schwelle des Aktenkundigen überschritten hat. Sich mit einem Widerstandskämpfer gleichzusetzen, ist darüber hinaus auch insofern geschmacklos, als Massiczek im NS-Registrierungsblatt selber die Angabe machte, dass er bis zum 27. April 1945, also bis zur Gründung der Zweiten Republik Österreich, der NSDAP und SS angehört hatte.[234] Sein Bemühen, sich in ein besseres Licht zu rücken, dürfte allerdings bereits in der Nachkriegszeit eingesetzt haben. So reichte er bereits im April 1947 ein Paragraph 27-Gesuch beim österreichischen Bundespräsidenten ein, das bereits im Dezember desselben Jahres positiv erledigt wurde und ihm eine weitreichende Ausnahme von den Bestimmungen des NS-Gesetzes wie auch eine Befreiung von den Sühnefolgen bescherte. Doch dabei wollte er es nicht bewenden lassen. Im Juni 1950 beantragte er bei der beim Bundesministerium für Inneres eingerichteten Beschwerdekommission, „seine Eintragung als SS-Angehöriger zu streichen". Als Begründung gab er an, dass er lediglich SS-Bewerber gewesen und

[233] Ebd.
[234] Ebd.

als solcher überhaupt nicht registrierungspflichtig sei. Die Beschwerdekommission folgte seinem Antrag mit einer sehr eigentümlich-obskuren Begründung: „Vor allem aber fehlt in diesen amtlichen Unterlagen irgendeine Erklärung des SS-Oberabschnittes, ob er tatsächlich der SS angehört hat, denn die erwähnten parteiamtlichen Schreiben stammen lediglich von der NSDAP, nicht aber von einer SS-Stelle. Es konnte daher die Beschwerdekommission nicht die Überzeugung gewinnen, dass Dr. Massiczek tatsächlich mehr als höchstens SS-Bewerber war."[235] Schon die ersten Versuche, seine NS-Vergangenheit zu verschleiern und zu minimieren, waren von Erfolg gekrönt, sie bildeten gewissermaßen den Auftakt für die weitere Legendenbildung. In den neunziger Jahren trat Hofrat Albert Massiczek, der sich in der Österreichischen Widerstandsbewegung engagierte, mit gehässigen Angriffen auf das DÖW in Erscheinung, wobei er auch nicht davor zurückschreckte, zeitweise die FPÖ mit Material gegen das DÖW zu versorgen.

Heinrich Kunnert

Die gesellschaftliche Reintegration des Dr. Heinrich Kunnert seitens des BSA und der SPÖ halten die Autoren für besonders bedenklich, handelt es sich doch bei ihm um einen schwer belasteten ehemaligen Nationalsozialisten.

Heinrich Kunnert wurde am 17. April 1904 in Mödling als Sohn eines Gymnasialprofessors geboren. Nach seiner Matura am Bundesrealgymnasium Mödling studierte Kunnert Geschichte und Geographie an der Universität Wien. Im Dezember 1927 beendete er sein Studium mit der Dissertation über „Beiträge zur Geschichte des Bergbaues im Berggerichtsbezirk Schladming" und promovierte zum Dok-

[235] Ebd.

tor der Philosophie.[236] Nach einem kurzen Intermezzo als Bibliothekar am Historischen Seminar der Universität Wien, das von dem bekannt deutschnationalen Professor Heinrich Ritter von Srbik[237] geleitet wurde, trat er als Sachbearbeiter für Bibliotheks- und Archivwesen 1928 in den wissenschaftlichen Dienst der burgenländischen Landesregierung. Kunnert bewährte sich bei der Sicherung und Inventarisierung der Archivbestände des Burgenlands und war auch an der Schaffung eines Zentralarchivs der autonomen israelitischen Kultusgemeinde des Burgenlands in Eisenstadt beteiligt. 1936 arbeitete er u. a. gemeinsam mit dem „deutsch-nationalen Juden" Dr. Alphons Barb[238] an der zweiten Auflage des Burgenlandführers. Im selben Jahr übernahm Kunnert die Leitung des „Deutschen Schulvereins Südmark" (DSS), für den er bereits seit 1927 tätig war. In dieser Funktion ging es ihm darum, die kulturellen Beziehungen mit dem „Grenz- und Auslandsdeutschtum" zu intensivieren. Er gründete den „Kreis Burgenland des Deutschen Schulvereins Südmark" und verfasste einschlägige Artikel im Deutschen Wochenblatt, Mödling.[239]

---

[236] Marianne Wilhelm, SD-Hauptaußenstelle und Volkstumsstelle Eisenstadt. Institutionelle und personelle Verflechtungen, Diss. phil., Wien 2004, S. 134 f.; Personalakt Heinrich Kunnert, Reg. Zl. 906, Nr. 46 (2 Mappen), BLA; Verfahren gegen Dr. Heinrich Kunnert vor dem Volksgericht Wien, LG Wien Vg 1h Vr 920/46, DÖW 12.589.

[237] Der Historiker Heinrich Ritter von Sribik (1878–1951) war seit 1912 Universitätsprofessor in Graz, von 1922 bis 1945 bekleidete er eine Professur an der Universität Wien. Der großdeutsch orientierte Sribik war 1929/30 als „Parteiloser" Unterrichtsminister, seit 1938 war er NSDAP-Mitglied und Abgeordneter des „Großdeutschen Reichstags" sowie Präsident der Akademie der Wissenschaften in Wien. Sribik galt als ein Hauptvertreter der gesamtdeutschen Geschichtsauffassung und hatte großen Einfluss auf die damalige Studentengeneration.

[238] Dr. Alphons Barb (1901–1979) war Altertumswissenschafter und Numismatiker. 1926 war er Direktor des Burgenländischen Landesmuseums. 1938 konnte er nach London emigrieren, wo er von 1949 bis 1966 als Bibliothekar an der Univ. London beschäftigt war. Vgl. Wilhelm, SD-Hauptaußenstelle, a. a. O., S. 136.

[239] DÖW R 280, Heinrich Kunnert: Lebenslauf vom 4. 12. 1941; Wilhelm, SD-Hauptaußenstelle, a. a. O., S. 135 f.

Von 1923 bis 1933 gehörte Kunnert der Großdeutschen Volkspartei an.[240]

Nach dem „Anschluss" wurde Kunnert im Oktober 1938 zum Archivrat und Leiter des „Filialarchivs Eisenstadt des Reichsgaues Niederdonau" – so der neue Name des früheren burgenländischen Landesarchivs – befördert. Nach den offiziellen NS-Unterlagen gehörte Kunnert der NSDAP bereits in der Verbotszeit 1933–1938 an, er war also ein so genannter „Illegaler". 1938 wurde er parteiintern auch als „alter Kämpfer" (NSDAP-Mitglied vor dem Parteiverbot 1933) anerkannt.[241] In der NSDAP-Kreisleitung Eisenstadt füllte er u. a. die Funktionen des Hauptstellenleiters für Kultur, des Leiters des Grenzlandamtes und des Kreisschulungsredners aus. Darüber hinaus fungierte er als Leiter der Volkstumsstelle in Eisenstadt, die als Dienststelle des Reichskommissars für die Festigung des deutschen Volkstums Heinrich Himmler in Planungen zur Verfolgung und Diskriminierung der burgenländischen Kroaten involviert war.[242]

1943 avancierte er zum Leiter der Hauptaußenstelle des SD (Sicherheitsdienstes der SS) in Eisenstadt, nachdem er bereits seit Jahren als Vertrauensmann des SD aktiv gewesen war.[243] Zum Aufgabengebiet Kunnerts zählte in erster

[240] DÖW R 280, Heinrich Kunnert: Kunnert war schon in der Oberstufe des Mödlinger Bundesrealgymnasiums über seinen Klassenvorstand und Geschichtslehrer Dr. Viktor Jovanovic mit deutschnationalem Gedankengut konfrontiert worden. Jovanovic war auch ein Verfechter des „Anschlusses" des Burgenlands an Österreich 1921 gewesen. Vgl. auch: Interview der Verfasser mit Altbundeskanzler Dr. Fred Sinowatz vom 4. 5. 2004, DÖW: Nach dem Historiker Fred Sinowatz war auch die SPÖ im Burgenland damals stark deutschnational geprägt. Diese großdeutsche Orientierung, die im Burgenland vereinzelt bei Intellektuellen (Ludwig Leser u. a.) und vor allem in protestantischen Kreisen zum Tragen kam, war nach Sinowatz ein geistiges Erbe aus der Zeit des Widerstandes gegen die Magyarisierungspolitik vor 1921.

[241] Vgl. Verfahren gegen Dr. Heinrich Kunnert vor dem Volksgericht Wien, LG Wien Vg 1h Vr 920/46, DÖW 12.589.

[242] Verfahren gegen Dr. Heinrich Kunnert vor dem Volksgericht Wien, LG Wien Vg 1h Vr 920/46, Anklageschrift vom 9. 7. 1947, DÖW 12.589.

[243] Ebd.; Kunnert hatte als V-Mann die Decknummer 127.

Linie der „innere Aufklärungsdienst“, das heißt, mit Hilfe eines Netzes von V-Leuten die Bevölkerung, Institutionen, aber auch Verantwortungsträger der NSDAP zu bespitzeln und zu überwachen. Auch Kunnert sammelte die Informationen seiner Informanten, erstellte Berichte über die politische, wirtschaftliche und kulturelle Lage und leitete diese Berichte weiter an seine vorgesetzte Dienststelle, den SD-Leitabschnitt Wien. Zweck dieser „Meldungen aus dem Reich“, wie Heinz Boberach die SD-Berichte nannte, war es, ein klares Bild von der politischen Stimmung in der Bevölkerung zu erhalten, die Auswirkungen der Regierungspolitik herauszufinden und insbesondere festzustellen, welche Maßnahmen Kritik, Widerstand oder Opposition hervorriefen.[244] Während der SD bzw. dessen Einsatzgruppen und -kommandos in den okkupierten Gebieten Europas führend am Mord an Juden, Roma und politischen Gegnern beteiligt war, hatte der SD im Inland aufgrund der Vormachtstellung der Gestapo einen weitaus geringeren Stellenwert. Er wird als „Meinungsforschungsinstitut der Diktatur“ bezeichnet.[245] Dieses ausgeklügelte Bespitzelungssystem des SD war aber keinesfalls harmlos, bildete es doch häufig die Grundlage für die Zusammenarbeit mit der Sicherheitspolizei, insbesondere für die Kooperation des SD mit der Gestapo. Aus der Dissertation von Marianne Wilhelm geht eindeutig hervor, dass die vertraulichen Berichte der SD-Außendienststelle Eisenstadt auch an die Gestapo in Eisenstadt bzw. an die Gestapo-Außenstelle Wiener Neustadt vor allem dann weiter-

---

[244] Heinz Boberach (Hg.), Meldungen aus dem Reich 1938–1945. Die geheimen Lageberichte des Sicherheitsdienstes der SS, Bd. 1, Herrsching 1984, S. 1 f.

[245] Ebd., S.1 f.; Eugen Kogon, Der SS-Staat. Das System der deutschen Konzentrationslager, Hamburg 1974, S. 238 f.; Zur Rolle des SD in den okkupierten Ostgebieten siehe: Helmut Krausnick/Hans H. Wilhelm, Die Truppe des Weltanschauungskrieges. Die Einsatzgruppen der Sicherheitspolizei und des SD 1938–1942, Stuttgart 1981; Hans Buchheim u. a. (Hg.), Anatomie des SS-Staates, München 1994.

geleitet wurden, wenn sie der polizeilichen Bekämpfung von politischen Gegnern dienten.[246] Dass diese Praxis zwischen SD und Gestapo offensichtlich auch durch den 1943 eingesetzten SD-Leiter Dr. Kunnert fortgesetzt wurde, beweist ein Vorfall, der sich im Oktober 1944 ereignete: Als im Rahmen des vom amerikanischen Militärgeheimdienst OSS durchgeführten Unternehmens „Dupont" vier Fallschirmspringer bei Schützen im Gebirge landeten und sich dort versteckt hielten, erstattete der SD-Vertrauensmann mit der Nummer „120", der Gendarmeriepostenführer Andreas Mikler, bei Dr. Kunnert Meldung, der „auf Grund der Information des Genannten und der Gestapo noch am selben Tag an den SD-LA Wien berichtete". Der Bericht beinhaltete, bei welchen Leuten die Fallschirmspringer vor ihrer Verhaftung Unterschlupf gefunden hatten.[247] Auf der Grundlage der Meldung Kunnerts nahm die Gestapo im November 1944 die vier Fallschirmspringer – den Amerikaner Captain Jack Taylor und die Österreicher Ernst Unger, Fritz Gertner und Johann Pascher –, ihre Quartiergeber sowie den in die OSS-Aktion eingeweiht gewesenen Schützener Gemeindeamtmann Josef Prieler fest. Bei der Verhaftung wurde Prieler erschossen. Unger, Gertner und Pascher wurden von einem Kriegsgericht wegen Kriegsverrat, Spionage und Desertion zum Tode verurteilt, sie konnten jedoch vor ihrer geplanten Hinrichtung durch ein Erschießungskommando in Döllersheim fliehen. Captain Taylor wurde ins KZ Mauthausen überstellt, auch ihm gelang es, mit viel Glück zu überleben.[248]

[246] Wilhelm, SD-Hauptaußenstelle, a. a. O., S. 93 f.

[247] Zeugenaussage von Maria Schuster vor dem Polizeikommissariat Eisenstadt in der Strafsache gegen Dr. Heinrich Kunnert, 8. 12. 1945 und 7. 1. 1946, LG Wien Vg 6c Vr 920/46, DÖW 12.589, zit. nach: Widerstand und Verfolgung im Burgenland 1934–1945. Eine Dokumentation, hg. vom DÖW, Wien 1983, S. 407 f.

[248] Leopold Banny, Krieg im Burgenland, Bd. 1: „Warten auf den Feuersturm". Vom Beginn des Luftkrieges 1943 bis zum Beginn der Kampfhandlungen Ende März 1945, Eisenstadt 1983, S. 304–326.

In offiziellen Reden und Vorträgen fiel Kunnert durch seine antisemitische Hetze auf. So berichtete beispielsweise die Grenzmark-Zeitung vom 14. Februar 1942, dass Kunnert in einem Vortrag im Rahmen des Vereines für Landeskunde von Niederdonau und Wien zum Thema der Geschichte der jüdischen Gemeinden im ehemaligen Burgenland darlegte, „von welchen gefährlichen Parasiten das burgenländische Grenzland durch den nationalsozialistischen Umbruch 1938 befreit wurde".[249]

Beim Herannahen der Roten Armee im Frühjahr 1945 floh Kunnert zusammen mit seiner Familie aus Eisenstadt nach Schladming in die Steiermark. Von seiten des Bundespolizeikommissariats Eisenstadt wurde bereits Anfang 1946 nach Dr. Kunnert gefahndet, schließlich seine Verhaftung durch die Sicherheitsdirektion für das Bundesland Steiermark veranlasst. 1948 verurteilte ihn das Volksgericht Wien wegen Registrierungsbetrugs nach dem Verbotsgesetz zu drei Monaten Haft, sprach ihn aber auf der Grundlage offensichtlicher Gefälligkeitsaussagen von Zeugen vom Vorwurf der „Illegalität" und des „Hochverrats" frei.[250]

Von April 1945 bis 1958 wohnte Kunnert mit seiner Familie in Schladming, wo er als Stadtbibliothekar und beim „Ennstaler Arbeitskreis für Heimatpflege" eine vorübergehende Betätigung fand.[251] 1947 trat er dem BSA-Steiermark bei.[252] Mit Hilfe seines BSA-Beitritts gelang ihm schrittweise die gesellschaftliche Reintegration und die Fortsetzung seiner beruflichen Karriere: Innerhalb von nur vierzehn Tagen war es ihm im April 1948 möglich, Persilscheine – also politische Leumunds- bzw. Führungszeugnisse – aller drei politischen

[249] DÖW R 280: Heinrich Kunnert.

[250] Verfahren gegen Dr. Heinrich Kunnert vor dem Volksgericht Wien, LG Wien Vg 1h Vr 920/46, Urteil vom 3. 5. 1948, DÖW 12.589.

[251] Wilhelm, SD-Hauptaußenstelle, a. a. O., S. 138 f.

[252] BSA-Mitgliederkartei, Archiv BSA Wien.

Parteien, SPÖ, ÖVP und KPÖ, zu erhalten, die ihn sozusagen von seiner NS-Vergangenheit weißwuschen.[253] In einem Schreiben bestätigte ihm der burgenländische Landesrat und ehemalige Widerstandskämpfer Hans Bögl, dass „er sich immer schon zu den festgelegten Grenzen des Burgenlandes und als Freund des burgenländischen Volkstums bekannt" habe.[254] Darin wird auch ausgeführt, dass er vom Landeshauptmann Dr. Ludwig Leser besonders geschätzt werden würde, jenes Ludwig Leser, den die Forschung mittlerweile selbst als Gestapo-Informanten enttarnt hat.[255] Grotesk liest sich auch die Bestätigung der ÖVP-Bezirksleitung Eisenstadt, wonach sich Kunnert niemals illegal für die NSDAP betätigt und als NSDAP-Mitglied keine verwerflichen Handlungen begangen habe, sondern vielmehr für die Interessen der politischen Gegner eingetreten sei.[256] Dank dieser politischen Interventionen wurde dem BSA-Mitglied Kunnert relativ bald der Einstieg in eine neue berufliche Laufbahn ermöglicht: 1950 wurde er mit dem Aufbau des obersteirischen Bildungsreferates der Kammer für Arbeiter und Angestellte in Leoben betraut.[257] 1958 ebnete ihm schließlich der damalige SPÖ-Kulturlandesrat und spätere Landeshauptmann Hans Bögl – wie auch Dr. Fred Sinowatz im Interview bestätig-

---

[253] DÖW R 280, Heinrich Kunnert: Politisches Führungszeugnis der SPÖ, Lokalorganisation Schladming, vom 14. 4. 1948; Politische Beurteilung der KPÖ, Ortsleitung Schladming, vom 19. 4. 1948; Politische Beurteilung der ÖVP, Bezirksleitung Schladming, vom 5. 4. 1948.

[254] DÖW R 280, Heinrich Kunnert: Schreiben von Landesrat Hans Bögl an Dr. Kunnert vom 23. 4. 1948.

[255] Vgl. Walter Feymann, Das Deutschnationale im politischen Denken Ludwig Lesers. In: Wolfgang Gürtler/Gerhard Winkler (Hg.), Forscher – Gestalter – Vermittler: Festschrift Gerald Schlag, Eisenstadt 2001, S. 87–106.

[256] DÖW R 280, Heinrich Kunnert: Bestätigung der ÖVP, Bezirksleitung Eisenstadt, vom 30. 4. 1948.

[257] Wilhelm, SD-Hauptaußenstelle, a. a. O., S. 139 f.

te[258] – die Rückkehr in den burgenländischen Landesdienst. Dr. Kunnert gelang es, als Leiter der Abteilung für Allgemeine Kulturangelegenheiten des Amtes der Burgenländischen Landesregierung dienstliche Verwendung zu finden. Im März 1962 wurde der erfolgreiche Kulturbeamte zum wirklichen Hofrat, im darauf folgenden April zum Leiter der Kulturabteilung des Amtes der Burgenländischen Landesregierung ernannt. Ende 1967 trat Hofrat Dr. Heinrich Kunnert in den dauernden Ruhestand. In der Pension siedelte er sich wieder in Leoben an, wo er 1972 als Honorarprofessor für Bergbaugeschichte an die Montanuniversität Leoben berufen wurde. Im April 1979 starb Kunnert in Leoben.[259]

Wie nachhaltig über Jahrzehnte hinweg die nationalsozialistische Vergangenheit ausgeblendet und verdrängt wurde, zeigt sich gerade auch im Fall des Dr. Heinrich Kunnert. Das Burgenländische Landesarchiv ehrte Kunnert anlässlich seines 65. Geburtstages mit der Herausgabe einer Sonderausgabe, der „Festschrift für Heinrich Kunnert". In seinem Geleitwort bezeichnete der damalige Landesrat Dr. Fred Sinowatz Kunnert als „echten Burgenländer" und pries dessen Verdienste und „wahrhaft menschliche Art".[260] In der ganzen Festschrift fand sich jedoch kein Sterbenswort zur Rolle, die Kunnert in der NS-Zeit im Burgenland an exponierter Stelle tatsächlich gespielt hatte.

Die Vergangenheit des SD-Leiters Dr. Kunnert, der eine Mitschuld an der Tötung des Gemeindeamtmannes Prieler hatte, wurde mit feierlichem Zeremoniell totgeschwiegen, das Land Burgenland würdigte hingegen einen anderen

[258] Interview der Verfasser mit Altbundeskanzler Dr. Fred Sinowatz vom 4. 5. 2004, DÖW.

[259] Wilhelm, SD-Hauptaußenstelle, a. a. O., S. 139 f.

[260] Festschrift für Heinrich Kunnert (= Burgenländische Forschungen, hg. vom Burgenländischen Landesarchiv, Sonderheft II, Eisenstadt 1969).

Kunnert, den „noblen Mann, der immer höflich war“[261], wie ihn seine ehemalige Kanzleikraft aus SD-Zeiten einmal charakterisiert hatte.

Herbert Koller

Neben der öffentlichen Verwaltung bot vornehmlich die verstaatlichte Wirtschaft den ehemaligen Nationalsozialisten ein breites Spektrum an Karrieremöglichkeiten, nicht zuletzt weil der Führungskräftemangel gerade in diesem Bereich für die Sozialdemokraten ein besonders ernstes Problem darstellte. Einer von diesen „Ehemaligen“ war Kommerzialrat Prof. Dr. Herbert Koller, dem als SPÖ- und BSA-Mitglied eine Traumkarriere als Spitzenmanager in der verstaatlichten Industrie gelang.

Koller wurde 1911 als Sohn eines Oberlehrers in Wösendorf in der Wachau in Niederösterreich geboren. Nach der Volksschule besuchte er das humanistische Stiftsgymnasium in Melk, wo er 1929 mit Auszeichnung maturierte. Nach der Matura begann Koller das Studium der Rechtswissenschaften an der Universität Wien. Noch während seines Studiums trat er im Dezember 1931 der NSDAP bei, in der er bald die Funktion eines Blockleiters bekleidete. Im Juni 1934 legte Koller das Rigorosum ab, promovierte zum Doktor juris und begann seine Gerichtspraxis beim Bezirksgericht Spitz. Anlässlich von – wie er in seinem handschriftlichen Lebenslauf vermerkt – „Vorfällen“ bei den Begräbnisfeierlichkeiten für den bei dem Putschversuch der Nationalsozialisten am 25. Juli 1934 ermordeten Bundeskanzler Dr. Engelbert Dollfuß wurde er kurzfristig in Haft genommen.[262] Danach musste

[261] Interview von Marianne Wilhelm mit Maria Schuster-Wurdits, März 2002. Zit. nach: Wilhelm, SD-Hauptaußenstelle, a. a. O., S. 141.
[262] Vgl. BDC-Unterlagen zu Dr. Herbert Koller, BA Berlin, DÖW R 451.

er sich von Spitz nach Wien versetzen lassen, wo er bis November 1935 als Rechtsanwaltsanwärter bei verschiedenen Gerichten tätig war. Infolge seiner NSDAP-Zugehörigkeit und seiner – wie er sich ausdrückte – „unzuverlässlichen Einstellung zum Systemstaat" musste er aus dem Gerichtsdienst ausscheiden. Da er als NS-Sympathisant mit einer Anstellung in seinem Beruf nicht mehr rechnen konnte, lebte er bis Dezember 1937 von verschiedenen Gelegenheitsarbeiten für Versicherungen und Hausverwalter, ab 1936 gab er auch Stunden als freier wissenschaftlicher Mitarbeiter an der juridischen Fakultät der Universität Wien. Das Jahr 1938 brachte für Koller den entscheidenden Wendepunkt: Bereits im Januar avancierte er zum Sekretär des Industrieellenbundes in St. Pölten. Der „Anschluss" Österreichs an NS-Deutschland wirkte sich nunmehr beschleunigend auf die Karriere Kollers aus. Noch im März 1938 wechselte er als Beamter zur Landesregierung Niederdonau und von dort im Mai desselben Jahres als kaufmännischer Beamter in eine Großdruckerei. Inzwischen hatte sich das NSDAP-Mitglied Koller im April 1938 auch der SA angeschlossen.[263] Im Juli 1938 trat er seinen Dienst als Arbeits- und Tarifrechtler beim „Reichstreuhänder der Arbeit für das Wirtschaftsgebiet Ostmark" an, seit März 1939 leitete er die Außenstelle der Reichstreuhänderverwaltung in Graz. 1940 stieg der leitende Beamte zum „Regierungsrat" im Dienst des Gauarbeitsamts und des Reichstreuhänders der Arbeit in der Steiermark auf. Nach den Unterlagen des Bundesarchivs Berlin trat Koller im Februar 1941 schließlich auch der SS bei. Am 21. Juni 1944 wurde er vom Reichsführer SS Himmler zum SS-Untersturmführer befördert, als solcher war er dem Reichssicherheitshauptamt dienstzugeteilt[264], jenem Reichssicherheitshauptamt (RSHA),

[263] Ebd.

[264] Ebd.

das seit September 1939 unter der Leitung Reinhard Heydrichs die bisherigen Kommandostellen des Sicherheitsdienstes (SD) der SS und die Ämter der Sicherheitspolizei (der Kriminalpolizei und der Gestapo) verband.

Das RSHA entwickelte sich während des Zweiten Weltkrieges zur zentralen Schaltstelle des NS-Terrors in Europa und war auch maßgeblich an den Planungen und an der Durchführung des Holocaust beteiligt. Welche Aufgabe Koller konkret für das RSHA zu erfüllen hatte, ließ sich allerdings anhand der vorhandenen Archivmaterialien nicht klären.

Nach dem Ende des NS-Regimes begann Dr. Koller seine berufliche Laufbahn 1948 in den Vereinigten österreichischen Eisen- und Stahlwerken (VOEST). Nachdem der ehemalige NSDAP-, SA- und SS-Angehörige 1951 der SPÖ und 1952 dem BSA beigetreten war[265], stieg er von der Position eines Sachbearbeiters 1955 zum Werksdirektor der Hütte Krems auf. Im März 1961 löste Koller Dipl.-Ing. Walter Hitzinger als Generaldirektor des VOEST-Alpine-Konzerns ab.[266] In dieser Funktion blieb Koller für die nächsten sechzehn Jahre. Ab 1973 bekleidete er neben seiner Position als Generaldirektor auch die des Vorsitzenden des Vorstandes der VOEST. In die Betriebsgeschichte der VOEST ging Koller als jemand ein, der sich besondere Verdienste um die Rekonstruktion bzw. die Umstrukturierung der verstaatlichten Stahlindustrie erwarb. Insbesondere die Tatsache, dass er die VOEST von einem nationalen Stahlunternehmen zu einem weltweit tätigen Industriekonzern führte, trug zu seinem über die Parteigrenzen hinausreichenden Ansehen als Topmanager

[265] BSA-Mitgliederkartei, Archiv BSA Wien.

[266] Vgl. Richard Bamberger (Hg.), Österreich-Lexikon in zwei Bänden, Band 1, Wien 1995, S. 632; Wolfgang E. Oberleitner, Politisches Handbuch Österreichs, Wien 1981, S. 97.

bei.[267] Gerade die SPÖ konnte auf ihren „Säulenheiligen" Koller stolz sein, repräsentierte er doch wie kaum ein anderer Wirtschaftsfunktionär die in der Ära Kreisky erlangte Wirtschaftskompetenz der SPÖ. Nachdem Koller 1977 in den Ruhestand getreten war, wurde er 1980 in den Generalrat der Österreichischen Nationalbank berufen. Ein Jahr später wurde er zum Ersten Vizepräsidenten der Österreichischen Nationalbank berufen, eine Funktion, die er bis September 1988 innehatte. Der ehemalige VOEST-Generaldirektor und Vizepräsident der Nationalbank Dr. Herbert Koller starb, hochdekoriert mit zahlreichen in- und ausländischen Auszeichnungen und Ehrentiteln, am 27. April 1995 in Krems.[268] Bis zu diesem Zeitpunkt hatte es niemand in- und außerhalb der SPÖ gewagt, auf Kollers Rolle in der NS-Zeit hinzuweisen, sie galt wie die NS-Vergangenheit vieler anderer SP-naher Manager als ein Tabu. An diesem Thema auch nur zu streifen, wäre einem Sakrileg gleichgekommen, berührte es doch die zentralen Machtinteressen der SPÖ und des BSA. Diese Tabuisierung der NS-Vergangenheit war im Übrigen kein SPÖ-Spezifikum, sondern traf in ähnlicher Weise auf die ÖVP zu.

Nicht nur die Wirtschaft, sondern auch die Politik übte auf manche ehemalige Nationalsozialisten eine anziehende Wirkung aus, der sie sich nicht entziehen konnten. Für den politischen Aufstieg innerhalb der SPÖ war es sicherlich förderlich, die Gunst der Parteioberen und eine Hausmacht in den Bezirks-, Landes- oder Gewerkschaftsorganisationen auf seiner Seite zu wissen. In der Nachkriegszeit hing in beiden Großparteien eine politische Karriere bis zu einem gewissen

---

[267] Bamberger, Österreich-Lexikon, a. a. O., S. 632; Traueranzeigen in der Wiener Zeitung vom 3. 5. 1995 und im Standard vom 6./7. 5. 1995.

[268] Vgl. Traueranzeigen in der Wiener Zeitung vom 3. 5. 1995 und im Standard vom 6./7. 5. 1995.

Grad davon ab, in dem Netz von Parteiorganisationen und einflussreichen Seilschaften einen festen Platz zu haben. Vor diesem Hintergrund konnte eine Verankerung in den Landesorganisationen und Fachverbänden des BSA nur von Vorteil sein. Außerdem fungierte der BSA in den vierziger und fünfziger Jahren nicht nur als Akademiker-, sondern auch als Politikerschmiede, aus der zahlreiche Landes- und Bundespolitiker hervorgingen. Dass sich darunter auch vormalige Nationalsozialisten befanden, war weder von der SPÖ noch vom BSA völlig unbeabsichtigt gewesen. Im Gegenteil: Mit der Installierung von ehemaligen Nationalsozialisten in politische Ämter der Partei oder des Staates schielte die Sozialdemokratie ganz gezielt auf die Stimmen des früheren nationalsozialistischen Lagers, wie das die ÖVP – die hier der SPÖ um nichts nachstand – auch mit ihren „Werbeträgern“ versuchte.

Im Folgenden seien die politischen Karrieren von Theodor Kery, Stefan Demuth, Alfred Schachner-Blazizek und Karl Kunst kurz dargelegt, deren NS-Vergangenheit eher als harmlos zu beurteilen ist und deren gesellschaftliche Reintegration sowie Aufnahme in den BSA daher nicht in Frage zu stellen sind.

Theodor Kery

Theodor Kery galt zwar als ein prominentes Beispiel für einen ehemaligen Nationalsozialisten in SPÖ- und BSA-Burgenland, tatsächlich aber war er eher ein Repräsentant jener Mitläufer, die lediglich eine nominelle NS-Parteimitgliedschaft aufwiesen; ganz und gar nicht vergleichbar etwa mit Dr. Heinrich Kunnert, der eine ungleich bedeutendere und schwerwiegendere Rolle in der NS-Zeit gespielt hatte.

Kery wurde im Juli 1918 in Mannersdorf an der Rabnitz geboren und entstammte einer katholisch-konservativen Beamtenfamilie. Nach dem Besuch der Volksschule in Güssing und Mattersburg wurde er Schüler am Realgymnasium Mattersburg. Dort absolvierte er auch die römisch-katholische Lehrerbildungsanstalt, wo er 1938 die Matura ablegte.[269] Über Intervention seines Vaters, der Beamter des Amtes der Burgenländischen Landesregierung war, bekam er schließlich eine Stelle als Hilfslehrer in Kobersdorf. In seinem ersten Schuljahr musste Kery gleich mehrmals seinen Dienstort wechseln: So kam er als Lehrer von Kobersdorf über Lebensbrunn und Nikitsch nach Neckenmarkt.[270] Im September 1938, wenige Monate nach dem „Anschluss“, trat Kery in den NS-Lehrerbund ein.[271] Auf Drängen seines Direktors Molnar wurde er SA-Mitglied und meldete sich noch im September 1939 als Anwärter für eine NSDAP-Mitgliedschaft, die er erst im letzten Kriegsjahr 1945 erhalten sollte. Bereits im Dezember 1939 wurde Kery zur Deutschen Wehrmacht eingezogen. Nach einer Ausbildung zum Funker geriet er bei einem raschen Vorstoß an der Westfront in französische Kriegsgefangenschaft, die bis zur Kapitulation Frankreichs im Juni 1940 dauerte. Nach einem Lazarettaufenthalt und weiterer Ausbildung in Wien und Halle an der Saale diente er vom Sommer 1941 bis Ende 1944 als Horchfunker im damals finnischen Salla nördlich des Polarkreises. Nach dem Rückzug aus Norwegen kam er in Norddeutschland in britische Kriegsgefangenschaft, aus der er Mitte März 1946 entlassen wurde.[272]

---

[269] Gerald Schlag, Burgenland. Geschichte, Kultur und Wirtschaft in Biographien. XX. Jahrhundert, Eisenstadt 1991, S. 148.

[270] Ebd., S. 148.

[271] Vgl. BDC-Unterlagen betreffend Theodor Kery, BA Berlin: Dokumente betreffend eine SA- und NSDAP-Mitgliedschaft von Kery sind in den BDC-Beständen nicht vorhanden.

[272] Walter Feymann, Burgenland. Geschichte, Kultur und Wirtschaft in Biographien. Theodor Kery, Eisenstadt 1993, S. 48.

Kery kehrte noch im März 1946 ins Burgenland zurück, wo er sich nach den Bestimmungen des Verbotsgesetzes 1945 als ehemaliges SA- und NSDAP-Mitglied registrieren ließ. Nach der Verbotsgesetznovelle von 1947 galt Kery als minderbelastet.[273] Als solcher hatte er in der Zwischenzeit seine politische Karriere bei der SPÖ begonnen: „Der damalige SPÖ-Bürgermeister von Kobersdorf [Schnabl] lud 1946 den arbeitslosen jungen Lehrer zur Mitarbeit in seiner Partei ein, und bald wurde er Lokalobmann der SPÖ."[274] Die Rückkehr Kerys in seinen Lehrerberuf war erst nach seiner Entregistrierung möglich. Daran erinnerte sich auch der burgenländische KPÖ-Landesparteiobmann und vormalige Widerstandskämpfer Vinzenz Böröcz, bei dem die Obmänner der drei demokratischen Parteien der Gemeinde Kobersdorf in der Angelegenheit Kery vorsprachen: „Ich glaube, es war im Frühjahr 1946, als sie zu mir gekommen sind und erklärten, dass der Lehrer Theodor Kery aus der Kriegsgefangenschaft zurückgekehrt sei und wieder als Lehrer angestellt werden wolle. Da er NSDAP-Mitglied war, war hierfür die Zustimmung aller drei Parteien notwendig. Die Parteien erklärten, dass er nach ihrem Wissen kein schwerbelasteter Nazi sei. Kery wurde nach einiger Zeit tatsächlich wieder in den Schuldienst aufgenommen."[275] Mit Beginn des Schuljahres 1947/48 wurde Kery wieder in den burgenländischen Schuldienst eingestellt und der Volksschule Kobersdorf zur Dienstleistung zugewiesen. Seit 1950 war Kery Mitglied der Vereinigung Sozialistischer Lehrer und gehörte somit auch

[273] Schlag, Burgenland, a. a. O., S. 148; Feymann, Kery, a. a. O., S. 48; Vgl. Johann Kriegler, Politisches Handbuch des Burgenlandes, II. Teil (1945–1995), Eisenstadt 1996 [= Burgenländische Forschungen 76].

[274] Schlag, Burgenland, a. a. O., S. 148.

[275] Vinzenz Böröcz, Kampf um Boden und Freiheit. Wo den Esterhazys das Land gehörte, Wien 1995, S. 202.

dem BSA an.[276] 1951 legte er die Hauptschullehrerprüfung für die Fächer Naturgeschichte, Naturlehre, Rechnen und Raumlehre ab, wurde Hauptschullehrer in Oberpullendorf, 1957 vertretungsweise und 1960 definitiv Bezirksschulinspektor des Schulbezirks Mattersburg.[277]

Die Integration und Protektion Kerys durch die SPÖ müssen vor dem Hintergrund der spezifisch burgenländischen Nachkriegsverhältnisse gesehen werden: Im östlichsten Bundesland Österreichs, das aufgrund seiner spezifischen Entwicklung nach 1945 als besonders wirtschaftlich rückständig galt[278], herrschte bei allen politischen Parteien ein Mangel an akademischen Fachkräften, von dem allerdings die SPÖ substanziell am stärksten betroffen und gegenüber der ÖVP benachteiligt war. Dieses Faktum bestätigte auch der burgenländische Zeitzeuge, Altbundeskanzler Dr. Fred Sinowatz: „Natürlich haben wir in der Zeit nach dem Krieg noch fast keine sozialdemokratischen Akademiker gehabt, in der Landesregierung schon gar nicht. [...] Die ÖVP hat praktisch über alle einflussreichen Positionen verfügt und auch sehr viele Leute gehabt, die über die katholischen Verbände (CV usw.) einsetzbar gewesen sind, die also noch aus der Zeit des Ständestaates hergerührt haben. Aus diesem Grund war die SPÖ ausgeschlossen von all dem. [...] Wir haben überhaupt nichts zu reden gehabt. [...] Wir waren stärker als in anderen Bundesländern, aber gesellschaftlich haben wir nichts zu reden gehabt, weil alle Positionen in der Verwaltung, in den Kammern und auch in der Wirtschaft von der ÖVP besetzt waren."[279] Aufgrund des generellen Akademiker-

[276] BSA-Mitgliederkartei, Archiv BSA Wien.
[277] Schlag, Burgenland, a. a. O., S.148 f.
[278] Feymann, Kery, a. a. O., S. 47 f.
[279] Interview der Verfasser mit Altbundeskanzler Dr. Fred Sinowatz vom 4. 5. 2004, DÖW.

mangels bemühten sich nach 1945 alle drei demokratischen Parteien des Burgenlands, SPÖ, ÖVP und KPÖ, – wenngleich in unterschiedlichem Ausmaß – um die Gewinnung von ehemaligen Nationalsozialisten. Bei diesem Buhlen um die „Ehemaligen“ ging die ÖVP im Burgenland zeitlich eindeutig voran.[280] Nach Fred Sinowatz war die ÖVP bei der Einbindung ehemaliger Nationalsozialisten im Burgenland insofern erfolgreicher als die SPÖ, als sie diesen die meisten einflussreichen und lukrativen Posten anbieten konnte. Die SPÖ musste sich hingegen mehrheitlich mit jenen „Ehemaligen“ begnügen, die „die anderen [= ÖVP] übriggelassen haben“.[281] Im Gegensatz zu allen anderen Bundesländern, wo ab 1946/47 BSA-Landesorganisationen ins Leben gerufen wurden, blieb infolge des akuten Akademikermangels eine solche Gründung im Burgenland vorerst aus. Wenn sich burgenländische AkademikerInnen im BSA engagieren wollten, mussten sie dies in den BSA-Landesorganisationen Niederösterreich oder Steiermark tun. Erst in den sechziger Jahren war es unter der Federführung des SPÖ-Landesrates Dr. Gerald Mader gelungen, eine eigene BSA-Landesorganisation Burgenland zu organisieren. An dieser Entwicklung war auch der damalige SPÖ-Landesparteisekretär Dr. Fred Sinowatz nicht ganz unbeteiligt. Nach seiner Erinnerung wurde Mitte der sechziger Jahre damit begonnen, „den BSA neu zu gestalten. Da ist Dr. Mader an die Spitze getreten, und der BSA hat dann einen raschen Aufschwung genommen.“[282] Die Etablierung der BSA-Landesorganisation fiel

[280] Vgl. dazu ausführlich das Kapitel „Die Parteien und die ehemaligen Nationalsozialisten“ in: Roman Patrick Schnödl, Die Entnazifizierung im Burgenland. Die Auseinandersetzung der burgenländischen politischen Parteien mit den ehemaligen Nationalsozialisten und der Entnazifizierung unter besonderer Berücksichtigung der Äußerungen im Landtag und in den Parteizeitungen 1945–1949, Dipl.-Arb., Wien 2004, S. 110–169.

[281] Interview der Verfasser mit Altbundeskanzler Dr. Fred Sinowatz vom 4. 5. 2004, DÖW.

[282] Ebd.

zeitlich mit dem politischen Machtwechsel im Burgenland zusammen, als die SPÖ mit Hans Bögl 1964 die Landtagswahlen gewann und somit den Landeshauptmann stellte. Im Burgenland trug also nicht der BSA zum Aufstieg der SPÖ bei, sondern umgekehrt, der Auf- und Ausbau des BSA wurde von der SPÖ forciert.[283]

SPÖ-Landeshauptmann-Stellvertreter Alois Wessely erkannte schon in den ersten Nachkriegsjahren das politische Talent von Theodor Kery. Er förderte ihn nach Kräften und übertrug ihm 1949 die Aufgabe der Reorganisation der SPÖ im Bezirk Oberpullendorf.

1951 zog Kery für die SPÖ in den burgenländischen Landtag ein, wo er sich als SP-Schulsprecher profilierte.

1962 wurde Kery, der auch Landesobmann der sozialistischen Lehrer war, als Landesrat in das SPÖ-Regierungsteam berufen.

1966 folgte er schließlich Hans Bögl im Zuge einer „Generationenablöse" als Landeshauptmann. In dieser Funktion blieb Kery 21 Jahre lang, er hatte insgesamt vier Landtagswahlen mit absoluter Mehrheit an Stimmen und Mandaten gewonnen.[284]

Nach der Wahlniederlage vom 4. Oktober 1987 schied Kery aus der Landespolitik aus. Bei der Würdigung der historischen Person des Theodor Kery gehen bis heute die Meinungen auseinander: Für Fred Sinowatz war Kery keinesfalls ein Nazi, sondern eine Symbolfigur des aufstrebenden Burgenlands: „Er hat nur – wie halt im Burgenland die alten ungarischen, magyarischen Herren – einen sehr starken autoritären Zug in seiner Politik gehabt, aber das war für das Burgenland damals vielleicht sogar wichtig. Ich muss selber zugeben, wir haben damit auch gespielt. Und wir haben ge-

[283] Ebd.

[284] Schlag, Burgenland, a. a. O., S. 149.

sagt, dass wir den Burgenländern, die ja nicht vom Selbstbewusstsein besonders geprägt gewesen sind, dieses Selbstbewusstsein vermitteln wollen. Das hat Kery gut gemacht."[285] „Für die dogmatische Parteilinke und für manche verfolgte Widerstandskämpfer innerhalb der SPÖ", so Walter Feymann in seiner Kery-Biographie, „war er der ‚Nazi-Bua', der, wie so manche andere auch, in der SPÖ Karriere gemacht hat."[286]

Stefan Demuth

Der 1912 in Linz geborene Stefan Demuth entstammte als Sohn eines Eisenbahners einem zutiefst sozialdemokratischen Milieu. Er erhielt damals die für Kinder aus Arbeiterfamilien keineswegs selbstverständliche Möglichkeit, eine höhere Bildung anzustreben: Er besuchte zunächst das Gymnasium in Linz und begann anschließend ein Lehramtsstudium an der Universität Wien. Von 1928 bis 1930 übernahm er führende Funktionen in sozialdemokratischen Mittelschüler- und Studentenorganisationen. Nach Abschluss seiner Lehrerausbildung trat der promovierte Doktor der Philosophie als Gymnasiallehrer in den Schuldienst ein.[287] Nach der Angliederung Österreichs an Hitler-Deutschland arrangierte sich auch der Sozialdemokrat Demuth mit den neuen NS-Machtverhältnissen und trat im März 1939 dem Nationalsozialistischen Lehrerbund bei.[288] Nach Ausbruch des Zweiten Weltkrieges musste er in die Wehrmacht einrücken und geriet gegen Kriegsende in amerikanische Kriegsgefangenschaft. Aus dieser entlassen, nahm er 1945 wieder seine frühere Tätigkeit

[285] Interview der Verfasser mit Altbundeskanzler Dr. Fred Sinowatz vom 4. 5. 2004, DÖW.
[286] Feymann, Kery, a. a. O., S. 41.
[287] Who's Who in Austria, edited by R. Bohmann and Dr. Stephen S. Taylor, 8th Edition, Vienna 1971/72, p. 126.
[288] BDC-Unterlagen zu Stefan Demuth, BA Berlin, DÖW 21.410.

als Gymnasiallehrer auf und avancierte bald zum Gymnasialdirektor. Seine einstige Zugehörigkeit zum NS-Lehrerbund tat seiner beginnenden politischen Karriere keinen Abbruch: Noch 1945 wurde er Vorsitzender der Sozialistischen Jugend Oberösterreichs und zog als Abgeordneter in den Oberösterreichischen Landtag ein. Anfang April 1947 trat er dem BSA bei, in dem er bis zu seinem Lebensende 1988 Mitglied war.[289] Im selben Jahr wurde er zum Stellvertreter des Staatsbeauftragten für das Mühlviertel Johann Blöchl (ÖVP) bestellt[290] und gehörte damit der Oberösterreichischen Landesregierung an. Diese für die Einheit des Landes Oberösterreich wichtige Funktion behielt er bis 1955. Danach amtierte er als Landesrat, bis er 1969 Ludwig Bernaschek als Landesparteivorsitzenden und Landeshauptmann-Stellvertreter ablöste. Neben seinen politischen Ämtern war er u. a. Vorstandsmitglied der Oberösterreichischen Kraftwerks AG (OKA) und Vorstandsvorsitzender der Ennskraftwerke sowie der Druck- und Verlags GmbH Gutenberg in Linz.[291] 1972 zog sich Demuth aus gesundheitlichen Gründen von der Politik zurück. Nach ihm ist in Linz eine Verkehrsfläche benannt.

[289] BSA-Mitgliederkartei, Archiv BSA Wien.

[290] Die Zivilverwaltung Mühlviertel wurde eingerichtet, als im Juli 1945 der Beschluss der Alliierten zur Teilung Oberösterreichs in eine amerikanische Besatzungszone südlich und eine sowjetische Besatzungszone nördlich der Donau (= Mühlviertel) bekannt wurde. Durch die Einbindung des „Staatsbeauftragten für das Mühlviertel“ und seines Stellvertreters, also der Spitze der Zivilverwaltung, sollte eine völlige Abtrennung des Mühlviertels von Oberösterreich verhindert werden. Diese Einrichtung bewährte sich bis zur faktischen (1953) und rechtlichen (1955) Beendigung der Teilung Oberösterreichs. Quelle: Auskunft des OÖLA; Vgl. Johann Blöchl, Meine Lebenserinerungen, Linz 1975.

[291] Who's Who in Austria, a. a. O., p. 126.

Alfred Schachner-Blazizek

Alfred Blazizek wurde im Mai 1912 in Mürzzuschlag als Sohn des Lokführers Friedrich Blazizek geboren. Nach der Matura studierte Blazizek Rechts- und Staatswissenschaften an der Universität Graz, wobei er sich das Geld für sein Studium als Werkstudent in Anwaltskanzleien und bei Sparkassen verdienen musste. 1935 promovierte er zum Doktor der Rechte und zwei Jahre später zum Doktor der Staatswissenschaften. Im Alter von 24 Jahren begann er seine Verwaltungslaufbahn als Stadtamtsdirektor von Bruck an der Mur.[292]

Wie aus den im Bundearchiv Berlin vorhandenen Unterlagen der NSDAP-Parteikanzlei zu entnehmen ist, war Blazizek noch als Student im März 1933 der NSDAP, Ortsgruppe Mürzzuschlag, beigetreten. Aus den Akten geht weiters hervor, dass „die am 1. 6. [19]33 durch die damalige Landesleitung [der NSDAP] Österreich ausgefertigte Mitgliedskarte Nr. 1.610.437 infolge des unmittelbar darauf erlassenen Parteiverbotes in Österreich nicht mehr zur Aushändigung" gelangt war.[293] Der Beitritt vom März 1933 war daher, wie parteiamtlich im September 1942 festgestellt wurde, nach den Aufnahmesatzungen der NSDAP nie in Kraft getreten. Nach dem 12. März 1938 wurde Blazizek zum Stadtverwaltungsrat in Mürzzuschlag ernannt. Seit November 1938 fungierte er als Geschäftsführer des Kreisamtes für Kommunalpolitik in Mürzzuschlag. Nach eigenen Angaben gehörte im Februar 1940 dem NS-Rechtswahrerbund, dem Reichsbund Deutscher Beamter (RDB), der Nationalsozialistischen Volkswohlfahrt (NSV), dem Reichsluftschutzbund (RLB) und

[292] Heinz Mang, Steiermarks Sozialdemokraten im Sturm der Zeit, Graz 1988, S. 257 f.; Who's Who in Austria, edited by R. Bohmann and Dr. Stephen S. Taylor, 6th Edition, Vienna 1967, p. 588.

[293] BDC-Unterlagen betreffend DDr. Alfred Blazizek, PK, Film A 371, Bild Nr. 63 ff., BA Berlin.

dem NS-Altherrenbund Deutscher Studenten an. Darüber hinaus war er Förderndes Mitglied der SS (FM SS).[294] Mit 1. April 1940 wurde er definitiv unter der Nummer 8.435.986 in die NSDAP aufgenommen. Einige Printmedien berichteten im Mai 1970 unter Berufung auf das deutsche Nachrichtenmagazin Der Spiegel, dass Blazizek in der NS-Zeit auch NSDAP-Gaurichter gewesen sei[295], eine Behauptung, für die von den Autoren dieser Studie quellenmäßig bislang kein Beleg gefunden werden konnte.

Als Blazizek zum Kriegsdienst eingezogen wurde, kam er mit dem späteren steirischen Landessekretär des Verbandes sozialistischer Gemeindevertreter Dr. Heinrich Bargfrieder in Kontakt, der sein Ausbildner wurde. Nachdem Blazizek an der Westfront in US-amerikanische Kriegsgefangenschaft geraten war, gelang es ihm, sich im April 1945 bis nach Mürzzuschlag durchzuschlagen. Der 33jährige Kriegsheimkehrer Blazizek wurde noch 1945 vom provisorisch amtierenden steirischen Landeshauptmann Reinhard Machold (SPÖ) als

---

[294] Vgl. BDC-Unterlagen betreffend DDr. Alfred Blazizek, BA Berlin: In den auf Mikrofilm verfilmten Akten der Parteikorrespondenz, PK Film A 371, Bild Nr. 63 ff., ist u. a. die Mitgliedschaft von Alfred Blazizek als „FM SS" verzeichnet. Im Organisationshandbuch der NSDAP aus dem Jahre 1940 heißt es zu den Fördernden Mitgliedern der SS (FM.): „Der Dienst bei der Schutzstaffel, der vornehmlich bei den Führerversammlungen außerordentliche Anforderungen stellt, ist wirtschaftlich aus dem Grund ungleich schwerer, weil die einzelnen Verbände der Schutzstaffel räumlich weiter auseinandergezogen sind als die Verbände der SA. Dies bedingt ungleich höhere Transportkosten zur Ausübung des Dienstes. Der Führer hat deshalb der Schutzstaffel die Errichtung der FM.-Organisation gestattet. Die Fördernden Mitglieder, die nicht Parteigenossen sein brauchen, zahlen monatlich bestimmte Beträge. Zum Inkasso dieser Beträge sind nur die Dienststellen der SS ermächtigt, die vom RFS. (Verwaltungsamt SS) hierzu beauftragt sind. Die FM.-Organisation ist für den Bestand der Schutzstaffel von größter Bedeutung und darf in ihrer Arbeit durch keine andere Dienststelle gestört werden." Vgl.: Organisationshandbuch der NSDAP, hg. vom Reichsorganisationsleiter der NSDAP, München 1940, S. 423.

[295] Vgl. beispielsweise folgende Artikel: Nach Öllinger – ein Fall Rösch? Die nazistische Vergangenheit des neuen Innenministers. In: Volksstimme, 27. 5. 1970; Ein mentalhygienisches Problem. In: ÖSU-Report, Nr. 6, Juni 1970 Wien, S. 12 f.

Bezirkshauptmann in Mürzzuschlag eingesetzt.[296] Neben seiner aktiven Tätigkeit für die SPÖ veröffentlichte Blazizek zahlreiche wissenschaftliche Publikationen, die sich mit Verwaltungs-, Raumplanungs- und Kommunalfragen beschäftigten. Ende der vierziger Jahre wurde Blazizek Mitglied des BSA, bei dem er sich in der Fachgruppe der Juristen engagierte. In den fünfziger Jahren gehörte er bereits dem steirischen BSA-Landesvorstand an.[297] In den fünfziger Jahren änderte DDr. Alfred Blazizek seinen Nachnamen in Schachner, führte seither aber auch den Doppelnamen Schachner-Blazizek.[298] Zur selben Zeit begann sein steiler Aufstieg in der steirischen Landespolitik: Nachdem er 1953 das Kommunalprogramm der SPÖ verfasst hatte, trat er ein Jahr später auf Vorschlag von Reinhard Machold dessen Nachfolge als Landesrat für Gesundheits- und Forstwesen an. Seit 1960 war er als Landesrat für das Finanzressort und Forstwesen zuständig. Im selben Jahr übernahm er von Machold den Landesparteivorsitz der steirischen SPÖ, 1961 wurde er auch in den Steiermärkischen Landtag gewählt. Schließlich löste er 1964 Fritz Matzner als Ersten Landeshauptmann-Stellvertreter der Steiermark ab. Schachner-Blazizek, der bis 1966 auch dem Koalitionsausschuss angehörte, rückte 1965 als stellvertretender SPÖ-Bundesparteivorsitzender an die Spitze der Gesamtpartei. Bei den Regierungsverhandlungen von 1970 wurde DDr. Alfred Schachner-Blazizek sogar als Kandidat für die Leitung des Finanzressorts gehandelt, ein Ministeramt, das er aufgrund seiner weit fortgeschrittenen Krebserkrankung nicht mehr antreten konnte. Schachner-Blazizek starb am 17. September 1970.[299]

---

[296] Mang, Steiermarks Sozialdemokraten, a. a.O., S. 257 f.

[297] BSA-Mitgliederkartei, BSA-Funktionärslisten, Archiv BSA Wien.

[298] Fax der steirischen SPÖ-Landesgeschäftsführung, Frau Rike Lippitsch, an die Verfasser vom 22. 9. 2004 betreffend DDr. Alfred Schachner-Blazizek, DÖW.

[299] Mang, Steiermarks Sozialdemokraten, a. a. O., S. 257–266.

Karl Kunst

Nach 1945 schien auch der 1904 in Innsbruck geborene Dr. Karl Kunst für den politischen Cursus honorum bestens geeignet. In seiner Jugend war es für ihn, den Sohn eines Südbahn-Inspektors, sehr schwer, eine höhere Ausbildung zu erhalten. Infolge wirtschaftlicher Schwierigkeiten musste er den Besuch des Bundesrealgymnasiums vorzeitig abbrechen. Er setzte allerdings seine Schulausbildung als Werksstudent fort und legte 1926 in Wien die Externisten-Reifeprüfung ab. Anschließend studierte er an den Universitäten Innsbruck und Wien Rechts- und Staatswissenschaften. Im März 1931 promovierte er zum Doktor beider Rechte. Nach der einjährigen Gerichtspraxis wandte er sich dem Rechtsanwaltsberuf zu und ließ sich in Innsbruck als Rechtsanwalt nieder. Schon in jungen Jahren wurde Kunst Mitglied und Funktionär der sozialdemokratischen Arbeiterjugend, gründete eine Ortsgruppe der sozialdemokratischen Mittelschüler und übte verschiedene Funktionen in der SDAP aus. Nach dem Bürgerkrieg und dem Verbot der SDAP im Februar 1934 befand sich Kunst bis 1938 insgesamt viermal in Haft.[300] 1940 trat Rechtsanwalt Kunst der NSDAP bei.[301] 1941 wurde er in die Wehrmacht einberufen, im Juli 1945 kehrte er aus der amerikanischen Kriegsgefangenschaft nach Innsbruck zurück. Obwohl Kunst als ehemaliges NSDAP-Mitglied nach den Bestimmungen des Verbotsgesetzes von 1945 dem registrierungspflichtigen Personenkreis angehörte, wurde er bereits im August 1945 für fünf Monate als Rechtsreferent in die provisorische Tiroler Landesregierung

[300] Vgl. Lebenslauf des Landeshauptmannstellvertreters Dr. Karl Kunst, Archiv SPÖ Tirol.

[301] BDC-Unterlagen zu Karl Kunst, BA Berlin, DÖW 21.416.

berufen.[302] Was seine Entregistrierung betrifft, erhielt Kunst von höchster Stelle Schützenhilfe. Hinter den entsprechenden Bemühungen steckte kein Geringerer als Adolf Schärf, damals SPÖ-Vorsitzender und Staatssekretär der Provisorischen Staatsregierung. In einem an Kunst adressierten Brief vom Oktober 1945 schrieb Schärf: „Lieber Freund! Ich werde trachten, dass die Entregistrierung für Dich und Dr. Höflinger durchgeführt wird. In diesem Fall werdet Ihr zu den Nationalrats- und Landtagswahlen [im November 1945; Anm. d. Verf.] das aktive Wahlrecht besitzen."[303] Kunst dürfte zu diesem Zeitpunkt bereits für die Tiroler SPÖ tätig gewesen sein. Schärfs hauptsächliches Anliegen war es, den Aufbau der SPÖ in Tirol, einem für die Sozialdemokratie seit jeher schwierigen Terrain, voranzutreiben. Da die SPÖ-Tirol unter einem gravierenden Mangel an qualifizierten Mitarbeitern und Führungskräften litt, waren ihre Funktionäre umso mehr geneigt, auf die Mitarbeit vorrangig jener ehemaligen Nationalsozialisten zurückzugreifen, die sich wie Karl Kunst vor 1934 in der österreichischen Sozialdemokratie engagiert hatten. Die massiven Bemühungen der SPÖ um die „Heimholung" bzw. Rückgewinnung dieser Gruppe von ehemaligen Sozialdemokraten ließ aber vielfach keinen Raum für die Auseinandersetzung mit der konkreten individuellen Schuld und Verantwortung, die der Einzelne in der NS-Zeit auf sich geladen hatte. Das seinerzeitige Überlaufen dieser ehemaligen Sozialdemokraten zum Nationalsozialismus wurde auch in den Reihen der SPÖ nicht individuell bewertet, man sah darin die kollektive Reaktion der eigenen Parteigänger und Funktionäre auf die Repressionen des „Austrofaschismus" und war nur allzu gern bereit, das „Fremdgehen" mit dem

[302] Vgl. „Alt-Landeshauptmannstellvertreter Dr. Karl Kunst – 80 Jahre", Archiv SPÖ Tirol.

[303] Schreiben von Staatssekretär Dr. Adolf Schärf an Dr. Karl Kunst vom 20. 10. 1945, DÖW 21.416.

Nationalsozialismus als verzeihlichen politischen Irrtum, als Kavaliersdelikt zu betrachten. Vor dem Hintergrund und im Wissen dieser parteiintern Sichtweise verstand Kunst es, seine Chancen zu nutzen. Im April 1946 wurde Kunst nach dem Verbotsgesetz von 1945 als „minderbelastet" registriert, wobei er gegenüber der Registrierungsbehörde argumentierte, dass er bloß „Parteianwärter" gewesen sei, der nie eine Mitgliedskarte besessen habe.[304] Ferner wies Kunst darauf hin, dass er von der Gestapo zweimal vorgeladen und obendrein vom seinerzeitigen Gauamtsleiter und Vorsitzenden des NS-Rechtswahrerbundes Dr. Ulm angeblich ultimativ zum NSDAP-Beitritt aufgefordert worden sei, indem dieser ihm nur die „Wahl zwischen Parteibeitritt und KZ" gelassen habe[305], eine Schutzbehauptung, die jeder realen Grundlage entbehrte. Zumindest seine Angabe, er sei nur „NSDAP-Anwärter" gewesen, ist nachgewiesenermaßen eine Unwahrheit, da er laut NSDAP-Zentralkartei mit 1. Jänner 1940 unter der Nummer „7.868.938" in die NSDAP aufgenommen wurde.[306] Im Februar 1947 stellte Kunst ein Gnadengesuch nach Paragraph 27 des Verbotsgesetzes, dem der Bundespräsident im August desselben Jahres stattgab. Schon wenige Tage zuvor war er mittels Bescheid des Stadtmagistrats Innsbruck entregistriert worden.[307] Auf diese Weise von

[304] Schreiben von Dr. Kunst an den Stadtmagistrat Innsbruck als Registrierungsbehörde vom 24. 5. 1947, Entnazifizierungs- und Registrierungsunterlagen für Karl Kunst, Stadtarchiv Innsbruck.

[305] Vorladung vor Gestapo im Herbst 1939 und Winter 1939/40: dazu Bestätigungen von Vizebürgermeister Flöckinger vom 24. 5. 1947 (Zl. I-EE-6625/47) und Vernehmungsniederschrift von Zellenleiter Karl Weiss vom 9. 7. 1947 (Zl. I-EE-6625/47); Personalakt Karl Kunst, Formblatt 2, Entnazifizierungs- und Registrierungsunterlagen für Karl Kunst, Stadtarchiv Innsbruck.

[306] Vgl. BDC-Unterlagen zu Karl Kunst, BA Berlin, DÖW 21.416.

[307] Entschließung des Bundespräsidenten vom 12. 8. 1947, Zl. 7911/47, und Bescheid des Stadtmagistrats Innsbruck als Registrierungsbehörde vom 5. 8. 1947, Zl. I-EE-6625/1947, Entnazifizierungs- und Registrierungsunterlagen für Karl Kunst, Stadtarchiv Innsbruck.

seiner NS-Vergangenheit reingewaschen, trat er im August 1947 in die „Vereinigung der Sozialistischen Juristen Österreichs", einer Teilorganisation des BSA, ein.[308] Von nun an stand seinem politischen Aufstieg nichts mehr im Weg: Vom März 1948 bis April 1960 war er Mitglied des Innsbrucker Gemeinde- und Stadtrates. Dort bekleidete er von 1953 bis 1956 die Funktion eines amtsführenden Stadtrates für das Fürsorge- und Gesundheitswesen. Von 1956 bis 1959 war er Vorsitzender des Aufsichtsrates der Städtischen Verkehrsbetriebe Innsbruck. Im Oktober 1953 wurde Dr. Kunst auf der Liste der SPÖ in den Tiroler Landtag gewählt und gehörte diesem bis zum Herbst 1970 an. Von 1957 bis 1960 war er Zweiter Vizepräsident des Tiroler Landtages, 1961 trat er die Nachfolge von Franz Hüttenberger als SPÖ-Landesparteivorsitzender und Zweiter Landeshauptmann-Stellvertreter von Tirol an. In der Landesregierung war er für die Agenden des Gesundheits- und Sozialwesens zuständig. In dieser Eigenschaft gehörte er auch dem erweiterten Präsidium des SPÖ-Bundesparteivorstandes an.[309] 1969 übergab er den Parteivorsitz, 1970 seine Funktion als Landeshauptmann-Stellvertreter an den Innsbrucker Stadtrat Dr. Herbert Salcher.[310] Die Art und Weise, wie Kunst nach 1945 seine Entnazifizierung bzw. Entregistrierung betrieben hatte, ist aus heutiger Sicht kritisch zu beurteilen. Da ihm aber ein rascher politischer Aufstieg innerhalb der Sozialdemokratie gelungen war, schien – auf der Ebene des Machtkalküls, nicht der Moral – ihm und seinen einstigen Protektoren Schärf und Helmer der Erfolg im Nachhinein recht zu geben. In diesem Sinn liest sich eine Aussendung der Tiroler SPÖ anno 1984

[308] BSA-Mitgliederkartei, Archiv BSA Wien.

[309] Vgl. „Alt-Landeshauptmannstellvertreter Dr. Karl Kunst – 80 Jahre", Archiv SPÖ Tirol.

[310] Vgl. Oberleitner, Politisches Handbuch, a. a. O., S. 33, 210, 212, 216.

geradezu als eine Eloge auf den achtzigjährigen Karl Kunst, in der sich jeder Bezug zu dessen NS-Vergangenheit von selbst verbietet. Gewürdigt wurde stattdessen die Erfolgsbilanz eines Mannes, der sich gleich nach seiner Rückkehr aus der Kriegsgefangenschaft „dem Wiederaufbau des politischen Lebens in Tirol" und dem „Aufbau der Sozialistischen Partei Österreichs, Landesgruppe Tirol, in hervorragendem Maße" gewidmet habe.[311] Dieser Erfolg spiegelte sich auch in einer Reihe von Auszeichnungen, die Kunst vom Land Tirol, von der Republik Österreich und von der SPÖ zeitlebens erhielt: Er war Träger des Ehrenzeichens des Landes Tirol, des Großen Goldenen Ehrenzeichens mit dem Stern für Verdienste um die Republik Österreich und der Großen Victor-Adler-Plakette.[312]

Bei Stefan Demuth, Alfred Schachner-Blazizek und Karl Kunst dürfte es sich um eher eine nominelle NS-Mitgliedschaft gehandelt haben, zumal keine Hinweise auf weitere NS-Aktivitäten vorliegen. Sie gehören zu jenem Personenkreis, bei dem eine politisch-gesellschaftliche Reintegration durchaus vertretbar ist. Kritisch zu vermerken ist allerdings, dass diese Politiker zumindest öffentlich nie zu ihrer NS-Vergangenheit selbstkritisch Stellung nahmen und in SPÖ-offiziellen Lebensläufen dieses Faktum ausgeblendet wurde.

Ferdinand Obenfeldner

Im Gegensatz zur Karriere des Karl Kunst rief der politische Aufstieg von Ferdinand Obenfeldner in der Tiroler SPÖ nach 1945 wesentlich mehr Aufsehen und auch heftige Kri-

[311] Vgl. „Alt-Landeshauptmannstellvertreter Dr. Karl Kunst – 80 Jahre", Archiv SPÖ Tirol.

[312] Vgl. Lebenslauf des Landeshauptmannstellvertreters Dr. Karl Kunst, Archiv SPÖ Tirol.

tik hervor. Obenfeldner wurde 1917 in Lienz in Osttirol geboren. Nach der Pflichtschule begann er im Juli 1931, in der Bauwarengroßhandlung Volland & Erb als Büropraktikant zu arbeiten. In dieser Firma erlernte er den Kontoristenberuf.[313] Infolge der anhaltenden Wirtschaftskrise verlor Obenfeldner 1934 seine Arbeit. Nach den Februarereignissen 1934 soll sich Obenfeldner bei den Revolutionären Sozialisten engagiert haben.[314] Anfang 1935 gelang es ihm, in das österreichische Bundesheer einzutreten, wo er bis zur NS-Machtergreifung diente. Am 12. März 1938 wurde er als Unteroffizier in die Deutsche Wehrmacht übernommen. Von der Wehrmacht beurlaubt, trat er im Mai 1938 als Kriminalangestellter in den Dienst des wichtigsten Instruments des NS-Terrors, der Geheimen Staatspolizei, Gestapo-Leitstelle Innsbruck, wo er in der Personalabteilung tätig war. Im November 1939 wurde er Mitglied der NSDAP und danach der SS.[315] Von November 1940 bis Mai 1945 leistete er Kriegsdienst in der Wehrmacht. Nach der Entlassung aus der amerikanischen Kriegsgefangenschaft im August 1945 fand er umgehend eine Anstellung im Sekretariat der SPÖ-Tirol, ab Dezember 1945 war er für einige Monate bei den Innsbrucker Verkehrsbetrieben angestellt. Im März 1946 wechselte er zur Tiroler Gebietskrankenkasse, wo er 1951 mit nur 34 Jahren zum Direktor bestellt wurde. Von 1945 bis 1950 wirkte der ehemalige Gestapobeamte als Landesobmann der Sozialistischen Jugend Tirols. Seit 1950 gehörte er dem Innsbrucker Gemeinderat an, wo er alsbald Chef der SPÖ-Fraktion wurde. Er kandidierte zum Tiroler Landtag und stieg zum Präsidialmitglied des Landesparteivorstandes der SPÖ-Tirol

[313] BDC-Unterlagen zu Ferdinand Obenfeldner, BA Berlin, DÖW R 293.

[314] Vgl. Angaben in den Entnazifizierungs- und Registrierungsunterlagen zu Ferdinand Kaiser, Stadtarchiv Innsbruck.

[315] Ebd.

auf.[316] Obenfeldner war es nach 1945 gelungen, seine NS-Vergangenheit zu verschleiern. In den Registrierungsunterlagen von Ferdinand Kaiser finden sich vage Zeugenaussagen, wonach Ferdinand Obenfeldner im Mai 1938 im Auftrag der Revolutionären Sozialisten in den Gestapo-Verwaltungsdienst gesandt worden wäre.[317] Tatsächlich ist aber die Taktik der Unterwanderung faschistischer Organisationen bzw. die Tarnung durch Mitgliedschaft in solchen von den österreichischen Sozialisten (Revolutionären Sozialisten und Sozialdemokraten) weder propagiert noch gepflogen worden. Im Gegenteil: Die kommunistische Taktik des „Trojanischen Pferdes" wurde ausdrücklich verworfen.[318] Zur bloßen Tarnung hätte im Übrigen eine – zweifellos harmlosere – Mitgliedschaft in der NSDAP oder SA genügt. Die Tätigkeit in der Gestapo ist als Mitwirkung in einer in ihrer Gesamtheit verbrecherischen Organisation zu bewerten[319], für die auch die – ohnehin nicht erfolgte – „Beauftragung" durch eine Widerstandsgruppe nicht exkulpierend sein kann. Eine moralische Schuldausschließung wäre unseres Ermessens erst dann gegeben, wenn sich die „Unterwanderung" der Gestapo auch in entsprechenden Widerstandshandlungen niedergeschlagen hätte. Für eine solche Vorgangsweise Obenfeldners liegt aber nicht der geringste Hinweis vor.

---

[316] Vgl. Aussendung des Pressereferats des Stadtmagistrats Innsbruck vom 17. 1. 2002: „Alt-Vizebürgermeister Hofrat Ferdinand Obenfeldner feiert 85. Geburtstag", Medienservice der Stadt Innsbruck.

[317] Vgl. Entnazifizierungs- und Registrierungsunterlagen zu Ferdinand Kaiser, Stadtarchiv Innsbruck.

[318] Wolfgang Neugebauer, Sozialdemokraten in Widerstand und Opposition 1938–1945. In: Erich Fröschl/Maria Mesner/Helge Zoitl (Hg.), Die Bewegung. 100 Jahre Sozialdemokratie in Österreich, Wien 1989, S. 453–459.

[319] Vgl. Urteil des Internationalen Militärgerichtshofs (IMG) im Prozess gegen die Hauptkriegsverbrecher vom 1. 10. 1946: Darin wurden das Korps der politischen Leiter der NSDAP, die Gestapo und der SD sowie die SS zu verbrecherischen Organisationen erklärt. Zit. nach: IMG, Bd. 1, Nürnberg 1947, S. 289–307.

Obenfeldner selbst gab im April 1946 im Meldeblatt zur NS-Registrierung lediglich an, dass er „Parteianwärter" der NSDAP gewesen sei und wurde demnach aufgrund der Bestimmungen der NS-Verbotsgesetznovelle von 1947 als „minderbelastet" eingestuft.[320] In Wirklichkeit aber hätte er sich als ehemaliger SS- und Gestapo-Angehöriger gleich in doppelter Hinsicht als „belasteter Nationalsozialist" registrieren lassen müssen. Damit beging Obenfeldner – in objektiver Hinsicht – einen Registrierungsbetrug, für den im Verbotsgesetz ein Strafrahmen von einem bis zu fünf Jahren Kerker vorgesehen war. Nur aufgrund dieses Registrierungsbetrugs war es Obenfeldner möglich gewesen, seine berufliche Karriere bei der Tiroler Gebietskrankenkasse zu beginnen. Ein von ihm am 22. Februar 1947 eingebrachtes Gnadengesuch nach Paragraph 27 des Verbotsgesetzes wurde mit Entschließung des Bundespräsidenten vom 13. August 1947 positiv erledigt.[321] Damit glaubte Obenfeldner, endgültig einen Schlussstrich unter seine braune Vergangenheit gezogen zu haben.

Obenfeldner täuschte sich aber gewaltig. Denn in den fünfziger Jahren holte ihn diese wieder ein, als seine von ihm verschwiegene Tätigkeit bei der Gestapo Gegenstand öffentlicher und gerichtlicher Auseinandersetzungen wurde.

1955 und 1957 wurden am Landesgericht Innsbruck Strafverfahren gegen Ferdinand Obenfeldner eingeleitet.[322] Ihm wurde u. a. zur Last gelegt, dass er als Personalreferent der Gestapo Innsbruck an der Hinrichtung von zwei polnischen Zwangsarbeitern beteiligt gewesen sei. Die beiden Polen waren in den Vormittagsstunden des 2. September

[320] Vgl. Entnazifizierungs- und Registrierungsunterlagen zu Ferdinand Obenfeldner, Stadtarchiv Innsbruck.

[321] Ebd.

[322] Verfahren gegen Ferdinand Obenfeldner 21 Vr 2486/55 und 19 Vr 168/58 LG Innsbruck.

1940 wegen verbotener intimer Kontakte mit zwei „deutschen Frauen“ ohne Gerichtsverfahren auf Befehl des Reichssicherheitshauptamtes Berlin von der Gestapo Innsbruck im Zwangsarbeiterlager in Kirchbichl durch Erhängen ermordet worden, darüber hinaus hatte die Gestapo die beiden Frauen für drei Monate ins KZ Ravensbrück eingewiesen. Die Verfahren gegen Obenfeldner wurden 1958 eingestellt.[323] Seit 1955 beschäftigte sich auch der Tiroler SPÖ-Landesparteivorstand mit der Affäre Obenfeldner und stellte sich von Anfang an demonstrativ auf die Seite des Beschuldigten. Der Diplompsychologe Heinz Friese, SPÖ- und BSA-Mitglied, dessen Anzeigen zur Aufnahme von Ermittlungen gegen Obenfeldner geführt hatten, wurde hingegen 1955 aus dem BSA und 1957 aus der SPÖ ausgeschlossen.[324] Aus den Protokollen des Landesparteivorstands der SPÖ-Tirol geht auch hervor, dass über eine SPÖ-Mitgliedschaft des Referenten der Arbeiterkammer Innsbruck Dr. Heinz Schöpf, in der NS-Zeit gleichfalls Gestapobeamter, zu entscheiden war. Da Schöpf im Verfahren gegen Obenfeldner als Belastungszeuge aufgetreten war, wurde seine Aufnahme in die SPÖ trotz Intervention des SPÖ-Nationalratsabgeordneten und ehemaligen BSA-Präsidenten Dr. Alfred Migsch und trotz der Tatsache, dass Schöpf mittlerweile BSA-Mitglied war, abgelehnt. Ferdinand Obenfeldner, inzwischen Innsbrucker SP-Stadtrat und Mitglied des SPÖ-Landesparteivorstandes, hatte im Vorfeld dieser Debatte dem SPÖ-Landesparteivorsitzenden Franz Hüttenberger brieflich mitgeteilt, dass er dem Landesparteivorstand nicht länger angehören könne,

[323] Vgl. Broschüre: Ehemaliger Angehöriger der Gestapo wurde „Volksvertreter“ und ist heute Chef der sozialistischen Fraktion in der Tiroler Landeshauptstadt, hg. vom Bund der Opfer des politischen Freiheitskampfes in Tirol, Innsbruck, o. J.

[324] Vgl. die Protokolle der Tiroler SPÖ-Landesparteivorstandssitzungen vom 13. 1. 1955, 12. 9. 1955, 3. 10. 1955, 21. 1.1957, 12. 1. 1959 und 26. 1. 1959, Archiv SPÖ Tirol.

„wenn Dr. Schöpf der Partei angehört".[325] In der Sitzung des Tiroler SPÖ-Landesparteivorstands vom 12. Jänner 1959 sprach Nationalratsabgeordneter Rupert Zechtl wohl den meisten Anwesenden aus der Seele, wenn er die Leitlinien der Parteientscheidung folgendermaßen begründete: „Schöpf wurde als Zeuge gegen Obenfeldner vor Gericht einvernommen. Ein Mensch, der einem Funktionär durch seine Angaben schaden will, gehört nicht in die Partei. Genossen, die von der Partei in eine Körperschaft entsandt werden, müssen gegen nachträgliche Angriffe gegen ihre Arbeit im Sinne der Partei geschützt werden. [...] Bürgerliche Zeitungen schreiben gegen Obenfeldner."[326]

Offenkundig standen in der Werteskala der damaligen Tiroler SPÖ bzw. des BSA vermeintliche Parteiinteressen – die Solidarität mit einem Funktionär, der eines schweren Verbrechens beschuldigt wurde – vor rechtsstaatlichen Prinzipien und der Notwendigkeit der Aufklärung und Sühne von NS-Verbrechen.

1965 versuchte Heinz Friese ein letztes Mal, die Causa Obenfeldner – diesmal vor einem ausländischen Gericht, dem Landgericht München – aufzurollen. Der deutsche Oberstaatsanwalt beim Landgericht München II legte Frieses Anzeige allerdings mit der Begründung der Nichtzuständigkeit zurück.[327]

Um das Jahr 1957 thematisierte der politisch unabhängige „Bund der Opfer des politischen Freiheitskampfes in Tirol" parallel zu den gerichtlichen Ermittlungen gegen Ferdinand

[325] Vgl. Protokoll der Tiroler SPÖ-Landesparteivorstandssitzung vom 12. 1. 1959, Archiv SPÖ Tirol.

[326] Ebd.

[327] Schreiben des Oberstaatsanwalts beim Landgericht München II an Heinz Friese vom 12. 5. 1965 in: Handakten der Staatsanwaltschaft beim Landgericht München II zu der Strafsache gegen Dr. Wilhelm Harster 1 Js 14/65, Staatsarchiv München, StanW 34670.

Obenfeldner dessen NS-Vergangenheit und übte Kritik an der gängigen Entnazifizierungspraxis der beiden Großparteien.[328] In einer Broschüre des Opferverbandes wurde beschrieben, wie die Entnazifizierung und berufliche Reintegration von Ferdinand Obenfeldner, der als „Kriminalangestellter der Geheimen Staatspolizei, Angehöriger des SD [Sicherheitsdienstes der SS; Anm. d. Verf.], Mitglied der NSDAP und der SS" bezeichnet wurde, tatsächlich vor sich gegangen war: Unter der Überschrift „Ehemaliger Angehöriger der Gestapo wurde ‚Volksvertreter' und ist heute Chef der sozialistischen Fraktion in der Tiroler Landeshauptstadt" und einem Foto, das Ferdinand Obenfeldner in SS-Uniform zeigte, wurde die Gretchenfrage aufgeworfen: „Kann dieser Mann als Vertreter des österreichischen Volkes gelten?"[329] Im Blattinneren wurde unter anderem ausgeführt, dass Obenfeldner 1947 aufgrund falscher Angaben als ehemaliger Nationalsozialist entregistriert worden sei: „Hierbei gab Obenfeldner vor, nur deswegen bei der Gestapo gewesen zu sein, um 1938 als damaliger

[328] Die Kritik des „Bundes der Opfer des politischen Freiheitskampfes in Tirol" an der Entnazifizierungspraxis der beiden Großparteien ÖVP und SPÖ muss vor dem Hintergrund eines erbitterten Ringens um die Wählerstimmen der „Ehemaligen" in Innsbruck gesehen werden. Noch im November 1945 hatte die ÖVP bei den Gemeinderatswahlen in Innsbruck mit 22 von 40 Mandaten eine solide absolute Mehrheit erzielt. Mit der Zulassung des VdU zur Innsbrucker Gemeinderatswahl vom März 1950 war die ÖVP mit 13 Mandaten auf den zweiten Platz hinter die SPÖ gefallen, die mit 15 Mandaten zum ersten Mal mandatsstärkste Fraktion im Innsbrucker Gemeinderat geworden war. Die ÖVP hatte ihre Mandate hauptsächlich an den VdU verloren, der mit 7 Sitzen in den Gemeinderat eingezogen war. Die Gemeinderatswahlen vom Oktober 1950 hatten an der für die ÖVP krisenhaften Situation nichts geändert, da beide Großparteien je ein Mandat an die Kleinstparteien KPÖ und Freie Bürger verloren hatten, sodass der Mandatsrückstand der ÖVP auf die SPÖ weiterhin zwei Mandate betrug. Auch bei den Gemeinderatswahlen vom 25. 10. 1953 blieb die ÖVP auf Platz zwei, auf die Parteien entfielen folgende Mandate: ÖVP 14, SPÖ 15, KPÖ 1, VdU 7, Liste „Freie Bürger" 2 und Heimatliste 1. Die relative Mehrheit an Mandaten erzielte die ÖVP bei den Gemeinderatswahlen vom 11. 11. 1956. Erst bei den Gemeinderatswahlen vom 25. 10. 1959 gewann die ÖVP eine absolute Mandatsmehrheit, die sie dann über Jahrzehnte verteidigen konnte.

[329] Vgl. Anm. 323.

[Revolutionärer] Sozialist für die (nicht mehr bestehende) Sozialdemokratische Partei zu arbeiten. [...] Aber die tatsächlich erfolgte Entregistrierung Obenfeldners und dessen Wiederauftauchen im politischen Leben wirft ein bezeichnendes Licht auf die bisherige Koalitionspraxis, die damals nach Proporz bestimmte, wer Nazi war und wer nicht: Obenfeldner wurde 1947 durch die SPÖ entregistriert, weil er 1946 bereits Landesobmann der Sozialistischen Jugend war und die SPÖ in Tirol dringend Funktionäre brauchte. In Wirklichkeit wurde die SPÖ genau so irregeführt wie heute die Wähler: Obenfeldner war nämlich auch von 1934 bis 1938 nicht Sozialist, sondern als Angehöriger des österreichischen Bundesheeres Mitglied der ‚Vaterländischen Front' (VF) und des ‚Wehrbundes' (Vereinigung christlicher Angehöriger der bewaffneten Macht Österreichs)."[330] An anderer Stelle hieß es: „Der sozialistische Fraktionsführer [Obenfeldner] ist auch Direktor der Tiroler Gebietskrankenkasse. Die Anstellung in dieses Institut [sic!] am 18. 3. 1946 erschlich sich Obenfeldner durch Verletzung der Dienstordnung für Sozialversicherungsangestellte, indem er seine siebenjährige Zugehörigkeit zur Gestapo verschwieg."[331] Obenfeldner wurde ferner eine Begünstigung ehemaliger NS-Freunde vorgeworfen, die sich nicht nur darin zeige, dass er als Krankenkassendirektor einen ehemaligen Gestapokollegen als Verwalter in dem neu errichteten Erholungsheim in Kössen eingestellt habe: „Auch in anderen Fällen hat Obenfeldner seine tätige Sympathie gegenüber seinen früheren nazistischen Gesinnungsfreunden dadurch bewiesen, dass er die Einstellung und den Aufstieg solcher Personen nach Möglichkeit gefördert hat." Der Opferverband betonte aber auch, dass es ihm darum ginge, am Beispiel Obenfeldners das grundsätzliche Problem der politi-

[330] Ebd., S. 3.
[331] Ebd., S. 4.

schen und gesellschaftlichen Reintegration schwer belasteter ehemaliger Nationalsozialisten aufzuzeigen, und erhob die Forderung: „Leute mit einer solchen Vergangenheit haben heute und in aller Zukunft im öffentlichen Leben eines freien, demokratischen Österreichs nichts zu suchen!“[332]

Die heftige Kritik an dem Umgang mit seiner NS-Vergangenheit hinderte Obenfeldner nicht an der Fortsetzung seiner Karriere: Von 1950 an gehörte er 35 Jahre dem Innsbrucker Gemeinderat an, davon ab November 1956 sechs Jahre als Stadtrat und anschließend 23 Jahre als Vizebürgermeister der Stadt Innsbruck.[333] Von 1968 bis 1975 war er überdies SPÖ-Abgeordneter zum Tiroler Landtag, von 1962 bis 1963 und 1970 bis 1985 war er Bezirksvorsitzender der SPÖ-Innsbruck-Stadt. Als Kommunal- und Landespolitiker blieb Obenfeldner stets Multifunktionär. Seine zahlreichen Nebenämter waren unüberschaubar, sie reichten von Aufsichtsratsfunktionen u. a. bei den Innsbrucker Verkehrsbetrieben, der Stubaitalbahn, der Innsbrucker Hotel AG bis hin zu ehrenamtlichen Tätigkeiten als Präsident des ARBÖ Tirol, der Tiroler Volkshilfe, als Ehrenpräsident des ASKÖ Tirol sowie als Vizepräsident des Eishockey-Clubs Sparkasse Innsbruck und des Alpenzoo Innsbruck.[334]

Von 1961 bis 1969 fungierte er als Stellvertretender Landesparteivorsitzender der Tiroler SPÖ und von 1967 bis 1968 sowie von 1970 bis 1972 gehörte er dem SPÖ-Bundesparteivorstand an.[335] Somit bleibt festzuhalten, dass sich zwei Spitzenfunktionen der Tiroler SPÖ im Zeitraum von 1961 bis 1969 in den Händen von ehemaligen – allerdings sehr unterschiedlich involvierten – Nationalsozialisten, näm-

[332] Ebd., S. 4.

[333] Aussendung des Pressereferats des Stadtmagistrats Innsbruck, a. a. O.

[334] Vgl. Unterlagen zu Ferdinand Obenfeldner, Archiv SPÖ Tirol.

[335] Oberleitner, Politisches Handbuch, a. a. O., S. 33, 34, 212, 216.

lich Karl Kunst (Landesparteivorsitzender) und Ferdinand Obenfeldner (Stellvertretender Landesparteivorsitzender), befanden.

Dem BSA trat Obenfeldner erst relativ spät, im September 1971, bei, was möglicherweise mit den BSA-Aufnahmebestimmungen zu tun hatte[336]: Ursprünglich war für die Aufnahme in den BSA ein abgeschlossenes Studium, später zumindest eine Matura Voraussetzung. Da Obenfeldner als gelernter Kaufmann weder über das eine noch über das andere verfügte, konnte er vermutlich nur über den Umweg seiner herausragenden beruflichen und politischen Erfolge in den BSA geschleust werden. In die Zeit seiner BSA-Mitgliedschaft fiel immerhin auch seine Ernennung zum Hofrat im Dezember 1981. 1985 nahm Obenfeldner Abschied von der Politik. In den Jahren seines Wirkens wurde er mit Ehrungen und Auszeichnungen überhäuft: Neben der Victor-Adler-Plakette, dem Verdienstkreuz und dem Ehrenzeichen des Landes Tirol, dem Goldenen Ehrenzeichen sowie dem Großen Ehrenzeichen für die Verdienste um die Republik Österreich erhielt Obenfeldner auch die Ehrenbürgerschaft der Tiroler Landeshauptstadt. Ein für ihn komponierter Blasorchestermarsch trägt seinen Namen. Anlässlich seines 85. Geburtstages im Jahr 2002 wurde er von der Stadt Innsbruck geehrt.[337]

Mitglieder der Regierung Kreisky

In den siebziger Jahren brachten es ehemalige Nationalsozialisten sogar zu Ministerehren. Die Tatsache, dass Bundeskanzler Dr. Bruno Kreisky in sein erstes Kabinett 1970

336 BSA-Mitgliederkartei, Archiv BSA Wien.
337 Vgl. Unterlagen zu Ferdinand Obenfeldner, Archiv SPÖ Tirol.

gleich vier ehemalige NSDAP-Mitglieder berief[338], zog im In- und Ausland heftige mediale Kritik nach sich. Dessen ungeachtet hielt Kreisky an den umstrittenen Ministern fest. Mit der Positionierung von „Ehemaligen“ in seinem Kabinett verfolgte Kreisky das Ziel, Wählerstimmen aus dem so genannten dritten Lager aus Gründen der Machterhaltung für die SPÖ zu gewinnen.[339] Insgesamt gehörten den Regierungen Kreisky im Zeitraum 1970 bis 1983 sechs ehemalige Nationalsozialisten an[340], von denen drei im BSA organisiert waren: Dipl.-Ing. Dr. Johann Öllinger, Dipl.-Ing. Oskar Weihs und Dipl.-Ing. Günther Haiden.[341]

Johann Öllinger

Der 1914 geborene Johann Öllinger war hinsichtlich seiner NS-Vergangenheit gleich mehrfach belastet: In der so genannten Verbotszeit war er vom Juni 1933 bis Herbst 1937

---

[338] Bei diesen Ministern handelte es sich um Innenminister Otto Rösch, Landwirtschaftsminister Dipl.-Ing. Dr. Johann Öllinger, Bautenminister Josef Moser und Verkehrsminister Erwin Frühbauer.

[339] Vgl. das Kapitel „Kreiskys braune Ernte“ in: Simon Wiesenthal, Recht, nicht Rache. Erinnerungen, S. 354–359.

[340] Bei diesen sechs ehemaligen Nationalsozialisten handelte es sich um folgende Regierungsmitglieder: Otto Rösch (Innenminister: 1970–1977, Verteidigungsminister: 1977–1983), Johann Öllinger (Landwirtschaftsminister: 1970), Oskar Weihs (Landwirtschaftsminister: 1970–1976), Erwin Frühbauer (Verkehrsminister: 1970–1973), Josef Moser (Bautenminister: 1970–1980), Günter Haiden (Staatssekretär im Landwirtschaftsministerium: 1974–1976, Landwirtschaftsminister: 1976–1986).

[341] Vgl. BSA-Mitgliederkartei, Archiv BSA Wien. 1971 wurde auch der oberösterreichische Nationalratsabgeordnete und BSA-Funktionär Dr. Stephan Tull als möglicher Innenminister der Regierung Kreisky II gehandelt. Das Nachrichtenmagazin Profil schrieb damals über den ehemaligen Angehörigen des NS-Studentenbundes: „Zwar weiß man von Dossiers über die NS-Vergangenheit des Wahl-Linzers, aber man weiß mittlerweile auch, dass Enthüllungen dieser Art nur im Ausland übel aufgenommen werden. Außerdem ist Tulls politische Vergangenheit neben der seines Vorgängers Rösch [Anm. d. Verf.: Tull wurde tatsächlich niemals Minister.] schon beinahe lupenrein: er wurde von den Behörden nach 1945 lediglich wegen Zutreiberdiensts für die SS überprüft.“ In: profil, Nr. 2, Februar 1971, S. 12.

Mitglied der SA in Österreich, zuletzt im Rang eines Sturmführers. Seit Dezember 1937 gehörte er der SS an, in der er es bis zum SS-Untersturmführer brachte.[342] Sowohl seine SA- als auch seine SS-Mitgliedschaft qualifizierten ihn nach der österreichischen Gesetzeslage als einen „illegalen Nationalsozialisten", der sich des Verbrechens des Hochverrats schuldig gemacht hatte. Eigenen Angaben zufolge hatte sich Öllinger während seines Landwirtschaftsstudiums an der Hochschule für Bodenkultur in Wien an Terrorakten gegen das Dollfuß- und Schuschnigg-Regime beteiligt. Unmittelbar nach dem „Anschluss" im März 1938 wechselte Öllinger beruflich von der Kärntner Landwirtschaftskammer in die „Landesbauernschaft Südmark", wo er unter anderem im Bereich „Außendienst-Reichsnährstand" tätig war. Im Mai 1938 trat er schließlich der NSDAP bei. Nach 1945 gelang dem Landwirtschaftsexperten Öllinger eine Beamtenkarriere im Amt der Kärntner Landesregierung. 1960 trat er dem BSA-Kärnten bei, wo er dem Fachverband der Ingenieure zugerechnet wurde. Öllinger wurde allerdings niemals SPÖ-Mitglied. So nominierte Bundeskanzler Kreisky den „Parteiunabhängigen" als Landwirtschaftsminister.[343] Als Öllinger wegen seiner SS-Vergangenheit in das Schussfeld der heimischen und internationalen Kritik geriet, stellte sich Kreisky zunächst demonstrativ vor seinen Minister. Da die Kritik an seiner Person nicht verstummen wollte, trat Öllinger schließlich nach einer einmonatigen Amtszeit im Mai 1970 „krankheitshalber" zurück. Zum Nachfolger Öllingers berief Kreisky Dipl.-Ing. Dr. Oskar Weihs, gleichfalls ein BSA-Mitglied und ehemaliger Nationalsozialist.[344]

[342] BDC-Unterlagen zu Johann (Hans) Öllinger, BA Berlin, DÖW R 215.
[343] Bamberger, Österreich-Lexikon, a. a. O., S. 680.
[344] Vgl. Wiesenthal, Recht, a. a. O., S. 357.

Oskar Weihs

Wie sein Vorgänger war auch der 1911 geborene Oskar Weihs ein Absolvent der Hochschule für Bodenkultur. Von 1929 bis 1931 engagierte sich Weihs im Steirischen Heimatschutz, dessen Führer Walter Pfrimer im September 1931 einen Putschversuch unternahm und der später in der NSDAP aufging. Seit 1929 gehörte Weihs auch der deutschnational und antisemitisch ausgerichteten Sängerschaft „Ghibellinen" an. Als 31-Jähriger trat er im August 1932 in die NSDAP ein.[345] Nach dem NS-Juliputsch von 1934 dürfte Weihs seine Beitragszahlungen an die NSDAP eingestellt haben. Dieser Umstand war nach dem März 1938 dafür ausschlaggebend, dass ein Antrag von Weihs auf Wiederaufnahme in die NSDAP von der Reichsleitung der Partei bis zur Aufhebung der damals bestehenden Mitgliedersperre zurückgestellt wurde. 1938 bekleidete er als Agraringenieur die Stellung eines Leiters des Wirtschaftshofes der Wiener Molkerei, gleichzeitig betätigte er sich auch als Amtswalter der NS-Betriebszellen-Organisation des Wiener Molkerei Verbandes.[346] Noch im selben Jahr wurde er kommerzieller Abteilungsleiter im Milch- und Fettwirtschaftsverband „Südmark". Nach Kriegsende schloss sich Weihs der SPÖ und dem BSA Steiermark an.[347] Beruflich avancierte er nach 1945 zum Leiter der wirtschaftspolitischen und statistischen Abteilung sowie zum stellvertretenden Kammeramtsdirektor der Steiermärkischen Kammer für Arbeiter und Angestellte. Von 1949 an war er Zensor der Österreichischen Nationalbank, ab 1956 Konsulent im Milchwirtschaftsfonds. Seit den fünfziger Jahren

[345] BDC-Unterlagen zu Dr. Oskar Weihs, BA Berlin, DÖW R 262.
[346] Ebd.
[347] Vgl. BSA-Mitgliederkartei, Archiv BSA Wien.

war er bereits Mitglied des Landesparteivorstands der SPÖ Steiermark und der steirischen Landesexekutive des Österreichischen Gewerkschaftsbundes (ÖGB). Von 1959 bis 1975 gehörte er als SPÖ-Abgeordneter dem Nationalrat an. Als Landwirtschaftsminister amtierte Oskar Weihs von 1970 bis 1976.[348] Beim Nachfolger von Oskar Weihs handelte es sich wieder um ein BSA-Mitglied mit NS-Vergangenheit, um den seit 1974 im Amt befindlichen Staatssekretär im Bundesministerium für Land- und Forstwirtschaft Dipl.-Ing. Günter Haiden.

Günter Haiden

Haiden wurde im Juni 1926 in Wald am Arlberg geboren. Nach der Volksschule besuchte er die Mittelschule in Bregenz. Den Dokumenten zufolge war er 1944 Mitglied der Hitlerjugend (HJ). Am Tag des Stauffenberg-Attentats auf Hitler, am 20. Juli 1944, trat der erst achtzehnjährige Schüler Haiden in die NSDAP ein und erhielt die NSDAP-Mitgliedsnummer 9.851.575.[349] Nach dem Zusammenbruch des NS-Regimes legte Haiden 1947 die Matura ab und studierte anschließend Forstwissenschaft an der Hochschule für Bodenkultur. Schon während seines Studiums war Haiden Funktionär des Verbands Sozialistischer Studenten Österreichs (VSStÖ). Nach Absolvierung seines Studiums wurde der sozialistische Forstingenieur Sekretär der Gewerkschaft der Privatangestellten in der Sektion Land- und Forstwirtschaft. 1956 übernahm Haiden die Stelle eines Forstingenieurs und Sägeverwalters beim Forstamt Aflenz in der Steiermark. In diesen Zeitabschnitt fiel auch sein Beitritt zum BSA im Jahr

---

[348] Diese personenbezogenen Daten sind der Website des österreichischen Parlaments entnommen: http://www.parlinkom.gv.at (siehe Biografie Oskar Weihs).

[349] Vgl. BDC-Unterlagen zu Günter Haiden, BA Berlin, DÖW 21.414.

1958.[350] Vier Jahre später wurde er zum Zentralsekretär der Gewerkschaft der Arbeiter in der Land- und Forstwirtschaft bestellt. 1972 erfolgte seine Ernennung zum kommerziellen Direktor der Österreichischen Bundesforste, eine Funktion, die ihn 1974 für das Amt des Staatssekretärs im Bundesministerium für Land- und Forstwirtschaft prädestiniert hatte. Hand in Hand mit seinem beruflichen ging sein politischer Aufstieg: Nach seinem BSA-Beitritt war er von 1960 bis 1962 Mitglied des Gemeinderats von Aflenz-Kurort. Nach seiner Übersiedlung nach Wien übte er ab 1964 für zehn Jahre die Funktion eines Bezirksvorsteher-Stellvertreters von Wien-Währing aus. 1975 zog er als Abgeordneter der SPÖ in den Nationalrat ein, dem er bis 1983 angehörte. Die Krönung seines beruflichen und politischen Werdegangs stellte zweifellos seine Berufung als Bundesminister für Land- und Forstwirtschaft durch Bundeskanzler Kreisky dar. Als die SPÖ/FPÖ-Regierung von Bundeskanzler Dr. Fred Sinowatz nach der Wahl Kurt Waldheims zum Bundespräsidenten im Juni 1986 demissionierte, beendete auch Bundesminister Günter Haiden seine Laufbahn.[351]

Bei allen hier vorgestellten Karriereverläufen hat sich gezeigt, dass eine Mitgliedschaft beim BSA für ehemalige Nationalsozialisten eine politische und gesellschaftliche Katalysatorfunktion hatte: Ein Beitritt zum BSA beschleunigte in aller Regel nicht nur den ansonsten mühseligen Prozess der individuellen Entnazifizierung, sondern war auch ein entscheidender Faktor beim Vorantreiben der eigenen beruflichen und politischen Karriere. Gerade der berufliche Einstieg gelang den ehemaligen Nazis nach 1945 häufig erst

[350] BSA-Mitgliederkartei, Archiv BSA Wien.
[351] Die personenbezogenen Daten sind der Website des österreichischen Parlaments entnommen: http://www.parlinkom.gv.at (siehe Biografie Günter Haiden).

durch die Vermittlung der „Jobbörse“ BSA, wobei offenkundig das Ausmaß der NS-Involvierung eine untergeordnete Rolle spielte. Hatten sie einmal beruflich und politisch Fuß gefasst, so diente ihnen der BSA dann eher als Sprungbrett für höhere Karrierestufen. In der Ära Kreisky feierte diese Integration der ehemaligen Nationalsozialisten durch den BSA bzw. die SPÖ ihre nach außen hin größten sichtbaren Erfolge. Vermutlich wäre die politische Dominanz der SPÖ in den siebziger und achtziger Jahren ohne diesen Faktor nicht möglich gewesen.

10. Die Förderung ehemaliger NS-Juristen durch den BSA

Der Akademikermangel war für die Sozialdemokratie nach 1945 vor allem auch in der Berufsgruppe der Juristen spürbar. Dieses Manko hing vor allem damit zusammen, dass die große Gruppe der jüdischen Juristen, in der der Anteil von Sozialdemokraten hoch war, bedingt durch die NS-Verfolgung – Vertreibung und Ermordung – wegfiel. Allein „von den in der Liste der Rechtsanwälte bei der Rechtsanwaltskammer für Wien, Niederösterreich und das Burgenland eingetragenen 2.521 Rechtsanwälten wurde", wie Christian Broda ausführt, „noch im März 1938 nicht weniger als 1.199 Rechtsanwälten, überwiegend aus so genannten ‚rassischen' Gründen, die Ausübung ihres Berufes untersagt."[352]

In den ersten Nachkriegsjahren rief die Vereinigung Sozialistischer Juristen – der Fachverband der Juristen im BSA – dem Parteivorstand der SPÖ wiederholt die Bedeutung, die dieser Berufsgruppe in der Justiz und darüber hinaus in der gesamten staatlichen Verwaltung zukam, in Erinnerung. In ihrem Schreiben an den SPÖ-Parteivorstand vom 19. Juli 1948 beklagten sich die sozialistischen Juristen darüber, dass sie im öffentlichen Dienst offenkundig gegenüber Angehörigen der ÖVP bzw. des CV deutlich benachteiligt waren, und forderten von der SPÖ eine entsprechend gegensteuernde Personalpolitik: „Es zeigt sich aber immer mehr und mehr, dass die Gewinnung neuer Akademiker, die sich zu den sozialistischen Idealen offen bekennen und in unsere Reihen auch nach außen sichtbar eintreten sollen, gewöhnlich daran scheitert, dass damit für den Betreffenden gleichzeitig eine

[352] Christian Broda, 1938–1974: Was ist geblieben? Rede bei der Jahresversammlung des Dokumentationsarchivs des österreichischen Widerstandes am 11. März 1974 in Wien. In: Zeitgeschichte, Heft 8, Mai 1974, S. 183.

Gefährdung und Verschlechterung seiner Beamtenlaufbahn und seiner Behandlung im öffentlichen Dienst verbunden ist. Er wird planmäßig übergangen und zurückgesetzt, und unter den verschiedensten Vorwänden werden ihm Nicht-Sozialisten vorgezogen und er und seine Familie dadurch geschädigt. Man kann von einem Durchschnittsmenschen und Familienerhalter bei nüchterner Überlegung nicht so viel Heroismus und Idealismus verlangen, dass er alle diese für ihn oft vitalen Nachteile in Kauf nimmt und sich unter diesen Umständen offen zu uns bekennt. Daran scheitert letzthin jede Werbung neuer Mitglieder unserer Vereinigung. [...] Umgekehrt werden von der ÖVP die CVer derart unbedingt und planmäßig gefördert, dass sich jeder offen hiezu bekennen kann, weil er keine Nachteile, sondern im Gegenteil nur Vorteile hievon zu erwarten hat. Die Unterstützung der CVer in ihrem Berufsfortkommen zählt zu den fundamentalsten Grundsätzen erfahrungsbewährter ÖVP-Politik. Die Personalpolitik ist die Wurzel der Macht oder Einflusslosigkeit der SPÖ in den einzelnen Ministerien und Ämtern. Es muss daher eine zielbewusstere und energischere Personalpolitik seitens der Parteileitung der SPÖ betrieben werden."[353] Personalpolitische Versäumnisse orteten die sozialistischen Juristen insbesondere im Justizministerium, wobei sie den von der SPÖ nominierten, parteiunabhängigen Justizminister Dr. Josef Gerö sowie dessen Personalreferenten als die Hauptverantwortlichen für diese Misere ausmachten: So wurde argumentiert, dass das Bundesministerium für Justiz zwar zum Personalstand der SPÖ zähle, die in diesem Ministerium betriebene Personalpolitik „aber seit Beginn eher sozialistenfeindlich als sozialistenfreundlich zu nennen" sei. Die Tätigkeit des Personalreferenten lasse den Eindruck aufkommen, „dass es für ei-

[353] Schreiben der Vereinigung Sozialistischer Juristen Österreichs an den SPÖ-Vorstand vom 19. 7. 1948, BSA-Aktenbestand, Archiv VGA Wien.

nen Angehörigen des Justizressorts nicht förderlich ist, wenn nur der Verdacht seiner Zugehörigkeit zur SPÖ oder seiner ideologischen Verbindung mit der sozialistischen Doktrin besteht. Es versteht sich von selbst, dass es persönlich vermieden wird, dies ausdrücklich zu sagen. Es hat sich jedoch gezeigt, dass bei allen Bewerbungen um Stellen in diesem Sektor des öffentlichen Dienstes Schwierigkeiten und Verzögerungen verursacht werden, die offiziell natürlich nicht auf die Parteizugehörigkeit des Sozialisten zurückgeführt werden, die aber so gut wie immer auftreten, wenn der Bewerber als Sozialist bekannt ist."[354] Als besonders markante Diskriminierungsbeispiele wurden von der Vereinigung Sozialistischer Juristen die Fälle Dr. Wilhelm Lahnsteiner und Dr. Theodor Auerbach genannt. Dr. Lahnsteiner war im November 1945 von der amerikanischen Militärregierung mit der provisorischen Leitung des Oberlandesgerichts Linz beauftragt worden. Die Tatsache, dass Lahnsteiner trotz tadelloser Amtsführung auch noch nach drei Jahren nicht definitiv zum Oberlandesgerichtspräsidenten bestellt worden war[355], wurde von den BSA-Juristen auf den Umstand zurückgeführt, dass Lahnsteiner sich offen zur SPÖ bekannte. Ferner wurde von den BSA-Juristen als Skandal empfunden, dass dem Vorschlag des Personalsenats des Obersten Gerichtshofs, den dem BSA und der SPÖ angehörenden Oberlandesgerichtsrat Dr. Auerbach in den Dienst beim Oberlan-

[354] Ebd.

[355] Dr. Wilhelm Lahnsteiner (1890–1962) wurde mit 1. 9. 1945 von der amerikanischen Militärregierung zum provisorischen Leiter des Kreisgerichts Wels bestellt. Am 14. 11. 1945 wurde er vom Kommandanten der amerikanischen Militärregierung mit der Leitung des OLG Linz – neben der Leitung des KG Wels – betraut. Im Jänner 1948 wurde er Präsident des Kreisgerichts Wels und schließlich mit Wirksamkeit vom 1. 1. 1949 Präsident des Oberlandesgerichts Linz. Am 31. 12. 1954 trat der schwer herzkranke OLG-Präsident in den dauernden Ruhestand. Vgl. Kurzbiographie von Dr. Wilhelm Lahnsteiner in: Oberlandesgericht Linz, Ein Beitrag zu seiner Geschichte, Wien 1999, S. 91.

desgericht Wien zu übernehmen, vom Justizminister nicht entsprochen wurde: „Die Folge ist, dass wir keinen einzigen Sozialisten im Oberlandesgericht Wien haben und dass der Berufungssenat in Strafsachen beim OLG Wien sehr scharf ist."[356] Ebenso wenig war es für die BSA-Juristenvereinigung verständlich, warum das Justizministerium trotz notorischen Richtermangels die Bewerbung des aus der Emigration zurückgekehrten sozialistischen Rechtsanwalts Dr. Friedrich Stern um eine Richterstelle im Staatsdienst noch zu dessen Lebzeiten – er starb am 2. Juli 1948 – nicht positiv erledigt habe. In dem Schreiben der BSA-Juristen wurde an zentraler Stelle kritisiert, dass das Justizministerium in Einzelfällen sogar ehemalige NS-Richter sozialistischen Standesvertretern vorziehe: „Aber nicht immer funktioniert das Justizministerium so langsam. So wurden die beiden als Nationalsozialisten zurückgestellt gewesenen Richter Dr. Habek und Dr. Bistritschan dem Oberlandesgericht Wien bereits wieder zur Dienstleistung zugeteilt und der von den Alliierten wegen seiner nationalsozialistischen Belastung durch zwei Jahre außer Dienst gestellt gewesene junge Richter Dr. Serini sofort in das Bundesministerium für Justiz zur Dienstleistung einberufen, in das bekanntlich nur ausgesuchte Richter beordert werden. Es sei hier absolut kein Vorwurf gegen diese Richter erhoben, wohl aber gegen die Art, in welcher das Justizministerium Personalpolitik betreibt und sozialistische Richter offensichtlich weder wohlwollend noch fördernd behandelt, sondern schlechter als ehemalige nationalsozialistische Richter, die sogar außer Dienst gestellt waren."[357] Diese Kritik zielte offensichtlich auf jene ehemaligen NS-Juristen ab, die nicht dem sozialistischen Lager angehörten.

[356] Schreiben der Vereinigung Sozialistischer Juristen Österreichs an den SPÖ-Vorstand vom 19. 7. 1948, BSA-Aktenbestand, Archiv VGA Wien.
[357] Ebd.

Denn tatsächlich entwickelten SPÖ und BSA einen besonderen Ehrgeiz, ehemalige NS-Juristen beim Wiedereinstieg in das Berufsleben zu unterstützen. Im Rahmen eines gegenwärtig am DÖW durchgeführten Forschungsprojekts zum Thema „Zur Nazifizierung der Strafjustiz in Österreich 1938-1945“[358] werden die Personalakten von ca. 1.500 Juristen ausgewertet[359], die im Zeitraum 1938 bis 1945 auf dem Gebiet der „Ostmark“ bzw. der „Alpen- und Donaureichsgaue“ im Dienst des Reichsjustizministeriums standen. In den Personalakten fanden sich auch dezidiert Hinweise[360], dass der BSA bzw. die SPÖ nach 1945 in Einzelfällen massiv Schützenhilfe für ehemalige NS-Juristen leisteten, so u. a. in dem eher harmloseren Fall des Landesgerichtsrats Dr. Johann Diller, in dem sehr ambivalent gelagerten Fall des ehemaligen NS-Staatsanwalts Dr. Josef Neuwirth sowie in dem als problematisch einzustufenden Fall des ehemaligen Ermittlungsrichters beim Volksgerichtshof Dr. Hugo Koban.

---

[358] Dabei handelt es sich um ein vom DÖW (Hon.-Prof. Dr. Wolfgang Neugebauer) in Kooperation mit dem Institut für Kriminalwissenschaften der Philipps-Universität Marburg (Dr. Wolfgang Form) getragenes Forschungsprojekt. An dieser Stelle sei DÖW-Kollegin Dr. Ursula Schwarz für ihre Zusammenarbeit gedankt.

[359] Bei diesen NS-Juristen handelt es sich in ca. 95 Prozent der Fälle um Österreicher, Bestand: BMJ, Personalakten (Namensakten), ÖStA, AdR.

[360] Bis zum Redaktionsschluss (November 2004) konnten in den BMJ-Personalakten in sieben Fällen (Johann Diller, Guido Gaidoschik, Maximilian Grygar, Hugo Koban, Friedrich A. Kranz, Walter Lillich, Josef Neuwirth) Interventionen seitens des BSA (und der SPÖ) sowie in weiteren 16 Fällen Interventionen seitens der SPÖ nachgewiesen werden. (Die in diesen Akten zahlreich aufscheinenden Interventionen von ÖVP-Seite waren nicht Gegenstand unseres Forschungsvorhabens.)
In Bezug auf Dr. Friedrich Nowakowski und Dr. Otto Riedel-Taschner konnte keine BSA-Mitgliedschaft nachgewiesen werden (vgl. Auskunft von Frau Artner, BSA-Mitgliederkartei, BSA Wien). Dr. Friedrich Nowakowski (1914–1987) fungierte in der NS-Zeit als Staatsanwalt beim Sondergericht Wien. Nach 1945 war er ordentlicher Professor für Strafrecht an der Universität Innsbruck und enger Berater von Justizminister Dr. Christian Broda. Am 15. 9. 1965 schrieb Nowakowski an Broda: „Ich darf ausdrücklich erklären, dass ich mich des freundschaftlichen Verhältnisses mit Dir, so viel es mir bedeutet hat, doch öffentlich nie gerühmt habe. Ebensowenig natürlich an einer Beteiligung an Hinrichtungen.“ (Brief Friedrich Nowakowski an Christian Broda, 15. 9. 1965, Handschriften-, Autographen- und Nachlass-Sammlung der ÖNB, Archiv

Johann Diller[361]

Der 1890 in Graz geborene Johann Diller war bereits im Ersten Weltkrieg als Frontkämpfer eingesetzt und in russische Kriegsgefangenschaft geraten. Nach Absolvierung des Studiums der Rechtswissenschaften an der Universität Graz und der Richteramtsprüfung beim Oberlandesgericht Graz begann Diller eine Richterlaufbahn in Graz, Mürzzuschlag und Gleisdorf. 1936 wurde er zum Landesgerichtsrat und Gerichtsvorsteher des Bezirksgerichts Fürstenfeld ernannt. Politisch engagierte sich Diller, der Mitglied der antisemitisch-deutschnationalen Burschenschaft „Allemania" in Graz war, als Parteileitungsmitglied der Großdeutschen Volkspartei in Graz. In seinem Lebenslauf von 1938 betonte Diller, dass er sich stets einer völkischen und arischen Weltanschauung verpflichtet gefühlt habe. 1927 habe er – als Großdeutscher – bei Wahlen bereits die damaligen nationalsozialistischen Listen gewählt, „die meinen Ansichten voll entsprachen". Im März 1934 sei er gezwungenermaßen der Vaterländischen Front

Christian Broda, Mappe III, 136). Nowakowski war als NS-Staatsanwalt an insgesamt mindestens 14 Todesurteilen beteiligt (Profil, Nr. 49, 5. 12. 1978, S. 49). Dr. Otto Riedel-Taschner (geb. 1902) war von 1939 bis 1943 Richter (Landesgerichtsrat) am Oberlandesgericht Wien, wo er u. a. Verfahren gegen ehemalige Widerstandskämpfer leitete und diese zum Tode verurteilte. Nach 1945 wurde Riedel-Taschner Senatsvorsitzender des Landesgerichts für Zivilrechtssachen in Wien. 1966 erließ Riedel-Taschner im Rechtsstreit um die Kronenzeitung auf Antrag des ÖGB (Rechtsvertreter Dr. Wilhelm Rosenzweig) eine einstweilige Verfügung, mit der die bisherigen Geschäftsführer der Kronenzeitung Hans Dichand und Kurt Falk vorübergehend enthoben wurden (Siehe: Helmut Konrad/Manfred Lechner, „Millionenverwechslung": Franz Olah, Die Kronenzeitung, Geheimdienste, Wien–Köln–Weimar 1992, S. 119 f.). Vgl. Personalakten Dr. Friedrich Nowakowski: ÖStA/AdR RJM Friedrich N., ÖStA/AdR BJM-NA Friedrich N., ÖStA/AdR BMJ-Liquidator Friedrich N.; Personalakten Dr. Otto Riedel-Taschner: ÖStA/AdR RJM Otto R.-T., ÖStA/AdR BJM-NA Otto R.-T., ÖStA/AdR BMJ-Liquidator Otto R.-T.

361 Alle Johann Diller betreffenden biographischen Daten sowie Zitate aus Schriftstücken sind – sofern sie nicht durch eine andere Quellenangabe ausgewiesen werden – folgendem Quellenbestand entnommen: Personalakten Dr. Johann Diller: ÖStA/AdR RJM Johann D., ÖStA/AdR BJM-NA Johann D., ÖStA/AdR BMJ-Liquidator Johann D.

beigetreten. Im Frühjahr 1938 stellte er konsequenterweise ein Ansuchen um Aufnahme in die NSDAP, dem tatsächlich am 1. Jänner 1940 Erfolg beschieden war. Darüber hinaus schloss er sich dem NS-Rechtswahrerbund, der NS-Volkswohlfahrt, dem NS-Kriegerbund und dem Reichsluftschutzbund an. Am 1. August 1938 wurde Diller zum Vorsitzenden des Anerbengerichts in Fürstenfeld bestellt.

1947 wurde das ehemalige NSDAP-Mitglied Diller nach dem Verbotsgesetz als „Minderbelasteter" registriert und wegen „Einreihung in die Versehrtenstufe III" – er litt unter einem schweren Augenleiden – von den Sühnefolgen befreit. 1948 wurde Diller in den Personalstand des Bundesministeriums für Justiz der Republik Österreich übernommen und zum Oberlandesgerichtsrat befördert. 1951 bemühte sich Diller offenbar um eine Vorrückung in die nächst höhere Standesgruppe der Richter, wobei er in diesem Zusammenhang die geballte Unterstützung von SPÖ, BSA und SPÖ-Klubobmann Dr. Bruno Pittermann genoss. Den Anfang der Intervention machte die SPÖ-Graz, in ihrem Schreiben an Justizminister Dr. Otto Tschadek vom 31. Mai 1951 hieß es auszugsweise: „Es soll nicht verhehlt werden, dass wir hier den Eindruck haben, dass die Nichtberücksichtigung des Gesuches [...] auf die Tatsache zurückgeht, dass Dr. Diller seit seiner Jugend Sozialist ist und auch jetzt nach 1945 der Sozialistischen Partei angehört. Wir halten es für unerträglich, dass ein sozialistischer Richter immer wieder übergangen wird. [...]" In einem beigefügten Brief an Justizminister Tschadek verwendete sich auch SPÖ-Klubobmann Dr. Bruno Pittermann mit allem Nachdruck für Diller: „Ich wäre Dir verbunden, wenn Du Deine Entscheidung direkt der einschreitenden Organisation übermitteln und mir einen Durchschlag dieses Schreibens senden würdest." Im Juni 1951 erreichte den Justizminister schließlich noch ein

Schreiben, in dem sich die BSA-Bezirksorganisation Graz für Diller einsetzte: „Genannter Genosse ist seit Mai 1945 bei der SPÖ und hat den Anschein, dass ihm aus diesem Grunde Vorrückungsschwierigkeiten bereitet werden. Wir erlauben uns, direkt an Sie, lieber Genosse Dr. Tschadek, heranzutreten, da beim BSA-Treffen in Velden wir beauftragt wurden, für höhere Dienste befähigte Genossen zu melden und außerdem die Vorrückung schon ab 1. Juli 1951 möglich ist."

Wenn Diller bereits im Mai 1945 SPÖ-Mitglied war, dann war er anscheinend nahtlos von der NSDAP in die SPÖ übergetreten. Aus heutiger Sicht mutet es befremdend an, dass die SPÖ-Bezirksorganisation Graz in Bezug auf Dillers Vergangenheit offensichtlich ganz bewusst die Unwahrheit in Kauf nahm, indem sie behauptete, Diller wäre seit seiner Jugend Sozialist gewesen. Diese Unwahrheit wiegt umso schwerer, als es der Grazer SPÖ gar nicht entgangen sein konnte, dass Diller bereits in den zwanziger Jahren in Graz ein engagierter deutschnationaler Burschenschafter und bekannter großdeutscher Lokalpolitiker war.

Josef Neuwirth[362]

Auf Unterstützung seitens des BSA konnte auch der frühere Staatsanwalt und spätere Senatspräsident des Oberlandesgerichts Graz Dr. Josef Neuwirth zählen. Nach dem Studium der Rechtswissenschaften an der Universität Graz und der erfolgreich absolvierten Richterausbildung trat der 1898 in Graz geborene Neuwirth 1925 als Richter beim Bezirksgericht Leoben in den Justizdienst ein. 1927 wechselte er an das Kreisgericht Leoben, wo er seine Karriere 1929 als Staats-

[362] Alle Josef Neuwirth betreffenden biographischen Daten sowie Zitate aus Schriftstücken sind – sofern sie nicht durch eine andere Quellenangabe ausgewiesen werden – folgendem Quellenbestand entnommen: Personalakten Dr. Josef Neuwirth: ÖStA/AdR RJM Josef N., ÖStA/AdR BJM-NA Josef N., ÖStA/AdR BMJ-Liquidator Josef N.

anwalt fortsetzte. Von 1933 bis 1939 war er bei der Staatsanwaltschaft Wien tätig. In seiner Wiener Zeit begann sich Neuwirth, der seit 1934 offiziell der Vaterländischen Front angehörte, illegal für die NS-Bewegung zu betätigen. In einem internen Bericht des Bundesministeriums für Justiz vom Dezember 1949 heißt es dazu: „In dem vom Bundesministerium für Inneres beigeschafften Erfassungsantrag des Dr. Neuwirth vom 2. 6. 1938 hat er angegeben, im Dezember 1936 dem NS-Beamtenbund in Wien beigetreten zu sein und Mitgliedsbeiträge von Dezember 1936 bis Mai 1938 bezahlt, während der Verbotszeit das Winterhilfswerk der NSDAP unterstützt, Flugzettel verteilt zu haben, mit Pg's [= Parteigenossen; Anm. d. Verf.] in und außer dem Amte in Verbindung gestanden zu sein, insbesondere mit illegal tätigen Pg's zu Gunsten inhaftierter Pg's eingeschritten zu sein." Nach Kriegsende begründete Neuwirth seine Sympathie mit der NS-Bewegung damit, dass sein Vater als Sozialist nach 1934 aus dem Verlag „Arbeiterwille" hinausgeworfen worden sei. Neuwirth wurde im Mai 1938 als Mitglied in die NSDAP aufgenommen und bekleidete u. a. auch die Funktion eines Kreisschulungsleiters. Zur selben Zeit fungierte er als provisorischer politischer Leiter bzw. vorläufiger Amtswalter des NS-Beamtenbundes der „Zelle Staatsanwaltschaft Wien I". Im Juli 1939 wurde Neuwirth zum Leiter der Staatsanwaltschaft in Ried im Innkreis befördert. Seine feste Verankerung in der NSDAP erlaubte es Oberstaatsanwalt Neuwirth, 1941 gegen den Willen höherer NSDAP-Dienststellen Ermittlungen gegen Angehörige der SA-Wachmannschaft des „Arbeitserziehungslagers für Arbeitsunwillige" in Weyer bei Braunau am Inn einzuleiten, denen die Misshandlung von Lagerinsassen vorgeworfen wurde. Im Frühjahr 1942 hatten allerdings die Niederschlagungsbemühungen des Gauleiters von Oberdonau August Eigruber Erfolg, das von Neuwirth angestrebte Verfahren musste auf Anordnung des Führers eingestellt werden.[363] Von Oktober 1944 bis Kriegsende leitete Neuwirth auch die Anklagebehörde beim Sondergericht in Linz.

Nach dem Ende der NS-Herrschaft wurde Neuwirth im Juni 1945 vom Liquidator der Einrichtungen des Deutschen Reiches in der Republik Österreich (Justizverwaltung) als „Illegaler" nach den Bestimmungen des Verbotsgesetzes aus dem Justizdienst entlassen. Die Entlassung wurde ebenso von der vom Ministerrat eingesetzten Kommission zur Säuberung von höchsten Staats- und Wirtschaftsstellen von Nazielementen mit sofortiger Wirkung im März 1946 ausgesprochen. Im Februar 1946 wurde der ehemalige NS-Oberstaatsanwalt Neuwirth von der US-Besatzungsmacht im „Camp Marcus W. Orr" in Glasenbach interniert. 1947 wurde Neuwirth als „Minderbelasteter" registriert. 1948 versetzte ihn das Bundesministerium für Justiz in den dauernden Ruhestand, eine Entscheidung, die er u. a. mit einer erfolglosen Beschwerde beim Verwaltungsgerichtshof zu bekämpfen suchte. Prominente Unterstützung erhielt das BSA-, SPÖ- und Gewerkschaftsmitglied Neuwirth von Vizekanzler Dr. Adolf Schärf und vom oberösterreichischen SPÖ-Landesparteivorsitzenden und Linzer Bürgermeister Dr. Ernst Koref, die sich beide im November 1949 mittels Schreiben an das Justizministerium für die berufliche Reaktivierung von Neuwirth einsetzten. Diese Interventionen fanden im internen Bericht des Justizministeriums vom Dezember 1949 ihren lakonischen Niederschlag: „Bemerkt sei, dass Vizekanzler Dr. Schärf und Nationalrat Dr. Koref sich für Dr. Neuwirth interessieren." Im Jänner 1950 wurde bereits

[363] Vgl. Siegwald Ganglmair, NS-Terror. In: DÖW (Hg.), Widerstand und Verfolgung in Oberösterreich 1934–1945, Bd. 2, Wien 1982, S. 455 f.

grundsätzlich die Wiedereinstellung von Neuwirth durch das Justizministerium verfügt, jedoch wurde die Durchführung derselben von der Zustimmung des Bundeskanzleramtes abhängig gemacht, die auf sich warten ließ. Grund für die Verzögerung dürfte der Umstand gewesen sein, dass Neuwirth in einem Verfahren vor dem Volksgericht Linz 1947 die Mitwirkung an der Vollstreckung von zwölf Todesurteilen durch die Staatsanwaltschaft Linz am 30. April 1945 vorgeworfen worden war.[364] Zu diesem Vorwurf nahm Josef Neuwirth am 21. Jänner 1952 in einem Schreiben an den oberösterreichischen Landeshauptmann Dr. Heinrich Gleißner (ÖVP), den er darin um eine entsprechende Intervention im Bundeskanzleramt ersuchte, Stellung: „Nach meinen Informationen dürfte die Verzögerung der Zustimmung ihren Grund darin haben, dass am 30. April 1945 von der Staatsanwaltschaft Linz über Auftrag eines Ministerialrates aus Berlin und des vorgesetzten Generalstaatsanwaltes 12 Todesurteile in Linz vollstreckt wurden, die ein Volksgerichtshofsenat aus Berlin ein halbes Jahr zuvor wegen Hochverrats gefällt hatte. Ich aber war in der Zeit vom 28. April bis 2. Mai 1945 auf einer Dienstreise in Ried im Innkreis und hatte die Leitung der Staatsanwaltschaft Linz einem Stellvertreter übergeben, der die Leitung der Staatsanwaltschaft nach einigen Tagen einem älteren Vorgesetzten, dem Ersten Staatsanwalt Dr. Siroky übergeben musste, der dann noch während meiner Abwesenheit und ohne meine Befragung die Vollstreckungen der Todesurteile durchführte. Ich selbst habe in den letzten Apriltagen Todesurteile selbst bei rein kriminellem Sachverhalt nicht mehr durchgeführt und hätte umso weniger diese Todesurteile vollstrecken lassen.“

[364] Das Verfahren gegen Dr. Josef Neuwirth vor dem Volksgericht Linz (Vg 8e Vr 7971/47) wurde gemäß § 109 StPO eingestellt.

Schon im November 1949 hatte sich der Präsident des Oberlandesgerichts Linz Dr. Wilhelm Lahnsteiner für eine vorläufige Wiederverwendung von Dr. Neuwirth als Richter ausgesprochen. In einem Schreiben an das Justizministerium vom 28. November 1949 stellte Lahnsteiner Neuwirth ein günstiges Zeugnis in Bezug auf dessen NS-Vergangenheit aus: „Dr. Neuwirth hat seine Zugehörigkeit zur NSDAP nie missbraucht und Gehässigkeiten gegen Andersgesinnte nicht begangen. Er ist als Nationalsozialist nicht besonders hervorgetreten und war trotz seiner Zugehörigkeit zur NSDAP als Staatsanwalt immer objektiv. [...] Für Dr. Neuwirth gleich günstig lauten auch die Gendarmerieerhebungen vom 26. 9. 1946. Sie bezeichnen in gleicher Weise Dr. Neuwirth als ‚korrekten, anständigen und streng nach der Vorschrift' handelnden Staatsanwalt, der deshalb mit der Geheimen Staatspolizei dauernd in Konflikt geraten ist."

Mit so viel Rückenwind aus Justiz und Politik begannen die Bemühungen Neuwirths um Wiederaufnahme seines früheren Berufs dann doch zu fruchten: Mit Wirkung vom 31. Juli 1953 reaktivierte das Justizministerium Dr. Josef Neuwirth schließlich als Rat des Landesgerichts für Strafsachen Graz. Im Jahr seines BSA-Beitritts 1954[365] wurde er zum Senatspräsidenten befördert und als solcher 1957 dem Oberlandesgericht Graz zugeteilt.

1959 bewarb sich Neuwirth um eine Richterposition beim Obersten Gerichtshof. Bei diesem Vorhaben erhielt Neuwirth diesmal kräftige Unterstützung seitens der SPÖ- und des BSA-Steiermark. Besonders aktiv standen ihm hier Landeshauptmann-Stellvertreter und SPÖ-Landesparteiobmann Dr. Reinhold Machold sowie SPÖ-Landesrat und BSA-Landesvorstandsmitglied DDr. Alfred Schachner-Blazizek, selbst

[365] Laut Auskunft von Frau Artner, BSA-Mitgliederkartei, BSA Wien.

ein ehemaliges NSDAP- und Förderndes SS-Mitglied[366], zur Seite. In diesem Sinn schrieb Schachner-Blazizek am 18. März 1960 an SPÖ-Justizminister Dr. Otto Tschadek: „Über die Verwendung des Dr. Neuwirth beim Obersten Gerichtshof ist schon im Vorjahr eine ausführliche Korrespondenz zwischen Dir und dem Landesparteiobmann Genossen Dr. Machold gelaufen. Danach war in Aussicht genommen, dass Dr. Neuwirth vorläufig einmal dem Obersten Gerichtshof zugeteilt wird. Da aber Zuteilungen nicht mehr erfolgen, sollte schließlich die nächste Ausschreibung von Dienstposten genützt werden, um ihn dorthin zu bringen." Den Bemühungen von Schachner-Blazizek, der als Funktionär der BSA-Juristen auch für die Personalangelegenheiten dieser Fachgruppe zuständig war, blieb jedoch der Erfolg versagt. Ende 1963 wurde Senatspräsident Dr. Josef Neuwirth pensioniert. Wie bei fast allen ehemaligen Nationalsozialisten üblich, wurde ihm der Zeitraum seines Dienstes als NS-Staatsanwalt vom 13. März 1938 bis 30. April 1945 sowie seiner Außerdienststellung vom 1. Mai 1945 bis 18. August 1948 sowohl für die Vorrückung in höhere Bezüge als auch für die Ruhegenussbemessung angerechnet.

Die gesellschaftlich-politische Integration von Josef Neuwirth ist insgesamt als ambivalent zu beurteilen: Es ist einerseits anzuerkennen, dass er als NS-Staatsanwalt die für die Missstände im „Arbeitserziehungslager" Weyer verantwortlichen SA-Männer vor Gericht stellen wollte. Andererseits kann aber auch nicht über die Tatsache hinweggesehen werden, dass er bereits 1936 als illegaler Vertrauensmann in der Staatsanwaltschaft Wien I tätig war und damit der Nazifizierung der österreichischen Justiz Vorschub leistete.

366 Vgl. BDC-Unterlagen betreffend DDr. Alfred Blazizek, BA Berlin: In den auf Mikrofilm verfilmten Akten der Parteikorrespondenz, PK Film A 371, Bild Nr. 63 ff., ist u. a. die Mitgliedschaft von Alfred Blazizek als „FM SS" verzeichnet.

Hugo Koban[367]

Im Gegensatz zu Johann Diller sind die Interventionen des BSA und der SPÖ für Hugo Koban als äußerst problematisch anzusehen.

Dr. Hugo Koban wurde 1895 als Sohn eines Gefängnismeisters in Graz geboren. Nach dem Gymnasium nahm er als Oberleutnant am Ersten Weltkrieg teil, wobei er sich als Frontkämpfer die silberne und bronzene Tapferkeitsmedaille erwarb. Seit 1920 arbeitete er als Kanzleigehilfe beim Landesgericht Graz und absolvierte nebenher sein Rechtswissenschaftsstudium an der Universität Graz, 1927 wurde er als Richteramtsanwärter übernommen, 1928 zum Richter am Bezirksgericht Judenburg bestellt. 1937 stieg er zum Landesgerichtsrat am Kreisgericht Leoben auf. In politischer Hinsicht handelte es sich bei Koban um einen hartgesottenen Deutschnationalen: Bereits 1919 war er bei einem untersteirischen Bauernkommando aktiv, dem seinen eigenen Angaben nach die „Befreiung deutschen Bodens im unteren Murtale von den Jugoslaven [sic!]" gelungen war. Er gehörte der Großdeutschen Volkspartei, dem deutsch-völkischen Turnverein und dem Steirischen Heimatschutz des Dr. Walter Pfrimer an, politischen Organisationen, die später nahtlos im Nationalsozialismus aufgegangen waren. Tatsächlich war er schon im November 1937 Mitglied der NSDAP, Ortsgruppe Leoben. Vor 1938 betätigte er sich auch in seinem Richteramt für die NS-Bewegung, indem er „größtmögliches Entgegenkommen bei [der] Erfüllung der Wünsche verhafteter N. S. [= Nationalsozialisten; Anm. d. Verf.]" zeigte, den

[367] Alle Hugo Koban betreffenden biographischen Daten sowie Zitate aus Schriftstücken sind – sofern sie nicht durch eine andere Quellenangabe ausgewiesen werden – folgendem Quellenbestand entnommen: Personalakten Dr. Hugo Koban: ÖStA/AdR RJM Hugo K., ÖStA/AdR BJM-NA Hugo K., ÖStA/AdR BMJ-Liquidator Hugo K.

sie vertretenden Rechtsanwälten die vorzeitige Einsichtnahme in die „die N. S. betreffenden Strafakten" gewährte und die NSDAP-Funktionäre rechtzeitig namentlich vor „Konfidenten des Systems" warnte, was – wie er hinzufügte – „in einigen Fällen geschah". Koban gehörte neben der NSDAP auch dem NS-Rechtswahrerbund des Kreises Leoben an. Im Juli 1938 avancierte Landesgerichtsrat Koban zum Ermittlungsrichter beim Volksgerichtshof, einem vom NS-Regime geschaffenen Terrorinstrument.[368] Ende August 1939 wurde der Hauptmann der Reserve Koban in die Wehrmacht eingezogen, seit November 1940 stand er als Kriegsgerichtsrat im Dienst der Wehrmachtsjustiz, zuletzt als Leiter des Feldkriegsgerichts der 718. Infanteriedivision in Bosnien. Für seine militärischen Leistungen erhielt er das Kriegsverdienstkreuz I. und II. Klasse verliehen, im März 1943 wurde er mit dem kroatischen „Orden der Krone des Königs Zvonimir II. Stufe mit Schwertern" ausgezeichnet.

Nach Kriegsende war Landesgerichtsrat Koban vorübergehend Amtsleiter des Bezirksgerichts Gröbming. Am 6. September 1945 wurde er vom Oberlandesgerichtspräsidium Graz wegen Verdachts der Illegalität seines Postens enthoben. Koban legte allerdings Beschwerde gegen seine Amtsenthebung ein, in der er – entgegen seinen eigenen Angaben aus der NS-Zeit – seine illegale Zugehörigkeit zur NSDAP bestritt, und bemühte sich um eine Wiedereinstellung in den Justizdienst. Am 22. Oktober 1945 ließ sich Koban bei der

[368] Von den beim Volksgerichtshof (VGH) insgesamt 2.137 angeklagten ÖsterreicherInnen wurden 1.887 verurteilt, davon erhielten 814 (43,1 %) die Todesstrafe. Vgl. die Forschungsergebnisse des Projekts „Politische NS-Strafjustiz in Österreich und Deutschland", das von den Instituten für Politikwissenschaft und Kriminalwissenschaften der Universität Marburg in Kooperation mit dem DÖW durchgeführt wurde. Siehe dazu: Wolfgang Form, Politische NS-Strafjustiz in Österreich und Deutschland – ein Projektbericht. In: DÖW-Jahrbuch 2001, hg. vom Dokumentationsarchiv des österreichischen Widerstandes (DÖW), Wien 2001, S. 13–34.

Registrierungsbehörde der Bezirkshauptmannschaft Judenburg als bloßer „NSDAP-Parteianwärter"[369] registrieren und stellte gleichzeitig ein Ansuchen um Nachsicht von der Registrierung an die Provisorische Staatsregierung in Wien. In einer schriftlichen Stellungnahme vom 10. Juni 1947 betonte der Grazer Oberlandesgerichtspräsident, dass „mit Rücksicht auf seine bisherige Laufbahn und Leistungen sowie auf seine Verwendung als Ermittlungsrichter für den Volksgerichtshof [...] die Wiederindienststellung des LGR. Dr. Koban nicht wünschenswert" erscheine. Dieser Ansicht folgten aber weder die Sonderkommission erster Instanz beim Oberlandesgericht Graz noch der Liquidator der Einrichtungen des Deutschen Reiches in der Republik Österreich (Justizverwaltung). Beide Institutionen hielten den Tatbestand der Illegalität für nicht erweislich. Von der Registrierungsbehörde bei der Bezirkshauptmannschaft Judenburg erwirkte Koban im August 1947 einen Bescheid, wonach er nicht dem registrierungspflichtigen Personenkreis des NS-Gesetzes angehöre. Der Hauptgrund für diese Entscheidung lag einerseits darin, dass in den vorhandenen Karteiunterlagen der Justizbehörden keine NSDAP-Mitgliedsnummer von Koban vorhanden war und damit seine NSDAP-Mitgliedschaft als nicht erwiesen angesehen wurde. Andererseits gab Koban laut Bescheid der Bezirkshauptmannschaft Judenburg vom13. August 1947 an, dass ihm erst zu einem späteren Zeitpunkt bewusst geworden sei, „dass er im Jahre 1938 nicht um Aufnahme in die NSDAP, sondern lediglich um Aufnahme als Mitglied in den Rechtswahrerbund angesucht habe. Nachdem ihm dies klar geworden war, hätte er sich sofort an den Bürgermeister der Stadt Judenburg gewandt, dass er sich seinerzeit irrtümlich

[369] Tatsächlich erfolgte die Aufnahme Kobans in die NSDAP am 1. 5. 1938 unter der Mitgliedsnummer: 6204949, BDC-Unterlagen zur Dr. Hugo Koban, BDC 3200 (Ortsgruppenkartei der NSDAP), L 0013, BA Berlin.

als Parteianwärter habe registrieren lassen." Das Oberlandesgerichtspräsidium Graz teilte daraufhin dem Justizministerium mit, dass „bei dieser Sachlage [...] für das Oberlandesgerichtspräsidium die wesentlichen Bedenken [entfallen], die zur eingangs angeführten Berichterstattung [...] bezüglich LGR. Dr. Koban Veranlassung gegeben haben."

Im April 1949 wurde der auf solche Art von seiner NS-Vergangenheit weißgewaschene Dr. Hugo Koban, der mittlerweile auch dem BSA beigetreten war[370], wieder als Landesgerichtsrat in den Dienst des Kreisgerichts Leoben gestellt. Als sich Dr. Koban 1951 um die Position des zweiten Vizepräsidenten des Kreisgerichts Leoben bewarb, setzte seitens des BSA eine massive Interventionstätigkeit zu seinen Gunsten ein. So entspann sich eine jahrelange rege Korrespondenz, an der die BSA-Bezirksorganisation Leoben, der BSA-Graz, BSA-Sekretär Wolfgang Baderle, BSA-Präsident Karl Waldbrunner, Vizekanzler Bruno Pittermann und Justizminister Otto Tschadek, also höchste SPÖ-Parteifunktionäre, beteiligt waren. Den Anfang machte ein Schreiben der Bezirksorganisation Leoben an Waldbrunner vom 20. April 1951, in dem dieser gebeten wurde, in der Sache Koban bei Justizminister Tschadek zu intervenieren.[371] Von Seiten des BSA wurde argumentiert, dass die Positionen des Kreisgerichtspräsidenten und des -vizepräsidenten mit zwei Nicht-Sozialisten – einem ÖVP-Mitglied sowie einem ehemaligen Burschenschafter und VdU-Sympathisanten – besetzt seien und deshalb ein sozialistischer Vertrauensmann für die Funktion des zweiten Vizepräsidenten ins Auge gefasst werden sollte. In seinem Antwortbrief an Waldbrunner vom 30. Juli 1951 stellte Jus-

[370] Laut Auskunft von Frau Artner, BSA-Mitgliederkartei (BSA Wien), stieß Dr. Hugo Koban bald nach 1946 zum BSA.

[371] Schreiben der BSA-Bezirksorganisation Leoben an Bundesminister Karl Waldbrunner vom 20. 4. 1951, BSA-Aktebestand 1951, Archiv VGA Wien.

tizminister Tschadek fest, dass sich in dieser Angelegenheit bereits der BSA-Graz an ihn gewandt, aber keine geeignete Person in Vorschlag gebracht hätte.[372] Doch die BSA-Bezirksorganisation Leoben ließ in der Causa Koban nicht locker und schrieb am 25. August 1951 an Tschadek: „In der Zwischenzeit musste allerdings festgestellt werden, dass der Genannte [= Koban; Anm. d. Verf.] nur mit ‚gut' qualifiziert ist, während für die geplante Ernennung die Qualifikation ‚sehr gut' üblicherweise vorausgesetzt ist. Die Bezirksorganisation ist derzeit damit beschäftigt, festzustellen, ob diese Qualifikation infolge der bekannten politischen Einstellung des Genossen Dr. Koban erfolgte bzw. ob interne Möglichkeiten bestehen, diese auf ‚sehr gut' umzuändern."[373]

In einem Brief vom 18. Oktober 1951 begründete die BSA-Bezirksorganisation Leoben dem Justizminister nochmals die Priorität des Falls Koban: „Außerdem würde die Ernennung des Genossen Dr. Koban in Hinkunft dem Personalsenat ein sozialistischer Richter angehören, wodurch sich naturgemäß der Einfluss der Partei in der Gerichtsorganisation nicht unwesentlich verstärken würde. Genosse Dr. Koban war schon lange vor 1934 Mitglied der sozialdemokratischen Partei, gehört dieser auch heute an und ist ein sehr aktives Mitglied des Bundes Sozialistischer Akademiker der Bezirksorganisation Leoben. Die Bezirksorganisation erlaubt sich darauf hinzuweisen, dass Vizekanzler Dr. Schärf über seine politische Einstellung und Verlässlichkeit orientiert ist."[374]

[372] Schreiben von Bundesminister Waldbrunner an Justizminister Dr. Otto Tschadek vom 9. 5. 1951, Schreiben von Justizminister Tschadek an Bundesminister Waldbrunner vom30. 7. 1951, BSA-Aktenbestand 1951, Archiv VGA Wien.

[373] Schreiben der BSA-Bezirksorganisation Leoben an Justizminister Tschadek vom 25. 8. 1951, BSA-Aktenbestand 1951, Archiv VGA Wien.

[374] Schreiben der BSA-Bezirksorganisation Leoben an Justizminister Tschadek vom 18. 10. 1951, BSA-Aktenbestand 1951, Archiv VGA Wien.

In einem Schreiben an BSA-Präsident Waldbrunner stellte der BSA-Leoben am 14. Februar 1952 resignierend fest, dass der mittlerweile zum Oberlandesgerichtsrat beförderte Dr. Hugo Koban vom Justizministerium für die Besetzung des zweiten Vizepräsidenten des Kreisgerichts Leoben nicht in Vorschlag gebracht wurde, obwohl Koban „ein sehr eifriges BSA-Mitglied und Fachgruppenleiter der Fachorganisation Juristen in Leoben ist".[375]

Die Ernennung von Dr. Koban zum Vizepräsidenten des Kreisgerichts Leoben sollte allerdings noch Jahre auf sich warten lassen. Im Juni 1959 kündigte sich eine Änderung in der Haltung des Justizministeriums an, die höchstwahrscheinlich mit der Intervention von Vizekanzler Pittermann zusammenhing. In einem Schreiben vom 1. Juni 1959 an Justizminister Tschadek wies Pittermann nochmals auf die Wünsche des BSA-Leoben hin. Hieß es noch in einer Aktennotiz des Justizministeriums vom 5. Juni 1959: „Die Besetzung des Vizepräsidenten des Kreisgerichts Leoben ist mit OLGR. Dr. Preininger im Zuge. [...] Zu bemerken ist, dass sich Dr. Koban bereits in der 4. StGr. [= Standesgruppe; Anm. d. Verf.] befindet, der zur Besetzung gelangende Vizepräsidentenposten ebenfalls ein Dienstposten der 4. StGr. ist, sodass die Nichtberücksichtigung des Dr. Koban für ihn überhaupt keine praktische Auswirkung hat, zumal ein weiterer Aufstieg des Genannten nicht mehr in Frage kommt, weil er mit Ablauf des Jahres 1960 in den dauernden Ruhestand treten wird."

Tatsächlich wurde Dr. Koban am 14. Juli 1959 zum Vizepräsidenten des Kreisgerichts Leoben ernannt. Mit Ablauf

---

[375] Schreiben der BSA-Bezirksorganisation Leoben an Bundesminister Waldbrunner vom 14. 2. 1952, BSA-Aktenbestand 1952, Archiv VGA Wien.

des Jahres 1960 trat Koban in den dauernden Ruhestand. Mit seinem Ausscheiden aus dem Dienst wurde dem Kreisgerichtsvizepräsidenten Dr. Koban das „Goldene Ehrenzeichen für Verdienste um die Republik Österreich" verliehen. Schon im Vorfeld dieser Auszeichnung würdigte Justizminister Dr. Christian Broda den Kreisgerichtsvizepräsidenten Dr. Koban unter Ausblendung von dessen NS-Vergangenheit am 22. November 1960 folgendermaßen: „[...] Dr. Hugo Koban hat sowohl als Vorsitzender im zivilen Rechtsmittelsenat als auch bei seiner Tätigkeit in der Justizverwaltung Umsicht und organisatorische Fähigkeiten bewiesen. Er gilt als hervorragender Richter und charaktervolle Persönlichkeit mit ausgeprägtem Gerechtigkeitssinn und hoher Berufsauffassung. Dr. Koban genießt bei der rechtsuchenden Bevölkerung hohes Ansehen und erfreut sich großer Beliebtheit bei der Kollegenschaft."

Aus heutiger Sicht stößt das nachhaltige und völlig unkritische Engagement des BSA im Fall des ehemaligen illegalen NSDAP-Mitglieds Dr. Hugo Koban auf beträchtliches Befremden: Koban war auch Ermittlungsrichter beim Volksgerichtshof – „eher eine Behörde zur Vernichtung politischer Gegner als ein Gericht"[376] –, dem in erster Linie die Aburteilung von Landes- und Hochverratsfällen, also von WiderstandskämpferInnen, oblag.[377] Ungeachtet dieser Verstrickung von Koban in das NS-Terrorsystem wurde er massiv von Seiten des BSA gestützt und gefördert, was unseres Ermessens als ein schwerer politisch-moralischer Fehler zu erachten ist. Dieser Fehler seitens des BSA bestand zum Teil auch in dem Versäumnis, die NS-Vergangenheit von Koban

[376] A. Wagner, Die Umgestaltung der Gerichtsverfassung und des Verfahrens- und Richterrechts im nationalsozialistischen Staat. In: Die deutsche Justiz und der Nationalsozialismus, Bd. 1, Stuttgart 1968, S. 193.

[377] Wolfgang Neugebauer, Der NS-Terrorapparat. In: Emmerich Tálos u. a. (Hg.), NS-Herrschaft in Österreich. Ein Handbuch, Wien 2000, S. 735 ff.

und dessen Angaben dazu nicht ausreichend nachgeprüft zu haben. Der Eindruck, dass der BSA an eine solche Überprüfung gar nicht erst gedacht hatte, verfestigt sich durch dessen Bestreben, einem ehemaligen Ermittlungsrichter beim Volksgerichtshof wider besseren Wissens – aus machttaktischen bzw. personalpolitischen Gründen – das Mäntelchen einer sozialdemokratischen Vergangenheit umzuhängen. Es ist als grobe Geschichtsfälschung zu qualifizieren, wenn der BSA-Leoben Dr. Koban als Mitglied der Sozialdemokratischen Arbeiterpartei von vor 1934 ausweist, obwohl dieser in der Ersten Republik nachweislich der Großdeutschen Volkspartei und dem Steirischen Heimatschutz angehörte, also politischen Organisationen, die später vom Nationalsozialismus absorbiert wurden.

Guido Gaidoschik[378]

Der Fall des Bezirksrichters Dr. Guido Gaidoschik ist ein Beispiel dafür, dass politische Interventionen seitens des BSA und der SPÖ nicht automatisch zum Erfolg führen mussten.

Gaidoschik wurde im August 1899 in Voitsberg in der Steiermark geboren. Nach dem Rechtswissenschaftsstudium trat er 1925 als Rechtsanwaltsanwärter in den Justizdienst ein, Ende März 1928 wurde er in den richterlichen Vorbereitungsdienst übernommen. Zunächst war er als Hilfsrichter, ab 1929 als Bezirksrichter am Bezirksgericht Voitsberg tätig. Schon während seines Studiums hatte sich Gaidoschik der NS-Bewegung zugewandt: Von 1922 bis 1929 gehörte

[378] Alle Guido Gaidoschik betreffenden biographischen Daten sowie Zitate aus Schriftstücken sind – sofern sie nicht durch eine andere Quellenangabe ausgewiesen werden – folgendem Quellenbestand entnommen: Personalakten Dr. Guido Gaidoschik: ÖStA/AdR RJM Guido G., ÖStA/AdR BJM-NA Guido G., ÖStA/AdR BMJ-Liquidator Guido G.

er nachgewiesenermaßen sowohl der NSDAP[379] als auch der SA an. Im März 1929 wurde er an das Bezirksgericht Güssing versetzt, an dem er im Februar 1936 zum Gerichtsvorsteher ernannt wurde. Im Zuge einer Disziplinaruntersuchung, in der ihm eine Manipulation mit Amtsgeldern und reichlicher Alkoholkonsum nachgewiesen werden konnte, erfolgte im November 1936 seine Versetzung an das Bezirksgericht Groß Gerungs, wo er gleichfalls als Bezirksrichter und Gerichtsvorsteher wirkte. Bei einer im Oktober 1937 durchgeführten justizinternen Überprüfung wurde Gaidoschik eine „mindere fachliche Eignung" sowie mangelnde Fähigkeiten und Kenntnisse konstatiert. Nach dem „Anschluss" wurde Gaidoschik im Oktober 1938 zum Amtsgerichtsrat ernannt. Im Oktober 1942 wurde er an das Bezirksgericht Kirchberg am Wagram versetzt, eine Versetzung, die für ihn tatsächlich nie wirksam wurde, da er seit Juni 1939 Dienst bei der Wehrmacht versah.

---

379 Nach der „Kundmachung des Reichsstatthalters in Österreich, wodurch die Zweite Durchführungsbestimmung zur Verordnung über die Einführung des Reichsbesoldungsrechts in Österreich vom 7. Februar 1939 bekannt gemacht wird", ÖGBl. Nr. 248/1939, S. 781, war Dr. Guido Gaidoschik als „alter Kämpfer" anzusehen, da er vor dem Verbot der NSDAP in Österreich ordnungsgemäß beigetreten war und bei seiner Wiederaufnahme in die NSDAP im Mai 1938 eine Mitgliedsnummer (6.206.538) aus dem Nummernblock zwischen 6.100.001 und 6.600.000 – der für die „Altparteigenossen" reserviert geblieben war – zugeteilt bekommen hatte. Diese Sichtweise wurde jedenfalls nach 1945 von den österreichischen Volksgerichten geteilt. Vgl. dazu beispielsweise das Urteil des Volksgerichts Salzburg beim LG Linz gegen Dr. Walther Dillersberger, Vg 6 Vr 4329/48, das sich als Abschrift im Personalakt von Dr. Walther Dillersberger befindet: ÖStA/AdR BMJ-NA Walther D.
Das „Verfassungsgesetz vom 16. November 1945 über die Änderung und Ergänzung des Verbotsgesetzes vom 8. Mai 1945, StGBl. Nr. 13 (2. Verbotsgesetznovelle)" betrachtete alle österreichischen NSDAP-Mitglieder mit einer Nummer unter 6.600.000 als „Illegale", die damit nach § 10 VG 1945 das Verbrechen des Hochverrats begangen hatten. Die 2. Verbotsgesetznovelle ging dabei von den Vorschriften aus, die der „Beauftragte des Führers für den Parteiaufbau in Österreich" (Gauleiter Josef Bürckel) nach dem „Anschluss" für die Durchführung des so genannten „Erfassungsverfahrens" in Bezug auf die NSDAP-Mitglieder erlassen hatte. Die NSDAP setzte sich in Österreich nach dem „Anschluss" aus zwei Mitgliedergruppen zusammen: den Personen, die der Partei schon vor dem Verbot am 20. 6. 1933 angehört hatten und ihr in der Verbotszeit treu

Seit Mai 1938 gehörte der „alte Kämpfer" Gaidoschik wieder der NSDAP an[380], war darüber hinaus Träger der Märzmedaille und übte vertretungsweise die Funktion eines Ortsgruppenschulungsleiters der NSDAP aus. Gegen Kriegsende geriet Gaidoschik kurzfristig in US-amerikanische Kriegsgefangenschaft.

Nach seiner Freilassung im November 1945 suchte er beim Präsidium des Oberlandesgerichts Wien (OLG) umgehend um eine Einstellung als Bezirksrichter an. Allerdings wurde Gaidoschik wegen Verdachts der „Illegalität" nicht wieder in den Justizdienst übernommen, nach Erkenntnis der Sonderkommission beim OLG Wien wurde er am 18. Juni 1946 mit einer zwanzigprozentigen Kürzung des Ruhegenusses pensioniert. Da er nicht wieder in den Richterdienst zurückkehren konnte, übte er in Dietmans in der niederösterreichischen Gemeinde Groß Gerungs den Beruf eines Verteidigers in Strafsachen aus. Nach einem Überprüfungsverfahren durch den Liquidator der Einrichtungen des Deutschen Reiches in der Republik Österreich (Justizverwaltung) wurde Gaidoschik mit Erlass des Bundesministeriums für Justiz vom 27 . Jänner 1948 – ohne Anrechnung der nach dem 12. März 1938 geleisteten Dienstzeiten – in den

geblieben waren, und jenen, die sich in der Verbotszeit für sie betätigt hatten. Die erste Gruppe behielt ihre ursprüngliche, von der Reichsleitung ausgegebene Mitgliedsnummer, während für die zweite Gruppe der Nummernblock von 6.100.001 bis 6.600.000 reserviert war. Für die Personen der zweiten Gruppe wurde einheitlich der 1. Mai 1938, der „erste nationale Feiertag des deutschen Volkes im Großdeutschen Reich", festgesetzt. Beide Gruppen wurden als „Altparteigenossen" anerkannt. Vgl. Wolfgang Stadler, „... Juristisch bin ich nicht zu fassen." Die Verfahren des Volksgerichts Wien gegen Richter und Staatsanwälte 1945–1955, Wien 2004, S. 17 ff. u. S. 105 f.; Ludwig Heller/Edwin Loebenstein/Leopold Werner (Hg.), Kommentar zum NS-Gesetz 1947, Bd. 2, Wien 1948, S. 122 ff.; Anordnungen und Verfügungen des Beauftragten des Führers für den Parteiaufbau in der Ostmark, Gauleiter Josef Bürckel, Wien 1939, S. 5 ff.; Wiener Zeitung, Nr. 119, 1. 5. 1938.

[380] Vgl. BDC-Unterlagen zu Dr. Guido Gaidoschik, geb. 13. 8. 1899, Datum der Aufnahme in die NSDAP: 1. 5. 1938, Mitgliedsnummer: 6206538, BDC 3200 (Ortsgruppenkartei der NSDAP), F 0029, BA Berlin.

dauernden Ruhestand versetzt, eine Entscheidung, gegen die Gaidoschik hartnäckig ankämpfte.

Im März 1947 wurde er laut Bescheid der Bezirkshauptmannschaft Zwettl als Registrierungsbehörde als „Minderbelasteter" eingestuft. Aus einem Schreiben des Präsidiums des OLG Wien an das Justizministerium vom 17. Jänner 1948 geht hervor, dass Gaidoschik mittlerweile „günstige Bescheinigungen der drei demokratischen Parteien", also Leumundszeugnisse von SPÖ, ÖVP und KPÖ, vorweisen könne.

Mit Entschließung des Bundespräsidenten vom 2. April 1948 war auch seinem bereits im Oktober 1947 nach Paragraph 27 des Verbotsgesetzes eingereichten Gnadengesuch ein Erfolg beschieden. Darüber hinaus wurde auch sein Ansuchen, ihm die Dienstzeit nach dem 12. März 1938 für die Pensionsbemessung anzurechnen, seitens des Justizministeriums mit Wirkung vom 1. Oktober 1951 wenn auch „widerstrebend", so doch positiv erledigt.

Gaidoschik suchte während dieser Jahre wiederholt um seine dienstliche Reaktivierung an, was aber seitens des Präsidiums des OLG Wien und des Justizministeriums jedesmal negativ beschieden wurde. Die Gründe für diese Ablehnung waren nach Gaidoschik nicht sachlicher, sondern parteipolitischer Natur: „Da mir die SPÖ nie ablehnend gegenüber gestanden ist – im Gegenteil, bei Erreichung der Befreiung von den Sühnefolgen unterstützend zur Seite gestanden ist –, muss ich annehmen, dass ich meine Gegner im Lager der ÖVP suchen muss. [...] Bei meinem letzten Ansuchen wurde ich auch von Amtmann Krammer, [dem] burgenländischen Landtagsabgeordneten der SPÖ in Güssing, durch Intervention bei der Gewerkschaft der Justizangestellten unterstützt."

1951 erhielt Gaidoschik bei seinen Bemühungen um eine Wiederindienststellung Unterstützung von den SPÖ-Bezirksorganisationen Gmünd und Schrems, die in der Sache Gaidoschik beim Justizministerium intervenierten. In einem Schreiben vom 8. Oktober 1951 teilte das Justizministerium der SPÖ-Gmünd mit, dass „an eine Reaktivierung deshalb, weil Dr. Gaidoschik, der [eine] sehr enge Bindung zum Nationalsozialismus hatte, nun seine Zuneigung zum Sozialismus entdeckt hat, [...] wohl kaum zu denken" sei. Im Mai 1951 war Gaidoschik dem BSA beigetreten.[381] In der Folge gelang es ihm, auch den BSA für sein Anliegen zu mobilisieren. So wandte sich BSA-Sekretär Baderle am 8. Juli 1952 mit einigen Interventionsfällen – darunter auch mit jenem von Gaidoschik – an BSA-Präsident Waldbrunner, um eine „konkrete Erledigung durch Genossen Dr. Tschadek" zu verlangen: Ausständig sei – so Baderle – „die Erledigung der Wiedereinstellung des Genossen Dr. Guido Gaidoschik, für den die Landesorganisation Niederösterreich über Ersuchen der Bezirksorganisation Waldviertel schon seit längerer Zeit bemüht ist."[382] Waldbrunner reichte dieses Ersuchen am 15. Juli 1952 weiter an Justizminister Dr. Tschadek[383], der in seinem Antwortschreiben vom 17. Juli 1952 in Bezug auf Dr. Gaidoschik die bisherige Ablehnung untermauerte: „Die Wiedereinstellung des Dr. Geidoschig [sic!] ist leider unmöglich. Es wäre das erste Mal, dass ein Belasteter in den Richterdienst zurückkommt.[384] Dazu kommt, dass die Dienstqualifikation selbst in der Nazizeit eine sehr durchschnittliche war und die abgelegten Prüfungen alle eben noch bestanden

[381] Vgl. BSA-Mitgliederkartei, Archiv BSA Wien.

[382] Schreiben von BSA-Sekretär Baderle an BSA-Präsident und Bundesminister Waldbrunner vom 8. 7. 1952, BSA-Aktenbestand 1952, Archiv VGA Wien.

[383] Schreiben von Bundesminister Waldbrunner an Justizminister Tschadek vom 15. 7. 1952, BSA-Aktenbestand 1952, Archiv VGA Wien.

[384] Hier irrt Justizminister Dr. Otto Tschadek: Laut Bescheid der Bezirkshauptmannschaft Zwettl als Registrierungsbehörde wurde Dr. Gaidoschik Ende 1947 nach den Bestimmungen des Verbotsgesetzes als minderbelastet registriert.

wurden, sodass ein fachlicher Gewinn kaum zu erwarten wäre. In diesem Fall glaube ich eine Wiedereinstellung nicht verantworten zu können."[385] Die BSA-Intervention hatte für Gaidoschik nicht zum erwarteten Erfolg geführt. Schließlich blieb selbst eine Intervention seitens des SPÖ-Vorsitzenden und Vizekanzlers Dr. Adolf Schärf vom November 1952 wirkungslos. Als Gründe für die „übereinstimmende negative Stellungnahme" des Präsidiums des OLG Wien und des Justizministeriums wurden die „enge Bindung des Genannten zum Nationalsozialismus", dessen „mindere fachliche Eignung" und die Ergebnisse des Dienststrafverfahrens von 1936 angeführt. In der Tat erfolgte die Pensionierung Gaidoschiks nach Auffassung des Justizministeriums „weniger wegen seiner verhältnismäßig geringen politischen Belastung" (BMJ, 27. 2. 1951), sondern „mehr wegen der Tatsache [...], dass er ein Schuldenmacher war, der mit Amtsgeldern manipulierte und überdies unterdurchschnittliche Leistungen aufwies" (BMJ, 5. 10. 1951). In seiner ablehnenden Stellungnahme gegenüber dem Wiedereinstellungsgesuch von Gaidoschik vom 27. Februar 1951 hatte das Justizministerium verblüffenderweise ganz uncamoufliert Kritik an der Wiederindienststellung von ehemaligen NS-Juristen geübt, wenn es heißt: „Es wurden bereits in den letzten Jahren unter dem Drucke der bestandenen Personalnot eine unverhältnismäßig große Anzahl mäßiger Kräfte übernommen, dazu kommen [sic!] eine Reihe unterdurchschnittlicher älterer Richter, von denen mancher geradezu eine Verlegenheit bedeutet."

Nachdem Gaidoschik Ende 1952 realisiert hatte, dass seine Pensionierung nun endgültig war und deshalb weitere Interventionen, insbesondere seitens des BSA, nicht mehr zielführend sein konnten, trat er kurzerhand – nach einer knapp

[385] Schreiben von Justizminister Tschadek an Bundesminister Waldbrunner vom 17. 7. 1952, Aktenbestand 1952, Archiv VGA Wien.

zweijährigen Mitgliedschaft – wieder aus dem BSA aus.[386] Wie viele andere ehemalige Nationalsozialisten war Gaidoschik dem BSA offenbar nicht aus politischer Überzeugung, sondern aus Berechnung und Opportunismus beigetreten. Der BSA nahm den Zulauf solcher Mitglieder durchaus bewusst in Kauf, weil er geeignet schien, den eigenen Einfluss- und Machtbereich zu vergrößern.

Dabei wurde seitens des BSA die Verlässlichkeit dieser Mitglieder überschätzt und zu wenig Bedacht auf das Wesen eines Opportunisten genommen, der in aller Regel sein Interesse an einer Organisation gerade dann zu verlieren droht, wenn die Anreize, derentwegen er seinen Beitritt vollzogen hat, in Wegfall geraten. Gaidoschik honorierte jedenfalls das Engagement, das der BSA in seinem Fall nachdrücklich bewiesen hat, nicht und kehrte dem BSA letztlich den Rücken.

Die NS-Richterdiskussion 1965

Die politisch-gesellschaftliche Integration der ehemaligen NS-Juristen lief seit 1947/48 auf vollen Touren. Kritik an dieser Integrationspolitik begann sich von Seiten der Medien erst Anfang der sechziger Jahre vereinzelt zu regen und blieb hauptsächlich auf den Rechtsexperten der Arbeiterkammer Wien und ehemaligen Widerstandskämpfer Dr. Eduard Rabofsky, dessen Bruder Alfred in der NS-Zeit zum Tode verurteilt und hingerichtet worden war, beschränkt. Rabofsky prangerte in einschlägigen Artikeln im Tagebuch und in der Volksstimme die fortgesetzte Tätigkeit vormaliger NS-Staatsanwälte und -Richter an und stellte den sorglosen Umgang der österreichischen Justiz mit ihrer NS-Vergangen-

[386] Vgl. BSA-Mitgliederkartei, Archiv BSA Wien.

heit zur Diskussion.[387] Im Herbst 1965 erreichte die mediale Auseinandersetzung mit diesem Thema eine breitere Öffentlichkeit, als der Journalist Oscar Bronner in zwei Beiträgen der Zeitschrift Forum – „Die Richter sind unter uns" und „Die Richter bleiben unter uns"[388] – die NS-Vergangenheit von führenden österreichischen Justizfunktionären enthüllte und deren Entfernung aus dem Amt anregte. Das in- und ausländische Medienecho auf diese Artikel war beachtlich. So berichtete beispielsweise das Hamburger Nachrichtenmagazin Der Spiegel über die vom Forum losgetretene innerösterreichische Diskussion und veröffentlichte eine Liste mit den Namen prominenter Juristen mit NS-Vergangenheit, die die Spiegel-Redaktion von der Österreichischen Widerstandsbewegung erhalten hatte: „[...] Landesgerichtsrat Dr. Otto Riedel-Taschner, [...] heute Senatsvorsitzender des Landesgerichts für Zivilrechtssachen in Wien. [...] Staatsanwalt [...] Dr. Konrad Zachar, [...] Hofrat des Obersten Gerichtshofes von Österreich. [...] Dr. Friedrich Nowakowski[,] [...] Universitätsprofessor in Innsbruck und Mitschöpfer des neuen österreichischen Strafrechts. [...] Dr. Walter Lillich, heute Senatsrat des Oberlandesgerichtes Wien; Dr. Ernst Hanak, Hofrat und Vizepräsident des Wiener Landesgerichts für Strafsachen; Dr. Oskar Wilmar, Generalanwalt bei der Generalprokuratur (Oberste Anklagebehörde); Dr. Johann

[387] Hier ein Auszug aus der Vielzahl der Artikel von Eduard Rabofsky: Noch viele Rosen für den Staatsanwalt. In: Volksstimme, 1. 10. 1961; Gestern Kriegsgerichtsrat – und heute? In: Volksstimme, 31. 12. 1961; Scharfer Staatsanwalt und milde Richter. In: Volksstimme, 22. 5. 1962; Die verscharrten Toten klagen an. In: Volksstimme, 28. 1. 1962; Wegen ein paar Pappeinlagen. In: Volksstimme, 10. 6. 1962; Unbewältigte Justiz. In: Tagebuch, Nr. 4, April 1962; Die Blutrichter. In: Tagebuch, Nr. 5, Mai 1962. Zit. nach: Eduard Rabofsky, Wider die Restauration im Recht. Ausgewählte Artikel und Aufsätze hg. von Wolfgang Maßl u. a., Wien 1991, S. 21–80.

[388] Oscar Bronner, Die Richter sind unter uns. In: Forum, XII. Jg., 1. Sonderheft, Herbst 1965, S. 1–8; Oscar Bronner, Die Richter bleiben unter uns. In: Forum, XII. Jg., Nr. 143, Nov. 1965, S. 491–494.

Sabaditsch, Senatspräsident am Obersten Gerichtshof; Dr. Richard Spernoga, Hofrat am Obersten Gerichtshof; Dr. Johann Kerschbaum, Hofrat bei der Oberstaatsanwaltschaft Wien; Dr. Walther Hauke, Ministerialrat und Abteilungsleiter in der Personalsektion des Justizministeriums; Dr. Walter Rabe, Senatsvorsitzender des Handelsgerichts Wien; Dr. Wilhelm Gräf, Hofrat am Obersten Gerichtshof."[389]

Oscar Bronner hatte zuvor schon in seinem Forum-Artikel „Die Richter sind unter uns" Dokumente publiziert, die fünf ehemalige österreichische NS-Juristen – Wilmar, Riedel-Taschner, Zachar, Lillich und Hauke – schwer belasteten.[390] In einem weiteren Forum-Beitrag kritisierte Bronner die Untätigkeit von Justizminister Dr. Christian Broda in dieser Angelegenheit und forderte die Entfernung der genannten ehemaligen NS-Richter und -Staatsanwälte, die allesamt Verantwortung an der Herbeiführung von unmenschlichen NS-Todesurteilen trugen. Eine Säuberung der österreichischen Justiz von unerwünschten ehemaligen NS-Juristen war nach Bronners Einschätzung nur über ein vom Nationalrat zu beschließendes Gesetz zu erreichen, wie es etwa der Deutsche Bundestag am 14. Juni 1961 beschlossen hatte.[391] Bei seiner Argumentation berief sich Bronner u. a. auch auf den Staatsvertrag vom 15. Mai 1955, in dem sich Österreich verpflichtet hatte, die „Liquidierung der Überreste des Naziregimes" auch ohne Aufsicht der Alliierten Kommission weiterzuführen.[392] Auf die entscheidende Frage des Forums, „warum bestimmte Richter und Staatsanwälte, die

[389] Vgl.: „Justiz: Leuchtkraft von innen." In: Der Spiegel, Nr. 44/1965, Hamburg 27. 10. 1965.

[390] Vgl. Bronner, Die Richter sind unter uns, a. a. O., S. 1–8.

[391] Bronner, Die Richter bleiben unter uns, a. a. O., S. 491–494.

[392] Ebd., S. 494; Vgl. Art. 9 (Auflösung nazistischer Organisationen), Teil I des Staatsvertrags vom 15. Mai 1955, BGBl. Nr. 152, betreffend die Wiederherstellung eines unabhängigen und demokratischen Österreich.

vor 1945 in der NS-Sondergerichtsbarkeit tätig waren, in der österreichischen Justiz ‚weiter' tätig sein können", antwortete Justizminister Dr. Christian Broda in einem eigenen Forum-Beitrag mit dem bezeichnenden Titel „Die Republik hat den Schlussstrich gezogen. Was 1945 recht war, muss 1965 billig sein"[393], in dem er seine bisherige Haltung in dieser Frage zusammenfasste. Broda argumentierte, dass alle Untersuchungen im Bereich der Justiz abgeschlossen und alle amtierenden Richter und Staatsanwälte bei ihrer Wiedereinstellung von speziellen Entnazifizierungskommissionen überprüft worden seien: „Es bestehen nach der geltenden Rechtslage keine Möglichkeiten, in den Jahren nach 1945 rechtswirksam abgeschlossene dienstrechtliche Verfahren, durch die die Wiedereinstellung von Richtern und Staatsanwälten verfügt wurde, wieder aufzunehmen, soweit im Zeitpunkt der Wiedereinstellung die Umstände der früheren Tätigkeit bekannt oder offenkundig waren. Dies trifft nach den Ergebnissen der Untersuchung, die wir in den letzten Monaten durchgeführt haben, auf sämtliche bisher in der Öffentlichkeit genannten Justizfunktionäre zu."[394] Der Alternative, mittels eines Verfassungsgesetzes rückwirkend die in den Jahren 1945 bis 1949 verfügten Wiedereinstellungen ehemaliger NS-Juristen aufzuheben, konnte oder wollte Broda nichts abgewinnen: „Ein solches rückwirkendes Verfassungsgesetz müsste sich auch gegen Richter und Staatsanwälte richten, die – wie immer ihre Tätigkeit vor 1945 heute beurteilt wird – rund 20 Jahre ihrem Diensteid getreu der Republik Österreich gedient haben, ohne dass ihnen dafür Vorwürfe gemacht werden können. Sie haben ihren vollen Beitrag zum Werk des Wiederaufbaues der 2. Republik Österreich geleistet."

[393] Christian Broda, Die Republik hat den Schlussstrich gezogen. Was 1945 recht war, muss 1965 billig sein. In: Forum, XII. Jg., Nr. 144, Dez. 1965, S. 570–573.
[394] Ebd., S. 572.

Weniger bekannt ist, dass sich Christian Broda im Vorfeld dieser Auseinandersetzung bemüht hatte, die öffentliche Diskussion um die Weiterverwendung von schwer belasteten ehemaligen NS-Juristen im Justizdienst abzuwürgen. Dies geht aus einem Brief des damaligen Generaldirektors des Österreichischen Rundfunks, Josef Scheidl, an Justizminister Broda hervor: „Ihr Schreiben vom 8. 6. 1965 habe ich erhalten [...]. Auch ich bin der Meinung, dass eine Sendung über seit 1945 wieder in Dienst gestellte Justizfunktionäre im Augenblick nicht zweckmäßig erscheint."[395]

Die Haltung des Justizministers zur Frage des Umgangs mit ehemaligen NS-Juristen blieb jedenfalls im In- und Ausland weiterhin umstritten. In der Berichterstattung internationaler Medien war zum Teil von einer veritablen „Justizkrise" bzw. von einem „Justizskandal" die Rede.[396]

Broda war sich der Problematik der Wiederverwendung von ehemaligen belasteten Nationalsozialisten im Dienst der österreichischen Justiz, für die er den ersten Justizminister der Zweiten Republik, den formell parteilosen, aber von der SPÖ nominierten Dr. Josef Gerö verantwortlich machte, durchaus bewusst: „Gerö hat sie gebraucht und geholt; Regierung und Parlament waren einverstanden – kann man sie jetzt wegschieben, weil man sie (vielleicht) nicht mehr braucht?"[397] Als die Österreichische Widerstandsbewegung 1966 vorschlug, dem Ministerrat einen Gesetzesentwurf zu unterbreiten, der die neuerliche Überprüfung ehemaliger

---

[395] Brief von Josef Scheidl an Christian Broda, 9. 6. 1965, Handschriften-, Autographen- und Nachlass-Sammlung der ÖNB, Archiv Christian Broda, Mappe III, 136.

[396] Österreichische Justizbeamte belastet. In: Frankfurter Allgemeine, 13. 10. 1965; Droht in Österreich ein Justiz-Skandal? In: Die Welt, Hamburg, 12. 10. 1965; Österreichs braune Juristen. In: Christ und Welt, Stuttgart, 15. 10. 1965; Skandal in der österreichischen Beamtenschaft. In: La Stampa, Turin, 13. 10. 1965; Wien: Justiz-Skandal? In: Rhein-Zeitung, Koblenz, 15. 10. 1965.

[397] Broda Notizblock über Richteraffäre, Handschriften-, Autographen- und Nachlass-Sammlung der ÖNB, Archiv Christian Broda, Mappe III, 137.

NS-Justizfunktionäre ermöglichen sollte[398], reagierte Broda ablehnend: „Eine Verfolgung nach dem Strafgesetz wäre zwar abgesehen von den Verjährungsbestimmungen theoretisch möglich. Praktisch scheidet jedoch eine solche Verfolgung schon vor allem deshalb aus, weil bei den von der Überprüfungsaktion erfassten Personen die strafgesetzliche Tatbildsmäßigkeit nicht gegeben sein dürfte."[399] Dagegen hatte der Präsident des Obersten Gerichtshofes Heller bereits 1965 anlässlich der medialen Aufdeckungen im Zusammenhang mit der Weiterbeschäftigung von ehemaligen NS-Richtern und -Staatsanwälten gemeint, dass man diese Fälle ohne Durchführung ernsthafter Disziplinarverfahren nicht ad acta legen dürfe.[400] Der Vorschlag der Österreichischen Widerstandsbewegung wurde einer politischen Lösung zugeführt, die die Haltung Christian Brodas in dieser Frage exemplarisch widerspiegelte: „Man ist mit der ÖVP-Fraktion übereingekommen, das Schreiben der Widerstandsbewegung nicht weiter zu erörtern, sondern es so zu behandeln wie alle Einlaufstücke. Das Geschäftsstück solle dem zuständigen Justizressort übermittelt und dort nicht weiter bearbeitet werden. Es wurde sodann in diesem Sinne verfahren."[401]

In seinem Forum-Artikel schloss Christian Broda aus, dass „die vom Forum genannten Justizfunktionäre in ihrer Mehrheit oder überwiegend Mitglieder der SPÖ bzw. des BSA" seien. Allerdings räumte er in einem Fall eine Mitgliedschaft

---

398 Marion Wisinger, Über den Umgang der österreichischen Justiz mit nationalsozialistischen Gewaltverbrechern, Diss. phil., Wien 1991, S. 99.

399 Bericht Christian Brodas an das Bundeskanzleramt, 25. 2. 1966, Handschriften-, Autographen- und Nachlass-Sammlung der ÖNB, Archiv Christian Broda, Mappe III, 136.

400 Wisinger, Umgang der österreichischen Justiz, a. a. O., S. 96.

401 Protokoll Justizminister Broda über Ministerratssitzung, 18. 1. 1966, Handschriften-, Autographen- und Nachlass-Sammlung der ÖNB, Archiv Christian Broda, Mappe III, 136.

beim BSA ein.[402] Bei diesem BSA-Mitglied handelte es sich um Dr. Walter Lillich, den ehemaligen Leiter der Sondergerichtsabteilung der Staatsanwaltschaft beim Landgericht Wien, dessen Wiedereinsetzung als Staatsanwalt nach 1945 zweifellos zu den fragwürdigsten Entscheidungen der Justizgeschichte in der Zweiten Republik zählt.

Walter Lillich[403]

Lillich wurde im April 1908 als Sohn eines Schulrates in Wien geboren. Im oberösterreichischen Freistadt besuchte er die Volksschule beim Orden der Marienbrüder. Danach absolvierte er das Bundesrealgymnasium in Wien-Mödling, wo er mit Auszeichnung maturierte. 1926 begann er das Studium der Rechtswissenschaften an der Universität Wien, das er 1931 mit der Promotion zum Doktor beider Rechte abschloss.[404] Nach dem Studium begann Lillich seine juristische Karriere als Rechtsanwaltsanwärter, Richteramtsanwärter und Hilfsrichter bei den Bezirks-, Kreis- bzw. Landesgerichten Mödling, Wien, Steyr und Baden, wo er nach seiner eigenen Aussage eine „umfassende Ausbildung in der Strafrechtspflege" erhielt. Im Juni 1935 legte Dr. Lillich seine Richteramtsprüfung mit der Note „sehr gut" ab. Vor seiner Ernennung zum Richter im November 1935 war Lillich staatsanwaltschaftlicher Funktionär beim Bezirksgericht Wien-Favoriten, im November desselben Jahres wurde er als Richter an das Landesgericht Linz berufen. Vom Feb-

[402] Broda, Die Republik hat den Schlussstrich gezogen, a. a. O., S. 572.

[403] Alle Walter Lillich betreffenden biographischen Daten sowie Zitate aus Schriftstücken sind – sofern sie nicht durch eine andere Quellenangabe ausgewiesen werden – folgendem Quellenbestand entnommen: Personalakt Dr. Walter Lillich: ÖStA/AdR RJM Walter L.

[404] Vgl. Akten über die Dienstverhältnisse des Dr. Walter Lillich, Personalakt, Pers 1-L-76, OLG Wien.

ruar 1934 bis zum März 1938 gehörte Lillich der Vaterländischen Front an, von 1935 bis 1936 war er auch Mitglied des Heimatschutzes. Nach dem „Anschluss" im März 1938 stellte Lillich einen Antrag auf Mitgliedschaft bei der NSDAP, seit 1. Mai 1938 wurde er als Parteianwärter geführt. Unter der Mitgliedsnummer 8.432.101 wurde er schließlich am 1. Jänner 1941 in die NSDAP aufgenommen. Daneben gehörte Lillich einer Reihe weiterer NS-Organisationen, dem NSKK, dem NSRB, dem RDB und der NSV, an.[405] Im Juli 1938 wurde Lillich zum Ermittlungsrichter beim Volksgerichtshof bestellt, der als zentrales Terrorinstrument zur Verfolgung und Ermordung von NS-Gegnern diente. Als solcher erwarb sich Lillich, wie Generalstaatsanwalt Dr. Stich in einer dienstlichen Beurteilung vom September 1940 festhielt, „eine gute Erfahrung im materiellen und formellen Strafrecht des Altreichs". Im März 1939 wurde Lillich auf eigenen Wunsch zur Staatsanwaltschaft beim Landgericht Wien[406] versetzt, wo er zwischen September 1939 und August 1940 als Sachbearbeiter der Anklagebehörde beim Sondergericht Wien tätig war.[407] Dem an das Landgericht Wien

[405] NSKK= Nationalsozialistisches Kraftfahrkorps; NSRB = Nationalsozialistischer Rechtswahrerbund; RDB= Reichsbund Deutscher Beamter; NSV= Nationalsozialistische Volkswohlfahrt.

[406] Nach der „Verordnung über die Änderung der Bezeichnung von Gerichten im Lande Österreich" vom 2. August 1938 erhielten die bisherigen Landes- und Kreisgerichte die Bezeichnung „Landgerichte", die bisherigen Bezirksgerichte die Bezeichnung „Amtsgerichte". Siehe: RGBl. 1938, I., S. 998. Vgl.: Helfried Pfeifer, Die Ostmark. Eingliederung und Neugestaltung, Wien 1941, S. 227 f.

[407] Mit den Verordnungen vom 20. 11. und 23. 12. 1938 wurden bei den österreichischen Landgerichten die im „Altreich" seit 1933 bestehenden Sondergerichte (SG) eingerichtet. Vgl. Neugebauer, NS-Terrorapparat, a. a. O., S. 735 ff.; Peter Schwarz, NS-Justiz, Todesstrafe und Hinrichtung am Landesgericht Wien unter besonderer Berücksichtigung der zum Tode verurteilten jüdischen Opfer. In: Untersuchungen zur Anatomischen Wissenschaft in Wien 1938–1945. Senatsprojekt der Universität Wien, Wien 1998, S. 101 ff; Herbert Loebenstein, Strafrecht und Strafenpraxis im nationalsozialistischen Staat. In: Ulrike Davy u. a. (Hg.), Nationalsozialismus und Recht. Rechtssetzung und Rechtswissenschaft in Österreich unter der Herrschaft des Nationalsozialismus, Wien 1990, S. 201 ff.

angeschlossenen Sondergericht oblag die massenhafte und beschleunigte Aburteilung der weniger schweren politischen Delikte nach dem Kriegssonderstrafrecht[408], der Kriegswirtschaftsverordnung[409] und dem „Heimtückegesetz“[410]. In die Kompetenz des Sondergerichts fiel ebenso die Ahndung von Rundfunk- und „Volksschädlingsdelikten“ sowie von Verbrechen nach der Gewaltverbrecherverordnung.[411] Prozesse vor dem Sondergericht wurden zunehmend verkürzt und mit summarischen Urteilen geführt, gegen die es – wie beim Volksgerichtshof – für den Angeklagten kein Rechtsmittel gab. Die von den Sondergerichten gefällten Todesur-

[408] Am 17. August 1938 – mehr als ein Jahr vor Kriegsbeginn – wurde die Kriegssonderstrafrechtsverordnung eingeführt. Nach dieser Verordnung wurde Spionage und Freischärlerei, damit war die Partisanentätigkeit gemeint, mit der Todesstrafe bedroht. Paragraph 5 sah diese auch für die so genannte „Zersetzung der Wehrkraft“ vor, die ihrer Bedeutung nach sehr weit gefasst war. Unter Wehrkraftzersetzung wurde die Aufforderung zur Dienstpflichtverweigerung ebenso verstanden wie der öffentliche Versuch, den Willen des deutschen oder verbündeten Volkes zur wehrhaften Selbstbehauptung zu lähmen oder zu zersetzen, oder wie die Aufforderung zur Fahnenflucht, Befehlsverweigerung, Untergrabung der „Manneszucht“ und Selbstverstümmelung. Allein schon die Verbreitung einer Nachricht, die etwa eine schlechte Stimmung in der Bevölkerung widerspiegelte, war verboten und wurde im Extremfall mit dem Tode bestraft. Siehe: RGBl. 1939, I, S. 1455 ff.; Vgl. Schwarz, NS-Justiz, a. a. O., S.98 f.; Loebenstein, Strafrecht und Strafenpraxis, a. a. O., S. 202 f.

[409] Die Kriegswirtschaftsverordnung vom 4. 9. 1939 stellte „kriegsschädliches Verhalten“, wozu auch die so genannten „Schwarzschlachtungen“ zählten, in besonders schweren Fällen unter Androhung der Todesstrafe. Siehe: RGBl. 1939, I, S. 1609; Vgl. Schwarz, NS-Justiz, a. a. O., S. 99; Loebenstein, Strafrecht und Strafenpraxis, a. a. O., S. 202 f.

[410] Das „Gesetz gegen heimtückische Angriffe auf Staat und Partei und zum Schutz der Parteiuniform“ („Heimtückegesetz“) erlangte in Österreich ebenfalls auf dem Verordnungsweg seine Gültigkeit. Dabei handelte es sich um die Strafverfolgung der Beschimpfung oder Verächtlichmachung des Reiches, der Wehrmacht, der Fahnen und Flaggen, der NSDAP, ihrer Gliederungen und ihrer Hoheitsabzeichen. Für die Erfüllung des Tatbestandes genügten in der Praxis oft schon defätistische Äußerungen, das Verbreiten eines Gerüchts, das Erzählen von Witzen über bzw. die Beleidigung von führenden NS-Funktionären, prokommunistische oder prokatholische Äußerungen, das Singen verbotener Lieder oder die Verweigerung des Deutschen Grußes. Siehe: Verordnung vom 23. Jänner 1939, RGBl. 1939, I, S. 80; Vgl. Schwarz, NS-Justiz, a. a. O., S. 99; Loebenstein, Strafrecht und Strafenpraxis, a. a. O., S. 202 f.

[411] Mit Kriegsausbruch wurden die Sonderstrafrechtsvorschriften weiter verschärft: Die „Verordnung über außerordentliche Rundfunkmaßnahmen“ vom 1. 9. 1939 bestraf-

teile standen oftmals in keinem Verhältnis zum Delikt: So wurden Menschen wegen Bagatelldelikten, wie etwa „Feldpostdiebstahl" oder „Diebstahl pelzbesetzter Pappeeinlagesohlen aus einer Winterhilfsspendeaktion", von Staats wegen ermordet.[412] Allein am Sondergericht Wien wurden vom November 1938 bis zum April 1945 rund 15.400 Verfahren geführt.[413]

Im März 1941 wurde Dr. Lillich zum Ersten Staatsanwalt bei der Staatsanwaltschaft St. Pölten ernannt, wo er wiederum für die Sondergerichtsstrafsachen zuständig war. Ende September 1942 kehrte Lillich nach einem kurzen zweimonatigen Dienst bei der Wehrmacht wieder an die Staatsanwaltschaft Wien zurück, wo er zum Leiter der Sondergerichtsabteilung befördert wurde. Als staatsanwaltlicher Abteilungsleiter der Sondergerichtsstrafsachen zeigte er Eigenschaften, die sein Vorgesetzter, Oberstaatsanwalt Dr. Feichtinger, im Jänner 1943 folgendermaßen charakterisierte: „Sein großer Fleiß, sein unverdrossener Arbeitseifer und seine Expedivität sind

te das so genannte „Schwarzhören", das heißt, das absichtliche Abhören ausländischer Rundfunksender. In Verbindung mit der Verbreitung solcher Nachrichtensendungen, die geeignet waren, die Widerstandskraft des deutschen Volkes zu gefährden, konnte die Todesstrafe zur Anwendung kommen. Die „Volksschädlingsverordnung" vom 5. 9. 1939 erlaubte die Verhängung der Todesstrafe in schweren Fällen bei Verbrechen oder Vergehen gegen Leib und Leben oder Eigentum „unter Ausnutzung der zur Abwehr von Fliegergefahr getroffenen Maßnahmen" (Verdunkelung), ferner bei Plünderung in „frei gemachtem Gebiet" (beispielsweise geräumte Gebäude) und bei anderen „gemeingefährlichen Verbrechen", wie beispielsweise bei Brandstiftung. Die „Gewaltverbrecherverordnung" bestimmte die Todesstrafe für alle Gewaltverbrechen, die mit einer Waffe begangen wurden. Siehe: RGBl. 1939, I, S. 1683, S. 1679 u. S. 2378; Vgl. Schwarz, NS-Justiz, a. a. O., S. 99 f.; Loebenstein, Strafrecht und Strafenpraxis, a. a. O., S. 202 f.

412 Vgl. Loebenstein, Strafrecht und Strafenpraxis, a. a. O., S. 202 f; Schwarz, NS-Justiz, a. a. O., S. 98 ff.

413 Von dem beim Sondergericht Wien ca 15.400 eingeleiteten Verfahren sind 9.358 in Wien erhalten. Diese wurden beim Landesgericht Wien nach 1945 neu geordnet und erhielten neue Aktenzahlen (SHv Zahl/1947). Erschlossen sind sie durch drei Namensverzeichnisse, die über die Angeklagten, die Anklageparagraphen und Aktenzahlen Auskunft geben. Quelle: Mitteilung von Dr. Brigitte Rigele, WStLA, an das DÖW vom Dez. 1998.

besonders anerkennenswert. [...] Sein politisches Verhalten ist einwandfrei.“ Als Erster Staatsanwalt des Sondergerichts Wien war Lillich als strenger Staatsanwalt bekannt und allgemein gefürchtet.[414] Lillich zählte zu jenen NS-Justizfunktionären, die – wie Wolfgang Neugebauer schreibt – „‚Fleißaufgaben‘ im Sinne des NS-Regimes durchführten“.[415] So brachte er im Oktober 1942 den polnischen Zwangarbeiter Ladislaus Nowotarski wegen des relativ harmlosen Delikts eines Postdiebstahls zur Anklage vor dem Sondergericht Wien. In seiner Anklageschrift verknüpfte er das Verbrechen des Diebstahls mit den Bestimmungen der Polenstrafrechtsverordnung[416] und der Volksschädlingsverordnung und beantragte für den 27-jährigen Angeklagten die Todesstrafe, die im konkreten Fall keinesfalls ein gesetzliches Muss gewesen wäre.[417] Lillich war offenkundig ein Scharfmacher, fügte er doch in der Anklageschrift eigenhändig hinzu: „Das gesunde Volksempfinden erfordert wegen der besonderen Verwerflichkeit der Straftat die Überschreitung des regelmäßigen

---

414 Eduard Rabofsky, Scharfer Staatsanwalt und milder Minister. In: Rabofsky, Wider die Restauration im Recht, a. a. O., S. 62.

415 Wolfgang Neugebauer, Politische Justiz in Österreich 1934–1945. In: Erika Weinzierl/Karl R. Stadler (Hg.), Justiz und Zeitgeschichte, Wien 1977, S. 192 f. [= Veröffentlichungen des Ludwig-Boltzmann-Instituts für Geschichte der Gesellschaftswissenschaften Salzburg, Bd.1]

416 Nach dem deutschen Überfall auf die Sowjetunion wurde für Polen und Juden aus oder in den eingegliederten Ostgebieten ein eigenes Sonderstrafrecht, die so genannte „Polenstrafrechtsverordnung“ vom 4. 12. 1941, erlassen. In schweren Fällen von deutschfeindlichen Handlungen oder bei Waffenbesitz galt für Polen und Juden die Todesstrafe. Siehe: RGBl. 1941, I, S. 759; Vgl. Schwarz, NS-Justiz, a. a. O., S. 101.

417 Anklageschrift des Oberstaatsanwalts als Leiter der Anklagebehörde beim Landgericht Wien als Sondergericht gegen Ladislaus Nowotarski, geb. 21. 7. 1915, vom 28. 10. 1942, 8 S Js 2661/42, DÖW 19.300/1.

Strafrahmens."[418] Nowotarski hatte aus Postsendungen, die an belgische und französische Kriegsgefangene adressiert waren, einige Zigaretten- und Tabakpäckchen sowie acht Rippen Schokolade und vier Stück Lebkuchen entwendet. Am 14. Dezember 1942 wurde Nowotarski vom Sondergericht Wien zum Tode verurteilt[419] und am 28. Jänner 1943 am Landgericht Wien durch Enthauptung hingerichtet.[420]

In seiner staatsanwaltlichen Tätigkeit trat Lillich aber auch bei zahlreichen Hinrichtungen als „Leiter der Vollstreckungshandlung" in Erscheinung. Nach 1945 antwortete er einmal auf die Frage, warum er in dieser Eigenschaft so viele Hinrichtungsprotokolle unterzeichnet habe, schlicht: „Die anderen konnten eben kein Blut sehen."[421] Als besonders unbarmherzig und unmenschlich erwies sich Lillich im Fall der zum Tode verurteilten Barbara Tremmel. Obwohl sie in der Nacht vor ihrer Hinrichtung in der „Armensünderzelle" einen Selbstmordversuch unternommen hatte, befand Lillich im Hinrichtungsprotokoll: „Es bestehen daher keine Bedenken gegen die Vollstreckung, wenngleich Barbara Tremmel zur Richtstätte getragen werden muss."[422] Es konnte schon mitunter vorkommen, dass Lillich in seiner Funktion als Vollstreckungsleiter bei einem Termin gleich mehreren

---

[418] Der Willkür der „NS-Blutjustiz" war schon mit der 5. Verordnung zur Ergänzung des Kriegssonderstrafrechts vom 5. Mai 1940 Tür und Tor geöffnet, weil darin die „Überschreitung des regelmäßigen Strafrahmens" grundsätzlich erlaubt wurde: Diese Bestimmung gestattete, für jede Straftat alle Strafen einschließlich der Todesstrafe zu verhängen, wenn der regelmäßige Strafrahmen nach „gesundem Volksempfinden" zur Sühne nicht ausreiche. Vgl. Ernst Ritter, Justiz und innere Verwaltung. In: Wolfgang Benz u. a. (Hg.), Enzyklopädie des Nationalsozialismus, München 1997, S. 96.

[419] Todesurteil gegen Ladislaus Nowotarski vom 14. 12. 1942, Sondergericht beim Landgericht Wien, 3. Kammer, 8 SKLs 69/42, DÖW 19.300/1.

[420] Hinrichtungsprotokoll betreffend Ladislaus Nowotarski vom 28. 1. 1943, 8 SKLs 69/42, DÖW 19.300/1.

[421] Justiz: Leuchtkraft von innen. In: Der Spiegel, Nr. 44/1965, Hamburg 27. 10. 1965.

[422] Hinrichtungsprotokoll betreffend Barbara Tremmel vom 14. 3. 1941, 3 SKLs 19/40, DÖW 17.149.

Hinrichtungen beiwohnte. So beispielsweise am Abend des 25. Februar 1944, wo er an zwölf Hinrichtungen mitwirkte.[423] Im Fall des an diesem Tag enthaupteten Friedrich Hedrich erstattete er „durch die Hand des Herrn Oberreichsanwalts beim Volksgerichtshof" die stereotype Meldung „an den Reichsminister der Justiz": „Die Vollstreckung verlief ohne Besonderheiten und dauerte nur wenige Sekunden."[424]

Gegen Kriegsende gelang es Lillich, sich als dienstverpflichteter Kraftfahrer der Schutzpolizei nach Steyr abzusetzen, wo er nach dem Einmarsch der US-Truppen vom US-Militärgeheimdienst CIC (= Counter Intelligence Corps) vorübergehend festgehalten wurde. Um der Gefahr einer eventuellen Internierung in Glasenbach zu entgehen, flüchtete er aus der amerikanischen Besatzungszone nach Kärnten in die Gemeinde Einöde bei Villach. Im Oktober 1946 übersiedelte er nach einem kurzen Aufenthalt im obersteirischen Unzmarkt, wo er in der Landwirtschaft gearbeitet hatte, nach Graz, wo er sich nach den Bestimmungen des Verbotsgesetzes im März 1947 als „Minderbelasteter" registrieren ließ. Bereits im November 1946 war Lillich mit polizeilichem Haftbefehl wegen Verdachts des Verbrechens nach § 3 KVG (= Quälereien und Misshandlungen nach dem Kriegsverbrechergesetz) gesucht worden. Schließlich wurde Lillich am 14. Mai 1947 in Graz festgenommen und nach Wien überstellt, wo die Staatsanwaltschaft beim Volksgericht Wien Ermittlungen gegen ihn einleitete.[425] Nach Durchsicht des Gerichtsaktes von Dr. Li-

[423] Vgl. Liste der am LG Wien Hingerichteten, Strafvollzugsanstalt Wien-Josefstadt; Schachtgräberbuch Gruppe 40, Magistratsabteilung 43 der Stadt Wien; Die Guillotinierten. Namensliste der durch das Fallbeil im Wiener Landesgericht durch die Nazihenker Ermordeten, hg. von der KPÖ.

[424] Vollstreckungsbericht des Todesurteils an Friedrich Hedrich durch den Oberstaatsanwalt beim LG Wien über den Oberreichsanwalt beim Volksgerichtshof an den Reichsminister der Justiz, 25. 2. 1944, VGH 7 J 236/43, DÖW 19.793.

[425] Strafverfahren gegen Dr. Walter Lillich vor dem Volksgericht Wien, LG Wien Vg 2c Vr 4756/47.

llich lässt sich in mehrfacher Hinsicht der Eindruck nicht zerstreuen, dass die Untersuchungen von Seiten der Staatsanwaltschaft mit wenig Interesse, halbherzig und eher dilettantisch durchgeführt wurden. So war das Verfahren gegen Lillich aufgrund einer Anzeige eines Zeugen eingeleitet worden, der ihn indirekt beschuldigte, an die 30 Todesurteile am Sondergericht Wien „unterzeichnet" zu haben. Lillich konnte bei seiner Vernehmung entgegenhalten, dass ein Staatsanwalt prinzipiell keine Todesurteile unterzeichne oder solche fälle.[426] Ferner leugnete er konsequent, dass er dem Volksgerichtshof in irgendeiner Funktion angehört habe.[427] Tatsache ist jedoch, dass er vom Juli 1938 bis zum Jänner 1939 Ermittlungsrichter beim Volksgerichtshof war, wie aus seinem Personalakt beim Reichsjustizministerium hervorgeht. Wegen seiner Tätigkeit für den Volksgerichtshof war er offenbar auch in Steyr vom CIC verhört worden. Ferner behauptete Lillich, als staatsanwaltlicher Leiter beim Sondergericht Wien den Antrag auf Todesurteile „ausschließlich auf schwerkriminelle Fälle [...] bezogen zu haben", eine Aussage, die allein durch das zuvor angeführte Fallbeispiel widerlegt wird. Lillich rühmte sich sogar noch für seine Mitwirkung an der NS-Blutjustiz: „Abschließend bemerke ich, dass die volle Strenge gegen Schwerkriminelle wohl in jeder staatlichen Ordnung Anerkennung finden dürfte."[428] Des Weiteren machte Lillich einige Zeugen namhaft, die ihm bescheinigten, dass er sich für die Begnadigung von Verurteilten eingesetzt habe. Es wäre für die damals ermittelnden Behörden relativ leicht gewesen, anhand der der Justiz zugänglichen Personalakten und Gerichtsunterlagen Lillichs Unwahrheiten sowie Alibi- und Schutzbehauptungen als solche zu entlarven.

---

[426] Einvernahme von Dr. Walter Lillich vom 26. 7. 1947, LG Wien Vg 2c Vr 4756/47.
[427] Einvernahme von Dr. Walter Lillich vom 16. 5. 1947, LG Wien Vg 2c Vr 4756/47.
[428] Ebd.

Tatsächlich wurde das Verfahren gegen Dr. Walter Lillich am 5. Jänner 1948 eingestellt. Für die Zeit seiner Haft vom 14. Mai bis 12. Juli 1947 wurde Lillich die volle Haftentschädigung zuerkannt, obwohl der Staatsanwalt eine solche abgelehnt hatte, da „ein die Verfolgung und Haft begründender Verdacht vorlag, der in der Folge nicht völlig entkräftet wurde."[429] Die Ratskammer des Landesgerichts für Strafsachen Wien hielt es indes für erwiesen, „dass Dr. Walter Lillich Erster Staatsanwalt und Gruppenleiter einer Sondergerichtsabteilung der Staatsanwaltschaft Wien, aber niemals als Staatsanwalt beim Volksgerichtshof Wien[430] tätig war, und er mit dem von den Volksgerichtshofsenaten gefällten Todesurteilen nichts zu tun hatte."[431] Dr. Lillich war nicht Staatsanwalt, sondern Ermittlungsrichter beim Volksgerichtshof gewesen. Seiner Rolle als Erster Staatsanwalt beim Sondergericht Wien maßen die Richter offenbar überhaupt keine Bedeutung bei.

Im April 1948 prüfte eine Kommission des Bundesministeriums für Justiz[432] die NS-Vergangenheit von Dr. Lillich. In ihrem Erkenntnis berief sich die Kommission auf die Ermittlungsergebnisse des bereits erwähnten Volksgerichtsverfahrens, ohne die darin enthaltenen Angaben Lillichs kritisch zu überprüfen. So kam die Kommission nach der Aussage von

---

429 Bericht der Staatsanwaltschaft Wien an den Untersuchungsrichter betreffend Einstellung des Verfahrens gegen Dr. Walter Lillich gemäß § 90 StPO vom 29. 12. 1947, LG Wien Vg 2c Vr 4756/47.

430 Dazu ist zu bemerken, dass es weder einen „Volksgerichtshof Wien" noch einen „Staatsanwalt beim Volksgerichtshof" gab. Der Volksgerichtshof war ein zentraler Gerichtshof mit Sitz in Berlin, dessen Senate fallweise auch an anderen Orten tagten. Der Vertreter der Anklagebehörde beim Volksgerichtshof hieß wiederum Oberreichsanwalt.

431 Beschluss der Ratskammer des LG Wien vom 5. 1. 1948, LG Wien Vg 2c Vr 4756/47.

432 Bei dieser handelte es sich um eine nach § 19 Abs. 2 VG 1947 beim Bundesministerium für Justiz gebildetete Kommission, die über die berufliche Zulassung von minderbelasteten Personen bei der Strafrechtspflege, dem Strafvollzug und bei den freien juristischen Berufen zu entscheiden hatte.

Oberstaatsanwalt Dr. Reitinger zur Feststellung, dass Lillich die Tätigkeit beim Sondergericht Wien „auf ausdrücklichen Auftrag der Generalstaatsanwaltsschaft übernehmen musste" und er mit Todesurteilen „überhaupt nichts zu tun" hatte. Lillich selbst hatte offensichtlich angegeben, dass er schon während seiner Hochschulzeit Mitglied der sozialdemokratischen Partei gewesen wäre. Für Lillich erwiesen sich auch die Aussagen von einigen Zeugen, darunter vom oberösterreichischen SPÖ-Landtagsabgeordneten und späteren BSA-Landesobmann Rechtsanwalt Dr. Franz Zamponi, als günstig. Aufgrund eines kritischen Gutachtens der ehemaligen NSDAP-Kreisleitung V des Reichsgaues Wien vom 27. April 1940 über Dr. Lillich ging die Kommission schlussendlich davon aus, „dass Dr. Lillich eine Verbindung zur Partei nur in dem unumgänglich nötigen Maße angestrebt und sich mit ihrem Ziele nicht identifiziert hat."[433] Ein Blick in die von Lillich als Erster Staatsanwalt beim Sondergericht Wien unterzeichneten Anklageschriften hätte die Kommission wohl eines Besseren belehrt.[434]

Infolge des Kommissionserkenntnisses war es Lillich möglich, von Mai bis Oktober 1948 eine Tätigkeit als Rechtsanwaltanwärter und Strafverteidiger in der Kanzlei eines Grazer Rechtsanwalts aufzunehmen. Anfang Oktober 1948 wurde er mit Einverständnis des Justizministeriums vorerst probeweise in den Dienst des Landesgerichts für Zivilrechtssachen in Graz gestellt und 1949 noch zum Landesgerichtsrat ernannt. 1950 wurde er an das Landesgericht für Zivilrechtssachen in Wien versetzt und 1960 trat der mittlerweile zum Oberlandesgerichtsrat aufgestiegene Dr. Lillich in den Dienst

[433] Erkenntnis der aufgrund des §19, Abs. 2, Verbotsgesetz 1947, beim Bundesministerium für Justiz gebildeten Kommission vom 27. 4. 1948, 4 K 858/47, in: Akten über die Dienstverhältnisse des Dr. Walter Lillich, Personalakt, Pers 1-L-76, OLG Wien.
[434] Einige dieser Anklageschriften sind folgendem Akt entnommen: DÖW 17.149.

des Oberlandesgerichts Wien. Mit 31. Dezember 1973 verabschiedete sich der zum Senatsrat des Oberlandesgerichts Wien avancierte Dr. Walter Lillich in den dauernden Ruhestand.[435]

Bereits Anfang der sechziger Jahre hatte sich eine von den Medien getragene Kritik daran zu regen begonnen, dass der ehemalige NS-Staatsanwalt Lillich in den Dienst der Justiz des demokratischen Österreich übernommen worden war. An dieser Kritik massiv beteiligt war auch der überparteiliche „Bund der Opfer des politischen Freiheitskampfes in Tirol", der sich im Fall Lillich an Justizminister Dr. Christian Broda wandte. Broda, der sich voll hinter seinen Richter und BSA-Freund stellte, antwortete dem Opferbund in einem Schreiben vom 24. Februar 1962, in dem er sich auf das Untersuchungsergebnis der justizinternen Kommission aus dem Jahr 1948 berief: „Auch im Falle des Rates des Oberlandesgerichts Dr. Lillich hat die genannte Kommission entschieden und in ihrem positiven Erkenntnis ausdrücklich festgestellt, dass er mit Todesurteilen in der NS-Zeit nichts zu tun gehabt hat. Zu dem gleichen Ergebnis kam ein aufgrund einer unstichhältigen Anzeige eingeleitetes Strafverfahren wegen des Verdachts des Verbrechens nach § 3 Abs. 3 Kriegsverbrechergesetz. Danach steht fest, dass er mit der Hinrichtung der verurteilten österreichischen Patrioten nichts zu schaffen hatte."[436] Die Kritik an dem ehemaligen NS-Juristen Dr. Lillich vermochte dennoch nicht zu verstummen, zumal der „Österreichischen Widerstandsbewegung" und dem DÖW immer wieder neue Gerichtsakten zur Kenntnis gelangten, die eindeutig widerlegten, dass Lillich nichts mit Todesurtei-

[435] Vgl. Akten über die Dienstverhältnisse des Dr. Walter Lillich, Personalakt, Pers 1-L-76, OLG Wien.

[436] Das Schreiben von Justizminister Dr. Christian Broda ist veröffentlicht in: Bronner, Die Richter sind unter uns, a. a. O., S. 4 ff.

len in der NS-Zeit zu gehabt hätte. Justizminister Broda hatte im Fall Lillich einen Standpunkt bezogen, den er bereits in einem Vortrag auf der Richterwoche 1961 in Weißenbach am Attersee zum Ausdruck gebracht hatte: „Die Pflicht des demokratischen Staates und seiner Repräsentanten ist es, sich jederzeit rückhaltlos vor seine Richter und Staatsanwälte zu stellen, wann immer das notwendig ist."[437] Für Justizminister Broda war in der Causa Lillich endgültig ein Schlussstrich gezogen.

Der Fall Schönpflug – Zamponi

Nicht alle BSA-Funktionäre teilten jedoch die Einstellung des BSA-Funktionärs und Justizministers Dr. Christian Broda in Bezug auf die Behandlung von ehemaligen Nationalsozialisten und NS-Tätern. Der geschäftsführende BSA-Obmann Dr. Wilhelm Rosenzweig legte an diese Frage andere Maßstäbe, wie die BSA-interne Vorgangsweise zeigt, die bezüglich des Umgangs mit dem Fall des NS-Judenmörders Dr. Egon Schönpflug gewählt wurde.

1960 wurde von der Staatsanwaltschaft beim Landesgericht Wels Mordanklage gegen den 1913 geborenen Dr. Egon Schönpflug erhoben. Dem ehemaligen SS-Obersturmführer Schönpflug wurde vorgeworfen, als Angehöriger und Teilkommandoführer des Einsatzkommandos 8 der Einsatzgruppe B der Sicherheitspolizei und des Sicherheitsdienstes (SD) der SS in Minsk, Mogilew und Umgebung an Massenerschießungen von Juden aktiv teilgenommen zu haben. Am 29. Juni 1961 verurteilte ihn das Geschworenengericht am Kreisgericht Wels wegen des Verbrechens des Mordes nach den §§ 134 ff. StG zu einer Strafe von neun Jahren schwe-

437 Zit. nach: Rabofsky, Wider die Restauration im Recht, a. a. O., S. 63.

ren Kerkers, verschärft durch einen Fasttag und ein hartes Lager halbjährlich.[438] In diesem Verfahren war Schönpflug von dem Strafverteidiger Dr. Franz Zamponi, einem prominenten Linzer SPÖ-Politiker, vertreten worden. Zu diesem Zeitpunkt bekleidete Dr. Zamponi gerade die Funktionen eines oberösterreichischen Landtagsabgeordneten und des Landesobmannes des BSA-Oberösterreich.[439]

Als die Staatsanwaltschaft Wels Berufung gegen das Urteil des Geschworenengerichts vom 29. Juni 1961 einlegte[440], sollte wiederum Dr. Zamponi die Interessen seines Mandanten Dr. Egon Schönpflug vertreten. Der geschäftsführende BSA-Obmann Dr. Wilhelm Rosenzweig berichtete in diesem Zusammenhang auf der 8. BSA-Präsidialsitzung vom 20. September 1961, dass „der Bund Sozialistischer Freiheitskämpfer sich schriftlich beschwert hat, dass Dr. Zamponi die Verteidigung von Dr. Schönpflug übernommen hat". Rosenzweig stellte dazu fest, dass „die sozialistischen Rechtsanwälte [...] keine derartigen Vertretungen übernehmen" sollten.[441] Aus dem Protokoll der BSA-Präsidiumssitzung geht auch hervor, dass in dieser Angelegenheit bereits mit der SPÖ-Parteivertretung gesprochen worden war und Dr. Zamponi seine Vertretung in der Zwischenzeit niedergelegt hatte.[442]

---

[438] Urteil vom 29. 6. 1961, KG Wels 11 Vr 767/60; Vgl. Karl Marschall, Volksgerichtsbarkeit und Verfolgung von nationalsozialistischen Gewaltverbrechen in Österreich, 2. Aufl., Wien 1987, S. 178 ff.

[439] Harry Slapnicka, Oberösterreich – Die politische Führungsschicht ab 1945, Linz 1989, S. 328 f.

[440] Das Oberlandesgericht Linz folgte am 18. 10. 1961 der Berufung der Staatsanwaltschaft Wels und änderte das angefochtene Urteil dahingehend ab, dass die über den Angeklagten Dr. Egon Schönpflug verhängte Strafe auf 12 Jahre schweren Kerkers, verschärft durch einen Fasttag und ein hartes Lager vierteljährlich, erhöht wurde. Siehe: Beschluss des OLG Linz 5 Bs 382/61; Vgl. Marschall, Volksgerichtsbarkeit und Verfolgung, a. a. O., S. 179.

[441] Protokoll der 8. BSA-Präsidialsitzung vom 20. 9. 1961, BSA-Präsidiumsprotokolle, Archiv BSA Wien.

[442] Ebd.

Die Haltung Rosenzweigs und die Vorgangsweise des BSA-Präsidiums ist ganz offenkundig ein Beleg dafür, dass es im BSA auch Kräfte gab, für die in der Frage der Auseinandersetzung mit der NS-Vergangenheit noch lange kein Schlussstrich gezogen war.

11. Die Sozialistischen Ärzte und die ehemaligen Nationalsozialisten

Eine Integration ehemaliger Nationalsozialisten innerhalb des BSA fand in größerem Umfang nicht nur beim Fachverband der Juristen, sondern auch bei der Sozialistischen Ärztevereinigung Österreichs statt, die vor allem in den vierziger und fünfziger Jahren zahlreiche ehemalige NS-Ärzte und NS-Medizinstudenten in die eigenen Reihen aufnahm und beruflich zu fördern trachtete.

Schon allein angesichts der antifaschistischen Tradition und spezifischen Geschichte dieser sozialdemokratischen Vereinigung wäre es aus der Sicht der Verfasser unfair und grob fahrlässig, die Rolle des BSA-Ärztefachverbands einseitig auf die NS-Integration zu reduzieren. Denn die BSA-Ärztevereinigung, in der der Anteil von Juden und antifaschistischen Kräften traditionell sehr hoch war, zählt zu den ältesten und bedeutendsten Vorfeldorganisationen der österreichischen Sozialdemokratie. Die Vorläuferorganisation der Sozialistischen Ärztevereinigung, die Vereinigung Sozialdemokratischer Ärzte Wiens[443], wurde 1921 von dem damaligen Dozenten der Kinderheilkunde und späteren sozialdemokratischen Wiener Gemeinderat Dr. Josef Karl Friedjung[444] gegründet. Unter dessen Vorsitz entwickelte

[443] Die Verfasser danken dem Wiener Landessanitätsdirektor a. D. Hofrat Dr. Ermar Junker für die Zurverfügungstellung seiner Archivmaterialien und Manuskripte. Ermar Junker war von 1968 bis 1989 Vorsitzender der Vereinigung der Sozialistischen Ärzte Österreichs. Vgl. Ermar Junker, Ein Blick zurück, Manuskript, Wien 1988, S. 1–8; Ermar Junker, 50 Jahre Sozialdemokratische Ärztevereinigung Österreichs, Manuskript, Wien 1986, S. 1 f.

[444] Österreichisches Biographisches Lexikon 1815–1950, hg. von der Österreichischen Akademie der Wissenschaften, Bd. 1, Graz-Köln 1957, S. 363; Ermar Junker, Doz. Dr. Josef Karl Friedjung; Manuskript, Wien 1986, S. 1–5; Alfred Magaziner, Die Vorkämpfer – Aus der Geschichte der Arbeiterbewegung, Wien-München-Zürich 1979, S. 118–121; Helmut Gröger, Josef K. Friedjung. In: Stadler (Hg.), Vertriebene Vernunft II, a. a. O., S. 819–826; Helmut Gröger, Kinderarzt, Politiker, Psychoanalytiker. Josef

sich die ursprünglich nur 28 Mitglieder zählende Ärztevereinigung, der unter anderem der Individualpsychologe Alfred Adler (1870–1937), der Wiener Anatom und Gesundheitsstadtrat Julius Tandler (1869–1936) und der Nationalratsabgeordnete Wilhelm Ellenbogen (1863–1951) angehörten[445], innerhalb von zehn Jahren zu einer über tausend Mitglieder umfassenden Organisation.[446] Nachdem sich auch in anderen Bundesländern sozialdemokratische Ärztegruppen gebildet hatten, vereinigten sich diese 1932 zur Reichsorganisation der Sozialdemokratischen Ärzte für ganz Österreich, zu deren Vorsitzenden ebenfalls Friedjung gewählt wurde.[447]

Karl Friedjung – ein zu Unrecht vergessener Menschenfreund. In: Arbeiter-Zeitung, 31. 10. 1986; Karl Sablik, Straßennamen – Zeugen berühmter Ärzte: Josef Friedjung. In: APM, Nr. 30, 1. 9. 1977, S. 4 f.

[445] Alfred Adler starb 1937 während einer Vortragsreise in Aberdeen, Schottland. Julius Tandler wurde 1934 als Professor für Anatomie der Universität Wien vom Dollfuß-Regime pensioniert und vorübergehend inhaftiert. Im Februar 1936 nahm er eine Berufung als Berater für Spitalsreformen nach Moskau an, wo er noch im August desselben Jahres starb. Wilhelm Ellenbogen musste 1938 in die USA emigrieren. Nach 1945 wurde Ellenbogen von der SPÖ-Führung nicht nach Österreich zurückgeholt, obgleich er seine Rückkehr angestrebt hatte. Er starb 1951 in New York. Vgl. zu Adler: Bernhard Handlbauer, „Lernt fleißig Englisch!" Die Emigration Alfred Adlers und der Wiener Individualpsychologen. In: Stadler (Hg.), Vertriebene Vernunft II, a. a. O., S. 268–287; Vgl. zu Tandler: Alfred Gisel, Julius Tandler. In: Stadler (Hg.), Vertriebene Vernunft II, a. a. O., S. 815–818; Karl Sablik, Julius Tandler – Mediziner und Sozialreformer. Eine Biographie, Wien 1983; zur Kritik an rassenhygienischen Äußerungen Tandlers siehe: Doris Byer, Rassenhygiene und Wohlfahrtspflege: zur Entstehung eines sozialdemokratischen Machtdispositivs in Österreich bis 1934, Frankfurt/Main-New York 1988; Vgl. zu Ellenbogen: Fritz, Der Kopf des Asiaten Breitner, a. a. O., S. 439 ff.; Sturmthal, Zwei Leben, a. a. O., S. 214 f.

[446] Josef Karl Friedjung zum sechzigsten Geburtstag. In: Arbeiter-Zeitung, 6. 5. 1931, S. 5.

[447] Friedjung wurde am 13. Februar 1934 unter dem falschen Verdacht, Chefarzt des Republikanischen Schutzbundes zu sein verhaftet und nach zweimonatiger Polizeihaft im Anhaltelager Wöllersdorf interniert, aus dem er aber nach ausländischer Intervention bereits im Juni 1934 wieder entlassen wurde. 1938 war Friedjung gezwungen, nach Haifa in Palästina zu emigrieren, wo er sich für das Werk der „Jugendeinwanderung" engagierte und als Kinderarzt und -psychologe unermüdlich die vor dem Nationalsozialismus geretteten Kinder betreute. Auch Friedjung bereitete 1945 seine Rückkehr nach Wien vor. Doch nur drei Monate nach dem Tod seiner Frau erlag er im März 1946 einem Herzinfarkt. Vgl. Junker, Friedjung, a. a. O., S. 4; Gröger, Friedjung, a. a. O., S. 823 f.; Magaziner, Die Vorkämpfer, a. a. O., S. 121.

In der Folge des Bürgerkriegs vom Februar 1934 wurden sämtliche sozialdemokratische Ärzteorganisationen aufgelöst und verboten.[448]

Die Sozialistische Ärztevereinigung Österreichs wurde „schon einige Monate nach Beendigung des Zweiten Weltkrieges" von einem „Häuflein sozialistischer Ärzte, die den Krieg und den Nationalsozialismus überlebt hatten"[449], gegründet; zu ihrem ersten Vorsitzenden wurde im Jänner 1946 Dr. Karl Rom (1902–1963) gewählt. Die sozialistische Ärztevereinigung befand sich 1945 in einer personell und intellektuell geschwächten Position, war doch durch den Nationalsozialismus das große Segment der jüdischen Ärzteschaft nahezu vernichtet worden: Allein in Wien waren von den seit März 1938 in Kraft getretenen antijüdischen Gesetze und Bestimmungen rund 3.200 von insgesamt ca. 4.900 ÄrztInnen betroffen gewesen.[450] Verhaftungen, Plünderungen, „Arisierungen" von Sanatorien, Stiftungen, Arzt- und Kassenpraxen hatten in Wien ein enormes Ausmaß angenommen und innerhalb kurzer Zeit die soziale und ökonomische Existenz der als „Juden" definierten MedizinerInnen zerstört. Nach dem Entzug der Approbation hatte es ab dem 30. September 1938 nur noch „Krankenbehandler" für die verbliebene jüdische Bevölkerung gegeben, deren Zahl sich durch die Vertreibung und Deportationen in Konzentrationslager und Gettos fast auf Null reduziert hatte.[451] Den meisten verfolgten ÄrztInnen war jedoch die Flucht ins Ausland, haupt-

[448] Vgl. Junker, Blick zurück, a. a. O., S 1 f.
[449] Ebd.
[450] Michael Hubenstorf, „Der Wahrheit ins Auge sehen". Die Wiener Medizin und der Nationalsozialismus – 50 Jahre danach, Teil 1. In: Wiener Arzt, Nr. 5, 1995, S. 14 f.
[451] Ebd., S. 15 f.

sächlich in die Vereinigten Staaten (mehr als 2.200) und nach Großbritannien (über 350), gelungen.[452]

Angesichts der Tatsache, dass nach 1945 nur wenige dieser Vertriebenen nach Österreich zurückkehrten, traf der – für den gesamten BSA konstatierbare – Akademikermangel gerade auch auf die sozialistische Ärztevereinigung zu. Auf diesen Umstand kam die sozialistische Ärztevereinigung in einem Schreiben an den SPÖ-Parteivorstand vom 10. März 1946 zu sprechen: „Durch die systematische Ausrottung der jüdischen Kollegen, welche früher die sozialistische Ärzteschaft fast ausschließlich darstellten, ergibt sich für uns heute [...] eine wesentlich andere und schwierigere Situation. Es kann jedoch für die sozialistische Partei nicht gleichgültig sein, in welchem Ausmaße sozialistische Ärzte zur Verfügung stehen werden."[453] In demselben Schreiben wurde insbesondere die Vormachtstellung des CV innerhalb der Ärzteschaft kritisiert und auf die Benachteiligung der sozialistischen Ärzte hingewiesen: „Durch die 11-jährige Ausschaltung der sozialistischen Partei war auch den sozialistischen Ärzten die Ausbildungs- und daher die Aufstiegsmöglichkeit genommen. Daher ist es uns sowieso in den wenigsten Fällen möglich, Bewerber um frei werdende höhere Stellen nominieren zu können. Aber selbst in den wenigen Fällen, wo wir Bewerber haben, werden deren Gesuche ablehnend beurteilt werden, wenn uns die Parteileitung in unseren Bestrebungen nicht

---

452 Michael Hubenstorf, Vertriebene Medizin – Finale des Niedergangs der Wiener Medizinischen Schule? In: Stadler (Hg.), Vertriebene Vernunft II, a. a. O., S. 766–793; Michael Hubenstorf, „Medizin ohne Menschlichkeit". Die Wiener Medizin und der Nationalsozialismus – 50 Jahre danach, Teil 2. In: Wiener Arzt, Nr. 6, 1995, S. 16 ff.; Michael Hubenstorf, Medizinische Fakultät 1938–1945. In: Gernot Heiß u. a. (Hg.), Willfährige Wissenschaft. Die Universität Wien 1938–1945, Wien 1989, S. 233–282.

453 Schreiben der Sozialistischen Ärztevereinigung an den Parteivorstand der sozialistischen Partei vom 10. 3. 1946, gezeichnet Dr. Karl Rom, Dr. Otto Erlsbacher u. Dr. Friedrich Artner, BSA-Korrespondenz mit dem SPÖ-Zentralsekretariat 1946–1953, Archiv VGA Wien.

unterstützt, denn allenthalben nimmt der gegnerische Beamtenapparat gegen uns Stellung." Zentrale Positionen im Sozialministerium, das damals für die Gesundheitsagenden zuständig war, wie etwa die Stelle des Leiters des Volksgesundheitsamtes, sollten nach Auffassung der sozialistischen Ärztevereinigung mit Vertrauensleuten besetzt werden. Die sozialistischen Ärzte forderten deshalb den Parteivorstand auf, „dahin zu wirken, dass diese wichtige Stelle im Ministerium für soziale Verwaltung [gemeint ist die Stelle des Leiters des Volksgesundheitsamtes; Anm. d. Verf.] von einem sozialistischen Arzt besetzt wird bzw. dass ein sozialistischer Arzt so im Ministerium eingebaut wird, dass er Einfluss auf alle ärztlichen Angelegenheiten nehmen kann."[454]

Gerade im Bereich der Stadt Wien zeitigte der Mangel an sozialistischen Ärzten anfänglich erhebliche Auswirkungen, konnte doch die SPÖ-dominierte Stadtverwaltung, der ein entscheidender Einfluss auf die Postenvergabe im Wiener Gesundheits- und Spitalswesen zukam, auf zu wenige geeignete sozialistische Kandidaten zurückgreifen. Um die personellen Lücken in den eigenen Reihen zu schließen, betrieb die Vereinigung sozialistischer Ärzte Österreichs – im Einklang mit den anderen BSA-Fachverbänden – sowohl eine massive Mitgliederwerbung als auch eine nachhaltige Interventionspolitik im Sinn ihrer Klientel, beides mit wachsendem Erfolg. So ist einem Schreiben, das die sozialistische Ärztevereinigung im März 1957 an SPÖ-Zentralsekretär Otto Probst richtete, zu entnehmen, dass sich unter dem Vorsitz von Dr. Marcell Schnardt (1894–1970) „der Mitgliederstand von 331 Ärzten im Jahre 1948 auf 1.033 Ende 1955 erhöht hat".[455]

[454] Ebd.

[455] Schreiben der Sozialistischen Ärztevereinigung Österreichs an den Parteivorstand der SPÖ, zu Handen Zentralsekretär Otto Probst, vom 20. 3. 1957, gez. Prim. Dr. Rudolf Jonas (Vorsitzender) u. Dr. Ermar Junker (Schriftführer), BSA-Korrespondenz mit dem SPÖ-Zentralsekretariat 1954–1967, Archiv VGA Wien.

Seit 1947/48 begannen die BSA-Ärzte, auch ehemaligen NS-Ärzte in ihre Vereinigung aufzunehmen. Bei der Aufnahme in den BSA-Ärztefachverband wurde es den „Ehemaligen" auch nicht sonderlich schwer gemacht. Es wurde weder überprüft, ob die jeweiligen BeitrittskandidatInnen mit dem Nationalsozialismus gebrochen hatten noch ob sie sich zu den Grundwerten des Humanismus, der Demokratie und insbesondere der Sozialdemokratie bekannten. Dr. Kurt Steyrer, der bereits seit 1948 dem Vorstand der BSA-Ärzte angehörte, bestätigte dieses Vorgehen: „Die Frage der Aufnahme von Mitgliedern ist bei uns immer etwas kursorisch gewesen. Da ist im ist im Vorstand gefragt worden: ‚Da ist ein Beitrittsansuchen, kennt jemand den Beitrittskandidaten?' Und wenn zwei Zeugen gesagt haben: ‚Wir kennen den, der ist unbedenklich.' Dann haben wir ihn aufgenommen. Wenn das nicht ganz klar war, war es nur eine bedingte Aufnahme." Nach Steyrer mussten die BeitrittskandidatInnen Angaben zu ihrer Vergangenheit machen und „anhand ihres Lebenslaufs ist natürlich auch mitentschieden worden."[456] Auch in den verschiedenen BSA-Beitrittsformularen wurde bis 1948/49 danach gefragt, ob die KandidatInnen von den Bestimmungen des NS-Gesetzes betroffen waren bzw. der NS-Registrierungspflicht unterlagen. Nach der „Minderbelastetenamnestie" 1948 wurde in den Beitrittsformularen auf diesen Fragenkomplex verzichtet.[457] Allerdings befinden sich im heutigen BSA-Archiv noch einige Dutzend Erklärungen, die im Zeitraum 1949 bis 1952 von Beitrittsansuchenden eidesstattlich unterschrieben werden mussten. Diese Erklärungen trugen folgenden Wortlaut: „Der Gefertigte erklärt

[456] Interview der Verfasser mit Bundesminister a. D. Dr. Kurt Steyrer vom 6. 5. 2004, DÖW.

[457] Vgl. die Muster der verschiedenen Beitrittsformulare des BSA bzw. der Sozialistischen Ärztevereinigung Österreichs von 1947 bis 1955, DÖW.

an Eides statt, dass er nicht dem nach § 17 Abs. 2/NS-Gesetz 1947 registrierungspflichtigen Personenkreis angehört. Unterschrift".[458] Eine strenge Überprüfung, ob die von den Beitrittsansuchenden gemachten Angaben auch der Wahrheit entsprachen, fand jedoch nicht statt. In prominenten oder heiklen Fällen blieb die Entscheidung dem BSA-Vorstand bzw. dem BSA-Präsidium vorbehalten.[459]

Diese Öffnung in Richtung ehemalige Nationalsozialisten überrascht auf den ersten Blick umso mehr, als die sozialistische Ärztevereinigung zu jenen BSA-Fachverbänden zählte, die in den ersten beiden Jahrzehnten ihres Bestehens einen der höchsten Anteile an Antifaschisten – Juden, überlebende KZ-Häftlinge, Widerstandskämpfer, ehemalige Spanienkämpfer sowie Remigranten – aufwies. Die Repräsentanten dieses antifaschistischen Lagers waren auch im Vorstand der BSA-Ärzte führend vertreten. Zur Illustration seien nur einige Namen genannt: Der Begründer der Logotherapie, Univ.-Prof. Dr. Viktor Frankl (1905–1997), überlebte das Ghetto Theresienstadt und die KZ Auschwitz und Dachau-Türkheim; Dr. Rudolf Rosner, überdauerte als zugelassener jüdischer „Krankenbehandler" die NS-Zeit in Wien; Dr. Marcell Schnardt[460] war in der NS-Zeit „Krankenbehandler" im jüdischen Spital der IKG Wien und später des Ältestenrates der Juden in Wien, sein damaliger Vorgesetzter in der jüdischen Krankenbetreuung der IKG Wien war Dr. Emil Tuchmann, der spätere Chefarzt der Wiener Gebietskrankenkasse; Dr. Ella Lingens war ins KZ Auschwitz deportiert worden, weil

[458] Eidesstattliche Erklärungen 1949–1952, Archiv BSA Wien.

[459] Vgl. Sitzungsprotokolle des BSA-Vorstandes und des BSA-Präsidiums aus den fünfziger, sechziger und siebziger Jahren, Archiv BSA Wien.

[460] Prim. OMR Dr. Marcell Schnardt war von 1950–1955 Vorsitzender der Sozailistischen Ärztevereinigung Österreichs.

sie Juden geholfen hatte; Dr. Josef Schneeweiß war ehemaliger Spanienkämpfer und Häftling des KZ Dachau.[461]

Diesem antifaschistischen Flügel kam gerade in den ersten Jahren nach 1946 ein großes politisches Gewicht innerhalb der BSA-Ärzte zu. Der dominierende Einfluss dieser Gruppe zeigte sich auch darin, dass sich der erste Vorsitzende der sozialistischen Ärztevereinigung Dr. Karl Rom[462] gegen eine pauschale Aufnahme von ehemaligen Nationalsozialisten in den BSA aussprach und für eine Differenzierung zwischen „Minderbelasteten", die in den BSA-Ärztefachverband aufgenommen werden sollten, und „Schwerbelasteten", die als „dauernde Gefahr für die Masse des sozialistischen Gedan-

---

461 Vgl. Sammlung von biographischen Unterlagen betr. BSA-Ärzte, Privatarchiv Dr. Ermar Junker; Vgl. Interview der Verfasser mit dem ehemaligen Vorsitzenden der sozialistischen Ärztevereinigung Bundesminister a. D. Dr. Kurt Steyrer vom 6. 5. 2004, DÖW; Vgl. Viktor E. Frankl, Trotzdem Ja zum Leben sagen: ein Psychologe erlebt das Konzentrationslager, München 1977; Ella Lingens, Eine Frau im Konzentrationslager, Wien-Frankfurt-Zürich 1966; Ella Lingens, Gefangene der Angst: ein Leben im Zeichen des Widerstandes, Wien 2003; Schneeweiß, Keine Führer, a. a. O., S. 54–135; eine differenzierte Sicht von Emil Tuchmann findet sich bei: Doron Rabinovici, Instanzen der Ohnmacht. Wien 1938–1945. Der Weg zum Judenrat, Frankfurt/Main 2000, S. 275 ff.

462 Dr. Karl Rom (1902–1963) wurde am 18. 12. 1902 in Oberdeutschau, einer damaligen deutschen Enklave im österreichischen Kronland Krain (im heutigen Slowenien), geboren. Er besucht das Gymnasium in Laibach, 1920 wanderte er nach Österreich aus. 1928 beendete er sein Medizinstudium in Graz, danach war er als Arzt an verschiedenen Krankenhäusern in Kärnten tätig, bis er sich 1938 als praktischer Arzt im zweiten Wiener Gemeindebezirk niederließ. Rom galt ursprünglich als deutschnational. 1938 veröffentlichte er in der Reihe „Auslandsdeutsches Schrifttum" den völkischen Roman Rebellion in der Gottschee (Zürich-Leipzig-Wien 1938), in dem er dem Existenzkampf der Deutschen des Gottscheer Landes ein schriftstellerisches Denkmal setzte. Dr. Rom war in der NS-Zeit Mitglied des NS-Ärztebundes, der NSV und der Reichsärztekammer, aber er gehörte nicht der NSDAP an (Vgl. BDC-Unterlagen zu Dr. Karl Rom, RK, B 178, Film Nr. 1662, BA Berlin). Nach 1945 bekannte sich Rom zur Sozialdemokratie und war noch 1945 Mitbegründer der Sozialistischen Ärztevereinigung Österreichs, deren Vorsitzender er bis 1950 blieb. Von 1945 bis 1962 war Rom Chefarzt der Niederösterreichischen Gebiets- und Landwirtschaftskrankenkasse, von 1946 bis 1948 übte der „begeisterte sozialdemokratische Arzt" (zit. nach Ermar Junker) die Funktion des Vizepräsidenten der Ärztekammer für Wien aus. Obermedizinalrat Dr. Rom starb am 6. 12. 1963 in Wien. Vgl. Sammlung von biographischen Unterlagen betr. BSA-Ärzte, Privatarchiv Dr. Ermar Junker.

kenguts“ nicht integrierbar wären, eintrat.[463] Nachdem die Aufnahme von ehemaligen Nationalsozialisten durch die Beschlüsse des BSA-Bundesausschusses vom 7. Mai 1949 geregelt worden war[464], wurde dieses Thema auch im BSA-Ärztefachverband nicht mehr diskutiert oder offiziell kritisiert. Dies bestätigen auch die beiden ehemaligen Vorsitzenden der sozialistischen Ärztevereinigung Dr. Kurt Steyrer (1963–1968) und Dr. Ermar Junker (1968–1989) im Interview. So führte Kurt Steyrer aus, „dass wir in persönlichen Dingen über manche Personen gesprochen haben [...]. Aber ich glaube kaum, dass es mit den Betroffenen Diskussionen über den Nationalsozialismus gegeben hat.“[465] Ermar Junker konnte sich an Gespräche erinnern, die mehr in die Richtung gingen, „Mitläufer des Naziregimes für die Demokratie zu gewinnen“.[466] Zu Diskussionen oder Gesprächen mit „Ehemaligen“ über die NS-Vergangenheit konnte es freilich auf Funktionärebene kaum kommen, da dem Wiener Vorstand der BSA-Ärzte gar keine ehemaligen Nationalsozialisten angehörten. Letztere strebten in erster Linie ja keine BSA-interne Karriere an, sondern benötigten den BSA als Sprungbrett für ihr berufliches Weiterkommen. Tatsache ist aber auch, dass sich mit der Aufnahme von ehemaligen Nationalsozialisten eine offizielle Auseinandersetzung mit dem Nationalsozialismus als Tabu verfestigte, das regelrecht eine Mauer des Schweigens, Vergessens und Verdrängens zementierte. Diese Tabu wirkte sowohl auf der Seite der Antifaschisten als auch auf Seite der „Ehemaligen“: Die ehemaligen

[463] Protokoll der BSA-Bundesausschusssitzung vom 21. 6. 1947, Archiv BSA Wien.

[464] Protokoll der BSA-Bundesausschusssitzung vom 7. und 8. 5. 1949, Archiv BSA Wien.

[465] Interview der Verfasser mit Bundesminister a. D. Dr. Kurt Steyrer vom 6. 5. 2004, DÖW.

[466] Interview der Verfasser mit Landessanitätsdirektor a. D. Hofrat Dr. Ermar Junker vom 17. 5. 2004, DÖW.

Nationalsozialisten versuchten in aller Regel ihre Vergangenheit zu verbergen oder zu verharmlosen, für sie war ein Schlussstrich unter das Gestern gezogen, eine kritische Hinterfragung ihrer Rolle im Nationalsozialismus empfanden sie als Störung bzw. Gefährdung ihrer beruflichen Ambitionen. Offenbar bestand bei ihnen weder ein Bedürfnis noch eine Notwendigkeit, sich selbstkritisch, reumütig oder offen zur NS-Vergangenheit zu äußern. Für die Gruppe der vormaligen Widerstandskämpfer, KZ-Häftlinge und Remigranten, die wiederum als eine politisch-gesellschaftliche Minderheit in dem von der „Kriegsgeneration" geprägten Nachkriegsösterreich selbst um Anerkennung und Integration bemüht war, hätte das Thematisieren der NS-Vergangenheit von neuen BSA-Mitgliedern bedeutet, persönliche Unannehmlichkeiten mit den Betroffenen und darüber hinaus eventuell politische Anfeindungen und Animositäten von Seiten der BSA- oder Parteiführung in Kauf nehmen zu müssen, die möglicherweise genauso auf die Beeinträchtigung der beruflichen Existenz hinausgelaufen wären. Vor dem Hintergrund dieses Tabus schien die Integration ehemaliger NS-Ärzte in den BSA nicht gefährdet.

Um Umfang und Ausmaß der NS-Integration durch den BSA anhand einer überschau- und begrenzbaren Personengruppe repräsentativ darstellen zu können, haben wir für den wichtigen Bereich der Wiener BSA-Ärztinnen und -Ärzte eine Stichprobe erarbeitet, die im Folgenden näher dargelegt wird:

Die Grundlage für diese Stichprobe bildeten die aus den im BSA-Archiv vorhandenen Beitrittsansuchen entnommenen Namen und wichtigsten Eckdaten (Geburtsdatum, Titel, Beruf, BSA-Beitrittsdatum etc.) von insgesamt 1.388 BSA-ÄrztInnen (der Jahrgänge bis inkl. 1927) des Wiener Fachverbandes. Die Feststellung einer eventuellen Zugehörigkeit der erfassten ÄrztInnen zu einer NS-Organisation konnte mit Hilfe der Beitrittsformulare nur zu einem geringen Teil erfolgen, da in diesen Formularen[467] in aller Regel lediglich bis 1948/49 danach gefragt wurde, ob die jeweiligen BeitrittskandidatInnen von den Bestimmungen des NS-Gesetzes bzw. von der Registrierungspflicht betroffen waren.[468] Aus diesem Grund mussten die BSA-Daten mit bereits am DÖW verfügbaren NS-Registrierungslisten und zum Teil auch mit den im Archiv der Republik (ÖStA) vorhandenen NSDAP-Gauakten[469] abgeglichen und überarbeitet werden.[470] Bei diesem Datenvergleich stellte sich sehr bald heraus, dass zu Recht Skepsis gegenüber den Selbstangaben der BSA-Beitrittskandidaten hinsichtlich ihrer NS-Vergangenheit angebracht war: Allein in 46 Fällen fanden

[467] Vgl. die Muster der verschiedenen Beitrittsformulare des BSA bzw. der Sozialistischen Ärztevereinigung Österreichs von 1947 bis 1955, DÖW.

[468] Dass spätestens 1949 bei der Aufnahme von neuen Mitgliedern in den BSA nicht mehr automatisch eine eventuelle frühere Zugehörigkeit zu einer NS-Organisation erhoben wurde, erklärt sich vor allem durch die geänderten politischen Rahmenbedingungen: Vor dem Hintergrund der „Minderbelasteten-Amnestie“ von 1948 und dem einsetzenden gesamtgesellschaftlichen Bemühen um die Reintegration der ehemaligen Nationalsozialisten empfand der BSA bei seiner offensiven Zielgruppenwerbung die Frage nach früheren NS-Mitgliedschaften offensichtlich nur noch als störend bzw. kontraproduktiv.

[469] Von dem Gesamtsample der 1.388 Personen wurde von unserer Seite in 551 Fällen beim Österreichischen Staatsarchiv um die Einsichtnahme in die entsprechenden NSDAP-Gauakten angesucht. In 122 Fällen waren tatsächlich Gaukten vorhanden, die für unsere Stichprobe ausgewertet werden konnten. Für die Genehmigung zur Einsichtnahme in den Bestand der Gauakten bedanken wir uns bei Herrn OR Dr. Rudolf Jeřábek vom AdR/ÖStA, für die Durchführung der Recherchen bei Kollegin Dr. Ursula Schwarz.

[470] In wichtigen Einzelfällen haben wir eine weitere Überprüfung dieser Daten mit wichtigen Unterlagen des Wiener Stadt- und Landesarchivs (NS-Registrierungsakten, Personalakten: Mittels Bescheid des Magistrats der Stadt Wien, Magistratsabteilung 8, Wiener Stadt- und Landesarchiv, Zl.: MA 8-B-2103/2003, wurde dem DÖW die Genehmigung zur Benützung des einschlägigen Aktenbestandes erteilt), der Magistratsabteilung 2 der Stadt Wien (Personalakten) und des Bundesarchivs Berlin (Bestand ehemaliges Berlin Document Center: Personalunterlagen der NSDAP, dessen Gliederungen und angeschlossenen Verbände) vorgenommen. Für die Durchführung der Recherchen im BA Berlin danken wir der Historikerin Dr. Erika Schwarz.

sich in den NS-Registrierungslisten andere Angaben als in den BSA-Beitrittserklärungen, wobei für die Angaben in den BSA-Beitrittsformularen im Vergleich zu jenen der Registrierungslisten ein eindeutiger Trend zur Verharmlosung und Abschwächung konstatierbar ist.[471]

Als wesentliches Ergebnis unserer statistischen Auswertung sei festgehalten, dass für unsere Stichprobe von 1.388 ÄrztInnen (Geburtsjahrgänge bis inkl. 1927) des Wiener BSA-Ärztefachverbands eine Gesamtzahl von 377 NS-Mitgliedschaften (NSDAP, Parteianwärter, SS, SA) nachweisbar ist, wobei diese Zahl Doppel- und Mehrfachmitgliedschaften beinhaltet. Bereinigt man diese Zahl von den Doppel- und Mehrfachmitgliedschaften, ergibt sich die Zahl jener ÄrztInnen unserer Stichprobe, die vor 1945 Mitglied der zuvor zitierten NS-Organisationen waren: Von den 1.388 ÄrztInnen unseres Samples waren 272 ehemalige NSDAP-, SS- und SA-Angehörige oder Parteianwärter, das entspricht einem prozentuellen Anteil an der Stichprobe von 19,6 %.

Nachstehend sei ein tabellarischer Überblick über die Detailergebnisse unserer Stichproben-Untersuchung gegeben:

Stichprobe: BSA-Ärztefachverband Wien
(M= Männer, F= Frauen)

Sample:
Anzahl der ausgewählten ÄrztInnen,
Geburtsjahrgänge bis inkl. 1927:
1.388 (M: 1123/F: 265) (100 %)
Ehemaligen NSDAP-, SS-, SA-Mitglieder und
NSDAP-Anwärter in absoluten Zahlen
(d. h. inkl. Doppel- und Mehrfachmitgliedschaften):

[471] Vgl. NS-Registrierungsliste der Wiener Ärztinnen und Ärzte, 75 Bl., DÖW.

	377	(27,2 %)	
NSDAP-Mitglieder:	208	(M:197/F: 11)	(15 %)
NSDAP-Anwärter:	32	(M: 29/F: 3)	(2,3 %)
SS-Mitglieder:	40	(M: 40)	(7 %)
SA-Mitglieder:	97	(M: 97)	(2,9 %)

Mitgliedschaften bei sonstigen NS-Organisationen in absoluten Zahlen:	207	(14,9 %)
Davon entfielen auf:		
NSKK:	33	
NSFK:	4	
NS-Ärztebund:	58	
NS-Ärztebund-Anwärter:	19	
NSDStB:	22	
HJ:	38	
BDM:	3	
NS-Frauenschaft:	4	
NSV:	18	
DAF:	6	
RAD:	1	
RDB:	1	

Zahl der ehemaligen NSDAP-, SS-, SA-Mitglieder und NSDAP-Anwärter (bereinigt von Doppel- und Mehrfachmitgliedschaften):	272	(M: 258/F: 14)	(19,6 %)

Bei den hier ermittelten Ergebnissen handelt es sich um Mindestzahlen. Es kann nicht ausgeschlossen werden, dass sich die bislang eruierten Summen und Prozentangaben nach weiteren Forschungen und Quellenauswertungen noch nach oben hin verschieben können.[472]

[472] Aus zeitlichen Gründen konnte bislang nur in 551 von insgesamt 1.388 Fällen im Bestand der NSDAP-Gauakten im AdR/ÖStA recherchiert werden.

Ein Vergleich dieser Ergebnisse mit gesamtösterreichischen Zahlen ist lohnend, um zu einem aussagekräftigen Bild zu gelangen: Im Nachkriegsösterreich entsprach die von Historikern genannte Zahl von ca. 700.000 ehemaligen österreichischen NSDAP-Mitgliedern[473] bei einer Einwohnerzahl von ca. 7.015.000 (Volkszählung 1939)[474] einem Anteil von 10 Prozent (einem Zehntel) an der Gesamtbevölkerung. Der Anteil der ehemaligen NSDAP-Mitglieder beläuft sich in unserer BSA-Ärzte-Stichprobe hingegen auf 15 Prozent (208 von 1.388), das heißt, der von uns ermittelte NS-Anteil (15 Prozent) liegt um die Hälfte (50 Prozent) über dem gesamtösterreichischen Wert (10 Prozent). Diese Differenz fällt noch dramatischer – an die 100 Prozent – aus, wenn man den Anteil der nach dem NS-Gesetz registrierten ehemaligen Nationalsozialisten (ca. 549.000)[475] an der Gesamtbevölkerung (ca. 7.015.000) im Ausmaß von 7,8 Prozent mit unserem Ergebnis (15 Prozent) vergleicht. Berücksichtigt man bei unserer Stichprobe neben den ehemaligen NSDAP- auch noch die ehemaligen SS- und SA-Mitglieder sowie die Parteianwärter und bereinigt das Ergebnis von allen Doppel- und Mehrfachmitgliedschaften, so erhöht sich der Anteil der ehemaligen NS-ÄrztInnen in unserer Stichprobe auf 272 Personen oder 19,6 Prozent. Der hohe NSDAP-Anteil (15 Prozent in unserer Stichprobe) hängt auch damit zusammen, dass der NSDAP-Mitgliedschaftsanteil bei den Ärzten (im

---

473 Jagschitz, Von der „Bewegung“ zum Apparat, a. a. O., S. 88 ff.; Neugebauer, Zum Umgang mit der NS-Euthanasie, a. a. O., S. 111.

474 Die Angabe bezieht sich auf die Einwohnerzahl der „Ostmark“; Vgl. Österreichisches Statistisches Landesamt (Hg.), Gemeindeverzeichnis für die Gaue der Ostmark. Auf Grund der großdeutschen Volkszählung vom 17. Mai 1939, Carl Ueberreuters Verlag, Wien 1939.

475 Dieter Stiefel beziffert die Zahl der ehemaligen österreichischen Nationalsozialisten, die sich nach dem NS-Gesetz 1945 registrieren ließen auf 549.353. Siehe: Dieter Stiefel, Die Entnazifizierung in Österreich, Wien-München-Zürich 1981, S. 115.

gesamten Deutschen Reich) mit 44,8 Prozent im Vergleich zur Gesamtbevölkerung überproportional hoch ist.[476]

Das Resultat unserer Stichprobenauswertung ist auch insofern markant, als gerade im Wiener BSA-Ärztefachverband – wie bereits ausgeführt wurde – eine starke antifaschistische Tradition verankert war, die der NS-Integration anfänglich eher hinderlich gegenüberstand. Eingedenk dieses spezifischen Hintergrunds nähren die Ergebnisse unserer Stichprobe die Vermutung, dass der NS-Anteil vor allem in den westlichen und südlichen BSA-Landesorganisationen und -Fachverbänden nach 1947/48 noch um ein Vielfaches höher lag. Es wurde schon in einem anderen Zusammenhang darauf hingewiesen, dass es sich beispielsweise bei 70 Prozent der steirischen und 58 Prozent der oberösterreichischen BSA-Mitglieder nach einer BSA-internen Erhebung vom April 1948 um ehemalige Nationalsozialisten handelte.[477]

Resümierend darf festgestellt werden, dass die von uns erhobenen statistischen Ergebnisse eindrucksvoll belegen, dass sich die vom BSA betriebene massive Integration ehemaliger Nationalsozialisten in vollem Umfang auch auf den Wiener BSA-Ärztefachverband erstreckte, wenngleich sie nicht auf dem exorbitant hohen oberösterreichischen und steirischen Niveau erfolgte.

Die ehemaligen Nationalsozialisten suchten – wie bereits dargelegt wurde – weniger eine Karriere im BSA als vielmehr durch den BSA anzustreben. Folgerichtig engagierten sie sich zumeist auch in jenen Bereichen, in denen der BSA eine direkte Karriereförderung seiner Mitglieder initiierte, wie etwa in dem so genannten „Felix-Mandl-Kreis". Kurz

---

[476] Michael Kater kommt in seinen statistischen Untersuchungen zu dem Ergebnis, dass 44,8 Prozent aller Ärzte, die sich von 1936 bis 1945 in der Reichsärztekammer registrieren lassen mussten, Anhänger der NSDAP waren. Siehe: Michael H. Kater, Ärzte als Hitlers Helfer, Wien 2000, S. 107 f.

[477] Protokoll der BSA-Bundesausschusssitzung vom 10. 4. 1948, Archiv BSA Wien.

zur Vorgeschichte dieses Kreises: Felix Mandl (1892–1957) war als jüdischer Arzt in Wien ein Verfolgter des NS-Regimes und musste 1938 nach Palästina emigrieren, wo er von 1939 bis 1947 als Universitätsprofessor für Chirurgie und Primararzt in Jerusalem lebte. Nach seiner Rückkehr wurde er 1947 Vorstand der Chirurgischen Abteilung am Franz-Joseph-Spital in Wien. Seit 1948 war er Vizepräsident des International College of Surgeons (USA). Von 1954 bis zu seinem Tod 1957 gehörte er als SPÖ-Mandatar dem Wiener Landtag bzw. Gemeinderat an. Auf seine Initiative wurde mit Beschluss des Wiener Gemeinderates vom 21. Oktober 1955 der Felix-Mandl-Fonds gegründet, dessen Zweck bis heute die Förderung wissenschaftlicher Arbeiten sowie Besuche von medizinischen Kongressen und Fortbildungen von Wiener Gemeindespitalsärzten ist.[478] Nach dem Tod von Mandl 1957 konstituierte sich ein Gesprächskreis innerhalb der BSA-Ärzte, der sich nach Mandl benannte und in dem anfänglich Dozent Dr. Alfred Gisel[479] einer der führenden

[478] Der Name des Fonds lautet: „Wissenschaftlicher Fonds der Stadt Wien – Felix-Mandl-Fonds". Sein Sitz ist derzeit in der Generaldirektion des Wiener Krankenanstaltenverbundes, Büro des Generaldirektorstellvertreters. Siehe: Schreiben der amtsführenden Stadträtin für Gesundheits- und Spitalwesen von Wien, Prim. Dr. Elisabeth Pittermann-Höcker, an Gemeinderätin Waltraud Cecile Cordon vom 11. 10. 2001, DÖW.

[479] Univ.-Prof. Dr. Alfred Gisel war Vorstandsmitglied der BSA-Ärzte und lange Zeit Vorsitzender der Vereinigung Sozialistischer Hochschullehrer im BSA. Hier seinen kurz seine wichtigsten biographischen Daten angeführt: Alfred Gisel, geb. 1911 in Wien, 1922–30 Besuch des humanistischen Gymnasiums, Mitglied der SDAP, 1930–1937 Studium der Medizin (Dr. med. univ.), bis 1936 Assistent bei Prof. Dr. Julius Tandler, danach bei Prof. Dr. Eduard Pernkopf, später Oberassistent, Facharzt für theoretische Medizin. Gisel war kein Mitglied der NSDAP. Nach 1945 setzte er seine Karriere fort: 1951 Dozentur, Lehrbeauftragter für Anatomie und anatomisches Zeichnen an der Akademie der bildenden Künste Wien, Chefarzt der Österreichischen Gesellschaft vom Roten Kreuz, 1972 außerordentlicher Universitätsprofessor für Angewandte Anatomie an der Universität Wien, 1973 ordentlicher Universitätsprofessor, 1959–1971 SPÖ-Mandatar des Wiener Landtages bzw. Gemeinderates, 1969–1971 Vorsitzender des Wiener Gemeinderates, 1971–1973 Mitglied des Bundesrates, 1973–1975 SPÖ-Abgeordneter zum Nationalrat, Stellvertretender Vorsitzender der SPÖ Wien/Alsergrund, Zweiter Präsident des Landessanitätsrates für Wien. Vgl. Interview der Verfasser mit Univ.-Prof. Dr. Alfred Gisel vom 21. 7. 2003, DÖW.

Protagonisten war. Aus dem Jahr 1967 hat sich eine 87 Mitglieder[480] zählende Liste des „Felix-Mandl-Kreises" erhalten, die von unserer Seite einer ersten Auswertung unterzogen wurde: Demnach war die große Mehrheit dieser Mitglieder politisch als unauffällig bzw. unverfänglich einzustufen, darüber hinaus gehörten diesem Kreis sowohl NS-Verfolgte als auch ehemalige Nationalsozialisten an. Für die Gruppe der NS-Verfolgten seien hier neben den bereits erwähnten Ärzten Marcell Schnardt und Emil Tuchmann auch Prim. Dr. Rudolf Königstein[481], der vor den Nazis nach Shanghai entkommen konnte, und OMR Dr. Gustav Steiner[482], der 1938 nach Großbritannien emigriert war. Von den 87 Mitgliedern des „Felix-Mandl-Kreises" (1967) konnten von unserer Seite bislang 13 ehemalige NSDAP-Mitglieder eruiert werden, das entspricht einem Anteil von 15 Prozent, ein Wert, der sich mit dem Ergebnis unserer Ärztestichprobe deckt. Unter diesen 13 ehemaligen NS-Ärzten befanden sich u. a. die Neurologen Univ.-Prof. Dr. Walter Birkmayer[483], Prim. Univ.-Prof. Dr. Ernst Pichler[484], Prim. Dr. Heinrich Gross[485], der

---

[480] Die Liste umfasst tatsächlich 88 Namen, wobei der Name von Prim. Dr. Ernst Pichler zweimal genannt wird. Folglich handelt es sich um 87 Personen. Vgl. Liste der Ärzte des „Felix-Mandl-Kreises", DÖW-Kopie.

[481] Prim. Dr. Königstein war damals Vorstand der I. Medizinischen Abteilung im Krankenhaus Lainz.

[482] Zu Gustav Steiner siehe: Lehmann/Schmidt, In den Fängen des Dr. Gross, a. a. O., S. 204.

[483] Walter Birkmayer wird in diesem Kapitel noch ausführlich behandelt.

[484] Ernst Pichler (1907–1977), studierte Medizin an der Universität Graz (1930 Dr. med.), war von 1931–1933 Assistent am Pharmakologischen Institut der Univ. Graz, von 1933 bis 1945 Assistent bzw. Oberarzt an der Psychiatrischen Universitätsklinik Wien. Bereits vor 1938 gehörte Pichler der NSDAP an, war also ei so genannter „Illegaler". 1938 wurde er SS-Mitglied und hielt als SS-Arzt Vorträge an Schulungsabenden der SS-Ärzteschaft „Donauland". 1939 habilitierte er sich zum Dozenten für das Fach Psychiatrie. 1945 wurde er von seinem Dienst entlassen. Von 1947–1961 war er Vorstand des Neurologischen Ambulatoriums der Universitäts-Nervenklinik in Graz, seit 1952 Privatdozent an der Universität Graz. 1957 erhielt er den Titel eines außerordentlichen Universitätsprofessors, von 1961 an leitete er die Nervenheilanstalt Maria-Theresien-Schlössel in Wien, wo er 1977 starb. Vgl.: Liste mit Ärztekurzbiographien „Vortragende

Kinderneurologe Univ.-Prof. Dr. Andreas Rett[486] sowie der Psychiater Univ.-Prof. Dr. Hans Strotzka[487], von dem als einzigen der genannten Ärzte bekannt ist, dass er sich öffentlich und differenziert mit seiner NS-Vergangenheit auseinandergesetzt hat.[488]

Über die konkreten Aufgaben und Funktionen des „Felix-Mandl-Kreises" gehen die Erinnerungen der Zeitzeugen etwas auseinander. Einig sind sich die Befragten in ihrer Einschätzung, dass dieser Arbeitskreis der Förderung von beruflichen Karrieren und wissenschaftlichen Arbeiten von BSA-Ärzten diente. Univ.-Prof. Dr. Alfred Gisel, der Vor-

der Schulungsabende der SS-Ärzteschaft ‚Donauland', Wien 1938–1945", erstellt von Univ.-Prof. DDr. Michael Hubenstorf, Vorstand des Instituts für Geschichte der Medizin an der Medizinuniversität Wien; Vgl. ferner: Michael Hubenstorf, Tote und/oder lebendige Wissenschaft: Die intellektuellen Netzwerke der NS-Patientenmordaktion in Österreich. In: Eberhard Gabriel/Wolfgang Neugebauer (Hg.), Von der Zwangssterilisierung zur Ermordung. Zur Geschichte der NS-Euthanasie in Wien Teil II, Wien-Köln-Weimar 2002, S. 413.

485 Heinrich Gross, der ehemalige NS-Kindereuthanasiearzt der Wiener Städtischen Nervenklinik für Kinder Am Spiegelgrund, stellt im Zusammenhang mit der Reintegration ehemaliger Nationalsozialisten für den BSA wohl den schwerwiegendsten Fall dar. Den BSA-Bezügen im Fall Gross wird in einem eigenen Kapitel nachgegangen.

486 Andreas Rett wurde 1924 in Fürth in Deutschland geboren. Nach den Unterlagen des Bundesarchivs Berlin (BDC-Bestand) trat er im September 1942 bei der Ortsgruppe Innsbruck in die NSDAP ein und erhielt die Mitgliedsnummer 9260108 (Vgl. BDC-Unterlagen zu Dr. Andreas Rett, 3200 Ortsgruppenkartei der NSDAP, R0 091, BA Berlin). Nach dem Zweiten Weltkrieg studierte Rett Medizin an der Universität Innsbruck. Zum Kinderarzt wurde Rett am Preyerschen Kinderspital in Wien ausgebildet. 1956 erfolgte durch ihn die Gründung einer Abteilung für entwicklungsgestörte Kinder am Krankenhaus Lainz. 1967 habilitierte sich Rett für das Fach Neuropädiatrie. Von 1966 bis 1989 war er Vorstand der Abteilung für entwicklungsgestörte Kinder am Neurologischen Krankenhaus Rosenhügel in Wien, ab 1985 auch dessen ärztlicher Direktor. Er entdeckte das nach ihm benannte Rett-Syndrom, eine Hirnstoffwechselerkrankung, die nur bei Mädchen auftritt. In seinem letzten Lebensjahrzehnt setzte er sich auch verstärkt mit der nationalsozialistischen Vergangenheit auseinander, ohne jedoch öffentlich seine eigene frühere NSDAP-Mitgliedschaft einzubekennen. 1982 veröffentlichte er zusammen mit dem Anthropologen Horst Seidler die beiden Bücher: Das Reichssippenamt entscheidet. Rassenbiologie im Nationalsozialismus, Wien 1982, und Rassenhygiene. Ein Weg in den Nationalsozialismus, Wien-München 1988. Weniger bekannt hingegen ist die Tatsache, dass sich auch Rett an der wissenschaftlichen Verwertung der NS-Kindereuthanasieopfer vom Spiegelgrund beteiligte, indem er u. a. zusammen mit seinem

standsmitglied der BSA-Ärzte war, brachte die Gründung des „Felix-Mandl-Kreises" in Zusammenhang mit der gegnerischen Haltung der katholisch-konservativ dominierten österreichischen Universitäten gegenüber sozialdemokratisch orientierten AkademikerInnen: „Und bisweilen ist auch noch das alte Großdeutsche durchgeklungen. Eine Assistentenstelle bekam normalerweise ein Korporationsstudent viel leichter als einer, von dem bekannt war, dass er ein Roter ist." Mit der Etablierung des „Felix-Mandl-Kreises" wurden nach Gisel ähnliche Absichten verfolgt wie mit der Gründung des Instituts für Wissenschaft und Kunst (IWK), in dem Gisel gleichfalls eine maßgebliche Rolle spielte: „Das IWK wurde gegründet, hauptsächlich um eine wissenschaftliche Tätigkeit auch für diejenigen aufzubereiten, denen es an der Universi-

BSA-Kollegen, dem vormaligen NS-Kindereuthanasiearzt Dr. Heinrich Gross, auf der Grundlage von Gehirnpräparaten, die von den im Rahmen der NS-Kindereuthanasie ermordeten Spiegelgrundopfern stammten, einen wissenschaftlichen Aufsatz verfasste und publizierte: Heinrich Gross/Kurt Jellinger/Elfriede Kaltenbäck/Andreas Rett, Infantile Cerebral Disorders. In: Journal of the neurological Sciences 7, 1968, pp. 551–564: Zit. nach Herwig Czech, Dr. Heinrich Gross – Die wissenschaftliche Verwertung der NS-Euthanasie in Österreich. In: DÖW-Jahrbuch 1999, Wien 1999, S. 63. Rett verstarb 1997 in Wien. Vgl. die Artikel: „Ein Leben für behinderte Kinder". In: Wiener Zeitung, 10. 5. 1997; „Berühmter Kinderarzt tot". In: Kurier, 10. 5. 1997; Sammlung von biographischen Unterlagen betr. BSA-Ärzte, Privatarchiv Dr. Ermar Junker.

[487] Hans Strotzka (1917–1994), Dr. med., war Sozialpsychiater, Psychoanalytiker und Tiefenpsychologe. Nach den Unterlagen des Bundesarchivs Berlin war Strotzka NSDAP- und SA-Mitglied (BDC-Unterlagen zu Dr. Hans Strotzka, 3200 Ortsgruppenkartei, W 0067, BA Berlin). Er arbeitete seit 1946 an der Nervenheilanstalt Rosenhügel. U. a. war er Leiter des psychotherapeutischen Ambulatoriums der Wiener Gebietskrankenkasse und Gründer des Dachverbands der Psychotherapeuten. Seit 1971 war er ordentlicher Professor an der Universität Wien und Vorstand des von ihm gegründeten Instituts für Tiefenpsychologie und Psychotherapie. Als Gründungsmitglied der Gesellschaft für politische Aufklärung (1982) war Strotzka bemüht, sein eigenes Naheverhältnis zum Nationalsozialismus immer offen zur Diskussion zu stellen. Dass er dieses biographische Element nie verbergen oder auch nur verharmlosen wollte, machte ihn zu einem wertvollen Zeitzeugen und Pädagogen. Vgl. Hubenstorf, Tote und/oder lebendige Wissenschaft, a. a. O., S. 402; Lehmann/Schmidt, In den Fängen des Dr. Gross, a. a. O., S. 137; Sammlung von biographischen Unterlagen betr. BSA-Ärzte, Privatarchiv Dr. Ermar Junker.

[488] Vgl. Lehmann/Schmidt, In den Fängen des Dr. Gross, a. a. O., S. 137.

tät nicht gelang, eine Position zu haben." Den BSA-Ärzten sollte mit dem „Felix-Mandl-Kreis" die Möglichkeit geboten werden, „sich jetzt auch fachlich zu präsentieren, Publikationen zu veröffentlichen, Räumlichkeiten und entsprechendes Publikum zur Verfügung zu haben."[489] Dr. Kurt Steyrer, ein anderes Vorstandsmitglied der BSA-Ärzte, konnte sich erinnern, dass es ein Grundsatz von Felix Mandl gewesen sei, „auch roten Assistenten und Oberärzten Primariatsstellen zu ermöglichen. Da war sicher ein stark ökonomisches Interesse in dem Mandl-Kreis." Nach Kurt Steyrer war die Karriereförderung auch das stärkste Motiv für die ehemaligen Nationalsozialisten, sich dem „Felix-Mandl-Kreis" anzuschließen: Die „Ehemaligen" hätten „natürlich auch große materielle Interessen gehabt [...]. Die haben ja meistens eine Familie und Kinder gehabt. Da ist es nicht nur um Primariate, da ist es – wie es scheint – auch um Kassenstellen und Wohnungen gegangen. Das war damals auch eine sehr große und wesentliche Aufgabe des BSA, das zu vermitteln."[490]

Oliver Lehmann und Traudl Schmidt berufen sich in ihrem Buch auf einen nicht näher genannten Zeitzeugen, der die Aufgabe des „Felix-Mandl-Kreises" etwas salopp folgendermaßen charakterisiert: „Im Felix-Mandl-Kreis trafen sich die Nazis im BSA unter der Kontrolle der Juden und anderer Verfolgter. Das Motto war: Lieber ein Nazi bei uns unter Kontrolle als in freier Wildbahn, wo er Schaden anrichten kann."[491] Diese Einschätzung scheint unserer Ansicht nach inhaltlich fragwürdig: Nach Auskunft von Dr. Ermar Junker, ebenfalls ein langjähriges Mitglied des BSA-Ärztevorstands, lag die organisatorische Hauptarbeit und damit die leiten-

[489] Vgl. Interview der Verfasser mit Univ.-Prof. Dr. Alfred Gisel vom 21. 7. 2003, DÖW.
[490] Vgl. Interview der Verfasser mit Bundesminister a. D. Dr. Kurt Steyrer vom 6. 5. 2004, DÖW.
[491] Vgl. Lehmann/Schmidt, In den Fängen des Dr. Gross, a. a. O., S. 137 f.

de Gestaltung des Felix-Mandl-Kreises in den Händen von Walter Birkmayer und Andreas Rett[492], also in den Händen von zwei ehemaligen Nationalsozialisten, was die Frage aufwirft, wer hier tatsächlich unter wessen Kontrolle stand.

Disziplinierung antifaschistischer ÄrztInnen

Während die ehemaligen Nationalsozialisten von Seiten der SPÖ bzw. des BSA eine starke Förderung erfuhren, nahmen in den fünfziger Jahren die politisch-atmosphärischen Spannungen zwischen der SPÖ- bzw. BSA-Führung einerseits und den antifaschistischen, linkssozialistischen Gruppen andererseits stark zu. 1955 geriet das Führungsteam der BSA-ÄrztInnen in den Brennpunkt dieses Konflikts: An der Spitze der Sozialistischen Ärztevereinigung stand nämlich eine Gruppe von überzeugten Antifaschisten, darunter Dr. Marcell Schnardt (Vorsitzender), Dr. Franz Poddany, Dr. Friedrich Beigel, Dr. Josef Schneeweiß und Dr. Kurt Steyrer, die mit ihren Ansichten und Vorstellungen bei den BSA- und Parteioberen mitunter auf Unverständnis stießen. 1954 erzielte diese Gruppe einen Erfolg bei der Ärztekammerwahl: Die sozialistischen Ärzte wurden mit 12 Mandaten zweitstärkste Fraktion.[493] Trotz ihrer äußeren Erfolge sollten die Spitzenfunktionäre der BSA-Ärzteschaft das Jahr 1955 innerparteilich nicht überstehen. Der Umstand, dass sich die sozialistischen ÄrztInnen dem Protest der Ärzteschaft und insbesondere der Ärztekammer gegen den Entwurf eines „Allgemeinen Sozialversicherungsgesetzes“ (ASVG) angeschlos-

[492] Vgl. Interview der Verfasser mit Landessanitätsdirektor a. D. Hofrat Dr. Ermar Junker vom 17. 5. 2004, DÖW.
[493] Junker, Ein Blick zurück, a. a. O., S. 4.

sen hatten[494], vertiefte die Differenzen der Sozialistischen Ärztevereinigung mit der SPÖ.

Als führende Exponenten der sozialistischen ÄrztInnen die von den Westalliierten forcierte Remilitarisierung Österreichs in Frage stellten und die Schaffung eines österreichischen Bundesheeres ablehnten, kam es zum offenen Konflikt mit der SPÖ- und BSA-Führung. Der SPÖ-Parteirat hatte im Juni 1955 einstimmig die Errichtung eines österreichischen Bundesheeres gebilligt.[495] Diese Entscheidung war damit offizielle Parteilinie, eine Abweichung von ihr wurde als Verstoß gegen die Parteidisziplin empfunden. Die antifaschistische BSA-Ärztegruppe kritisierte vor allem das autoritäre Vorgehen der SPÖ-Führung, die die Bundesheer-Frage innerparteilich nicht zur Diskussion gestellt hatte.[496] Die SPÖ-Führung nahm die Tatsache, dass ein von zehn BSA-ÄrztInnen unterzeichnetes Flugblatt mit dem Titel Denkschrift über die Wehrdienstfrage. An alle Österreicher, in dem die sozialistischen ÄrztInnen für eine Volksabstimmung in der Bundesheer-Frage eintraten, in der kommunistischen Volksstimme zur Veröffentlichung kam[497], zum Anlass für die Einleitung eines Parteischiedsgerichtsverfahrens gegen die beteiligten ÄrztInnen. Der BSA machte seine disziplinä-

[494] Ein zentraler Streitpunkt war die so genannte Ärztewahlfreiheit des Patienten, die von der Ärztekammer und den sozialistischen ÄrztInnen eingefordert wurde. Diese Ärztewahlfreiheit war in dem ursprünglichen Entwurf des ASVG-Gesetzes, den die SPÖ als ihren Erfolg verkaufen wollte, nicht vorgesehen. Vgl. Interview der Verfasser mit Bundesminister a. D. Dr. Kurt Steyrer vom 6. 5. 2004, DÖW; Vgl. Schneeweiß, Keine Führer, keine Götter, a. a. O., S. 165 f.

[495] Vgl. Protokoll der 4. Bundesausschusssitzung vom 24. 9. 1955, Archiv BSA Wien.

[496] Interview der Verfasser mit Bundesminister a. D. Dr. Kurt Steyrer vom 6. 5. 2004, DÖW.

[497] Nach den Aussagen von Josef Schneeweiß und Kurt Steyrer ist das Flugblatt ohne Zutun der sozialistischen ÄrztInnen in den Besitz der KPÖ bzw. der Volksstimme gelangt. Vgl. Schneeweiß, Keine Führer, Keine Götter, a. a. O., S. 166; Vgl. Interview der Verfasser mit Bundesminister a. D. Dr. Kurt Steyrer vom 6. 5. 2004, DÖW; BSA-Präsi-

ren Maßnahmen vom Ergebnis des Schiedsgerichtsverfahrens der SPÖ abhängig. In einer BSA-Bundesausschusssitzung vom 24. September 1955 wurde das weitere Vorgehen in dieser Angelegenheit erörtert. Bei dieser Debatte forderte der oberösterreichische BSA-Obmann Dr. Franz Zamponi mehr Parteidisziplin und regte an, „darüber nachzudenken, ob man nicht die Tätigkeit der Fachverbände nach außen hin der Kontrolle der Landesverbände unterziehen soll".[498] Für die BSA-Juristen nahm Dr. Christian Broda Stellung, der grundsätzlich für den BSA-Ausschluss der beiden hauptverantwortlichen Ärztefunktionäre eintrat. Er gab seiner Überzeugung Ausdruck, „dass die Aktion des Dr. Poddany Aspekte in sich hat, die die innerparteiliche Demokratie und die Meinungsfreiheit kompromittieren [...], dass es die kommunistische Parole war [...], dass sich Dr. Poddany als politisch geschulter Mensch über diese Aktion völlig im Klaren ist."[499]

Dr. Franz Poddany und Dr. Lydia Sverak wurden schließlich aus der SPÖ und dem BSA ausgeschlossen, Prim. Dr. Marcell Schnardt und Dr. Josef Schneeweiß erhielten ein fünfjähriges Funktionsverbot, die anderen ÄrztInnen kamen mit einem Verweis davon.[500] Infolge des Schiedsspruchs des

dent DI Karl Waldbrunner stellte diesen Sachverhalt folgendermaßen dar: „Obwohl die Versendung des Rundschreibens und der Denkschrift nicht tatsächlich erfolgt ist, sondern es dem Präsidium des BSA in letzter Minute gelungen ist, die bereits vorbereitete Sendung zu verhindern, sind einige Flugblätter hinausgegangen und auch der KPÖ zugänglich gemacht worden. Diese hat diese Aktion in der ‚Österreichischen Volksstimme' groß aufgemacht." Siehe: Stellungnahme des BSA-Präsidenten DI Karl Waldbrunner, Protokoll der 4. Bundesausschusssitzung vom 24. 9. 1955, Archiv BSA Wien.

498 Vgl. Protokoll der 4. Bundesausschusssitzung vom 24. 9. 1955, Archiv BSA Wien.

499 Ebd.

500 Vgl. Protokoll der 5. Bundesausschusssitzung vom 26. 11. 1955, Archiv BSA Wien; Interview der Verfasser mit Bundesminister a. D. Dr. Kurt Steyrer vom 6. 5. 2004, DÖW; Schneeweiß, Keine Führer, Keine Götter, a. a. O., S. 164 ff.

Parteischiedsgerichts musste noch 1955 ein neuer Vorstand der Sozialistischen Ärztevereinigung bestellt werden.[501]

Die Disziplinierungsmaßnahmen seitens der SPÖ bzw. des BSA wurden weit über den Kreis der Betroffenen hinaus nicht nur im Zusammenhang mit der Bundesheer-Diskussion gesehen. So stellte beispielsweise der ehemalige Vorsitzende der BSA-ÄrztInnen Dr. Ermar Junker lapidar fest, dass „bei dem Vorgehen gegen diese Ärzte [...] nicht nur die Einstellung zum Bundesheer eine Rolle [spielte].“[502] In seinen Erinnerungen wurde Dr. Josef Schneeweiß deutlicher: „Ich war lange genug ein unbequemer Funktionär gewesen, nun war der Tag gekommen, an dem man mir das heimzahlen konnte. [...] Mit diesem Entscheid [des Schiedsgerichtsverfahrens; Anm. d. Verf.] war die Sozialistische Ärztevereinigung geköpft. Meine politische Laufbahn in der SPÖ war beendet.“[503]

Infolge seiner kritischen Haltung zum ASVG verlor Schneeweiß seine Stellung als Spitalsarzt im Wiener Hanusch-Krankenhaus. Ihm wurde bedeutet, dass er in keinem Kassenambulatorium mehr aufgenommen werden würde. So war er gezwungen, sich mühsam eine Existenz als Kassenarzt aufzubauen. Schneeweiß resümierend: „Trotz des mir zugefügten Unrechts habe ich meine sozialistische Gesinnung nicht aufgegeben.“[504]

Auch für den jungen Kassenambulatoriumsfacharzt und späteren Vorsitzenden der BSA-Ärzteschaft Dr. Kurt Steyrer

[501] Zum Nachfolger von Prim. Dr. Marcell Schnardt und neuen Vorsitzenden wurde Prim. Dr. Rudolf Jonas, Bruder des damaligen Wiener Bürgermeisters und späteren Bundespräsidenten, gewählt. Als seine Stellvertreter fungierten Dr. Karl Thierer und Dr. Anneliese Hitzenberger. Dr. Ermar Junker löste Dr. Josef Schneeweiß als Schriftführer ab. Vgl. Junker, 50 Jahre Sozialdemokratische Ärztevereinigung, a. a. O., S. 1 f.

[502] Junker, 50 Jahre Sozialdemokratische Ärztevereinigung, a. a. O., S. 1.

[503] Schneeweiß, Keine Führer, Keine Götter, a. a. O., S. 166.

[504] Ebd.

war mit der Einleitung des Parteischiedsgerichtsverfahrens „eine Welt zusammengebrochen". Er erinnerte sich an viele Gespräche mit Dr. Franz Poddany, der seinen lebenslangen Parteiausschluss niemals verwinden konnte.[505] Bis zum heutigen Zeitpunkt ist keiner damals betroffenen ÄrztInnen rehabilitiert worden. De facto bedeutete die Disziplinierung und Entmachtung des linken antifaschistischen Flügels der BSA-Ärzteschaft eine – wie sich Kurt Steyrer ausdrückte – „Entpolitisierung" der Sozialistischen Ärztevereinigung, die wiederum eine Rückwirkung auf die Integration der ehemaligen Nationalsozialisten hatte.

Denn mit der Disziplinierung und Entmachtung führender Repräsentanten der ehemaligen NS-Verfolgten und der politischen Linken wurde innerhalb der BSA-Ärzteschaft gerade das aufmüpfige, kritische Potential mundtot gemacht, der antifaschistische Charakter geschwächt und das moralische Gewissen paralysiert. Die Zurückdrängung des kritischen, linken und antifaschistischen Elements auf der einen Seite, erleichterte auf der anderen Seite die verstärkte Hereinnahme und Unterstützung von ehemaligen NS-ÄrztInnen seitens des BSA-Ärztefachverbands. Die Demontage von führenden antifaschistischen BSA-Ärzten, wie Josef Schneeweiß, Marcell Schnardt, Franz Poddany oder Kurt Steyrer, fiel beinahe zeitgleich mit dem BSA-gestützten beruflichen Aufstieg der „braven" und angepassten ehemaligen NS-Ärzte, wie Heinrich Gross, Walter Birkmayer und Ernst Pichler, zusammen. Es erübrigt sich beinahe, in diesen drei Fällen festzustellen, dass deren Aufnahme in den BSA bzw. deren Förderung durch den BSA als besonders skandalös einzustufen ist.

---

[505] Interview der Verfasser mit Bundesminister a. D. Dr. Kurt Steyrer vom 6. 5. 2004, DÖW.

Im Folgenden soll anhand von vier Einzelbeispielen, die allesamt problematische Fälle darstellen, der Frage der Integration und beruflichen Förderung von ehemaligen NS-ÄrztInnen durch den BSA bzw. den BSA-Ärztefachverband näher nachgegangen werden. Auf den gravierenden Fall des ehemaligen NS-Kindereuthanasiearztes Dr. Heinrich Gross, dem der BSA den schwersten und nachhaltigsten Imageschaden zu verdanken hat, wird nicht an dieser Stelle, sondern in einem eigenen Kapitel eingegangen werden. Dabei werden vor allem die BSA-gestützte Nachkriegskarriere von Dr. Gross und der Umgang des BSA mit der Vergangenheit des NS-Täters Gross im Mittelpunkt der Darstellung stehen.

Walt(h)er Birkmayer

Der Neurologe Dr. Walther Birkmayer (1910–1996), vor 1945 Assistent bei Univ.-Prof. Pötzl an der Psychiatrischen Universitätsklinik Wien, wurde laut BSA-Beitrittsansuchen von Kurt Steyrer für die BSA-Ärzte angeworben.[506] Schon vor der NS-Zeit hatte Birkmayer alles auf eine Karriere in der NS-Bewegung gesetzt: Bereits 1931 fungierte er als Oberscharführer der HJ. 1932 wurde er Mitglied der NSDAP, der er auch nach 1934 angehörte („Illegaler"), 1936 Mitglied der SS, 1939 Mitglied der SA. Als Träger der „Ostmarkmedaille" avancierte er schließlich zum Hauptstellenleiter des Rassenpolitischen Amtes der NSDAP in Wien. Von seinem Chef Prof. Pötzl wurde er als „radikaler Nationalsozialist" beschrieben, dessen „wissenschaftliche Arbeit in konsequenter Ausrichtung auf die Ideologie und das Programm der NSDAP abgestimmt war".[507] Darüber hinaus war Birkmayer ein glühender Anhänger des rassenhygienischen Programms

[506] BSA-Beitrittsansuchen von Dr. Walther Birkmayer, BSA Archiv Wien.
[507] DÖW R 22.759.

der Nationalsozialisten, der u. a. in Schulungsvorträgen vor Ärzten des SS-Oberabschnitts „Donau" dieses Gedankengut verbreitete:[508] „Unserem Volk blieb es vorbehalten, ein Genie zu gebären, das instinktiv erkannte und forderte, dass nur die Reinheit der Rasse und die erbbiologische Gesundheit das Volk vor dem Verfall retten kann. Und wir müssen als fanatische Jünger alles Krankhafte, Unreine und Verderbbringende aus unserem Volk ausrotten."[509] 1939 erlitt die NS-Karriere des zum SS-Hauptsturmführer beförderten „fanatischen Jüngers" allerdings einen nachhaltigen Knick, als bekannt wurde, dass er infolge „nichtarischer Abstammung" „Mischling 2. Grades" (im Sinne der Nürnberger Rassengesetze) war. Obwohl er deshalb aus der NSDAP und SS ausgeschlossen wurde und für ihn die Möglichkeit einer Dozentur ausschied, brach er keineswegs mit seiner NS-Gesinnung. Wie aus einem Schreiben des Arztes Dr. Wolfgang Holzer an den Dekan der Medizinischen Fakultät vom 6. Juni 1945 hervorgeht, war Birkmayer 1944 als dritter Sachverständiger bei einem Sondergerichtsverfahren geladen. Entgegen den Gutachten seiner beiden Kollegen plädierte Birkmayer, indem er sogar über die Strafforderung des Staatsanwalts hinausging, für die dauernde Verwahrung des Angeklagten in einer Anstalt, was – wie Holzer ausführt – im Dritten Reich einem Todesurteil gleichkam, „da die Sicherheitsverwahrungen in Konzentrationslagern durchgeführt wurden". Eine Tragödie konnte nur verhindert werden, weil Holzer schließlich noch als Obergutachter herangezogen wurde und er als solcher das Verfahren bis Kriegsende verschleppte.[510] Die gesamte NS-Zeit hindurch blieb Birkmayer Assistent an der Psychia-

[508] Wolfgang Neugebauer, Rassenhygiene in Wien 1938. In: Wiener klinische Wochenschrift, 110, 1998, 4–5, S. 128 ff.

[509] Walther Birkmayer, Über die Vererbung von Nervenkrankenheiten. In: Wiener Klinische Wochenschrift, Nr. 42, Sonderdruck, 1938.

[510] DÖW R 22.759.

trischen Universitätsklinik in Wien, wobei er seinen Dienst auch in verschiedenen Heereslazaretten versah.[511]

Nach Kriegsende 1945 wurde Birkmayer aus dem Universitätsdienst entlassen. In den nächsten Jahren schien ihm eine Karriere verwehrt zu sein. 1950 kandidierte er bei den Ärztekammerwahlen auf der Liste der VdU-nahen Vereinigung Unabhängiger Ärzte, von der er sich nachträglich wieder streichen ließ.[512] Birkmayer knüpfte in den folgenden Jahren offensichtlich Kontakte zu den BSA-ÄrztInnen. 1953 wurde er schließlich Mitglied der Sozialistischen Ärztevereinigung, als solches engagierte er sich vor allem im „Felix-Mandl-Kreis", dem er jahrelang auch vorstand. Nach seinem BSA-Beitritt setzte ein karrierebezogener Höhenflug ein: 1954 erhielt er die Dozentur für das Fach Psychiatrie. Noch im selben Jahr wurde er zum Primarius der Neurologischen Abteilung des Krankenhauses Lainz ernannt. 1963 wurde er zum ordentlichen Professor für Neurologie an der Universität Wien berufen, nachdem er die L-Dopa-Therapie gegen die Parkinson-Krankheit entwickelt hatte. In den siebziger Jahren war er überdies Leiter des Ludwig-Boltzmann-Instituts für Neurochemie.[513] Mit der Gründung der Österreichischen Parkinson-Gesellschaft im November 1981 erwarb er sich internationales Ansehen. Seine Leistungen auf dem Gebiet der Behandlung der Parkinsonschen Erkrankung ließen seine NS-Vergangenheit bald vergessen und trugen in den siebziger und achtziger Jahren zu seiner Popularität als „Fernseharzt" im „Seniorenklub" bei.[514]

---

[511] Vgl.: Liste mit Ärztekurzbiographien „Vortragende der Schulungsabende der SS-Ärzteschaft ‚Donauland', Wien 1938–1945", erstellt von Univ.-Prof. DDr. Michael Hubenstorf, Vorstand des Instituts für Geschichte der Medizin an der Medizinuniversität Wien; Vgl. ferner: Michael Hubenstorf, Tote und/oder lebendige Wissenschaft, a. a. O., S. 414.

[512] Ebd.

[513] Ebd.

[514] Vgl. Lehmann/Schmidt, In den Fängen des Dr. Gross, a. a. O., S. 137.

Mit der Gründung der Anny Birkmayer Parkinson Foundation 1997, der Enthüllung einer Büste im Bereich der Universitätsklinik für Neurologie in Wien 1998 und der Etablierung der Walther Birkmayer-Gedenkvorlesung im Rahmen der Parkinson-Tage erfuhr Birkmayer auch posthum zahlreiche Ehrungen.[515]

Gerhart Harrer

Harrer wurde im Jänner 1917 als Sohn eines Ministerialrates in Innsbruck geboren. Nach dem Besuch des humanistischen Gymnasiums und der Ablegung der Reifeprüfung im Jahr 1935 studierte Harrer Medizin an der Universität Wien. Politisch engagierte sich Harrer bereits zu Gymnasialzeiten für die NS-Bewegung, seit 1932 gehörte er dem NS-Schülerbund an. Zu Studienbeginn 1935/36 war es für ihn deshalb nur konsequent, dem NSD-Studentenbund beizutreten. Noch vor dem „Anschluss" Österreichs an Hitler-Deutschland wurde er im Februar 1938 SS-Mitglied. Im Juli 1940 wurde er unter der Mitgliedsnummer 8.121.657 auch in die NSDAP aufgenommen.[516] Im März 1940 schloss Harrer sein Medizinstudium ab und promovierte zum Doktor der gesamten Heilkunde. Danach wurde er Assistent am Hygienischen Institut bzw. an der Psychiatrischen Universitätsklinik Wien. Im Juli 1940 wurde er zur Luftwaffen-Sanitäts-Ersatzabteilung in Baden bei Wien eingezogen. Er arbeitete u. a. als Assistenzarzt in den neurologisch-neurochirurgischen Son-

[515] Vgl.: Liste mit Ärztekurzbiographien „Vortragende der Schulungsabende der SS-Ärzteschaft ‚Donauland', Wien 1938–1945", erstellt von Univ.-Prof. DDr. Michael Hubenstorf, Vorstand des Instituts für Geschichte der Medizin an der Medizinuniversität Wien; Vgl. ferner: Michael Hubenstorf, Tote und/oder lebendige Wissenschaft, a. a. O., S. 414.

[516] BDC-Unterlagen zu Dr. Gerhart Harrer: Fragebogen des SS-Rasse- und Siedlungshauptamtes, Lebenslauf etc., BA Berlin, DÖW R 309.

derlazaretten der Professoren Alfred von Auersperg[517] und Wilhelm Tönnis[518]. Mit Gerhart Harrer befasste sich auch ein Artikel im Neuen Österreich aus dem Jahr 1967, der seine NS-Biographie folgendermaßen beschrieb: „Harrer war Mitglied der SS-Standarte 89, die im Juli 1934 das Bundeskanzleramt besetzt hatte. Ein SS-Mann ging in die Geschichte ein. Es war Otto Planetta. Er ermordete den österreichischen Bundeskanzler Dr. Engelbert Dollfuß. Zu ‚Ehren' Planettas wurde die Standarte 89 später in die SS-Standarte Otto Planetta umgetauft. 1938 arbeitete Dr. Harrer am Hygienischen Institut in Wien. Daneben war er Mitglied der SS-Studiengemeinschaft an der Universität Wien, die sich unter anderem mit den propagandistischen Vorbereitungen der von den NS-Ideologen besonders geförderten Erbbiologie und Rassenhygiene befasste, zwei ‚Wissenschaften', die schließlich die Grundlage für die ‚Endlösung der Judenfrage' und für die Tötung – Ausmerzen hieß es damals im offiziö-

[517] Der SS-Arzt Dr. Alfred von Auersperg (1899 Schloss Weitwoerth – 1968 Hamburg) fungierte 1938 Kommissarischer Leiter des Neurologischen Instituts der Univ. Wien, von 1940 bis 1945 leitete er die Wiener Städtische Nervenheilanstalt Döbling (vormals Maria-Theresien-Schlössel), 1943 wurde er zum außerplanmäßigen Univ.-Prof. ernannt. Er trat u. a. auch als Vortragender bei Schulungsabenden der SS-Ärzteschaft „Donauland" auf. Nach 1945 floh er nach Sao Paulo, Brasilien. Von 1948 bis 1968 leitete er die Psychiatrische Klinik der Univ. Concepcíon in Chile. Für Auersperg bestand ein Einreiseverbot in die USA. Siehe: Liste mit Ärztekurzbiographien „Vortragende der Schulungsabende der SS-Ärzteschaft ‚Donauland', Wien 1938–1945", erstellt von Univ.-Prof. DDr. Michael Hubenstorf, Vorstand des Instituts für Geschichte der Medizin an der Medizinuniversität Wien; Vgl. ferner: Hubenstorf, Tote und/oder lebendige Wissenschaft, a. a. O., S. 413.

[518] Der Neurochirurg Dr. Wilhelm Tönnis (1898–1978) wurde nach einer anfänglichen Karriere an der Univ. Würzburg zum Professor und Direktor der Neurochirurgischen Klinik der Charité in Berlin berufen. Ferner leitete er die Abteilung Tumorforschung am Kaiser-Wilhelm-Institut für Hirnforschung. Er war u. a. auch Beratender Hirnchirurg beim Chef des Sanitätswesens der Luftwaffe. 1944 erhielt er das „Ritterkreuz zum Kriegsverdienstkreuz mit Schwertern" von Hitlers Begleitarzt Dr. Karl Brandt, der einer der beiden NS-Euthanasiebeauftragten war. 1951 erhielt Tönnis eine ordentliche Professur in Köln, 1957 übernahm er die geschäftsführende Leitung des Max-Planck-Instituts für Hirnforschung. Siehe: Ernst Klee, Das Personenlexikon zum Dritten Reich. Wer war was vor und nach 1945, Frankfurt/Main 2003, S. 628.

sen Sprachgebrauch – ‚lebensunwerten Lebens' lieferten."[519] Derselbe Artikel gibt auch Auskunft über den Beginn von Harrers Nachkriegskarriere: „Nach 1945 gelang es Harrer, in der Entnazifizierungswelle mitzuschwimmen. Durch Vermittlung des prominenten Salzburger SP-Politikers Wiesskind trat er schließlich in die Reihen des Bundes Sozialistischer Akademiker ein. 1950 wurde Harrer schließlich in Innsbruck – mit einem Minimum an wissenschaftlichen Arbeiten – durch Universitätsprofessor Dr. Urban habilitiert und erreichte die Dozentur. Dr. Urban ist inzwischen wegen Unzukömmlichkeiten suspendiert worden."[520] Im Archiv des BSA-Wien findet sich nur ein Duplikat der Mitgliederkarteikarte von Dr. Gerhart Harrer, das am 27. September 1955 erstellt wurde. Daraus geht hervor, dass Harrer dem BSA-Ärztefachverband angehörte und er darüber hinaus ein Gastmitglied beim Fachverband der Wiener BSA-Hochschullehrer war.[521] 1947 konnte Harrer offensichtlich wieder als Assistent an der Psychiatrischen Klinik der Universität Innsbruck Fuß fassen, 1951 erfolgte seine Habilitierung für Neurologie und Psychiatrie. Noch im selben Jahr wurde er zum Primarius der Neurologischen Abteilung des Landeskrankenhauses Salzburg bestellt. Mit seiner Beförderung zum außerordentlichen Universitätsprofessor 1962 übernahm er die ärztliche Leitung der Salzburger Landesnervenklinik, die er bis 1984 innehatte. In den sechziger Jahren befand sich Harrer im Rennen um die Neubesetzung des Lehrstuhls der Grazer Psychiatrischen Universitätsklinik, der nach dem überraschenden Tod von Hans Bertha, der als ärztlicher Direktor der Heil- und Pflegeanstalt der Stadt Wien Am Steinhof 1944/45 als

[519] Vgl. Artikel: „Universität und Politik. Zwist um Neubesetzung des Lehrstuhls der Grazer Psychiatrischen Klinik". In: Neues Österreich, 4. 1. 1967, S. 3.
[520] Ebd.
[521] Vgl. BSA-Mitgliederkartei, Archiv BSA Wien.

einer der Hauptverantwortlichen für die NS-Euthanasie in Wien anzusehen ist[522], vakant geworden war. Die Ankündigung Harrers, im Fall seiner Berufung nach Graz zwei Dozenten zu entlassen, die angeblich Artikel im Grazer ÖVP-Blatt geschrieben bzw. lanciert hätten, „die sich mit seiner Person kritisch auseinandersetzten"[523], zog einen Ehrenbeleidigungsprozess nach sich, der zuungunsten Harrers ausging. In dem Prozess hatten u. a. der Grazer Neurochirurg Friedrich Heppner[524], ebenfalls ein BSA-Mitglied, und der Bad Ischler Neurologe Kurt Eckel als Zeugen für Harrer ausgesagt. Der Wiener Medizinhistoriker Michael Hubenstorf qualifiziert diese auf indirekte Weise über eine Ehrenbeleidigungsklage zustandegekommene Frontenbildung von Ärzten als die „altbekannte Gegnerschaft von CV und Deutschnationalen", die sich mit dem Unterschied wieder eingestellt habe, „dass einige ehemalige Nationalsozialisten nun SPÖ- oder BSA-Mitglieder waren und von der Kronen-Zeitung publizistisch unterstützt wurden."[525] Hubenstorf konstatiert auch ein regelrechtes „Zusammenspiel von Harrer, Heppner, Eckel und letztlich Otto Scrinzi[526] zwischen Salzburg, Graz, Bad Ischl und Klagenfurt", das sich u. a. in den „Kärntner

---

[522] Vgl. Neugebauer, Zum Umgang mit der NS-Euthanasie in Wien, a. a. O., S. 113 f.; Peter Schwarz, Mord durch Hunger – „Wilde Euthanasie" und „Aktion Brandt" in Steinhof in der NS-Zeit. In: Eberhard Gabriel/Wolfgang Neugebauer (Hg.), Von der Zwangssterilisierung zur Ermordung. Zur Geschichte der NS-Euthanasie in Wien Teil II, Wien-Köln-Weimar 2002, S. 129 f.

[523] Vgl. Artikel: „Primarius Dr. Gerhart Harrer verurteilt". In: Kleine Zeitung, 18. 2. 1967, S. 15.

[524] Wie bereits an anderer Stelle ausgeführt, unterstützte der dem steirischen BSA beigetretene, frühere NSDAP- und SA-Angehörige Univ.-Prof. Dr. Friedrich Heppner (geb. 1917) bei der Bundespräsidentenwahl 1986 durch persönliche Aufrufe in rechtsextremen Medien den „nationalen" Kandidaten Dr. Otto Scrinzi. Vgl. BDC-Unterlagen zu Dr. Friedrich Heppner, BA Berlin.

[525] Hubenstorf, Tote und/oder lebendige Wissenschaft, a. a. O., S. 399 ff.

[526] Der Psychiater und Neurologe Prim. Dr. Otto Scrinzi wurde 1918 in Klagenfurt geboren. Er war Mitglied des NSD-Studentenbundes, der SA und NSDAP. Ab 1940 arbeitete er als Assistent am Institut für Erb- und Rassenbiologie der Universität Inns-

Ärztetreffen" und anderen Fachtagungen institutionalisierte.[527] Bei der Besetzung des Grazer Lehrstuhls für Psychiatrie kam Harrer allerdings nicht zum Zug. 1971 erhielt er eine ordentliche Professur für Forensische Psychiatrie innerhalb der Juridischen Fakultät an der Universität Salzburg, die er bis in die achtziger Jahre bekleidete. Harrer gehörte daneben dem Salzburger Landessanitätsrat an und übte seit 1952 die Funktion des ersten Sekretärs, später (ab 1967) des Präsidenten der Österreichischen Van-Swieten-Gesellschaft aus. Harrer beschränkte sich aber nicht nur auf diese repräsentativen Rollen, sondern pflegte auch enge Kontakte zu einem Kreis von Wissenschaftern, dem u. a. der Psychiater und frühere NS-Kindereuthanasiearzt Dr. Heinrich Gross und der Rechtswissenschafter und vormalige NS-Staatsanwalt Dr. Friedrich Nowakowski angehörten. Zusammen mit den Psychiatern Heinrich Gross, Willibald Sluga und Otto Schiller nahm er 1977 an einer von der kommunistischen Volksstimme organisierten Studienfahrt in die Sowjetunion teil, die dazu diente, die internationale Kritik an den von der sowjetischen Psychiatrie eingesetzten Methoden zur politischen

bruck. Nach dem Zweiten Weltkrieg war er u. a. von 1955 bis 1983 als Primarius an der Psychiatrischen Männerabteilung des LKH Klagenfurt tätig. Politisch engagierte sich Scrinzi nach 1945 zunächst im VdU (1949–1956: Abgeordneter zum Kärntner Landtag und Klubobmann sowie Landsobmann des VdU), später in der FPÖ (1966–1979: FPÖ-Abgeordneter zum Nationalrat; 1966–1975: Stellvertretender FPÖ-Bundesparteiobmann). Scrinzi war ein ausgewiesener rechtsextremer Politiker, der offen mit Personen und Organisationen der extremen Rechten zusammenarbeitete. Er lehnte u. a. die österreichische Nation ab, vertrat einen Rassenantisemitismus und an NS-Theorien erinnernde Erbgesundheitslehren. Nach seinem Ausscheiden aus dem Nationalrat und der Wahl des liberalen Dr. Norbert Steger an die FPÖ-Spitze 1980 radikalisierte er sich zunehmend. So gründete er 1984 die National-Freiheitliche Aktion, die als Sammlungsbewegung der extremen Rechten gegen den liberalen Kurs der Steger-FPÖ diente. 1986 kandidierte er für die Bundespräsidentenwahl. Scrinzi publizierte in zahlreichen rechtsextremen Medien und trat als Referent bei rechtsextremen Veranstaltungen auf. Vgl.: Handbuch des österreichischen Rechtsextremismus, hg. vom DÖW, Wien 1993, S. 321 f. u. 331 ff.

527 Hubenstorf, Tote und/oder lebendige Wissenschaft, a. a. O., S. 400.

Gegnerbekämpfung zu entkräften und in diesem Sinne propagandistisch ausgeschlachtet wurde.[528]

Weit problematischer war allerdings noch die Tatsache, dass Univ.-Prof. Dr. Gerhart Harrer in seiner Eigenschaft als Leiter der Neurologischen Abteilung des Landeskrankenhauses Salzburg vom Gesundheitsamt der Stadt Salzburg als Gutachter in Opferfürsorgefällen herangezogen wurde. Es ist heutiger Sicht mehr als zynisch, dass es nun dem Ermessen und der Sichtweise eines ehemaligen SS-Arztes und Rassenhygienikers oblag, bei ehemaligen NS-Opfern verfolgungsbedingte Gesundheitsschäden festzustellen: So beurteilte Harrer in einem Gutachten die Anfallsleiden einer aus „rassischen" Gründen von Oktober 1940 bis April 1945 in verschiedenen Konzentrationslagern inhaftiert gewesenen Frau als „keine Erkrankung, die nach dem OFG [= Opferfürsorgegesetz; Anm. d. Verf.] zu entschädigen wäre", da der KZ-Aufenthalt für den Verlauf der Erkrankung „sicher ohne Einfluss geblieben" sei.[529] Zu Recht stellt die Historikerin Brigitte Bailer fest, dass die notwendige „Empathie für die Situation der Opfer des Nationalsozialismus [...] Ärzte mit früherem Naheverhältnis zu NS-Organisationen wohl schwerlich aufgebracht haben."[530]

Es ist bezeichnend für die Mentalität des ehemaligen SS-Arztes Harrer, dass er sich nach 1945 niemals kritisch mit der

[528] Neugebauer, Zum Umgang mit der NS-Euthanasie in Wien nach 1945, a. a. O., S. 117 f.; Hans Wolker, Psychiater auf Studienfahrt in der Sowjetunion. Ein Reisebericht über Gesundheitswesen, psychiatrische Einrichtungen und „Psychohaft"-Hetze, Wien o. J. (1978).

[529] Gutachten Wirklicher Hofrat Univ.-Prof. Dr. Harrer für das Gesundheitsamt der Stadt Salzburg vom 17. 5. 1966. Opferfürsorge Salzburg, DÖW 18.750; Vgl. Brigitte Bailer, Wiedergutmachung kein Thema. Österreic und die Opfer des Nationalsozialismus, Wien 1993, S. 228.

[530] Bailer, Wiedergutmachung kein Thema, a. a. O., S. 228; Vgl. Univ.-Prof. Dr. Ludwig Popper, Die Problematik der Opferfürsorgerenten. Vortrag beim 10. Bundesdelegiertentag des Bundesverbandes Österreichischer Widerstandskämpfer und Opfer des Faschismus (KZ-Verband) in Wien am 9. 12. 1973.

NS-Vergangenheit auseinandersetzte, sondern im Gegenteil demonstrativ die Nähe zu ehemaligen NS-Gesinnungsgenossen – wie Heinrich Gross, Fritz Heppner, Otto Scrinzi – suchte, er war Teil dieser Seilschaft ehemaliger NS-Ärzte. Für selbstkritische Reflexionen in Bezug auf seine Rolle in der NS-Zeit war hier kein Platz. Somit galt es für ihn alles abzuwehren, was zu einer konstruktiven Aufarbeitung der Zeit des Nationalsozialismus hätte beitragen können. Als der Historiker Robert Hoffmann seine Studie über den Salzburger BSA im Jahr 2000 vorlegte, gab Harrer in einem Schreiben an den Vorstand des BSA-Salzburg entrüstet seinen BSA-Austritt bekannt.[531]

Erich Müllschitzky

Bei Erich Müllschitzky kann die viel beschworene Phrase vom „kleinen NS-Mitläufer", der in seiner Jugend einem politischen Irrtum erlegen war, wohl kaum zur Anwendung gelangen: Er entstammte einem sudetendeutsch-nationalen Milieu und trat bereits in den zwanziger Jahren – also in der Frühzeit der NS-Bewegung – als glühender und antisemitisch motivierter NS-Anhänger auf, der auch vor dem Einsatz von Gewalt zur Durchsetzung seiner NS-Ideale nicht zurückschreckte. Als NSDAP-Mitglied und SS-Arzt machte er Karriere im Polizeidienst. Müllschitzky betrieb seine persönliche Karriereplanung stets mit einer ausgesprochenen Um- und Vorsicht. Sein nach außen hin wandlungsfähiger und opportunistischer Charakter ließ den innerlich zutiefst überzeugten Nationalsozialisten nicht nur die Jahre der austrofaschistischen Regierungsdiktatur in innerer Emigration erfolgreich überstehen, sondern auch in den letzten Jahren der NS-Herrschaft ein Alibi für seine berufliche Tätigkeit

[531] Vgl. Lehmann/Schmidt, In den Fängen des Dr. Gross, a. a. O., S. 184; Hoffmann, „Bund sozialistischer Anfänger", a. a. O., S. 247–268.

als SS- und Polizeiarzt – er hatte u. a. ärztliche Gutachten betreffend die Transportfähigkeit von Gestapo-Häftlingen und von Juden, die von der Deportation bedroht waren, zu erstellen – vorbereiten. Nach 1945 konnte er sich auf seine Rückversicherungsstrategie voll verlassen: Sie war hauptverantwortlich für die Einstellung eines gegen ihn eingeleiteten Volksgerichtsverfahrens und erleichterte ihm die Wiedereingliederung in Staat und Gesellschaft, die mit seinem BSA-Eintritt 1951 auch eine politische Absicherung erfuhr.

Erich Müllschitzky wurde am 28. April 1900 in Geppersdorf bei Schönberg im damals österreichischen Mähren (heute Tschechische Republik) geboren. Sein Vater, den er in einem späteren Lebenslauf als einen „Vorkämpfer der nationalen Bewegung" würdigte, war ehemaliger Offizier und Landgutbesitzer. Die Volksschule besuchte Müllschitzky in Wien, das Gymnasium in Wien und Mährisch-Neustadt. Im März 1918 rückte er zum schweren Artillerieregiment Nr. 46 in Olmütz ein und absolvierte die Offiziersschule in Kaiser-Ebersdorf.[532] Die Kriegsniederlage 1918 und die Gründung der Tschechoslowakischen Republik erlebte Müllschitzky als Traumata. Er engagierte sich im Sudetendeutschen Freiheitsbund und war sogar bereit, sich an einer bewaffneten Erhebung dieses Bundes und der Sudetendeutschen Legion gegen die tschechoslowakische Regierung zu beteiligen. 1919 war er Mitglied der sudetendeutschen nationalsozialistischen Partei. Infolge der neuen politischen Verhältnisse übersiedelten er und seine Familie nach Wien, wo sein Vater als Folge der herrschenden Nachkriegsinflation das gesamte Vermögen verlor.[533] In einem Bericht aus dem Jahre 1938 führte er an, dass er „auf eine 20jährige ununterbrochene nationalpo-

[532] Lebenslauf, Abschrift, B 79, Verfahren gegen Dr. Erich Müllschitzky LG Wien Vg 7d Vr 4776/47.
[533] Ebd.

litische Tätigkeit“ zurückblicke: „Nach der Versklavung meiner nordmährischen Heimat durch die Tschechen arbeitete ich im Sudetendeutschen Freiheitsbund und fungierte auch teilweise als Verbindungsmann der damaligen Sudetendeutschen Legion. Nach Inskription an der Wiener Universität wurde ich beim V. D. St. [= Verein deutscher Studenten; Anm. d. Verf.] aus Nordmähren (Säbelschlagende Studentische Korporation) aktiv, obgleich ich vorher einige Zeit bei der Burschenschaft Olympia verkehrt hatte.“[534] In nationalpolitischem Sinne engagierte er sich darüber hinaus in einer Reihe deutsch-völkischer Vereine, die er in einem NS-Fragebogen anführte: „Deutscher Wehrbund (General Kraus), Nationalverband deutscher Offiziere, Freikorps Oberland, deutsch-völkischer Turnverein Währing (Deutscher Turnerbund 1919), Großdeutsche Volkspartei, in deren Rahmen ich die Bildungsstelle Währing leitete, deutsche Jugend und Volksgemeinschaft, in welchem Rahmen ich Bundesjungscharführer und Landesführer von Wien war. Die erstgenannte Führerstelle war militanter Natur.“[535] Dem Personalakt der Wehrmacht zufolge gehörte Müllschitzky seit 1921 der SA an. Sein damaliges Verhältnis zur frühen NS-Bewegung in Österreich beschrieb er in dem bereits genannten Bericht folgendermaßen: „Obgleich ich ständig zur Nationalsozialistischen Partei Fühlung hatte, waren die Verhältnisse bei dieser Partei in Österreich in den zwanziger Jahren infolge der verschiedenen Richtungen nicht solcher Art, dass ihre Wehrkraft unbedingt überzeugend schien. Trotzdem war ich unter Dr. Riedl [gemeint ist offenbar der Dr. Walter Riehl, der Obmann der österreichischen DNSAP; Anm. der Verf.] eine

---

[534] Bericht über meine bisherige politische Tätigkeit, Abschrift, B 8–9, Verfahren gegen Dr. Erich Müllschitzky LG Wien Vg 7d Vr 4776/47.

[535] Auszugsweise Abschrift aus dem Beiblatt zum Fragebogen, B 86, Verfahren gegen Dr. Erich Müllschitzky LG Wien Vg 7d Vr 4776/47.

zeitlang Mitglied. Nach meiner Promotion betätigte ich mich bei der Großdeutschen Volkspartei, rief in Währing eine Bildungsstelle dieser Partei ins Leben, wobei ich den Zweck verfolgte, dem damals frisch aufkeimenden nationalsozialistischen Geistesgut auch in dieser Partei Durchbruch zu verschaffen."[536] Diese Darstellung wurde auch durch einen Bericht des Sicherheitsdienstes (SD) des Reichsführers SS, Außenstelle Wien 8, vom Oktober 1938 bestätigt, in dem er als „Radikalist" bezeichnet wurde, der „von Jugend auf immer national eingestellt" war.[537] Im Februar 1923 beteiligte sich Müllschitzky an einer von Deutschem Wehrbund und SA organisierten Aktion gegen einen Vortrag des Arztes und Sexualwissenschafters Univ.-Prof. Dr. Magnus Hirschfeld, des Begründers des Berliner Instituts für Sexualwissenschaft. Die Ausschreitungen ereigneten sich im großen Saal des Wiener Konzerthauses. Der SD-Bericht erwähnte Müllschitzkys Rolle in diesem Zusammenhang positiv: „Anfang Feber 1923 hatte er sich in vorderster Front beteiligt, als Magnus Hirschfeld in Wien einen Vortrag hielt, und die Nationalsozialisten denselben sprengten. Er wurde damals von der Polizei angehalten, nachdem er eigenhändig einige jüdische Vortragsbesucher an die Luft gesetzt hatte."[538] Dass bei dem damaligen Kampf seine antisemitische Gesinnung eine ausschlaggebende Rolle spielte, betonte er selbst noch 15 Jahre später bei zahlreichen lebensgeschichtlichen Angaben, indem er wiederholt auf den „Juden Hirschfeld" hinwies und vom „jüdischen Professor" sprach.[539] Der SD-Bericht hob

[536] Bericht über meine bisherige politische Tätigkeit, Abschrift, B 8–9, Verfahren gegen Dr. Erich Müllschitzky LG Wien Vg 7d Vr 4776/47.

[537] Auskunft des Sicherheitsdienstes des Reichsführers SS, Außenstelle Wien 8, Abschrift, NSDAP-Gauakt Dr. Erich Müllschitzky, AdR/ÖStA.

[538] Ebd.

[539] Lebenslauf, Abschrift, B 79; Bericht über meine bisherige politische Tätigkeit, Abschrift, B 8–9, Verfahren gegen Dr. Erich Müllschitzky LG Wien Vg 7d Vr 4776/47.

bei dem damaligen schlagenden Burschenschafter seine Gewalttätigkeit gegen Juden hervor und beschrieb seine generelle Gewaltbereitschaft geradezu heroisch: „Bei seiner Visitierung [durch die Polizei] fand man damals einen Schlagring und einige Knallfrösche in seinen Rocktaschen. Trotz der Intervention des großdeutschen Nationalrates und Vizekanzlers Waber wurde M. dem Strafbezirksgericht Wien I angezeigt und wegen Gefährdung der körperlichen Sicherheit und Übertretung des Waffenpatentes bedingt zu einer Geldstrafe von 4.000,– Kronen verurteilt. In der Folgezeit trat M. dem Skandalenorden als Mitglied bei. Im Jahre 1926 kam die Staatspolizei dahinter, dass M. durch zweieinhalb Jahre ein Maschinengewehr bei sich aufbewahrt hatte. Er wurde deshalb beim Bezirksgericht Döbling angezeigt, in der Hauptverhandlung aber freigesprochen."[540] Die antisemitische Grundhaltung von Müllschitzky sollte sich in den nächsten Jahren noch vertiefen. Die Tatsache, dass er als national gesinnter Mediziner keine dauerhafte Anstellung erhielt, führte er beharrlich auf antisemitische Ressentiments zurück: „Im Juli 1926 promovierte ich zum Doktor der Medizin, musste aber 2 Jahre auf eine Anstellung warten, da sich in dem Wiedner Krankenhaus, wo ich arbeitete, 40 zum großen Teil polnische Juden befanden, die zumindestens [sic!] teilweise vor mir gereiht werden mussten."[541] Nach Ablegung der Physikatsprüfung 1930 bewarb sich Müllschitzky ein Jahr später um die Stelle eines Polizeiamtsarztes, die er aber „infolge des Betreibens des jüdischen Polizei-Chefarztes Dr. Kien" nicht bekam.[542] Im August 1938 sprach er in diesem

[540] Auskunft des Sicherheitsdienstes des Reichsführers SS, Außenstelle Wien 8, Abschrift, NSDAP-Gauakt Dr. Erich Müllschitzky, AdR/ÖStA.

[541] Lebenslauf, Abschrift, B 79, Verfahren gegen Dr. Erich Müllschitzky LG Wien Vg 7d Vr 4776/47.

[542] Ebd.

Zusammenhang sogar von der „Vernaderung eines jüdischen Professors".[543] Die Situation änderte sich für ihn erst, als „die Chefarztstelle von dem Juden Dr. Kien", wie er schrieb, „auf den durchaus völkisch gesinnten alten Burschenschafter Hofrat Dr. Kundrat übergegangen war, dem meine Affären bekannt waren und der mich zu protegieren suchte."[544] Im August 1933 wurde Müllschitzky, der dem NS-Ärztebund angehörte und im Mai 1932 der NSDAP beigetreten war, als Vertragsarzt im Polizeispital angestellt. Über Verbindungen des NS-Ärztebundes wurde er als NS-Vertrauensmann in die Heimwehr sowie in die Vaterländische Front eingeschleust und im Polizeisanitätsdienst eingesetzt. Dermaßen getarnt stieg er in den Reihen der Heimwehr bis zum Regimentsarzt auf. Nach dem Verbot der NSDAP im Juni 1933 stellte Müllschitzky die Zahlung seiner Mitgliedsbeiträge ein, da er, wie er später angab, „niemanden fand, dem ich diese Zahlungen hätte leisten können."[545] Die Zahlung der Beiträge schien ihm auch zu riskant, weil eine solche nach Bekanntwerden seine Dienstenthebung bedeutet hätte und er „durch einen Juden oder Klerikalen" ersetzt worden wäre. Anstelle der riskanten Beitragszahlungen habe er für NS-Zwecke Spenden an ihm vertraute Personen geleistet. Trotz Einstellung der NSDAP-Mitgliedszahlungen stand er als Amtsarzt der Wiener Polizeikommissariate Währing und Döbling in den Jahren 1934 bis 1938 „unter ständigem persönlichen Einsatz im vollen Kampfe für die Bewegung".[546] 1938 Seine verdeckten NS-Aktivitäten bestanden vor allem darin, dass

[543] Personal-Fragebogen der NSDAP, BDC-Unterlagen zu Dr. Erich Müllschitzky, PK, Film J 0217, Bild Nr. 1591, BA Berlin.

[544] Lebenslauf, Abschrift, B 79, Verfahren gegen Dr. Erich Müllschitzky LG Wien Vg 7d Vr 4776/47.

[545] Ebd.

[546] Bericht über meine bisherige politische Tätigkeit, Abschrift, B 8–9, Verfahren gegen Dr. Erich Müllschitzky LG Wien Vg 7d Vr 4776/47.

er den Strafvollzug von Nationalsozialisten in vielen Fällen verhinderte, indem er ihnen Haftunfähigkeit bescheinigte und auf diesem Weg für sie oftmals eine Amnestie erreichen konnte. Unter den von ihm beschützten illegalen Nationalsozialisten befanden sich u. a. „SA-Truppführer Reidinger, SA-Sturmbannführer Ewald, SA-Sturmführer Irmler, Frau Ing. Hammel.“[547] Auch dem ehemaligen NSDAP-Bundesrat Franz Schattenfroh, der 1938 zum Chefredakteur der Kronen-Zeitung avancierte[548], kam seine Hilfe zuteil. Eine Gefahr für seine Tätigkeit im Sinn der „Illegalen“ witterte er in erster Linie wiederum von jüdischer Seite: „Meine Tätigkeit war umso schwieriger, als der jüdische Amtsarzt Dr. Silberstern ständig meine Akten kontrollierte und dem ihm vertrauten Stadthauptmann Oberpolizeirat Dr. Krusche, dessen Hausarzt er war, Bericht erstattete.“[549] Aus seiner Sicht hatte er deshalb einen permanenten „Kampf sowohl gegen das Judentum wie gegen den Klerikalismus zu bestehen“.[550] Mit dem Judentum war sein jüdischer Polizeiamtsarztkollege Dr. Silberstern, mit Klerikalismus war der „vaterländisch eingestellte“ Stadthauptmann Dr. Krusche gemeint.

Anfang Februar 1938 trat er dem SS-Polizeisturmbann der SS-Standarte 89 bei. Nach dem März 1938 gehörte das vormalige illegale SS-Mitglied nunmehr als SS-Polizeiarzt ganz regulär der Sicherheitspolizei an. Noch während der „Umbruchtage“ diente er der Gestapo als Berichterstatter. Vom Juli 1938 an war er auch ehrenamtlich für den Sicherheitsdienst (SD) der SS tätig. 1941 wurde Müllschitzky zum SS-

[547] Von Dr. Müllschitzky ausgefüllter Fragebogen vom 9. 8. 1938, Abschrift, B 84, Verfahren gegen Dr. Erich Müllschitzky LG Wien Vg 7d Vr 4776/47.

[548] Vgl. die Kurz-Biographie von Bundesrat Franz Schattenfroh auf der Website des österreichischen Parlaments: http://www.parlinkom.gv.at.

[549] Lebenslauf, Abschrift, B 79, Verfahren gegen Dr. Erich Müllschitzky LG Wien Vg 7d Vr 4776/47.

[550] Ebd.

Sturmbannführer befördert, zuletzt befand er sich im Rang eines SS-Obersturmbannführers. Müllschitzky war Träger des SS-Ehrenwinkels. Nach dem „Anschluss“ wurde er von der NSDAP als „Alter Kämpfer“ anerkannt und konnte seine Mitgliedsnummer 1.084.150 aus dem Jahr 1932 vorerst beibehalten.[551]

In der NS-Zeit übte Dr. Müllschitzky seine polizeiamtsärztliche Tätigkeit u. a. im Polizeikommissariat Wien-Währing, im Polizeigefangenenhaus Roßauerlände („Elisabethpromenade“) sowie im Gestapo-Durchgangslager in der Karajangasse[552] aus. 1943/44 soll er auch auf polizeiärztlichem Einsatz im besetzten Polen („Generalgouvernement“) gewesen sein.[553] Im Polizeigefangenenhaus Roßauerlände und im Sammellager Karajangasse betrafen seine polizeiamtsärztlichen Visitationen vorwiegend Gestapo-Häftlinge. Ehemalige Häftlinge des Gestapo-Durchgangslagers Karajangasse erinnerten sich an das brutale Verhalten des damaligen SS-Arztes Müllschitzky. So drohte er beispielsweise dem früheren Friseurmeister Hermann Wendl unmittelbar

---

[551] Vgl. die Angaben: BDC-Unterlagen zu Dr. Erich Müllschitzky, PK, Film J 0217, Bild Nr. 1591, BA Berlin; NSDAP-Gauakt Dr. Erich Müllschitzky, AdR/ÖStA; Verfahren gegen Dr. Erich Müllschitzky LG Wien Vg 7d Vr 4776/47.

[552] Die Volksschule in der Karajangasse 14–16 im XX. Wiener Gemeindebezirk wurde nach dem „Anschluss“ vom März 1938 bis 1939 als Durchgangslager und Sammelstelle für die von der Gestapo Verhafteten eingerichtet. In dieser ehemaligen Volksschule wurden Tausende Gegner des Nationalsozialismus und Juden von der Gestapo festgehalten. Von hier aus wurden sie in Konzentrationslager verschickt, aus denen viele nicht mehr zurückkehrten. Unter den Häftlingen in der Karajangasse waren unter anderen der spätere Bundeskanzler Dr. Bruno Kreisky und der Künstler und Schriftsteller Fritz Grünbaum. Siehe: „Keine Wand reicht für ihre Namen“. Rosa Jochmann enthüllte Gedenktafel in der Unterbergerschule. In: AZ, 28. 4. 1982; Kreisky über die Zeit, als Schulen Gefängnisse wurden. In: AZ, 12. 9. 1988; Gedenkfeier: Als eine Volksschule Gefängnis wurde. In: Kurier, 13. 9. 1988; Als die Schule ein Gefängnis war. Gedenktafel an Brigittenauer Gymnasium enthüllt. In: Volksstimme, 16. 9. 1988.

[553] Erhebungsbericht der Kriminalbeamtenabteilung der Polizeidirektion Wien, Abt. I, vom 4. 7. 1947, betreffend Dr. Erich Müllschitzky, Verfahren gegen Dr. Erich Müllschitzky LG Wien Vg 7d Vr 4776/47.

vor dessen Abtransport in das KZ Dachau mit dem Einschlagen der Zähne.[554] Der von den Nationalsozialisten abgesetzte ehemalige stellvertretende Stadthauptmann, Polizeirat Dr. Otto Moravec, bestätigte Müllschitzkys inhumanes Vorgehen gegenüber den Häftlingen. Nach seiner Aussage wurden „insbesondere die jüdischen Häftlinge sowie die prominenten Lagerinsassen (Bundesminister Draxler, Landeshauptmann-Stellvertreter Ing. Kargl und Landesrat Haller) von Dr. Müllschitzky sehr unfair behandelt".[555] Auch der ehemalige Polizeirat Rudolf Peternel wusste als Zeuge bei einem späteren Gerichtsverfahren aus eigener Betroffenheit Ähnliches zu berichten: „Ich wurde im März 1938 aus politischen Gründen verhaftet, weil ich seinerzeit als Kriminalbeamter den Mörder des Bundeskanzlers Dollfuß, Planetta, ausgeforscht hatte. Im September 1938 wurde ich in das KZ Buchenwald verschickt, und glaublich im April 1939 bei der Gestapo am Morzinplatz einvernommen. Im Polizeigefangenenhaus auf der Rossauer Lände, wo ich inhaftiert war, versuchte ich zu flüchten. Ich wurde jedoch nach 3 Wochen infolge Verrats in Wien wieder verhaftet und am Morzinplatz eingeliefert. Mit Rücksicht auf den mir zur Last gelegten Tatbestand und meinen Fluchtversuch wusste ich, dass meine neuerliche Einlieferung ins KZ meinen Tod bedeuten würde. Daher machte ich einen Selbstmordversuch durch Erhängen. Dieser misslang jedoch, da ich noch rechtzeitig gerettet wurde. Da mein Hals derart angeschwollen war, dass ich nicht mehr schlucken konnte, wurde ich 2 Tage nach meinem Selbstmordversuch vom Beschuldigten Dr. Müll-

[554] Niederschrift von Hermann Wendl vom 27. 6. 1947, Verfahren gegen Dr. Erich Müllschitzky LG Wien Vg 7d Vr 4776/47.
[555] Schreiben von Dr. Otto Moravec an die Staatsanwaltschaft beim Volksgerichtshof in Wien [recte: Volksgericht Wien] vom 23. 3. 1946, Verfahren gegen Dr. Erich Müllschitzky LG Wien Vg 7d Vr 4776/47.

schitzky ärztlich untersucht. Dr. Müllschitzky fragte mich, warum ich in Haft sei und wer ich bin. Als ich ihm erklärte, ich sei nicht haftfähig, er möge mich in ein Spital bringen lassen, antwortete er mir: ‚Sie sind haftfähig, hätten Sie sich anständig aufgeführt, dann wären Sie nicht hier.' Diese letzte Äußerung dahin beziehend, dass ich ihm sagte, ich sei unschuldig in Haft. Infolge seines Verhaltens war ich wochenlang krank, und es verzögerte sich dadurch mein Heilungsprozess. Ich wurde nach 5 Monaten Einzelhaft neuerlich in das KZ Buchenwald eingeliefert."[556]

Am 30. April 1945 geriet Müllschitzky in Garmisch-Partenkirchen in US-amerikanische Kriegsgefangenschaft. Im darauf folgenden Juni befand er sich im Reservelazarett Garmisch-Parkhotel, Alpenhof, wo er vom CIC-Agenten Fred F. Robiczek die nicht näher begründete Bestätigung erhielt, dass er „von der Liste der SS zu streichen und [...] zu entlassen sei".[557] Die Entlassung erfolgte tatsächlich am 15. Juli. Nach seiner Rückkehr nach Wien im November 1945 ließ er sich bei der Gemeinde Wien als ehemaliger Nationalsozialist nach den Bestimmungen des Verbotsgesetzes 1945 registrieren, wobei er gleichzeitig um Abstandnahme von seiner Registrierung ansuchte. Die von ihm im Meldeblatt angeführten Angaben bezüglich seiner NS-Zugehörigkeit erfüllten – objektiv betrachtet – den Tatbestand des Registrierungsbetrugs nach dem Verbotsgesetz 1945: So führte er u. a. an, dass er bloß Parteianwärter der NSDAP im Zeitraum von Mai 1938 bis Juli 1944 gewesen sei. Ferner sei seine Aufnahme in die SS im Mai 1938 dienstlich verlangt worden,

[556] Zeugenvernehmung von Rudolf Peternel vom 9. 9. 1947, Verfahren gegen Dr. Erich Müllschitzky LG Wien Vg 7d Vr 4776/47.

[557] Bescheinigung des Reservelazaretts Garmisch-Parkhotel vom 20. 6. 1945, Bestätigung des 510th Counter Intelligence Corps Detachment, Fred F. Robiczek m. p., Special Agent, CIC, 28 June 1945, notariell beglaubigte Abschrift, Verfahren gegen Dr. Erich Müllschitzky LG Wien Vg 7d Vr 4776/47.

der SS habe er tatsächlich vom Juli 1941 bis zu seinem angeblichen Ausschluss im Oktober 1944 angehört.[558] Am 27. März 1946 wurde Müllschitzky vom amerikanischen Militärgeheimdienst CIC (Counter Intelligence Corps) verhaftet und in das Internierungslager „Camp Marcus W. Orr" in Glasenbach eingeliefert.[559] Die Zeugenaussage von Hermann Wendl vom April 1946 bei der Polizeidirektion Wien warf ein bezeichnendes Licht auf die Umstände der Verhaftung von Müllschitzky. Wendl gab zu Protokoll gab, dass Müllschitzky offenbar schon vor der Festnahme durch den CIC „über Aufforderung der Staatspolizei verhaftet, jedoch nach 2 Stunden Haft entlassen" worden sei. In seiner Aussage lieferte Wendl auch die Begründung für die Freilassung von Müllschitzky: „M. legitimierte sich mit einer Widerstandsbewegungslegitimation der Widerstandsbewegung XIII (Freies Österreich), der er seit März 1938 angehören soll. Aufgrund dieser Bescheinigung dürfte er entlassen worden sein. Als ich von dieser Sache erfuhr , machte ich dem CIC Meldung und nach kurzer Zeit wurde M. ausfindig gemacht und verhaftet."[560] Während seiner Haft erreichte Müllschitzky im Mai 1947 von der amerikanischen Militärpolizei seine Einstufung als „Körperbehinderter" der „Versehrtenstufe III". Als Art der Behinderung gab er „Arteriosklerose, Hypertonie, Angina pectoris (Stenokardie), Wallungen, Schwindel, Blutdruck 240/100" an.[561] Am 17. Juni 1947 wurde er von Glasenbach in das Polizeigefangenenhaus Rossauerlände zurückgebracht,

[558] Meldeblatt zur Registrierung der Nationalsozialisten, Nr. 5539, Gemeinde Wien, ausgefüllt am 28. 11. 1945, Abschrift, Verfahren gegen Dr. Erich Müllschitzky LG Wien Vg 7d Vr 4776/47.

[559] Vgl. Antrag auf Enthaftung, eingebracht vom Verteidiger RA Dr. Otto Tiefenbrunner vom 6. 9. 1947, Verfahren gegen Dr. Erich Müllschitzky LG Wien Vg 7d Vr 4776/47.

[560] Niederschrift mit Hermann Wendl vom 25. 4. 1946, Verfahren gegen Dr. Erich Müllschitzky LG Wien Vg 7d Vr 4776/47.

[561] Versehrten-Bescheinigung bzw. Physical Disability Certificate vom 19. 5. 1947, Verfahren gegen Dr. Erich Müllschitzky LG Wien Vg 7d Vr 4776/47.

aus dem er am 3. Juli desselben Jahres dem Landesgericht für Strafsachen Wien überstellt wurde. Mittlerweile war nämlich beim Volksgericht Wien eine Voruntersuchung gegen Dr. Erich Müllschitzky wegen § 8 (Registrierungsbetrug), §§ 10, 11 (Illegalität) Verbotsgesetz, § 4 (Verletzungen gegen die Menschlichkeit und Menschenwürde) Kriegsverbrechergesetz und § 101 StG (Amtsmissbrauch) eingeleitet worden.[562]

Im Rahmen dieser Voruntersuchung war er von den bereits erwähnten Zeugen Hermann Wendl, Polizeirat Dr. Otto Moravec und Polizeirat Rudolf Peternel schwer belastet worden. Bei seiner Verteidigungsstrategie setzte Müllschitzky seine bisherige Taktik fort, indem er u. a. behauptete, dass er 1944 aus der NSDAP und der SS ausgeschlossen worden sei. Diese Behauptung werden insbesondere durch die einschlägigen Unterlagen des Bundesarchivs Berlin widerlegt. Müllschitzky wurde 1944 nicht seine NSDAP-Mitgliedschaft aberkannt, sondern die NSDAP-Reichsleitung (Reichsschatzmeister, Hauptamt V, Mitgliedschaftswesen) in München hielt es im Oktober 1944 für erwiesen, dass die Anerkennung seiner frühen NSDAP-Mitgliedschaft vom 5. Mai 1932 zu Unrecht bestehe, da er bald nach dem Verbot der NSDAP in Österreich seine Mitgliedszahlungen eingestellt habe. Diese formelle Entscheidung bildete die Grundlage dafür, dass Müllschitzky rückwirkend mit 1. Jänner 1941 wieder in die NSDAP unter der neuen Mitgliedsnummer 8.978.607 aufgenommen wurde.[563]

Viel stärker und überzeugender wogen vor Gericht allerdings die zahlreichen Aussagen von ehemaligen jüdischen Gestapo-Häftlingen, die Müllschitzky bescheinigten, dass er sie vor der Deportation ins Konzentrations- bzw. Vernich-

---

562 Vgl. Verfahren gegen Dr. Erich Müllschitzky LG Wien Vg 7d Vr 4776/47.

563 Vgl. BDC-Unterlagen zu Dr. Erich Müllschitzky, PK, Film J 0217, Bild Nr. 1591, BA Berlin.

tungslager bewahrte, indem er sie wegen Transportunfähigkeit ins jüdische Spital, Malzgasse, verlegen ließ. Einige überlebende jüdische Zeugen sprachen sogar davon, dass er einer österreichischen Widerstandsbewegung angehört hätte.[564] Müllschitzky selbst gab in einer Zeugenaussage an, dass ihm die Gestapo die Ausstellung von zu vielen Haftunfähigkeitserklärungen für Juden zur Last gelegt habe und dass er deshalb verhört worden sei.[565] Müllschitzky – ein Widerstandskämpfer der letzten Stunde? Bei genauerer Betrachtung der Zusammenhänge zeigt sich, dass es dem SS-Polizeiarzt Müllschitzky eigentlich nicht um einen politischen Widerstand – gegen die NS-Judenverfolgung oder gegen Bereiche der NS-Herrschaft – ging, sonst hätte seine Argumentation und Begründung ganz anders ausgesehen. Tatsächlich ging es ihm um persönliche Vorteile: Spätestens 1943 dürfte er begonnen haben, am militärischen Endsieg des Nationalsozialismus zu zweifeln. Wie schon in der „Systemzeit" von 1934 bis 1938 begann Müllschitzky dank seiner opportunistischen Anpassungsgabe, einen Rückversicherungsplan für die Zeit nach einer eventuellen Niederlage zu schmieden, der erfolgversprechend war. Diese Rückversicherungsstrategie verfolgten im Übrigen auch andere Nationalsozialisten, u. a. die führenden Funktionäre der Gestapo Wien, Franz Josef Huber und Dr. Karl Ebner.[566] Müllschitzkys Kalkül schien auch aufzugehen: Jene Juden nämlich, die er retten

[564] Vgl. Eidesstattliche Erklärungen von Berta Kadanka, Wilhelm Jonak, Robert Hoch, Kurt Meyer, Edith Wildgans, Ernst Hampel, Dr. Fritz Rienzner, Julius Spielmann (ehemaliger Verwalter des jüdischen Spitals in der Malzgasse 16), Franziska Sandbank, Grete Sedlitz-Munk, Johann Hartl u. a., Verfahren gegen Dr. Erich Müllschitzky LG Wien Vg 7d Vr 4776/47.

[565] Niederschrift mit Dr. Erich Müllschitzky vom 26. 6. 1947, Verfahren gegen Dr. Erich Müllschitzky LG Wien Vg 7d Vr 4776/47.

[566] Thomas Mang, „Gestapo-Leitstelle Wien – Mein Name ist Huber". Wer trug die lokale Verantwortung für den Mord an den Juden Wiens? LitVerlag, Münster 2003, S. 167–173 u. 200 ff.

konnte bzw. wollte, waren nach 1945 bereit, für ihn auszusagen. Diejenigen, die von ihm keine Transportunfähigkeit attestiert erhalten hatten, würden kaum gegen ihn aussagen können, gab es doch unter den 1944/45 in ein Konzentrations- oder Vernichtungslager Deportierten wenig Überlebende. Diese Einschätzung teilte im Übrigen auch Polizeirat Dr. Otto Moravec, der Müllschitzky noch aus der Zeit vor 1938 kannte und im Volksgerichtsverfahren von 1947 einer der Hauptbelastungszeugen war: „Als der braune Äskulapjünger in den letzten Jahren die Aussichtslosigkeit des Krieges einzusehen begann, verwandelte er sich allmählich aus einem Saulus in einen Paulus. Seine ‚Bekehrung' kam unter anderem dadurch zum Ausdrucke, dass er diversen Personen, welche ein schlechtes Aussehen hatten, Rezepte zum Bezug erhöhter Lebensmittelrationen anbot. Auch behauptet er jetzt, einigen Leuten dazu verholfen zu haben, dass sie nicht einrücken mussten und will sogar der österreichischen Widerstandsbewegung angehört haben."[567]

Am 17. September 1947 wurde Müllschitzky aus der Untersuchungshaft entlassen. Auf Antrag der Staatsanwaltschaft beschloss die Ratskammer des Landesgerichts für Strafsachen Wien am 17. November 1948 die Einstellung des Verfahrens. Müllschitzky wurde allerdings kein Anspruch auf Haftentschädigung gewährt, da der Verdacht der Illegalität und der Vorwurf der Verletzung der Menschenwürde nicht völlig entkräftet worden sei.[568]

Nach der Einstellung seines Verfahrens dürfte es Müllschitzky gelungen sein, seine Zulassung als praktischer Arzt in seiner alten Ordination in Wien-Währing, Gentzgasse 64, zu

---

[567] Schreiben von Dr. Otto Moravec an die Staatsanwaltschaft beim Volksgerichtshof in Wien [recte: Volksgericht Wien] vom 23. 3. 1946, Verfahren gegen Dr. Erich Müllschitzky LG Wien Vg 7d Vr 4776/47.

[568] Beschluss der Ratskammer des Landesgerichts für Strafsachen Wien vom 17. 11. 1948, Verfahren gegen Dr. Erich Müllschitzky LG Wien Vg 7d Vr 4776/47.

erreichen. Über den weitere Werdegang Müllschitzkys wissen wir nur, dass er am 12. Juni 1951 BSA-Mitglied wurde.[569]

Kurt Zeman

Der Wiener Stadtphysikus Dr. Kurt Zeman gehörte zu jenen ehemaligen NS-ÄrztInnen, die ihre NS-Vergangenheit gegenüber den Behörden von vornherein verschwiegen. Ihre Karriere und ihr Leben waren auf einem Lügengebäude aufgebaut. Wer seine belastende Vergangenheit anderen gegenüber so konsequent verbarg, mied somit auch jede selbstkritische Auseinandersetzung mit dem NS-Erbe in der Öffentlichkeit. Wer seine NS-Verstrickung verleugnete, dem fehlte offenbar jede Bereitschaft, persönliche Fehler einzusehen, geschweige denn zu bereuen.

Zeman wurde im November 1920 in Wien geboren. Nach der Volksschule besuchte er acht Klassen der damaligen Mittelschule und legte im März 1938 die Reifeprüfung ab. Kurz darauf wurde er vom Reichsarbeitsdienst (RAD) und von der Wehrmacht eingezogen, in der er im Rang eines „Feld-Unterarztes" diente. Im November 1939 wurde er von der Wehrmacht für die Aufnahme seines Medizinstudiums freigestellt.[570] Während seines Medizinstudiums an der Universität Wien trat er mit Wirkung vom 1. Mai 1941 der SS bei. Drei Jahre später wurde er am selben Tag zum SS-Unterscharführer befördert.[571] Zeman absolvierte das Medizinstudium mit verschiedenen kriegsbedingten Unterbrechungen in nur zehn Semestern, im Juni 1946 promovierte er zum Doktor der gesamten Heilkunde. Von August bis September

[569] BSA-Beitrittsformular von Dr. Erich Müllschitzky, Archiv BSA Wien.
[570] Vgl. Personalakt Dr. Kurt Zeman, Magistratsabteilung 2 (Personalabteilung), Stadt Wien.
[571] BDC-Unterlagen zu Kurt Zeman, geb. 17. 11. 1920, Bestand SS-Mannschaften-Personalunterlagen, SM, BA Berlin.

1946 hospitierte er als Gastarzt in der Infektionsabteilung im Wilheminenspital in Wien. Ab Oktober 1946 setzte er seine Spitalsausbildung im Krankenhaus Korneuburg als Sekundararzt fort.[572] Auffallend ist, dass sich Kurt Zemann als ehemaliger SS-Angehöriger weder unmittelbar nach Erlass des Verbotsgesetzes 1945 noch nach der Verbotsgesetznovelle von 1947 registrieren ließ. Nach den Bestimmungen des Verbotsgesetzes in der Fassung von 1947 hätte sich Zeman aufgrund seiner ehemaligen SS-Zugehörigkeit ordnungsgemäß als „belasteter Nationalsozialist" registrieren lassen müssen. Eine Unterlassung der vorgeschriebenen Meldung bzw. eine wissentlich falsche Angabe betreffend die Zugehörigkeit zu einer NS-Organisation wurde nach den damaligen gesetzlichen Bestimmungen als Verbrechen des Betruges gewertet, für das der Rahmen einer Kerkerstrafe von einem bis fünf Jahren vorgesehen war. Der – in objektiver Hinsicht gegebene – Registrierungsbetrug von Zeman blieb aber unentdeckt und somit straffrei.

Am 27. Dezember 1948 trat er der Vereinigung Sozialistischer Ärzte Österreichs bei.[573] Auch dem BSA gegenüber verschwieg Zeman seine SS-Vergangenheit. Noch vor Beendigung seiner Arztausbildung im April 1950 begab sich das BSA-Mitglied Zeman auf die Suche nach einer festen Arbeitsstelle. Im März 1950 bewarb er sich auch bei der Stadt Wien, wo er wiederum die Unwahrheit über seine Vergangenheit deponierte. Im Fragebogen der Magistratsabteilung 2 der Stadt Wien (Personalabteilung) wurden die BewerberInnen u. a. danach gefragt, ob sie dem nach dem NS-Gesetz 1947 registrierungspflichtigen belasteten Personenkreis angehörten bzw. bei welcher Registrierungsbehörde sie sich regist-

[572] Vgl. Personalakt Dr. Kurt Zeman, Magistratsabteilung 2 (Personalabteilung), Stadt Wien.

[573] BSA-Mitgliederkartei, Archiv BSA Wien.

rieren ließen. Zeman gab in beiden Fällen eine verneinende Antwort, obwohl der Fragebogen die Belehrung in fett gedruckter Schrift enthielt, dass wissentlich falsche Angaben über die Zugehörigkeit zur NSDAP oder einer ihrer Gliederungen das Verbrechen des Registrierungsbetruges darstellten. Ferner musste Zeman mit seiner Unterschrift versichern, dass die von ihm gemachten Angaben richtig und vollständig seien und dass er die fristlose Entlassung aus dem Dienste zu erwarten habe, falls sich seine Angaben als unrichtig erweisen sollten.[574]

Unter diesen falschen Voraussetzungen wurde Zeman am 24. August 1950 als provisorischer Bezirksarzt in den Dienst der Stadt Wien gestellt. Als der Leiter des Bezirksgesundheitsamtes für den 21. Wiener Gemeindebezirk, vermutlich ein ehemaliger Nationalsozialist, gekündigt wurde, brachte ihn die Magistratsabteilung 15 (Gesundheitsamt) im September 1950 für diese Position in Vorschlag. Für seine definitive Anstellung wurde von ihm die Ablegung der Physikatsprüfung gefordert, die der mittlerweile zum Oberbezirksarzt Beförderte 1956 bestand. 1958 wurde Zeman zum Physikatsrat, 1962 zum Oberphysikatsrat ernannt. Mit Wirkung vom 1. August 1960 war Zeman innerhalb der Magistratsabteilung 15 mit dem Referat „Dienstaufsicht über alle Sanitätspersonen, Ärzte, Dentisten, Röntgen- und medizinisch-technische Assistenten" betraut. Neben seiner Tätigkeit als Referatsleiter der MA 15 stand Zeman als teilzeitbeschäftigter Arzt bei der Wiener Feuerwehr in einem privatrechtlichen Dienstverhältnis zur Stadt Wien. Darüber hinaus war ihm die Ausübung einer Privatpraxis als praktischer Arzt gestattet. Im Dezember 1967 wurde Zeman schließlich zum Stadtphysikus beför-

[574] Vgl. Personalakt Dr. Kurt Zeman, Magistratsabteilung 2 (Personalabteilung), Stadt Wien.

dert.[575] 1969 kandidierte Zeman, der auch dem Vorstand der BSA-Ärzte angehörte, auf der Liste der SPÖ bei den Wiener Landtags- und Gemeinderatswahlen. Von 1969 bis 1981 war Zeman Wiener SPÖ-Landtagsabgeordneter und -Gemeinderat.[576] 1981 legte er sein politisches Mandat zurück und ging auch als Stadtphysikus der Stadt Wien in Pension. Anlässlich seiner vierzigjährigen BSA-Mitgliedschaft erhielt Zeman 1988 vom BSA die „Goldene Ehrennadel" verliehen.[577]

Seine SS-Vergangenheit hatte Zeman seinem gesamten Umfeld bis zu seinem Tode im Jahr 2000 verschwiegen. Die beiden ehemaligen Vorsitzenden des BSA-Ärztefachverbands Dr. Ermar Junker und Dr. Kurt Steyrer zeigten sich ehrlich überrascht und glaubwürdig entsetzt, als sie im Gespräch mit den Autoren von Zemans SS-Zugehörigkeit erfuhren.[578] Durch sein fortgesetztes Verschweigen erschlich sich Zeman als Hausarzt aber auch das Vertrauen seines Patienten Univ.-Doz. Prof. Dr. Herbert Steiner, des Gründers und langjährigen Leiters des DÖW, der selbst NS-Opfer war. Auf manche überlebende NS-Opfer wirkte sich Zemans verdrängte SS-Vergangenheit noch viel dramatischer aus: Wie MitarbeiterInnen der österreichischen Historikerkommission herausgefunden haben, wurde auch Dr. Kurt Zeman als Amtsarzt vom Gesundheitsamt der Stadt Wien mit der Erstellung von Gutachten in Opferfürsorgefällen beauftragt. In ihrer Studie

[575] Ebd.

[576] Josef Rauchenberger (Hg.), Stichwort Demokratie. 50 Jahre Zeitgeschehen. Politisches Handbuch: Alles über Wahlen, Volksbefragungen, Volksbegehren und Volksabstimmung, Historische Hintergründe – Rechtsgrundlagen, Wahl- und Abstimmungsergebnisse, Personenindex, Wien 1994, S. 578.

[577] Liste mit den Namen jener ÄrztInnen, denen vom BSA 1988 die „Goldene Ehrennadel" verliehen wurde. Siehe: Sammlung von Unterlagen betreffend den BSA-Ärztefachverband, Privatarchiv Dr. Ermar Junker.

[578] Vgl. Interview der Verfasser mit Landessanitätsdirektor a. D. Hofrat Dr. Ermar Junker vom 17. 5. 2004 und Interview der Verfasser mit Bundesminister a. D. Dr. Kurt Steyrer vom 6. 5. 2004, DÖW.

Vollzugspraxis des Opferfürsorgegesetzes[579] kamen die AutorInnen zu dem Ergebnis, dass Zeman seine Gutachtertätigkeit von 1954–1960 ausübte, also genau in jenem Zeitraum, in dem der überwiegende Teil der Begutachtungen stattfand. In der Studie wird festgehalten, dass er 17,4 Prozent aller Gutachten erstellte und dass bei ihm die abschlägigen Bescheide mit 73 Prozent bei weitem überwogen. Zemans Ablehnungsrate lag demnach deutlich höher als jene von anderen Gutachtern im vergleichbaren Zeitraum. Als Illustration führt die Studie ein sehr anschauliches Beispiel der Frau P. T. an. Diese hatte sich geweigert, „die Beziehung mit ihrem jüdischen Lebensgefährten aufzugeben und sich außerdem für die sozialdemokratische Partei eingesetzt, worauf sie vom örtlichen Bauernführer angezeigt worden war. Nach kurzer Gestapohaft konnte sie durch ‚Bestechung eines Gestapomannes wieder in Freiheit gelangen.‘ Nach mehreren Verhören war sie Anfang 1943 neuerlich verhaftet worden und bis März 1945 im KZ Ravensbrück."[580] Als sie 1955 eine Opferrente beantragte, führte sie ihre Gesundheitsschäden an Herz, Lunge und Gelenken auf die KZ-Haft zurück. Gutachter Zeman kam jedoch zu einem konträren Ergebnis. Im Widerspruch zu einem eingeholten Befund stellte er fest, dass „keines der festgestellten Leiden [...] mit einer gewissen Wahrscheinlichkeit auf die 10 Jahre zurückliegende Haft bezogen werden"[581] könne.

[579] Karin Berger/Nikolaus Dimmel/David Forster/Claudia Spring/Heinrich Berger, Vollzugspraxis des „Opferfürsorgegesetzes". Analyse der praktischen Vollziehung des einschlägigen Sozialrechts. Entschädigung im Sozialrecht nach 1945 in Österreich 2, Wien 2002, S. 184 f. (Veröffentlichungen der österreichischen Historikerkommission. Vermögensentzug während der NS-Zeit sowie Rückstellungen und Entschädigungen seit 1945 in Österreich, hg. von Clemens Jabloner u. a., Bd. 29/2).

[580] Ebd., S. 184 f.

[581] Ebd., S. 185.

Die Opferrente für Frau P. T. wurde abgelehnt, wegen Erwerbslosigkeit erhielt sie jedoch eine Unterhaltsrente.[582] Ähnlich wie in dem bereits dargelegten Fall des Salzburger Psychiaters Univ.-Prof. Dr. Gerhart Harrer fehlte offenbar auch dem ehemaligen SS-Mitglied Dr. Kurt Zeman das nötige Verständnis und erforderliche Einfühlungsvermögen für die Situation der ehemaligen NS-Verfolgten, die nun abermals die Leidtragenden waren.

[582] OF-Wien, 101/55.

12. Der „Spiegelgrund“, der Fall Gross und der BSA

In Bezug auf die Reintegration der ehemaligen Nationalsozialisten ist der Fall des seinerzeitigen NS-Kindereuthanasiearztes Dr. Heinrich Gross der bekannteste und zugleich gravierendste für den BSA. Durch den Fall Gross erwuchs dem BSA seitens der kritischen Öffentlichkeit und insbesondere seitens der Medien ein enormer Imageschaden.

Deshalb geht es uns in diesem Kontext in erster Linie um die Klärung der Frage, wie Heinrich Gross in den BSA gelangen konnte. Da wir uns in diesem Kapitel auf die Aspekte seiner BSA-gestützten Karriere und auf den Umgang des BSA mit dem Fall Gross konzentrieren, soll zunächst der Werdegang des NS-Kindereuthanasiearztes in Form einer tabellarischen Chronologie überschaubar dargestellt werden:

Chronologische Darstellung des Falles Dr. Heinrich Gross[583]

14. 11. 1915 in Wien geboren

1932 HJ-Mitglied · 1933 Beitritt zur SA (SA-Sturmabteilung Nr. 13/99, April 1933 Scharführer) · 1934 SA-Sturm 21/4 · 1935 Bezirksschulungsführer · 1936 Sturmbannschulungsführer · 1937/38 Besuch der Brigadeführerschule · April 1937 Oberscharführer · Januar 1938 Truppführer des Sturms 11/81.

---

[583] Quellen: Urteil des Landesgerichts für Strafsachen Wien als Volksgericht gegen Dr. Heinrich Gross, Geschäftszahl Vg 1a 1601/48 Hv 128/50, 29. 3. 1950; Urteil des Oberlandesgerichts Wien als Berufungsgericht in der Strafsache gegen Dr. Werner Vogt, Geschäftszahl 6b E Vr 1001/79–30, 30. März 1981; Sachverhaltsdarstellung von OSTR. Prof. Mag. Waltraud Häupl, 18. November 1997; Anklageschrift der Staatsanwaltschaft Wien gegen Dr. Heinrich Gross, Geschäftszahl 23 b Vr 12100/97, 16. 4. 1999; BSA-Mitgliederkartei, Archiv BSA Wien. Literatur siehe: Matthias Dahl, Endstation Spiegelgrund: Die Tötung behinderter Kinder während des Nationalsozialismus am Beispiel einer Kinderfachabteilung in Wien 1940–1945, Diss., Göttingen 1996; Johann Gross, Spiegelgrund. Leben in NS-Erziehungsanstalten, Wien 2000; Wolfgang

Mai 1938 Erfassungsantrag für NSDAP-Mitgliedschaft (wurde von Gross am 10. 2. 1939 unterschrieben): Mitgliedsnummer 6.335.279; Eintrittsdatum 1. 5. 1938 · Januar 1939 Obertruppführer · 1940 Goldenes HJ-Ehrenzeichen Nr. 124.470.

15. 12. 1939 Promotion zum Dr. med. in Wien · ab 2. 1. 1940 Volontärarzt im Wiener Kaiserin-Elisabeth-Spital · ab 1. 2. 1940 Aushilfsanstaltsarzt (Vertragsbediensteter) in der Heil- und Pflegeanstalt der Stadt Wien, Abteilung Ybbs an der Donau; im Rahmen der Aktion T4 erlebt er dort den Abtransport erwachsener Geisteskranker.

Neugebauer, Die Klinik „Am Spiegelgrund" 1940–1945 – eine „Kinderfachabteilung" im Rahmen der NS-„Euthanasie". Sonderdruck aus: Studien zur Wiener Geschichte. Jahrbuch des Vereins für Geschichte der Stadt Wien Band 52/53, hg. von Ferdinand Opll und Karl Fischer, Wien 1996/97; Wolfgang Neugebauer, Zum Umgang mit der NS-Euthanasie in Wien nach 1945. In: Eberhard Gabriel/Wolfgang Neugebauer (Hg.), NS-Euthanasie in Wien, Wien 2000, S. 107–126; Wolfgang Neugebauer/Herwig Czech, Die „wissenschaftliche" Verwertung der Opfer der NS-Kindereuthanasie. Die Gehirnpräparatesammlung im Psychiatrischen Krankenhaus der Stadt Wien. In: Untersuchungen zur anatomischen Wissenschaft in Wien 1938–1945. Senatsprojekt der Universität Wien, Wien 1998, S. 477–505; Herwig Czech, Forschen ohne Skrupel. Die wissenschaftliche Verwertung von Opfern der NS-Psychiatriemorde in Wien. In: Eberhard Gabriel/Wolfgang Neugebauer (Hg.), Von der Zwangssterilisierung zur Ermordung. Zur Geschichte der NS-Euthanasie in Wien, Teil II, Wien 2002, S. 143–163; Herwig Czech, Selektion und Kontrolle. Der „Spiegelgrund" als zentrale Institution der Wiener Jugendfürsorge zwischen 1940 und 1945. In: Eberhard Gabriel/Wolfgang Neugebauer (Hg.), Von der Zwangssterilisierung zur Ermordung. Zur Geschichte der NS-Euthanasie in Wien, Teil II, Wien 2002, S. 165–187; Herwig Czech, Erfassung, Selektion und „Ausmerze". Das Wiener Gesundheitsamt und die Umsetzung der nationalsozialistischen „Erbgesundheitspolitik" 1938 bis 1945, Wien 2003; Peter Schwarz, Mord durch Hunger – „Wilde Euthanasie" und „Aktion Brandt" in Steinhof in der NS-Zeit. In: Eberhard Gabriel/Wolfgang Neugebauer (Hg.), Von der Zwangssterilisierung zur Ermordung. Zur Geschichte der NS-Euthanasie in Wien, Teil II, Wien 2002, S. 113–142; Michael Wunder/Ingrid Genkel/Harald Jenner, Auf dieser schiefe Ebene gibt es kein Halten mehr. Die Alsterdorfer Anstalten im Nationalsozialismus, hg. vom Vorstand der Alsterdorfer Anstalten, Pastor Rudi Mondry, Hamburg 1987. Darstellungen aus der Sicht von Zeitzeugen (Auswahl): Alois Kaufmann, Spiegelgrund Pavillon 18. Ein Kind im NS-Erziehungsheim, Wien 1993; Alois Kaufmann, Zeitzeugenbericht. In: Eberhard Gabriel/Wolfgang Neugebauer (Hg.), NS-Euthanasie in Wien, Wien 2000, S. 19–21; Johann Gross, Spiegelgrund. Leben in NS-Erziehungsanstalten, Wien 2000; Oliver Lehmann/Traudl Schmidt, In den Fängen des Dr. Gross. Das misshandelte Leben des Friedrich Zawrel, Wien 2001.

Tätigkeit in der Klinik „Am Spiegelgrund"

Ab 18. 11. 1940: Zuerst Aushilfsanstaltsarzt, dann Anstaltsarzt in der Anstalt der Stadt Wien „Am Spiegelgrund" in Wien XIV, Baumgartner Höhe 1 („Kinderfachabteilung", in der Folge wechselnde Bezeichnungen). Die Wiener städtische Jugendfürsorgeanstalt „Am Spiegelgrund" ist am 24. 7. 1940 in Betrieb genommen worden und umfasst zu diesem Zeitpunkt 9 Pavillons mit 640 Betten. Erster Leiter ist Dr. Erwin Jekelius, bis er im Januar 1942 zur Wehrmacht eingezogen wird. Nach der interimistischen Leitung durch Dr. Margarethe Hübsch übernimmt Dr. Ernst Illing am 1. 7. 1942 die Leitung der Klinik „Am Spiegelgrund" (Illing kommt aus der Landesanstalt Görden). Weitere Ärzte am Spiegelgrund sind: Dr. Marianne Türk und Dr. Helene Jokl.

Heinrich Gross kommt zuerst in die „Schulkinderabteilung", Abteilung für „schwer erziehbare Kinder", muss dort Kinder körperlich untersuchen, Eltern vorladen, mit ihnen Rücksprache halten.

Johann Gross wird mit 11 Jahren am Spiegelgrund eingeliefert. Sechsmal versucht er zu fliehen, wird aber immer wieder aufgegriffen. Als „Strafe" gibt es „Schwefelkuren" für die Beine und Injektionen, die tagelange Übelkeit hervorrufen („Speib"-Injektionen). Laut Johann Gross werden sie von Dr. Heinrich Gross verabreicht.

1941 oder 1942 wird die Anstalt neu gegliedert, sieben der neun Pavillons werden abgetrennt. Die Pavillons 15 und 17, mit 220 Betten, werden als eigene Kinderanstalt „zur Aufnahme der Fälle des Reichsausschusses zur wissenschaftlichen Erfassung von erb- und anlagebedingten schweren Leiden sowie von debilen, bildungsunfähigen Minderjährigen" geführt.

April 1941: Gross kommt auf Pavillon 15.

Juni/Juli 1941 und Januar 1942: Fortbildungskurse in Brandenburg (Brandenburg a. d. Havel war Tötungsanstalt der T4-Aktion, in der Landesanstalt Görden bei Brandenburg wurden Kinder getötet).

26. März 1942: Gross wird zur Wehrmacht eingezogen.

5. Mai 1942: Gross ist wieder am Spiegelgrund (Pavillon 15), uk (unabkömmlich) gestellt für die – für die Euthanasie zuständige – Kanzlei des Führers.

Am 18. 6. 1942 stirbt – dreijährig – Johann Wenzl, als er von Gross enzephalographiert wird. In fast allen Krankengeschichten sind Enzephalographien vermerkt, in mehreren Fällen wird diese belastende und schmerzhafte Untersuchung trotz schlechten Gesundheitszustandes der Patienten und ohne medizinische Notwendigkeit vorgenommen.

Am 26. September 1942 stirbt Annemarie Danner, geb. am 8. Mai 1938. Der behandelnde Arzt, Dr. Heinrich Gross, hat vierzehn Tage zuvor das bereits geschwächte Kind einer quälenden Enzephalographie unterzogen.

August 1942: Gross kommt auf Pavillon 17.

22. 3. 1943: Gross rückt neuerlich zur Wehrmacht ein, macht aber in der Folge weiterhin Besuche in der Anstalt (für eine wissenschaftliche Arbeit über Missbildungen) und in seinen Urlauben auch Dienst am Spiegelgrund.

1943 kommt eine größere Gruppe von Frauen und Mädchen aus Hamburg (228 aus Alsterdorf, 72 aus Langenhorn) nach Steinhof. Die 228 Alsterdorfer Patientinnen sind auf alle Pavillons von Steinhof aufgeteilt worden; 14 Mädchen kommen am 25. September 1943 in die „Kinderfachabteilung“ und werden von den Ärzten Dr. Illing, Dr. Gross und Dr. Türk „behandelt“. Alle 14 werden innerhalb von 3 ½ Monaten nach ihrer Aufnahme getötet. Bis Ende 1945 versterben 196 Mädchen und Frauen, das sind 86 %. Gross gehört zu den Ärzten, die über den Tötungsauftrag hinaus die Situation zu „wissenschaftlichen“ Zwecken ausnützen. Wie er in einem Interview 1978 selbst zugibt, besorgt er sich ca. 300 Gehirne von in der Kinderklinik bzw. in der Anstalt „Am Steinhof“ verstorbenen oder getöteten Patienten, die er für Hirnforschungen verwendet. 1955 veröffentlicht er zusammen mit Dr. Barbara Uiberrak eine Untersuchung des Gehirns einer aus Hamburg-Alsterdorf überstellten Patientin, Heide Grube, die neunjährig 1943 „euthanasiert“ worden ist. In ihrer Arbeit bedauern die beiden Autoren, dass es selten möglich sei, solche Gehirnanomalien wie bei Heide Grube anatomisch zu untersuchen, wobei jeder Hinweis auf die Umstände des Todes unterbleibt.

Gross kann seine wissenschaftliche Nachkriegskarriere zumindest teilweise auf Untersuchungen an Gehirnen behinderter Kinder aufbauen, die während des Nationalsozialismus in der Anstalt „Am Spiegelgrund“ „euthanasiert“ worden sind. Er findet für die Opfer kein Wort des Bedauerns oder Mitgefühls.

17. 7. 1944 bis Spätsommer 1944: Während eines Wehrmachtsgenesungsurlaubes arbeitet Gross freiwillig am Spiegelgrund, Pavillon 15. Tötungen geistig oder körperlich behinderter Kinder sind auch für diese Zeit belegt (die Tötungen erfolgen durch Morphium, Luminal oder Veronal, die injiziert oder den Speisen beigemengt werden, auch in Verbindung mit nachfolgendem Nahrungsmittelentzug). Vor den Tötungen muss mit einem Formular Meldung an den Reichsausschuss gemacht werden; der Reichsausschuss erteilt dann schriftlich die Ermächtigung zur „Todesbeschleunigung“. Von Gross persönlich unterzeichnete Meldungen liegen vor. Es werden auch Kinder eingeliefert, für deren Tötung die Ermächtigung des Reichsausschusses schon vorliegt.

Dr. Illing beantragt für 1944 für Gross eine „einmalige Sonderzuwendung" – alle beteiligten Ärzte und Pfleger der „Kinderfachabteilungen" erhielten am Jahresende solche „einmaligen Sonderzuwendungen" (Gross erhielt beispielsweise 1941 RM 200,–; auch für 1944 ist eine solche Zuwendung belegt).

Es sterben in dieser Zeit: Ernst Metzger, Johann Wizani, Lothar Rimmel, Hannes Pichler, Karoline Groißmayer, Roman Russ, Rainer von Scheidt, N. Pollak, Walter Nagl, das älteste dieser Kinder war 14 Jahre, das jüngste wenige Monate alt. Die Tötungen erfolgen durch Verabreichung medizinisch nicht indizierter Dosierungen der Schlafmittel Luminal und Veronal und durch Verringerung oder Einstellung der Nahrungszufuhr. Gross scheint in den Krankengeschichten als zumindest mitbetreuender Arzt namentlich auf.

Nachkriegsdaten

Mai 1945: Gross kommt in sowjetische Kriegsgefangenschaft.

18. 7. 1946: Urteil des Volksgerichtes Wien gegen Illing (Todesurteil) und Türk (10 Jahre schwerer Kerker) wegen Mordes; beide geben rund 200 Tötungen zwischen 1. 7. 1942 und April 1945 zu.

27. 12. 1947: Gross wird aus der Kriegsgefangenschaft entlassen und versteckt sich in Wien.

Anfang 1948: Flucht nach Köflach, Verhaftung am 1. 4. 1948, Überstellung in Untersuchungshaft.

9. 4. 1948: Urteil des Volksgerichtes Wien gegen Anna Katschenka, verantwortliche Krankenpflegerin (8 Jahre schwerer Kerker wegen Totschlags). Katschenka hält 250 Tötungen für die Zeit von Juli 1942 bis April 1945 für möglich.

Aufgrund der Ergebnisse der beiden genannten Volksgerichtsverfahren verdichtet sich der Verdacht der Mitverantwortung von Gross an den „Euthanasie-Tötungen“; ein Strafverfahren wird eingeleitet.

29. 3. 1950: Gross wird zu zwei Jahren schweren Kerkers verurteilt wegen des Verbrechens der Mitschuld am Totschlag in einem Fall. (Anna Katschenka beschuldigt ihn, ihr die Tötungen in einigen Fällen befohlen zu haben). In Ermangelung des Nachweises, dass Gross auch 1944 am Spiegelgrund tätig gewesen ist, erfolgt das Urteil für den Tatzeitraum 1941 bis 1943.

Gross und Katschenka werden nur wegen Totschlags (nach dem RStGB) verurteilt, weil die Rechtsprechung (bis 1997) davon ausgeht, dass an Geisteskranken oder -schwachen kein Mord (im Sinn einer heimtückischen Tötung) begangen werden könne, da den Betroffenen „die Einsicht fehle“.

27. 4. 1951: Der Oberste Gerichtshof (OGH) hebt das Urteil auf und weist es an die Erstinstanz zurück.

25. 5. 1951: Die Staatsanwaltschaft zieht den Strafantrag zurück.

29. 5. 1951: Das Verfahren wird eingestellt. Gross erhält jedoch keine Haftentschädigung, weil die Verdachtsmomente nicht entkräftet waren.

Gross wird wieder in den Dienst der Gemeinde Wien genommen, zunächst als Anstaltsarzt im Psychiatrischen Krankenhaus Rosenhügel, dann wieder in der Heil- und Pflegeanstalt „Am Steinhof“.

6. 7. 1951: Aufnahme von Gross in den BSA (BSA-Fachverband: Sozialistische Ärztevereinigung Österreichs); Gross ist später auch im „Felix-Mandl-Kreis“ aktiv.

1953: Gross tritt der SPÖ bei (Mitglied Nr. 011.598).

Ab 1958: Tätigkeit als Gerichtsgutachter auf dem Gebiet der Psychiatrie und Neurologie (in der Folge wird Gross zum meistbeschäftigten und damit bestverdienenden Gerichtspsychiater in Österreich – er verfasst nach eigenen Angaben allein bis 1978 12.000 Gutachten). Selbst einstige Zöglinge vom Kinderheim „Am Spiegelgrund“ werden von Dr. Gross wieder begutachtet.

1959: Preis der Theodor-Körner-Stiftung.

1962: Primarius in der Anstalt „Am Steinhof“. Kandidat für die Stelle des Ärztlichen Direktors.

Sein Habilitationsversuch scheitert, als die Herkunft des verwendeten Untersuchungsmaterials bekannt wird – Gross hat für diese Arbeit Gehirnschnitte von Kindern verwendet, die während des Nationalsozialismus in der Wiener Kinderfachabteilung gestorben sind.

1968: Chefarzt und Direktor des Ludwig Boltzmann-Institutes zur Erforschung der Missbildungen des Nervensystems. Bereits 1952 hat Gross begonnen, wissenschaftliche Arbeiten auf der Grundlage der Gehirnpräparate der Euthanasieopfer zu publizieren.

1975: Österreichisches Ehrenkreuz für Wissenschaft und Kunst 1. Klasse.

1975: Mitherausgeber von „Forensia“ (Zeitschrift für Gerichtspsychiatrie – Mitherausgeber Prof. G. Harrer, Salzburg, SS-Mann Nr. 303.067).

1975: Gross erstellt ein Gerichtsgutachten über den ehemaligen Zögling des Erziehungsheims Am Spiegelgrund Friedrich Zawrel, der seinen einstigen Peiniger aus der NS-Zeit wiedererkennt. Gross verspricht Zawrel bei dessen Verfahren zu helfen, falls dieser über Gross‘ NS-Vergangenheit stillhält. Tatsächlich bezieht sich Gross bei seinem Gutachten auf ein Vorgutachten aus dem Jahr 1944, das von dem 1948 vom Volksgericht Wien wegen Mordes zum Tode verurteilten Leiter der Kinderfachabteilung Am Spiegelgrund Dr. Illing erstellt worden ist. In seinem Gutachten über Zawrel wiederholt Gross im Wesentlichen jene stereotypischen Charakterisierungen, die die Diktion und Mentalität der NS-Psychiatrie widerspiegeln. Aufgrund dieses Gutachtens wird Zawrel in eine Anstalt für gefährliche Rückfallstäter untergebracht, obwohl Gross ihm ursprünglich ein günstiges Gutachten in Aussicht gestellt hat.

1976: Friedrich Zawrel wendet sich in zwei Briefen an Justizminister Dr. Christian Broda, in denen er diesen darauf aufmerksam macht, dass Gross Teile des Illing-Gutachtens aus der NS-Zeit verwendet. Beide Male erhält er keine Antwort.

Dezember 1978: Aufgrund eines Interviews von Friedrich Zawrel im Kurier wird die NS-Vergangenheit von Gross in den Medien (Profil etc.) thematisiert. Der Arzt Dr. Werner Vogt und die Arbeitsgemeinschaft Kritische Medizin setzen sich mit dem Fall Gross auseinander.

20. 1. 1979: Bei einer wissenschaftliche Tagung der Forensischen Psychiatrie und Neurologie zum Thema „Tötungsdelikte von Geisteskranken“ in Salzburg soll auch Gross referieren. Die AG Kritische Medizin protestiert, Gross lässt sein angekündigtes Referat über „Tötungsdelikte Schizophrener“ von einem Kollegen vortragen. Dr. Vogt beschuldigt Gross öffentlich, an der Tötung von Hunderten angeblich geisteskranken Kindern beteiligt gewesen zu sein. Gross klagt Vogt wegen Ehrenbeleidigung. Vogt wird im Februar 1980 in erster Instanz „generalpräventiv“ zu einer Geldstrafe von 32.000 Schilling und einer Geldbuße an Gross in der Höhe von 10.000,– Schilling verurteilt. In zweiter Instanz wird dieses Urteil aufgehoben und Vogt freigesprochen. Im rechtskräftigen Urteil des Oberlandesgerichts Wien vom 30. März 1981 heißt es wörtlich:

„Aus den vom Berufungsgericht zum Thema des Wahrheitsbeweises getroffenen eigenen Feststellungen ergibt sich nun, dass Dr. Heinrich Gross an der Tötung einer unbestimmten Zahl von geisteskranken, geistesschwachen oder stark missgebildeten Kindern [...] mitbeteiligt war, wobei diese unbestimmte Zahl zwar eine größere war, aber sicher nicht in die Hunderte ging. Seine Mitbeteiligung bestand darin, dass er als Leiter der Abteilung für Säuglinge und Kleinkinder [...] eine größere Zahl von Formularen B 141 zur Meldung dieser ausgewählten Kinder an den Reichsausschuss ausfüllte, wobei diese Meldungen die Grundlage für die spätere Euthanasierung bildeten, in Einzelfällen die Formularmeldungen als Vertreter des Anstaltsleiters auch selbst unterschrieb, und in einigen wenigen Fällen der ihm unterstellten Stationsschwester Anna Katschenka den Auftrag gab, die Kinder, hinsichtlich welcher vom Reichsausschuss in Berlin die Ermächtigung zur Tötung erteilt worden war, tödlich Tabletten oder Injektionen zu verabreichen."

Strafrechtliche Konsequenzen sind mit diesem Urteil aber für Gross nicht verbunden (siehe dazu im Abschnitt „Fall Gross"). Er kann bis Ende der 90er Jahre seiner Tätigkeit als Gerichtsgutachter nachgehen.

1981: Pensionierung von Gross.

27. 4. 1981: Auf Beschluss des Vorstands der SPÖ-Landesorganisation Wien (Landesparteisekretär GR Rudolf Edlinger) erfolgt der Ausschluss von Gross aus der SPÖ.

30. 4. 1981: Gross erhebt Einspruch gegen seinen SPÖ-Ausschluss und ersucht um Einberufung einer Schiedskommission.

20. 5. 1981: Entscheidung des Vorstandes der Sozialistischen Ärztevereinigung Österreichs, die BSA-Mitgliedschaft von Gross so lange zu sistieren, bis dessen Berufungsverfahren in der SPÖ abgeschlossen ist. Ab diesem Zeitpunkt ruht die BSA-Mitgliedschaft von Gross.

2. 9. 1981: Das Schiedsgericht der SPÖ-Landesorganisation Wien bestätigt in seinem Schiedsspruch den SPÖ-Ausschluss von Gross.

8. 10. 1981: Gross beruft gegen den Schiedsspruch und fordert die Aufhebung seines Parteiausschlusses.

12. 7. 1982: Das Schiedsgericht des Bundesparteivorstandes der SPÖ gibt der Berufung von Gross keine Folge und bestätigt dessen Parteiausschluss.

25. 5. 1988: Gross wird mit einstimmigem Beschluss des Vorstands der Sozialistischen Ärztevereinigung Österreichs aus dem BSA ausgeschlossen.

1989: Auf Druck des Wissenschaftsministeriums muss Gross seine Leiterfunktion im Ludwig-Boltzmann-Institut für Klinische Neurobiologie zurücklegen, die er gemeinsam mit Univ.-Prof. Dr. Kurt Jellinger ausgeübt hat.

März 1997: Aufgrund neuer belastender Quellen erstattet das Dokumentationsarchiv des österreichischen Widerstandes Strafanzeige gegen Dr. Heinrich Gross.

Jänner 1998: Bei einer Pressekonferenz anlässlich des Symposiums „Zur Geschichte der NS-Euthanasie in Wien" bezeichnet der damalige Wiener Gesundheitsstadtrat und Vizebürgermeister Dr. Sepp Rieder Heinrich Gross als „Mörder".

1998: Einleitung eines Strafverfahrens beim Landesgericht für Strafsachen Wien wegen Verbrechen des Mordes als Beteiligter in 9 Fällen im Zeitraum 17. 7. 1944 bis Spätsommer 1944.

1999: Anklage der Staatsanwaltschaft Wien.

März 2000: Unterbrechung der Verhandlung aus Gesundheitsgründen. Bis heute ist das Strafverfahren gegen Heinrich Gross wegen dessen angeblich schlechten Gesundheitszustandes (senile Demenz) nicht wieder aufgenommen worden.

6. 4. 2000: Die Erklärung des SPÖ-Vorsitzenden Dr. Alfred Gusenbauer „Zur Aufarbeitung des NS-Erbes in der Zweiten Republik im Rahmen der SP-Zukunftsdiskussion" erfolgt nicht zuletzt durch die Diskussion um Heinrich Gross.

28. 4. 2002: In Anwesenheit von Bundespräsident Dr. Thomas Klestil und von Wiens Bürgermeister Dr. Michael Häupl findet auf dem Wiener Zentralfriedhof die feierliche Beisetzung der noch aus der NS-Zeit vorhandenen Spiegelgrund-Präparate in einem Ehrengrab der Stadt Wien statt.

Der Fall Gross

Bei der Beantwortung der Frage, auf welche Weise bzw. unter welchen Umständen der vormalige NS-Kindereuthanasiearzt Dr. Heinrich Gross seinen Weg zum BSA gefunden hat, spielt Dr. Alfred Gisel eine entscheidende Rolle. Beide mussten sich schon aus der Zeit vor 1945 gekannt haben: Denn in der Wiener biologischen Gesellschaft, einer Fachgruppe der Wiener medizinischen Gesellschaft, in der der junge schon damals am Spiegelgrund tätige Arzt Heinrich Gross bereits im November 1942 einen Vortrag gehalten hatte[584], fungierten der nationalsozialistische Rektor der Universität Wien und Professor für Anatomie Dr. Eduard Pernkopf als Leiter und dessen Assistent Dr. Gisel[585] als Schatzmeister (Kassen-

[584] Heinrich Gross, Zur Morphologie des Schädels bei der Acrocephalosyndaktylie. In: Morphologisches Jahrbuch 92, 1952, S. 350–372. U. a. bezog sich Gross darin auf den Fall des in der „Kinderfachabteilung Am Spiegelgrund" zu Tode gebrachten Günther Pernegger, den er bereits am 23. Nov. 1942 in der Wiener biologischen Gesellschaft vorgetragen hatte. Vgl. Herwig Czech, Dr. Heinrich Gross – Die wissenschaftliche Verwertung der NS-Euthanasie in Österreich. In: DÖW-Jahrbuch 1999, Wien 1999, S. 60.

[585] Zugleich war Dr. Alfred Gisel Geschäftsführer des DRK-ärztlichen Seminars, das unter der Leitung des Wiener SS-Obersturmbannführers und DRK-Wehrkreisleiters Dr. Walter Ott, der 1934 am so genannten Juliputsch der Nationalsozialisten in Österreich teilgenommen hatte, stand. Daneben fungierte Dr. Gisel als DRK-Feldführer in

wart).[586] In sowjetischer Kriegsgefangenschaft (1945–1947) lernte Gross schließlich Gisel näher kennen. Dr. Alfred Gisel, der später dem BSA-Ärztevorstand angehörte und langjähriger Vorsitzender der BSA-Hochschullehrer war, ermöglichte Gross die sukzessive Annäherung an die Sozialdemokratie. Die gemeinsamen Erfahrungen aus der Zeit der Kriegsgefangenschaft begründeten zwischen beiden Männern ein Naheverhältnis, das von gegenseitiger Wertschätzung geprägt war. Im Interview führte Dr. Alfred Gisel aus, dass er und Gross zunächst in einem Polizeilager in Posen interniert waren. Danach wurden sie in ein Kriegsgefangenenlager nach Kohtla-Järve in Estland transferiert, in dem Gross – neben seiner dortigen Ambulanztätigkeit – zusammen mit dem späteren Obermedizinalrat Dr. Hermann Hüttler aus Tulln in einer Theatergruppe spielte.[587] Alfred Gisel zufolge sprach Gross zum damaligen Zeitpunkt nicht über seine NS-Vergangenheit bzw. seine frühere Tätigkeit als Arzt in der „Kinderfachabteilung Am Spiegelgrund". Nach Gisels Darlegung soll Gross nur einmal, als dessen mögliche Entlassung aus der Kriegsgefangenschaft zur Diskussion stand, ihm gegenüber folgende Andeutung gemacht haben: „Ich glaube, ich werde Schwierigkeiten haben, wenn ich heimkomme."[588]

der Zuteilung der Medizinstudierenden zum verpflichtenden Krankenpflegepraktikum. Dr. Gisel gehörte jedoch nicht der NSDAP an. Siehe: Walther Ott, DRK-ärztliches Seminar. In: Wiener Klinische Wochenschrift, 56. Jg., Nr. 9, 1943, S. 161 f. Für diesen Hinweis danken die Verfasser o. Univ.-Prof. DDr. Michael Hubenstorf, dem Vorstand des Instituts für Geschichte der Medizin der Medizinischen Universität Wien.

[586] Siehe: Eduard Pernkopf, Eröffnungsansprache zur Gründung der Wiener biologischen Gesellschaft am 1. Dezember 1941. In: Wiener Klinische Wochenschrift, 55. Jg., Nr. 1, 1942, S. 1–2. Für diesen Hinweis danken die Verfasser o.Univ.-Prof. DDr. Michael Hubenstorf, dem Vorstand des Instituts für Geschichte der Medizin der Medizinischen Universität Wien.

[587] Vgl. Interview der Verfasser mit Univ.-Prof. Dr. Alfred Gisel vom 21. 7. 2003, DÖW.

[588] Ebd.

Auch nach der Rückkehr aus der Kriegsgefangenschaft hielt Gisel Kontakt zu Gross. So weiß Gisel u. a. davon zu berichten, dass Gross nach seiner Heimkehr in einer Wiener Apotheke auf der Freyung arbeitete. 1948 wurde Gross in Köflach verhaftet und in das Landesgericht für Strafsachen Wien überstellt. Gegen ihn wurde vom Volksgericht Wien ein Verfahren wegen des Verdachts der Mitverantwortung an den „Euthanasie-Tötungen" in der Kinderfachabteilung „Am Spiegelgrund" eingeleitet.[589] Im Interview mit den Verfassern behauptete Gisel, dass er damals keine Kenntnis von der Tätigkeit Gross' als NS-Kindereuthanasiearzt vom Spiegelgrund gehabt habe. Ferner betonte Gisel, dass ihm dessen Mutter geschrieben habe, dass Gross aus dem Gefängnis entlassen worden sei.[590] Diese Darstellung hält einer quellenkritischen Überprüfung nicht stand: Es ist wenig glaubwürdig, dass Dr. Gisel als Arzt, SPÖ- und BSA-Funktionär von den gerichtlichen Untersuchungen gegen Dr. Gross nichts gewusst haben will. Über die damaligen Volksgerichtsverfahren gegen die NS-EuthanasietäterInnen vom Spiegelgrund wurde in den österreichischen Zeitungen zum Teil sehr ausführlich berichtet. Bereits am 10. April 1948 stand in der Arbeiter-Zeitung unter dem Titel „Der Kriegsverbrecher Dr. Groß verhaftet" zu lesen: „Der Wiener Polizei ist es nach langwierigen Erhebungen gelungen, den Aufenthaltsort des Dr. Heinrich Groß auszuforschen, der Arzt der Heil- und Pflegeanstalt Am Steinhof gewesen ist. Er wird beschuldigt, vor dem Jahre 1945 gemeinsam mit dem bereits zum Tod verurteilten Arzt Dr. Illing Euthanasie (Tötung von unheilbar Kranken) an Erwachsenen und Kindern durchgeführt zu haben. Dr. Groß

[589] Verfahren gegen Dr. Heinrich Gross beim Volksgericht Wien, LG Wien Vg 1a Vr 1601/48 und Vg 1i Vr 174/51 (= DÖW 22.854).

[590] Vgl. Interview der Verfasser mit Univ.-Prof. Dr. Alfred Gisel vom 21. 7. 2003, DÖW.

wurde durch die Gendarmerie Köflach festgenommen und dem Landesgericht Wien eingeliefert."[591] Dass Alfred Gisel über die Verwicklung von Gross in die NS-Euthanasie informiert gewesen sein musste, geht aus dem Protokoll der Vorstandssitzung der Ludwig-Boltzmann-Gesellschaft vom 27. Februar 1968 hervor, das von Dozent Dr. Alfred Gisel als Schriftführer-Stellvertreter mitunterzeichnet ist. Bei dieser Vorstandssitzung, bei der über die Gründung eines eigenen Forschungsinstituts für Gross beraten wurde, wies Gisel die Anwesenden expressis verbis auf die spezifische Vergangenheit von Gross hin: „Er wolle allerdings nicht verschweigen", so steht es im Protokoll, „dass Dr. Gross nach dem Krieg in ein Gerichtsverfahren verwickelt war, da er angeblich zu einem Kreis junger Ärzte gehört habe, die an der Vernichtung so genannten untauglichen Lebens beteiligt gewesen sein sollen. Er müsse dazu ergänzen, dass er damals Dr. Gross im Landesgericht besucht habe, dieser aber bei dem Besuch gesagt habe, dass man keinesfalls für ihn intervenieren, sondern das Verfahren seinen normalen Lauf nehmen solle. Dr. Gross sei dann auch freigesprochen worden."[592] Abgesehen von der Tatsache, dass das Verfahren gegen Gross nicht mit einem Freispruch, sondern mit einer Verfahrenseinstellung endete, beweist diese Aussage Gisels, dass er über den Prozess gegen Gross Bescheid gewusst haben musste, da er ihn ja während dessen Haft im Landesgericht Wien besucht hatte. Heinrich Gross selbst berief sich bei seiner Verteidigung vor dem Schiedsgericht des Bundesparteivorstandes der SPÖ, das am 12. Juli 1982 über den endgültigen SPÖ-Ausschluss von Gross zu entscheiden hatte, auf Alfred Gisel als einen

[591] „Der Kriegsverbrecher Dr. Groß verhaftet". In: Arbeiter-Zeitung vom 10. 4. 1948, S. 4.

[592] LBG, Protokoll der Vorstandssitzung vom 27. 2. 1968; Vgl. Czech, Erfassung, Selektion und „Ausmerze", a. a. O., S. 122 f.

Kronzeugen. Gross führte bei seiner Vernehmung aus, dass er 1951 dem BSA und 1953 der SPÖ beigetreten war. Er stellte klar, dass zu diesem Zeitpunkt seine Vergangenheit bekannt gewesen sei. Auf die Frage des Beisitzers, Rechtsanwalt Dr. Herbert Schachter, woraus er den Schluss zöge, dass zum damaligen Zeitpunkt das Verfahren, das gegen ihn gelaufen war, allgemein bekannt gewesen sei, erwiderte Gross, „dass seine Vergangenheit und auch die Tatsache des Gerichtsverfahrens rund um den Steinhof und auch im Kreise der Ärzteschaft allgemein bekannt gewesen seien. Er selbst habe noch 1957, als er Primararzt wurde, nach Rücksprache mit Dr. Gisel, Dr. [Emil] Tuchmann darauf hingewiesen."[593]

Im Lichte dieser Quellenauswertung erscheint Dr. Alfred Gisel als einer der wichtigsten Förderer von Heinrich Gross. Es ist mit großer Wahrscheinlichkeit anzunehmen, dass Heinrich Gross seinen BSA-Beitritt der Fürsprache von Alfred Gisel zu verdanken hat. Dr. Heinrich Gross wurde in der Sitzung des Vorstandes der Sozialistischen Ärztevereinigung Österreichs vom 6. Juli 1951 in den BSA aufgenommen.[594] Ein Protokoll dieser Vorstandssitzung ist nicht erhalten. Nach den Erinnerungen der damaligen BSA-Ärztefunktionäre Dr. Alfred Gisel und Dr. Kurt Steyrer bildete die NS-Vergangenheit von Dr. Gross kein Gesprächs- oder Diskussionsthema.[595] In diesem Zusammenhang kann dem BSA aus heutiger Sicht der Vorwurf nicht erspart werden, dass er sichtlich kein Interesse an einer Überprüfung der NS-Vergangenheit von Dr. Heinrich Gross hatte. Dabei hätte es

[593] Protokoll der Sitzung vom 12. 7. 1982, Verfahren des Schiedsgerichts des Bundesparteivorstandes der SPÖ gegen Dr. Heinrich Gross, Archiv VGA Wien.

[594] Vgl. BSA-Mitgliederkartei und Beitrittserklärung von Dr. Heinrich Gross, Archiv BSA Wien.

[595] Vgl. Interview der Verfasser mit Univ.-Prof. Dr. Alfred Gisel vom 21. 7. 2003 und Interview der Verfasser mit Bundesminister a. D. Dr. Kurt Steyrer vom 6. 5. 2004, DÖW.

genügend Anhaltspunkte gegeben, die im Fall Gross eine genauere Nachforschung gerechtfertigt hätten: Gross selbst gab in seiner wenige Tage nach der gerichtlichen Verfahrenseinstellung erfolgten BSA-Beitrittserklärung vom 6. Juni 1951 ganz offen an, dass er von 1941 bis 1943 als Arzt in der „Heil- und Pflegeanstalt ‚Steinhof' (Nervenklinik für Kinder)" tätig gewesen war.[596] Ganz offenkundig wurde Gross auch von der im Zeitraum 1949 bis 1952 üblich gewesenen Aufnahmepraxis ausgenommen, wonach der jeweilige Beitrittskandidat an Eides statt zu erklären hatte, „dass er nicht dem nach § 17 Abs. 2/NS-Gesetz 1947 registrierungspflichtigen Personenkreis angehört". Während selbst NS-Opfer, wie beispielsweise die beiden Remigrantinnen Dr. Stella Klein-Löw[597] und Dr. Erna Sailer[598], diese Erklärungen mit ihrer Unterschrift

[596] Beitrittserklärung von Dr. Heinrich Gross, Archiv BSA Wien.

[597] Dr. Stella Klein-Löw (1904–1986), Pädagogin, war seit frühester Kindheit in der sozialdemokratischen Bewegung, vor allem im Bildungsbereich, tätig. Ab 1933 unterrichtete sie im Chajesgymnasium des Vereines Jüdisches Realgymnasium. Nach dem Bürgerkrieg im Februar 1934 wirkte Klein-Löw in den Reihen der Revolutionären Sozialisten. In der NS-Zeit musste sie nach England emigrieren, wo sie der Labour Party beitrat. 1946 kehrte sie nach Wien zurück, wo sie zunächst wieder Lehrerin und später Direktorin eines Gymnasiums wurde. Von 1959 bis 1970 war sie Abgeordnete zum Nationalrat und Schulsprecherin der SPÖ. Vgl.: Gedenken und Mahnen in Wien 1934–1945. Gedenkstätten zu Widerstand und Verfolgung, Exil, Befreiung. Eine Dokumentation, hg. vom DÖW, Wien 1998, S. 94 f.

[598] Dr. Erna Sailer (1908–2004), Juristin, UN-Beamtin, Botschafterin, trat 1926 der SDAP bei. Sie beteiligte sich 1934 am Bürgerkrieg. Sie war mit Karl Hans Sailer, einem führenden Funktionär der Revolutionären Sozialisten, verheiratet. 1938 gelang ihr mit einem falschen Pass via Schweiz die Flucht nach Frankreich, wo sie in Paris bei einer Fluchthilfeorganisation mitarbeitete. 1940 flüchtete sich vor den deutschen Truppen nach Südfrankreich, anschließend über Spanien und Portugal in die USA, New York. 1946 kehrte sie wieder nach Österreich zurück und machte als UN-Beamtin und später als Diplomatin im Dienst des Bundesministeriums für Auswärtige Angelegenheiten (BMfAA) Karriere: 1960–63 UNO-Bevollmächtigte zur Integration von Flüchtlingen (Displaced Persons) in Österreich, 1963 im BMfAA für Aufbau und Organisation der Entwicklungshilfe zuständig. 1970 UNO-Bevollmächtigte zur Erstellung eines Berichts an den Sicherheitsrat über die Lebensfähigkeit von Bangladesh. 1971–74 österreichische Botschafterin in Indien. Vgl.: Exildatenbank, DÖW.

zeichnen mussten, ist eine solche Erklärung von Dr. Heinrich Gross in den Beständen des BSA nicht vorhanden.[599]

Mit seiner Aufnahme in den BSA stand der weiteren Karriere des Euthanasiearztes Dr. Heinrich Gross nichts mehr im Wege. Zwei Jahre später – 1953 – trat er der SPÖ bei. Insbesondere im BSA stieß er auf viele ehemalige Gesinnungsfreunde. 1965 gehörte er dem Komitee für die Wiederwahl von Bundespräsident Franz Jonas an. Seine medizinische Karriere setzte Dr. Gross als Facharzt für Psychiatrie fort und konnte 1954 wieder in den Dienst der Stadt Wien treten. Bereits 1957 fungierte er als Primarius im neurologischen Krankenhaus Rosenhügel. 1962 kehrte er an die Stätte seiner Euthanasietätigkeit zurück und wurde Primarius einer Abteilung im Psychiatrischen Krankenhaus der Stadt Wien („Am Steinhof").[600] Dort wurde ihm zu günstigsten Bedingungen auch eine Wohnung überlassen, die er bis Mitte 1997 innehatte.[601]

Seit 1951 publizierte Dr. Gross auch wieder wissenschaftliche Arbeiten, wobei er ungeniert die von ihm mitgeschaffenen Gehirnpräparate aus der NS-Zeit benützte.[602] Dass diese Präparate – die Zahlenangaben differieren zwischen 700 und 1100 (zuletzt waren es über 400) – überhaupt aufbewahrt und dem an den Tötungshandlungen Mitbeteiligten zur Verfügung gestellt wurden, zeigt nicht nur welche grundsätzliche Einstellung zu Opfern und Tätern damals vorherrschend war, sondern ist auch ein Indiz für das Vorhandensein ärztlicher

[599] Vgl. Gründungsmappe BSA, Archiv BSA Wien.

[600] Vgl. Neugebauer, Zum Umgang mit der NS-Euthanasie in Wien nach 1945, a. a. O., S. 114.

[601] Dieses Mietverhältnis wurde auf Betreiben von Vizebürgermeister Dr. Rieder aufgelöst.

[602] Vgl. Matthias Dahl, Endstation Spiegelgrund. Die Tötung behinderter Kinder während des Nationalsozialismus am Beispiel einer Kinderfachabteilung in Wien, Wien 1998, S. 122 ff.; Czech, Erfassung, Selektion und „Ausmerze", a. a. O., S. 118–126.

Seilschaften aus der NS-Zeit.[603] 1959 erhielt Gross für seine wissenschaftliche Tätigkeit einen Preis aus der SPÖ-nahen Theodor-Körner-Stiftung. Schließlich wurde er 1968 Leiter eines eigens für ihn geschaffenen Instituts zur Erforschung der Missbildungen des Nervensystems der damals gleichfalls SPÖ-nahen Ludwig-Boltzmann-Gesellschaft.[604]

Gross' Bemühungen, sich an der medizinischen Fakultät zu habilitieren, scheiterten zwar ebenso wie seine Ambition, Direktor des Psychiatrischen Krankenhauses Baumgartner Höhe („Steinhof") zu werden. Dessen ungeachtet zeichnete ihn die Republik Österreich 1975 mit einem hohen Orden, dem Ehrenzeichen für Wissenschaft und Kunst 1. Klasse, aus.[605]

Gross bewegte sich damals in einem Milieu eher linker, fortschrittlicher Wissenschaftler. So rühmte er sich, gemeinsam mit Prof. Hans Hoff publiziert zu haben. Als Mitherausgeber der Forensia. Interdisziplinäre Zeitschrift für Recht – Neurologie, Psychiatrie und Psychologie arbeitete Gross ab 1975 mit angesehenen Psychiatern wie Walter Spiel, Hans Strotzka, Willibald Sluga und Peter Berner zusammen; auch der Rechtswissenschaftler Friedrich Nowakowski, ein ehemaliger NS-Staatsanwalt, und der Salzburger Psychiatrieprofessor Gerhart Harrer, ein ehemaliger SS-Angehöriger, wirkten in diesem Kreis mit.

1977 beteiligte sich Gross gemeinsam mit Harrer, Sluga und Otto Schiller an einer Delegation der kommunistischen Volksstimme in die Sowjetunion, die der Weißwäsche der

---

[603] Vgl. Arbeitsgemeinschaft Kritische Medizin, Gross als Forscher und die Ideologie der NS-Hirnforschung. In: Eingriffe. Informationen der Arbeitsgemeinschaft Kritische Medizin 1/2, 1980, S. 22–25.

[604] Vgl. Neugebauer, Zum Umgang mit der NS-Euthanasie in Wien nach 1945, a. a. O., S. 115; Czech, Erfassung, Selektion und „Ausmerze", a. a. O., S. 122 f.

[605] Vgl. Neugebauer, Zum Umgang mit der NS-Euthanasie in Wien nach 1945, a. a. O., S. 114.

wegen Dissidentenverfolgung international angeprangerten sowjetischen Psychiatrie diente.[606]

Aufgrund einer Empfehlung des Psychiatrieprofessors Erwin Stransky wirkte Gross seit 1958 als Gutachter und wurde zum meistbeschäftigen und damit bestverdienenden Gerichtspsychiater Österreichs. Allein bis 1978 schaffte er nach eigenen Angaben 12.000 Gutachten. Selbst einstige Zöglinge vom Kinderheim am „Spiegelgrund", wie Friedrich Zawrel (siehe Chronologie), wurden von Dr. Gross wieder begutachtet.[607]

Erst die öffentliche Kontroverse mit Dr. Werner Vogt führte zum Karrierebruch für Dr. Heinrich Gross. Als der junge Arzt Dr. Vogt zusammen mit Vertretern der Arbeitsgemeinschaft Kritische Medizin im Jänner 1979 in einem Flugblatt gegen einen Vortrag von Dr. Gross an der von Prof. Harrer geleiteten Landesnervenklinik Salzburg über „Tötungsdelikte von Geisteskranken" protestierte und diesem die Mitwirkung „an der Tötung Hunderter angeblich geisteskranker Kinder" vorwarf, wurde er von Gross wegen Ehrenbeleidigung geklagt. Nach einem Schuldspruch (32.000,– ATS Geldstrafe und 10.000,– ATS Buße an Gross) in erster Instanz 1980 wurde Vogt 1981 vom Oberlandesgericht Wien nach einem umfangreichen und gründlichen Beweisverfahren rechtskräftig freigesprochen, weil er den Wahrheitsbeweis für seine Behauptung erbringen konnte.[608]

Obwohl das OLG Wien in seinem Berufungsurteil eindeutig die persönliche Involvierung von Heinrich Gross als erwiesen annahm und der Kläger diesen Prozeß verlor, wur-

---

[606] Hans Wolker, Psychiater auf Studienfahrt in der Sowjetunion. Ein Reisebericht über Gesundheitswesen, psychiatrische Einrichtungen und „Psychohaft"-Hetze, Wien o. J. (1978).

[607] Lehmann/Schmidt, In den Fängen des Dr. Gross, a. a. O., S. 125 f.

[608] LG Wien 6bE Vr 1001/79; OLG Wien 21 Bs 269/80. Kopien beider Urteile in: DÖW 19.499.

de damals kein Strafverfahren gegen Dr. Gross eingeleitet. Wie aus einer parlamentarischen Anfragebeantwortung des Justizministers Dr. Nikolaus Michalek aus 1997 hervorgeht, stimmten 1981 Staatsanwaltschaft, Oberstaatsanwaltschaft und Justizministerium überein, „unter Verneinung der Niedrigkeit der Beweggründe“ die Euthanasiehandlungen nicht als Mord, sondern als Totschlag zu bewerten, wodurch Verjährung gegeben war.[609]

Nach dem Gerichtsurteil mehrten sich aber auch in der SPÖ die Stimmen, die für einen Parteiausschluss von Gross eintraten. Anfang April 1981 forderte Christian Cap im Namen des Verbands Sozialistischer Studenten Österreichs (VSStÖ) die SP-Bezirksorganisation Penzing, der Gross als SPÖ-Mitglied angehörte, in einem offenen Brief auf, einen Parteiausschluss von Dr. Gross zu beantragen, den er wie folgt begründete: „Während also tausende Genossen von uns Hitlermördern zum Opfer fielen, war Genosse Gross ironischer Weise mit ebensolchen Mördern in weißen Mänteln am Spiegelgrund zur selben Zeit zusammen. Dieser Widerspruch löst sich auch nach 35 Jahren nicht auf. Genosse Gross ist daher eine moralische und politische Belastung für unsere Partei [...].“[610] Aus der SPÖ wurde Heinrich Gross auf Betreiben des Vorsitzenden der SPÖ-Bezirksorganisation Wien-Leopoldstadt und SPÖ-Nationalratsabgeordneten Dr. Edgar Schranz ausgeschlossen.[611] In einem Schreiben teilte der Wiener SPÖ-Landesparteisekretär, Gemeinderat Rudolf Edlinger, Gross lapidar mit, dass „der Wiener Vor-

[609] Beantwortung der Parlamentarischen Anfrage der Abg. Karl Öllinger, Freundinnen und Freunde (Zl. 2143/J-NR/J) betreffend NS-Kindereuthanasie – Involvierung von Dr. Heinrich Gross durch den Bundesminister für Justiz, 15. 5. 1997, S. 7; Kopie im DÖW.

[610] Offener Brief an die Genossen der SP-Bezirksorganisation Penzing von Christian Cap, VSStÖ, Sektion Wien, April 1981; in: Schiedsgerichtsunterlagen betr. Dr. Heinrich Gross, Archiv VGA Wien.

[611] Siehe dazu: DÖW, Zeitungsausschnittesammlung, Euthanasie, Heinrich Gross.

stand [...] in seiner Sitzung vom 27. April 1981 beschlossen [hat], Sie aufgrund des Ergebnisses des Gerichtsverfahrens vom 30. März 1981 gemäß § 14 Abs. 2 aus der SPÖ auszuschließen."[612] Am 30. April 1981 erhob Gross Einspruch gegen den seines Erachtens „völlig ungerechtfertigten Ausschluss" und forderte auf der Grundlage der SPÖ-Parteistatuten die Einberufung einer Schiedskommission.[613] Als Vertreter seiner Interessen beim Schiedsgericht machte Gross den damaligen Wiener SPÖ-Stadtrat Peter Schieder und den ehemaligen Widerstandskämpfer und vormaligen Generaldirektor-Stellvertreter der Wiener Städtischen Versicherung Dr. Paul Schärf namhaft. Beide entschlugen sich aber ihrer Berufung als Schiedsgerichtsbeisitzende, indem sie sich als befangen erklärten. Daraufhin teilte Gross dem Wiener SPÖ-Landesparteisekretär Ernst Nußbaum telefonisch mit, jeden Beisitzer zu akzeptieren.[614]

Nach dem Parteiausschluss von Gross durch die Wiener SPÖ musste sich auch der BSA mit der Frage der weiteren Mitgliedschaft von Gross auseinandersetzen. Am 20. Mai 1981 brachte die Ärztin Dr. Elisabeth Pittermann zusammen mit einigen KollegInnen im Vorstand des BSA-Ärztefachverbands den Antrag auf Ausschluss von Gross ein. Nach der Erinnerung von Pittermann soll dieser Antrag sogar die Mehrheit erhalten haben.[615] Dennoch dürfte sich dieser Antrag politisch nicht durchgesetzt haben. In der Vorstandssitzung der Sozialistischen Ärztevereinigung vom 20. Mai

[612] Schreiben des Wiener SPÖ-Landesparteisekretärs GR Rudolf Edlinger an Prim. Dr. Gross, 29. 4. 1981; in: Schiedsgerichtsunterlagen betr. Dr. Heinrich Gross, Archiv VGA Wien.

[613] Schreiben von Gross an die SPÖ, Landesorganisation Wien, vom 30. 4. 1981; in: Schiedsgerichtsunterlagen betr. Dr. Heinrich Gross, Archiv VGA Wien.

[614] Schreiben von Gross an die SPÖ, Landesorganisation Wien, vom 3. 6. 1981; Schreiben von SPÖ-Landesparteisekretär Ernst Nußbaum an Prim. Dr. Gross vom 23. 6. 1981; in: Schiedsgerichtsunterlagen betr. Dr. Heinrich Gross, Archiv VGA Wien.

[615] Lehmann/Schmidt, In den Fängen des Dr. Gross, a. a. O., S. 166.

1981 wurde nämlich beschlossen, „die Mitgliedschaft des Herrn Prim. Dr. Heinrich Gross so lange auszusetzen, bis das Berufungsverfahren gegen den Ausschluss aus der SPÖ abgeschlossen ist."[616] Vonseiten des damaligen Vorsitzenden des BSA-Ärztefachverbands Dr. Ermar Junker wurde ferner veranlasst, „dass einstweilen keine Aussendungen an Prim. Dr. Gross hinausgehen und etwaige Einzahlungen auch storniert werden."[617] Am 25. Mai 1981 setzte Dr. Junker Gross brieflich von der Entscheidung des BSA-Ärztevorstandes in Kenntnis.

Das Schiedsgericht der SPÖ-Landesorganisation Wien, bestehend aus dem Vorsitzenden Otto Skritek, den Beisitzern Eduard Daschl (Gross-Vertreter) und Leopold Wiesinger und des Schriftführers Herbert Ludl, trat im Beisein von Heinrich Gross schließlich am 2. September 1981 zusammen. Bei seiner Vernehmung bezeichnete Gross das Urteil des Oberlandesgerichtes Wien vom 30. März 1981 als „Unrechtsurteil" und leugnete jede Mitwirkung an der NS-Kindereuthanasie.[618] Dieser Auffassung schloss sich das Schiedsgericht nicht an und sprach den Parteiausschluss von Gross aus. Als Begründung hieß es unter anderem: „Genosse Dr. Heinrich Gross hat sich einer ehrlosen Handlung schuldig gemacht, sein Verhalten steht daher in Widerspruch zu den Bestimmungen [...] der Organisationsstatuten der SPÖ. [...] Das Verhalten von Genossen Dr. Heinrich Gross und das Bestehen bzw. Weiterbestehen der Mitgliedschaft des Genossen Dr. Heinrich Gross ist geeignet dem Ansehen der Sozialistischen Partei Österreichs schweren Schaden zuzufügen." Dies sei insbesondere dann der Fall, „wenn Verständnis

---

[616] Schreiben des Obmanns der Sozialistischen Ärztevereinigung Österreichs Dr. Ermar Junker an Prim. Dr. Gross vom 25. 5. 1981; Archiv BSA Wien.

[617] Ebd.

[618] Vgl. Sitzungsprotokoll des Schiedsgerichts der SPÖ, Landesorganisation Wien, vom 2. 9. 1981; in: Schiedsgerichtsunterlagen betr. Dr. Heinrich Gross, Archiv VGA Wien.

für das seinerzeitige Verhalten des Genossen Dr. Heinrich Gross oder gar nachträgliche Billigung angenommen werden könnte."[619]

Gegen diesen Schiedsspruch legte Gross Berufung ein.[620] In einer Sitzung des SPÖ-Bundesparteivorstandes vom 25. März 1982 wurde aufgrund der Berufung von Gross die Einsetzung eines Schiedsgerichts des Bundesparteivorstandes beschlossen, als dessen Vorsitzender Dr. Gustav Teicht bestimmt wurde. Als Beisitzer fungierte Dr. Herbert Schachter als Vertreter der SPÖ-Landesorganisation Wien und Dr. Karl Edtmaier, der vom SPÖ-Bundesparteivorstand anstelle der Wiener Landtagsabgeordneten Friederike Seidl, die sich nachträglich als befangen erklärt hatte, als Beisitzer von Dr. Gross nominiert wurde.[621] In der Sitzung des Schiedsgerichts vom 12. Juli 1982 gab Gross an, dass er selbst eine Berufung gegen das Schiedsgerichtsurteil vom 2. September 1981 gar nicht angestrebt habe. Sein Rechtsanwalt Dr. Michael Stern „hätte aber darauf bestanden und Dr. Gisel hätte ihm dazu geraten". Gross führte vor allem zwei Argumente gegen das Urteil des Schiedsgerichts der SPÖ-Landesorganisation Wien ins Treffen: Erstens sei dieses Schiedsgerichtsverfahren mangelhaft gewesen, da auch das Verfahren des Oberlandesgerichts Wien gegen ihn, auf das sich das Schiedsgericht berufen habe, mangelhaft gewesen sei. Zweitens sei der Tatbestand einer „ehrlosen Handlung" schon bei seiner Aufnahme in die SPÖ bekanntgewesen. Er verwies darauf, dass er 1951 dem BSA und 1953 der SPÖ beigetreten sei. Zu diesem

[619] Vgl. Schiedsspruch des Schiedsgerichts der SPÖ, Landesorganisation Wien, vom 2. 9. 1981; in: Schiedsgerichtsunterlagen betr. Dr. Heinrich Gross, Archiv VGA Wien.

[620] Vgl. Berufungsschreiben von Dr. Heinrich Gross, vertreten durch Rechtsanwalt Dr. Michael Stern, 8. 10. 1981; in: Schiedsgerichtsunterlagen betr. Dr. Heinrich Gross, Archiv VGA Wien.

[621] Schreiben von SPÖ-Sekretär Manfred Wurm an Rechtsanwalt Dr. Gustav Teicht vom 5. 7. 1982; in: Schiedsgerichtsunterlagen betr. Dr. Heinrich Gross, Archiv VGA Wien.

Zeitpunkt sei seine Vergangenheit und insbesondere das gegen ihn laufende Verfahren allgemein bekannt gewesen. Dr. Gisel und Dr. Tuchmann seien von ihm noch 1957 auf seine Vergangenheit hingewiesen worden. Auf die Frage des Beisitzers Dr. Schachter, ob seine Vergangenheit jemals in der Partei erörtert worden sei, stellte Gross fest: „Die sei nicht der Fall gewesen. Er wäre am Ort der seinerzeitigen Tätigkeit der SPÖ [= SPÖ-Bezirksorganisation Wien-Penzing; Anm. d. Verf.] beigetreten."[622]

Das Schiedsgericht des Bundesparteivorstandes der SPÖ konnte die Argumentation von Gross nicht nachvollziehen. In seinem Schiedsspruch vom 12. Juli 1982 bestätigte es den Parteiausschluss von Gross. In der Begründung des Schiedsspruchs wurde festgehalten, dass dem Antrag des Anwaltes von Gross, Dr. Michael Stern, die Generalprokuratur möge gegen das Urteil des Oberlandesgerichts Wien vom 30. März 1981 (Freispruch von Vogt) eine Nichtigkeitsbeschwerde zur Wahrung des Gesetzes erheben, kein Erfolg beschieden gewesen sei. Damit würden die im Urteil des Oberlandesgerichts Wien enthaltenen Feststellungen weiterhin die Rechtsgrundlage für einen Schiedsspruch eines SPÖ-Parteigerichts bilden. Das Schiedsgericht konstatierte unmissverständlich, dass die ehrlosen Handlungen von Gross zwar vor dessen Eintritt in die SPÖ gesetzt worden seien, dass diese aber nicht „zum Zeitpunkt der Aufnahme in die Partei in vollem Umfang bekannt gewesen" seien. In der Konklusion des Schiedsspruchs wurde in Bezug auf Gross festgehalten: „Das Verhalten des Berufungswerbers steht mit den Prinzipien und dem Gedankengut der Sozialistischen Partei in einem so eklatanten Widerspruch, dass seine Weiterbelassung in der

[622] Vgl. Sitzungsprotokoll des Schiedsgerichts des Bundesparteivorstandes der SPÖ vom 12. 7. 1982; in: Schiedsgerichtsunterlagen betr. Dr. Heinrich Gross, Archiv VGA Wien.

Sozialistischen Partei nicht geduldet werden kann."[623] Damit war dem SPÖ-Parteiausschluss von Gross endgültig Rechtskraft erwachsen.

Im BSA blieb der Schiedsspruch des Schiedsgerichts des SPÖ-Bundesparteivorstandes vom 12. Juli 1982 vorerst ohne Konsequenzen. Der damalige Vorsitzende der Sozialistischen Ärztevereinigung Dr. Ermar Junker, als Landessanitätsdirektor der oberste Gesundheitsbeamte der Stadt Wien, räumte im Interview mit den Verfassern ein, dass vonseiten des BSA schlicht auf Gross vergessen wurde: „Gross war für uns so wenig bedeutsam, dass wir wirklich nicht an ihn gedacht haben."[624] Auch vom Ergebnis des Schiedsgerichtsverfahrens habe Junker damals nichts erfahren. Offiziell ruhte die BSA-Mitgliedschaft von Gross seit 20. Mai 1981, seinen BSA-Mitgliedsbeitrag hatte er seit 1980 nicht bezahlt.[625] Nach den Erinnerungen von Dr. Junker deckte Dr. Roland Paukner, der dem Vorstand des BSA-Ärztefachverbands angehörte, 1988 auf, dass der BSA-Ausschluss von Gross noch nicht erfolgt sei.[626] Aufgrund dieser Feststellung erfolgte nach siebenjähriger Verzögerung auch der definitive Ausschluss von Heinrich Gross aus dem BSA. Ein diesbezüglicher Ausschlussantrag wurde vom Vorstand der Sozialistischen Ärztevereinigung in einer Sitzung vom 25. Mai 1988 einstimmig angenommen.[627]

Erst nach dem Partei- und BSA-Ausschluss von Heinrich Gross setzte in der SPÖ sowie im BSA ein Umdenkprozess

---

[623] Vgl. Schiedsspruch des Schiedsgerichts des Bundesparteivorstandes der SPÖ vom 12. 7. 1982; in: Schiedsgerichtsunterlagen betr. Dr. Heinrich Gross, Archiv VGA Wien.
[624] Interview der Verfasser mit Landessanitätsdirektor a. D. Hofrat Dr. Ermar Junker vom 17. 5. 2004, DÖW.
[625] Notiz der BSA-Generalsekretärin BR Perl, Archiv BSA Wien.
[626] Interview der Verfasser mit Landessanitätsdirektor a. D. Hofrat Dr. Ermar Junker vom 17. 5. 2004, DÖW.
[627] Vgl. BSA-Mitgliederkartei und die Beitrittserklärung von Dr. Heinrich Gross, Archiv BSA Wien.

hinsichtlich des Umgangs mit der NS-Vergangenheit im Allgemeinen und mit der Causa Gross im Speziellen ein, der auch im Zusammenhang mit dem durch den Generationenwechsel und andere Faktoren (Waldheim-Affäre) bewirkten historisch-politischen Bewusstseinswandel der österreichischen Gesellschaft Ende der achtziger Jahre gesehen werden muss. Dies wird umso deutlicher, wenn man sich die Haltungsänderung von Wissenschafts- und Justizministerium gegenüber der Causa Gross ansieht: Als die Arbeitsgemeinschaft Kritische Medizin 1979 in Form von „Offenen Briefen“ von Wissenschaftsministerin Dr. Hertha Firnberg und Justizminister Dr. Christian Broda, die auch im BSA Spitzenfunktionen innehatten, Konsequenzen in Bezug auf Heinrich Gross einforderte, erhielt sie in beiden Fällen noch abschlägige Antworten.[628] Zehn Jahre später sah die Reaktion des Wissenschaftsministeriums schon anders aus: Aufgrund der öffentlichen Diskussion um Heinrich Gross erhöhte das Wissenschaftsministerium seinen Druck auf die Ludwig-Boltzmann-Gesellschaft, bis Gross schließlich 1989 die Leitung des Ludwig-Boltzmann-Instituts für klinische Neurobiologie, die er gemeinsam mit Univ.-Prof. Dr. Kurt Jellinger innegehabt hatte, zurücklegen musste.[629]

[628] Vgl. Schreiben des Bundesministeriums für Wissenschaft und Forschung, Sekretär des Bundesministers, Dr. Wolf Frühauf, an die Arbeitsgemeinschaft Kritische Medizin vom 20. 3. 1979; Schreiben vom Bundesminister für Justiz Dr. Christian Broda an die Arbeitsgemeinschaft Kritische Medizin, z. Hd. Dr. Werner Vogt und Cand. med. Hermann Pleiger, vom 20. 6. 1979. Kopien beider Briefe befinden sich im Akt: DÖW 19.499.

[629] In einem Leserbrief an die Salzburger Nachrichten vom 28. 9. 2001 berichtete Sektionschef Dr. Norbert Rozsenich, dass er als seinerzeitiger Leiter der für die Boltzmanngesellschaft zuständigen Sektion im Wissenschaftsministerium mittels Schreiben vom 17. 4. 1989 den Vorstand der Boltzmanngesellschaft aufgefordert hatte, Dr. Heinrich Gross unverzüglich von seiner Funktion als Leiter des Boltzmann-Instituts für klinische Neurobiologie zu entheben, was wenige Tage darauf auch tatsächlich geschehen war. Siehe: Leserbrief von Dr. Norbert Rozsenich, „Der Fall Bandion“. In: Salzburger Nachrichten, 28. 9. 2001; Vgl. Neugebauer, Zum Umgang mit der NS-Euthanasie in Wien nach 1945, a. a. O., S. 121.

Ende der neunziger Jahre zogen der Wiener Gesundheitsstadtrat, Vizebürgermeister und BSA-Präsident (1990-2002) Dr. Sepp Rieder sowie dessen Nachfolgerin als Gesundheitsstadträtin (seit Dez. 2000) Dr. Elisabeth Pittermann, die seit 1990 auch als BSA-Vizepräsidentin fungierte, klare Konsequenzen in Bezug auf die Causa Gross und setzten wichtige Akzente in Richtung Aufarbeitung der NS-Euthanasiemorde in Wien. Bei einer Pressekonferenz anlässlich des Symposiums „Zur Geschichte der NS-Euthanasie in Wien" im Jänner 1998 bezeichnete beispielsweise Vizebürgermeister Rieder Heinrich Gross als „Mörder".[630] Nur wenige Wochen später, am 18. März 1998, wurde vom Landesgericht für Strafsachen Wien die gerichtliche Voruntersuchung gegen Gross eingeleitet, 1999 von der Staatsanwaltschaft Wien Mordanklage erhoben und im März 2000 der Prozess eröffnet. Am 21. März musste die Verhandlung wegen des angeblich schlechten Gesundheitszustandes von Gross (senile Demenz) unterbrochen werden.[631] Bis heute wurde sie nicht mehr aufgenommen. Seit 1998 nahmen Vizebürgermeister Rieder und Stadträtin Pittermann an zahlreichen Gedenkveranstaltungen für die Opfer der NS-Euthanasie in Wien teil und förderten in diesem Zusammenhang auch einschlägige Gedenk- und Ausstellungsprojekte. Im Februar 2002 erhielt das Dokumentationsarchiv des österreichischen Widerstandes von BSA-Präsident Rieder den Auftrag, im Rahmen eines Forschungsprojekts die Rolle des BSA bei der gesellschaftlichen Reintegration ehemaliger Nationalsozialisten zu untersuchen. Am 28. April 2002 erfolgte schließlich in Anwesenheit von Bundespräsident Dr. Thomas Klestil und von Wiens Bürgermeister Dr. Michael Häupl die fei-

[630] Siehe dazu: DÖW, Zeitungsausschnittesammlung, Euthanasie, Heinrich Gross.
[631] Ebd.

erliche Bestattung der noch aus der NS-Zeit vorhandenen Spiegelgrund-Präparate in einem Ehrengrab der Stadt Wien auf dem Zentralfriedhof. Am 9. April 2003 wurde nach Beschluss des Ministerrates und auf der Grundlage einer Entschließung des Bundespräsidenten mittels Bescheid des Bundesministeriums für Bildung, Wissenschaft und Kultur das Heinrich Gross bereits 1975 verliehene „Österreichische Ehrenkreuz für Wissenschaft und Kunst I. Klasse" aberkannt.[632] Der Prozess der Aberkennung dieses Ordens hatte infolge der komplexen Rechtslage Jahre in Anspruch genommen. Er war bereits 1999 vom damaligen Wissenschaftsminister und jetzigen BSA-Präsidenten Dr. Caspar Einem eingeleitet worden.[633]

Der Fall Krenek

Von den auf dem „Spiegelgrund" Tätigen gehörte neben Dr. Heinrich Gross auch der vormalige Leiter des NS-Erziehungsheimes „Am Spiegelgrund" Dr. Hans (Johann) Krenek nach 1945 dem BSA an. Ebenso wie Gross verdankte Krenek der SPÖ bzw. dem BSA die Fortsetzung seiner Karriere, in diesem Fall als Pädagoge im Dienst der Stadt Wien.

Hans Krenek wurde als Sohn eines Arbeiters am 11. März 1903 in Wien geboren. Nach der Volks- und Bürgerschule besuchte er die Staatslehrerbildungsanstalt in Wien, an der 1922 maturierte. 1923 trat Krenek der Sozialdemokratischen Arbeiterpartei (SDAP) bei und wurde über Vermittlung des sozialdemokratischen Nationalratsabgeordneten Anton Franz Hölzl in den Dienst der Stadt Wien aufgenommen. Zunächst war er als Erzieher in den Waisenhäusern Hohe

---

632 Ebd.

633 Lehmann/Schmidt, In den Fängen des Dr. Gross, a. a. O., S. 185 f.

Warte und Gassergasse in Wien tätig. Nach Absolvierung des Erzieherfachkurses stellte ihn die Gemeinde Wien 1927 definitiv als Erzieher an. 1931 legte er nebenberuflich eine Ergänzungsmatura für Realgymnasien ab und inskribierte an der Universität Wien das Studium der Psychologie und Philosophie, das er im Februar 1938 mit seiner Promotion zum Doktor der Philosophie abschloss.[634] Nach 1931 wurde er beruflich im Bereich des Verwaltungs- und Rechnungsdienstes der Stadt Wien eingesetzt. 1937 wurde er in das Krankenhaus Lainz versetzt, wo er zunächst als Ressortbeamter und später als Personalleiter amtierte. Nach dem Verbot der SDAP im Februar 1934 wechselte Krenek nahtlos die politischen Fronten und wurde Mitglied der Vaterländische Front.[635] In einem Fragebogen vom 1. August 1938 gab Krenek an, dass er bereits 1936 der NSBO (Nationalsozialistischen Betriebszellen-Organisation) beigetreten war.[636] Nach seinen eigenen Angaben wurde er im Mai 1938 Mitglied der NSDAP[637], er erhielt aber die Mitgliedsnummer 6.239.572, die ihn eigentlich als „Illegalen" bzw. „Alten Kämpfer" qualifizieren würde.[638] Nach 1945 erklärte Krenek diesbezüglich, dass er diese Nummer nicht aufgrund illegaler Tätigkeit für die NSDAP, sondern infolge Begünstigung durch einen Parteifunktionär erhalten habe.[639] Vom März bis Juni 1938 fungierte er als Organisations- und Propagandaleiter, vom Juli

[634] Vgl. Lebenslauf, Personalakt von Dr. Hans Krenek, WStLA.

[635] Vgl. Fragebogen vom 21. 8. 1938, Personalakt von Dr. Hans Krenek, WStLA.

[636] Vgl. Schreiben der MA 2 an das Büro der Verwaltungsgruppe I betr. Ansuchen um Wiederindienststellung von Dr. Johann Krenek, 29. 10. 1947, Personalakt von Dr. Hans Krenek, WStLA.

[637] Vgl. auch: BDC-Unterlagen zu Dr. Hans (Johann) Krenek, RK Film U 17, Bild 549, BA Berlin.

[638] Kreneks NSDAP-Mitgliedsnummer 6.239.572 war eine aus dem Nummernblock zwischen 6.100.001 und 6.600.000, der für die „Altparteigenossen" reserviert geblieben war. Siehe Fußnote 379.

[639] Vgl. Bescheid der Einspruchskommission beim Magistratischen Bezirksamt für den 14. Bezirk, 21. 12. 1946, Personalakt von Dr. Hans Krenek, WStLA.

1938 bis März 1939 als Zellenleiter der NSDAP-Zelle des Krankenhauses Lainz.[640]

1939 übernahm Dr. Krenek die kommissarische Leitung der heilpädagogischen Abteilung des Zentralkinderheimes Glanzing. Am 25. Juli 1940 wurde er zum pädagogisch-psychologischen Leiter der neugegründeten „Wiener städtischen Jugendfürsorgeanstalt ‚Am Spiegelgrund'" ernannt, wobei er dem ärztlichen Leiter der Anstalt, Dr. Erwin Jekelius, unterstand.[641] Der medizinisch geführte Teil der Anstalt, insbesondere die „Kinderfachabteilung" (Pavillon 15 und 17), in der die NS-Kindereuthanasiemorde durchgeführt wurden, gehörte formell nicht zu Kreneks Zuständigkeitsbereich.[642] Ende 1942 erfolgte die Teilung der Anstalt in die „Wiener städtische Nervenklinik für Kinder ‚Am Spiegelgrund'" und die „Wiener städtische Erziehungsanstalt ‚Am Spiegelgrund'". Die Leitung der Erziehungsanstalt ging auf Dr. Krenek über, der damit vom bloßen pädagogischen Leiter zum Direktor des damals größten Wiener NS-Erziehungsheimes aufstieg. Als solcher gehörte Krenek, wie aus den Unterlagen des Bundesarchivs Berlin hervorgeht, 1942 auch dem Führerkorps der Hitler-Jugend an[643], eine Funktion, die er seinen nach 1945 gemachten Selbstdarstellungen zufolge nie übernommen hätte.

Im Unterschied zu der der Kindereuthanasie dienenden „Kinderfachabteilung" stellt sich die Erforschung der Geschichte des Erziehungsheimes „Am Spiegelgrund" aufgrund des weitgehenden Fehlens von schriftlichen Quellen sehr viel schwieriger dar. Denn die relevanten Akten der Hauptab-

---

[640] Vgl. Schreiben der MA 2 an das Büro der Verwaltungsgruppe I betr. Ansuchen um Wiederindienststellung von Dr. Johann Krenek, 29. 10. 1947, Personalakt von Dr. Hans Krenek, WStLA.

[641] Vgl. Lebenslauf, Personalakt von Dr. Hans Krenek, WStLA.

[642] Czech, Erfassung, Selektion und „Ausmerze", a. a. O., S. 93 f.

[643] BDC-Unterlagen zu Dr. Hans (Johann) Krenek, RK Film U 17, Bild 549, BA Berlin.

teilung F (Jugendamt, Jugendfürsorgeanstalten) der Wiener Gemeindeverwaltung wurden offenbar größtenteils vernichtet. Neben den eindrucksvollen Berichten der dort untergebrachten Kinder und Jugendlichen wird das NS-Erziehungsheim „Am Spiegelgrund" in jüngster Zeit zunehmend zum Gegenstand wissenschaftlicher Forschung.[644] Es ist davon auszugehen, dass zwischen den beiden Einrichtungen, „Kinderfachabteilung" und Erziehungsheim, eine funktionaler Zusammenhang bestand. Die „medizinische Behandlung" sämtlicher Kinder erfolgte durch die Euthanasieärzte Dr. Ernst Illing, Dr. Heinrich Gross und Dr. Marianne Türk, die in den Krankengeschichten eindeutige Beurteilungen und Einstufungen nach „rassischen", „erbbiologischen" und anderen nazistischen Kriterien vornahmen, aufgrund derer die Einweisung in einen Pavillon der „Kinderfachabteilung" oder des Erziehungsheimes erfolgte. Entsprechend den Anweisungen des Berliner „Reichsausschusses zur wissenschaftlichen Erfassung erb- und anlagebedingter schwerer Leiden" fand eine ständige Beobachtung und Selektion statt, womit letztlich über Leben und Tod der Kinder entschieden wurde.[645] Die 1948 zu acht Jahren Kerker verurteilte Krankenschwester Anna Katschenka[646] beschrieb in ihrer Aussage vor dem Volksgericht Wien den Vorgang der Selektion folgendermaßen: „Es war eine Psychologin da und es haben mehrere Leute die Betreuung dieser Kinder in verschiede-

[644] Vgl. Ernst Berger (Hg.), Traumatisierung durch Institutionen der Sozialverwaltung, Forschungsprojekt des Jubiläumsfonds der ÖNB, Projekt Nr. 9148, Endbericht, Wien 2003.

[645] Wolfgang Neugebauer, Leben und Sterben am Spiegelgrund. In: Johann Gross, Spiegelgrund. Leben in NS-Erziehungsanstalten, Wien 2000, S. 147 f.

[646] Die Krankenschwester Anna Katschenka wurde wegen ihrer Beteiligung an der Tötung von Kindern in der Kinderfachabteilung „Am Spiegelgrund" zu 8 Jahren Kerker verurteilt: LG Wien Vg 4d Vr 5442/46 (= DÖW E 18.282).

nen Richtungen durchzuführen gehabt. Es wurde über jedes Kind, wenn eine Meldung nach Berlin gemacht wurde, vorher eine Beratung abgehalten, an der der Leiter der Anstalt [Dr. Illing; Anm. d. Verf.], die Psychologin, die Schwester, die das Kind betreute, und die Stations- und Oberschwester teilgenommen haben."[647] Der Historiker Peter Malina hat die Rolle, die in diesem Kontext dem Leiter des Erziehungsheimes „Am Spiegelgrund" Dr. Krenek zukam, herausgearbeitet.[648] Krenek stellte 1942 in einem Aufsatz für die Zeitschrift Archiv für Kinderheilkunde die Selektionsfunktion der von ihm geleiteten Anstalt unmissverständlich dar: Sie habe die Aufgabe, „alle psychisch auffallenden Kinder und Jugendlichen vom Säuglingsalter bis zur Erreichung der Volljährigkeit nach genauester Beobachtung und Prüfung ihrer psychischen und physischen Kenntnisse und Fähigkeiten nach erfolgter Begutachtung in die für sie entsprechende Anstalt bzw. Pflegestelle einzuweisen. Außerdem sollten die hiebei gewonnenen Erfahrungen für spätere wissenschaftliche Arbeiten gesammelt werden."[649] Während die psychisch und physisch aussichtslosen Fälle der „Kinderfachabteilung" und damit der Kindereuthanasie zugeführt wurden, kamen „besonders schwierige Erziehungsfälle", die „noch nicht hoffnungslos" waren, in das NS-Erziehungsheim. Dort wurden sie mit barbarischen Methoden, die u. a. die Zeitzeugen Johann Gross, Alois Kaufmann und Friedrich Zawrel in

[647] Zeugenaussage von Anna Katschenka in der Hauptverhandlung gegen Dr. Heinrich Gross vom 27. 3. 1950, LG Wien VG 1a Vr 1601/48.

[648] Siehe: Peter Malina, Im Fangnetz der NS-„Erziehung". Kinder- und Jugend-„Fürsorge" auf dem „Spiegelgrund" 1940–1945. In: Gabriel/Neugebauer (Hg.), Von der Zwangssterilisierung zur Ermordung, a. a. O., S. 77–98.

[649] Hans Krenek, Beitrag zur Methode der Erfassung von psychisch auffälligen Kindern und Jugendlichen. In: Archiv für Kinderheilkunde, 126, 1942, S. 72.

ihren Erlebnisberichten anschaulich geschildert haben[650], im nationalsozialistischen Sinn erzogen: „Zucht, strenge Disziplin, lückenlose Beschäftigungstherapie und ganz besonders Pflege des Gemeinschaftssinnes“[651] – so die verharmlosende Beschreibung Direktor Kreneks. Auf der Tagesordnung der Kinder und Jugendlichen am Spiegelgrund standen aber auch Schläge, Quälereien, Drohungen, Beschimpfungen und Demütigungen verschiedener Art. Für „medizinische“ Strafmaßnahmen, wie die Johann Gross und vielen anderen Zöglingen verabreichten „Speib“-Injektionen nach Fluchtversuchen oder Widersetzlichkeiten, waren die Spiegelgrund-Ärzte zuständig. Festzuhalten ist, dass in das NS-Erziehungsheim „Am Spiegelgrund“ keineswegs nur auffällig gewordene, schwer erziehbare oder „asoziale“ Jugendliche eingewiesen wurden; vielfach waren es Kinder unter zehn Jahren, die aufgrund ihrer familiären Verhältnisse dort hinkamen. Auch Kinder von „Zeugen Jehovas“, die ihren Eltern wegen deren religiöser Einstellung weggenommen worden waren, wurden auf den Spiegelgrund gebracht.[652] Den mörderischen Ausmerzungstendenzen wurde vor allem mit der Hinaufsetzung der Altersgrenze der Kindereuthanasie von 3 auf 17 Jahre Rechnung getragen, wodurch auch die Einbeziehung von verwahrlosten und schwer erziehbaren Kindern bzw. Jugendlichen ermöglicht wurde. Aus Schilderungen von Zeitzeugen, die als Kinder oder Halbwüchsige den Aufent-

---

[650] Alois Kaufmann, „Wenn der Wind... Pavillon 18. Erlebnisse eines ehemaligen Zöglings des berüchtigten ‚Spiegelgrunds‘“, Wien 1986; Alois Kaufmann, Spiegelgrund Pavillon 18. Ein Kind im NS-Erziehungsheim, Wien 1993; Alois Kaufmann, Totenwagen. Kindheit am Spiegelgrund, Historische Nachbetrachtung: Peter Malina, Wien 1999; Alois Kaufmann, Zeitzeugenbericht. In: Eberhard Gabriel/Wolfgang Neugebauer (Hg.), NS-Euthanasie in Wien, Wien 2000, S. 19–21; Johann Gross, Spiegelgrund. Leben in NS-Erziehungsanstalten, Wien 2000; Oliver Lehmann/Traudl Schmidt, In den Fängen des Dr. Gross. Das misshandelte Leben des Friedrich Zawrel, Wien 2001.

[651] Krenek, Beitrag zur Methode der Erfassung, a. a. O., S. 73.

[652] Neugebauer, Leben und Sterben am Spiegelgrund, a. a. O., S. 148 f.

halt in der Jugendfürsorgeanstalt „Am Spiegelgrund" überlebten, geht hervor, dass die Todesdrohung – ausgesprochen oder unausgesprochen – ständig im Raum stand. Zum einen gab es eine permanente Unterversorgung mit Nahrungsmitteln, die zu einer hohen Sterberate führte[653], zum anderen hing über jedem Patienten das Damoklesschwert der Euthanasierung durch Vergiften oder Abspritzen, die offenbar auch als schärfste Strafe im Falle von Widersetzlichkeiten zur Anwendung kam. Dass diese über viele Jahre zu ertragende psychische physische Extremsituation – Unterernährung, autoritäre Erziehung, menschenverachtende, demütigende Behandlung, Foltermethoden und Todesdrohungen – die davon betroffenen Kinder traumatisierte, liegt auf der Hand.[654]

Am 11. August 1945 wurde Dr. Hans Krenek aufgrund seiner NSDAP-Zugehörigkeit als Direktor der Erziehungsanstalt „Am Spiegelgrund" von der Stadt Wien außer Dienst gestellt. Krenek verstand es in den folgenden Monaten und Jahren, seine Spiegelgrund-Tätigkeit erfolgreich zu verschleiern und sich einer gerichtlichen Verfolgung zu entziehen. Im Prozess gegen den ehemaligen Leiter der Kindernervenklinik „Am Spiegelrund" Doz. Dr. Ernst Illing, der vom Volksgericht Wien zum Tode verurteilt und hingerichtet wurde, stellte er sich bei seiner Zeugenaussage im Juli 1947 in Bezug auf die NS-Kindereuthanasie unwissend.[655] Von „Todesbeschleuni-

[653] In der Heil- und Pflegeanstalt der Stadt Wien „Am Steinhof" starben im Zeitraum 1941–1945 mehr als 3.500 PatientInnen, darunter auch Kinder und Jugendliche, die von der Kindernervenklinik „Am Spiegelgrund" oder von Anstalten aus dem „Altreich" in die Heil- und Pflegeanstalt transferiert worden waren, an den Folgen von Hunger, Infektionskrankheiten und Verwahrlosung. Die Sterblichkeitsrate in der Heil- und Pflegeanstalt „Am Steinhof" kletterte von einem durchschnittlichen Vorkriegsniveau (1935–1937) von 7,4% auf 22,14% (1944) und steigerte sich 1945 auf 42,76%. Vgl. Schwarz, Mord durch Hunger, a. a. O., S. 113–142.

[654] Neugebauer, Leben und Sterben am Spiegelgrund, a. a. O., S. 148 f.

[655] Zeugenaussage von Dr. Johann Krenek im Verfahren gegen Dr. Ernst Illing u. a. vom 16. 7. 1946, LG Wien Vg 1a Vr 2365/45; Vgl. Malina, Im Fangnetz der NS-„Erziehung", a. a. O., S. 94 f.

gungen“ und von Tötungen in der „Kinderfachabteilung“ wollte er nichts gehört haben. „Davon habe ich nur jetzt in den Zeitungen gelesen,“ gab er zynisch zu Protokoll.[656]

Nach 1945 wollte er sich niemals als Nationalsozialist gefühlt haben, in seinem Innersten sei er immer Sozialist geblieben. Bei seinen Bemühungen um eine gesellschaftliche und berufliche Wiedereingliederung gerierte sich Krenek in zahlreichen Schreiben sogar als Widerstandskämpfer gegen den Nationalsozialismus. Hier ein kleiner Auszug seiner fiktiven Leistungen: Er habe am Spiegelgrund Zöglinge jüdischer Herkunft in Schutz genommen, er habe sich gegen inhumane Bestrafungspraktiken wie die Apomorphin- und Schwefelölinjektionen, gegen das „Kahlscheren“ des Kopfhaares von Mädchen ausgesprochen, er habe den von Dr. Jekelius am Spiegelgrund eingeführten HJ-Dienst wieder abgeschafft, schließlich die Abtrennung der späteren Nervenklinik vom Erziehungsheim und damit die Ausschaltung des so genannten „fachärztlichen Einflusses“ initiiert, darüber hinaus habe er der Einberufung zum Volkssturm nicht Folge geleistet und die angeordnete Evakuierung der Kinder im April 1945 nicht durchgeführt.[657]

Die Taktik, jede Nähe zur NS-Pädagogik und NS-Psychiatrie von sich zu weisen, zeitigte sehr rasch ihren Erfolg. Krenek schöpfte alle Möglichkeiten zur Beschleunigung seiner Entnazifizierung aus: Noch im Juli 1945 stellte er bei der Registrierungsbehörde der Stadt Wien ein Ansuchen um Nachsicht von der Registrierung nach dem Verbotsgesetz. 1945 erhielt Krenek zunächst eine Bewilligung für einen Aufschub seiner Registrierung nach dem Verbotsgesetz „bis zur endgül-

[656] Zeugenaussage von Dr. Johann Krenek im Verfahren gegen Dr. Ernst Illing u. a. vom 16. 7. 1946, LG Wien Vg 2 Vr 2365/45.

[657] Vgl. Schreiben von Dr. Johann Krenek an den Wiener Vizebürgermeister Lois Weinberger (ÖVP) betr. Ansuchen um Einleitung einer Disziplinaruntersuchung, 9. 4. 1951, Personalakt von Dr. Hans Krenek, WStLA.

tigen Entscheidung der Provisorischen Staatsregierung". Mit Bescheid der Einspruchskommission beim Magistratischen Bezirksamt für den XIV. Wiener Gemeindebezirk vom Dezember 1946 wurde er als „illegaler Nationalsozialist" von der Registrierungsliste gestrichen.[658] Bereits im Jänner 1946 richtete er an den Wiener Bürgermeister ein Ansuchen um Wiedereinstellung in den Gemeindedienst, das von SPÖ-Vizekanzler Dr. Adolf Schärf mit einer beiliegenden Visitenkarte handschriftlich befürwortet wurde.[659] Im Februar 1946 wurde ein von Krenek eingereichtes Rehabilitierungsgesuch von der Zentralen Prüfstelle der SPÖ positiv beurteilt: „Sie haben sich während der Naziherrschaft antifaschistisch betätigt. Sie sind damit berechtigt, der SPÖ als Mitglied beizutreten."[660] Unterzeichnet wurde dieses politische Leumundszeugnis von der Stellvertretenden SPÖ-Vorsitzenden Gabriele Proft und vom damaligen SPÖ-Zentralsekretär Erwin Scharf. In der Folge trat Krenek noch 1946 der SPÖ bei. Nachdem im Februar 1947 auf Basis des §27 NS-Gesetz seine Amnestierung durch den Bundespräsidenten erfolgt war, wurde er am 15. März 1948 als Verwaltungsbeamter wieder in den Dienst der Stadt Wien gestellt, wo er in der Magistratsabteilung 6 in verschiedenen Buchhaltungsabteilungen Verwendung fand. Parallel dazu ging er in seiner Wohnung in Wien-Penzing, Baumgartner Höhe 1, also auf dem Gelände der Heil- und Pflegeanstalt „Am Steinhof" in unmittelbarer Nähe zur Stätte seiner NS-Tätigkeit, einer Nebenbeschäftigung als Psy-

[658] Abschrift der Staatskanzlei, Zl. 20359, sowie Bescheid der Einspruchskommission beim Magistratischen Bezirksamt für den 14. Bezirk, 21. 12. 1946, Personalakt von Dr. Hans Krenek, WStLA.

[659] Schreiben von Dr. Hans Krenek an den Wiener Bürgermeister betr. Ansuchen um Wiedereinstellung, 21. 1. 1946, Beilagen: Befürwortung des Vizekanzlers Dr. Adolf Schärf (Visitenkarte mit Empfehlung auf der Rückseite), Stattgebungsbescheid der Staatskanzlei, Personalakt von Dr. Hans Krenek, WStLA.

[660] Abschrift des politischen Leumundszeugnisses des SPÖ-Zentralsekretariats für Dr. Hans Krenek, Personalakt von Dr. Hans Krenek, WStLA.

chologe, Heilpädagoge und Erziehungsberater nach, bei der die „Beseitigung von Erziehungsschwierigkeiten und Erziehungsfehlern“ im Vordergrund standen.[661]

Krenek sehnte sich aber sehr bald danach, auch hauptberuflich wieder als Psychologe und Pädagoge arbeiten zu dürfen. Aus diesem Grund stellte er 1951 einen Antrag auf Einleitung einer Disziplinaruntersuchung, die sich mit seiner NS-Vergangenheit und insbesondere seiner Rolle am Spiegelgrund auseinandersetzen sollte. Der Antrag wurde allerdings abgewiesen.[662] Im Juni 1951 trat der Noch-Rechnungsbeamte und Buchhalter Krenek in den BSA ein, dem er bis zu seinem Tod angehören sollte.[663] 1952 erfolgte seine Ernennung zum „Amtsrat“. Im April 1954 wurde Dr. Krenek schließlich in die Magistratsabteilung 17 versetzt und mit der Leitung des Referats für Jugendfürsorgeanstalten betraut. 1961 erhielt der mittlerweile zum „Oberamtsrat“ beförderte Krenek die Leiterstelle der städtischen Lehrlingsheime, die ihn dazu berechtigte, den Titel „Heimdirektor“ zu führen.[664] 1966 sollte ihm „wegen seiner besonderen fachlichen Ausbildung, seiner reichen Anstaltserfahrung und seiner Eignung für einen leitenden Posten“ das Goldene Ehrenzeichen für Verdienste um die Republik Österreich verliehen werden. Krenek kam allerdings nicht mehr in den Genuss dieser be-

[661] Schreiben von Dr. Hans Krenek an den amtsführenden Stadtrat der Geschäftsgruppe I, 5. 2. 1965; Schreiben des Bundesministeriums für soziale Verwaltung, Sektion V, an Dr. Hans Krenek betr. Berufsausübung als Psychologe und Heilpädagoge, 15. 9. 1949 (Abschrift einer Abschrift); Personalakt von Dr. Hans Krenek, WStLA.

[662] Vgl. Schreiben von Dr. Johann Krenek an den Wiener Vizebürgermeister Lois Weinberger (ÖVP) betr. Ansuchen um Einleitung einer Disziplinaruntersuchung; Schreiben des Stadtrates der Verwaltungsgruppe I-Büro an die MA 2 betr. Abweisung der Disziplinaruntersuchung, 9. 4. 1951, Personalakt von Dr. Hans Krenek, WStLA.

[663] Vgl. BSA-Mitgliederkartei, Archiv BSA Wien.

[664] Schreiben der MA 17 an die Magistratsdirektion betr. Heimdirektor Dr. Johann Krenek, außertourliche Stufenvorrückung, 12. 6. 1962, Personalakt von Dr. Hans Krenek, WStLA.

reits genehmigten Auszeichnung, da er noch vor dem Verleihungstermin verstarb.[665]

So wenig die Tätigkeit als NS-Kindereuthanasiearzt der Nachkriegskarriere von Dr. Heinrich Gross dauerhaft zu schaden vermochte, so wenig gereichte dem Psychologen Dr. Hans Krenek seine vormalige Tätigkeit als Leiter einer nationalsozialistischen „heilpädagogischen Selektionsanstalt" zum Nachteil. Beide verdankten der SPÖ und dem BSA ihre berufliche und gesellschaftliche Reintegration nach 1945. Auch im Fall Krenek hatten sich weder die SPÖ noch der BSA die Mühe gemacht, die politisch-weltanschauliche Einstellung des Betreffenden im Hinblick auf mögliches NS-Gedankengut abzuklären. Ein Blick in das von Krenek 1946 veröffentlichte Hilfsbuch der Erziehung[666] hätte in diesem Zusammenhang Aufschluss geben können. Darin empfiehlt er den Eltern „nervöser" Kinder nicht nur Erziehungsmethoden, die fatal an die Normen der NS-Erziehung erinnern. An einer Stelle spricht auch wieder die Mentalität des ehemaligen Leiters des NS-Erziehungsheimes aus ihm: „Arbeitsunlust, Eigentumsdelikte und sexuelle Verwirrungen sind es, die unsere Jugend in erster Linie bedrohen."[667]

Während also die für das verbrecherische Geschehen am Spiegelgrund Verantwortlichen mit Hilfe der SPÖ und des BSA ihre Karriere fortsetzen konnten, Posten, Wohnungen und Orden erhielten, wurden die überlebenden Kinder und Jugendlichen des Spiegelgrund als „Asoziale" stigmatisiert und erst in den späten 90er Jahren als Opfer des Nationalsozialismus anerkannt.

[665] Vorgenehmigung auf Verleihung des Goldenen Ehrenzeichens an Dr. Johann Krenek, 28. 7. 1966, AdR/ÖStA, Präsidentschaftskanzlei 61970/1966; Vgl. Peter Malina, Verfolgte Kindheit. Die Kinder vom „Spiegelgrund" und ihre „Erzieher". In: Kaufmann, Totenwagen, a. a. O., S. 113 f.

[666] Hans Krenek, Unser Kind. Ein Hilfsbuch der Erziehung, Wien 1946.

[667] Ebd., S. 162.

13. Schlussbemerkung

Das Verhältnis von SPÖ und BSA zu den ehemaligen Nationalsozialisten spiegelt die allgemeine Nachkriegsgeschichte Österreichs wider. Ausschlaggebend für die Reintegration von NS-Akademikern seitens der SPÖ und des BSA war deren gravierender Mangel an Fach- und Führungskräften, der sich hauptsächlich mit der Vertreibung und Ermordung der sozialdemokratisch-jüdischen Intelligenz in der NS-Zeit erklären lässt.

Diese Integrationspolitik fand in den späten vierziger und in den fünfziger Jahren ihren Höhepunkt: Infolge des damaligen Proporzsystems standen SPÖ und BSA vor der Notwendigkeit, entsprechend ihrem politischen Gewicht führende Positionen in der öffentlichen Verwaltung und in der staatsnahen Wirtschaft mit zuverlässigen Fachleuten besetzen zu müssen. Deren politische Hauptkonkurrenten ÖVP und CV, die über eine beinahe intakte Elitenrekrutierung verfügten, befanden sich bei der Besetzung der öffentlichen Ämter und Funktionen klar im Vorteil. Vor dem Hintergrund der sukzessiven Zurücknahme und Abschwächung der Entnazifizierungsmaßnahmen und dem gleichzeitigen Buhlen von ÖVP und SPÖ um die Wählerstimmen der „Ehemaligen" versuchten beide Großparteien, ehemalige NS-AkademikerInnen in ihre Reihen zu integrieren.

Dieser Integrationsprozess verlief im BSA regional äußerst unterschiedlich, wobei die BSA-Organisationen in den westlichen und südlichen Bundesländern einen weitaus höheren NS-Anteil aufwiesen als in Wien, Niederösterreich oder im Burgenland. Widerstände und Bedenken gegen die Hereinnahme ehemaliger Nationalsozialisten kamen vorwiegend aus Wiener BSA-Fachverbänden – wie den Ärzten, Juristen und Ingenieuren –, in denen der Anteil von ehemaligen

WiderstandskämpferInnen, RemigrantInnen und AntifaschistInnen am stärksten war.

Die Integration der ehemaligen Nationalsozialisten mag der SPÖ bis in die siebziger Jahre nicht nur bei Wahlen, sondern auch bei der Gewinnung neuer Einflusssphären in Staat und Wirtschaft politische Erfolge bereitet haben. Langfristig nahmen SPÖ und BSA – insbesondere durch die Hereinnahme belasteter Nationalsozialisten – aber schweren politisch-moralischen Schaden in Kauf. Die nachhaltigste Imagekrise in diesem Zusammenhang erlitt der BSA in der Öffentlichkeit und den Medien durch den „Fall Gross".

Vor allem machtpolitischen „Sachzwängen" gegenüber wurden politisch-moralische Bedenken zurückgestellt. Während ehemalige Nationalsozialisten – selbst schwer und schwerst belastete – vom BSA systematisch gefördert wurden, stießen Rückkehrer aus dem Exil, aber auch Antifaschisten, die den sozialistischen Grundsätzen folgten, auf wenig Verständnis und wurden marginalisiert.

Denn durch die Orientierung des BSA auf die Gewinnung ehemals nationalsozialistischer und somit tendenziell antisemitischer Potentiale fand eine atmosphärische Kräfteverschiebung statt, die zwar nicht ursächlich für die Nicht-Rückholung der Emigranten aus dem Exil verantwortlich war, aber diese Position deutlich in Konkordanz mit der ohnehin emigrantenfeindlichen Mentalität der Mehrheit der „hiergebliebenen" Spitzenfunktionäre der SPÖ verfestigte. In diese Kerbe schlägt auch die Äußerung des ansonsten als „links" geltenden Karl Mark: „Als der Kreisky von Schweden zurückgekommen ist, hat er einmal gesagt im Klub: ‚Ihr behandelt die Nazis viel zu gut, mit Samtpfoten.' Wenn jemand aus dem Ausland zurückkommt, dann soll er ruhig sein, er weiß nicht, was hier gewesen ist. Er kann es nicht wissen, aber wir haben es ja beobachten können. Wir haben es ja gesehen, wie Nazi nicht gleich Nazi ist, wie man das nicht in einen Topf werfen darf."[668]

Am Beispiel des aus dem amerikanischen Exil zurückgekehrten Joseph Simon wird sichtbar, welchen schweren Stand die RemigrantInnen im Nachkriegsösterreich hatten. Der bei der US-Besatzungsmacht zum Nutzen Österreichs tätige Jurist avancierte 1955 zum ersten Personaldirektor der ÖMV. Als solcher wurde er wegen seines Kampfes auf Seiten des „Enemy" USA sowohl aus den Reihen seiner eigenen sozialistischen Parteigenossen – darunter nicht wenige „Ehemalige" – angefeindet, als auch von kommunistischer Seite antisemitisch attackiert. Der Sozialdemokrat Simon wurde vom allmächtigen BSA-Chef und Verstaatlichten-Minister Waldbrunner fallengelassen und musste sich eine neue Existenz in der Privatwirtschaft aufbauen.[669] Die Behandlung der EmigrantInnen durch die SPÖ und den BSA stellt im Grunde ein separates Forschungsthema dar, das hier nur kurz angeschnitten werden kann. Die oben dargelegte Haltung den RemigrantInnen gegenüber macht allerdings einmal mehr klar, warum auch von Seiten der NS-Opfer die Aufnahme von „Ehemaligen" in den BSA offiziell weder diskutiert noch in Frage gestellt wurde. Die Hereinnahme des „NS-Elements" in den BSA zog aber auch – wie Kurt Steyrer es nannte – eine „Entideologisierung" bzw. „Entpolitisierung" des BSA nach sich. Vor allem einer zu starken „Links"-Positionierung des BSA oder einer seiner Fachverbände wurde von der damaligen SPÖ- und BSA-Führung unter Schärf und Waldbrunner entgegengewirkt, da nach deren Auffassung eine solche ideologische Exponierung die Integration der ehemaligen Nationalsozialisten gefährdet hätte.

---

[668] Lang-Kremsmayer, Aspekte zur Funktion der Intellektuellen in der SPÖ, a. a. O., S. 186.

[669] Simon, Augenzeuge, a. a. O., S. 384–400.

In diesem Zusammenhang müssen deshalb auch die rigorosen Disziplinarmaßnahmen gesehen werden, die 1955 gegen jene antifaschistischen BSA-ÄrztefunktionärInnen gesetzt wurden, die sich kritisch zur Pro-Bundesheer-Haltung der SPÖ äußerten, was in einer Demokratie eigentlich erlaubt hätte sein müssen:[670] Dr. Franz Poddany und Dr. Lydia Sverak wurden in einem Schiedsgerichtsverfahren aus der SPÖ und dem BSA ausgeschlossen, Dr. Marcell Schnardt und Dr. Josef Schneeweiß, beide ehemalige NS-Verfolgte, erhielten zeitliche Funktionsverbote, Kurt Steyrer und andere kamen mit einem Verweis davon. Dieses exemplarisch harte Vorgehen gegen AntifaschistInnen sowie die Tendenz, Kritiker in den eigenen Reihen als „Scharf-Leute" bzw. Kommunisten zu diffamieren und sich in Bezug auf Kritik abzukapseln[671], war nicht nur Ausdruck von autoritären Entscheidungsstrukturen innerhalb der SPÖ und des BSA, sondern war auch geeignet, die innerparteiliche Demokratie auf Jahre hinaus zu lähmen. Der straffe Führungsstil führte aber auch dazu, dass sich der BSA als Organisation nicht profilieren konnte, „weder als pressure group, noch als Richtungsflügel, noch Parteidenkergruppe, er blieb als Reservoir im Hintergrund".[672] Das Fehlen einer geistigen Identität kritisierte bereits Günther Nenning 1963: Wenn man sich schon den Scherz leiste, „den BSA als ‚roten CV' zu bezeichnen", so sollte man das auf beiderlei Weise tun: „nicht bloß realistisch, indem man behauptet, dass der BSA, wie der CV, ein Verein zwecks

[670] Aufschlussreich ist in diesem Zusammenhang auch die Meinung des Bundesvorstandsmitglieds Dr. Christian Broda, wonach die „Aktion des Dr. Poddany Aspekte in sich" habe, „die die innerparteiliche Demokratie und die Meinungsfreiheit kompromittieren". Broda glaubt, dass „es die kommunistische Parole war." Vgl. die Protokolle der Bundesausschusssitzungen vom 24. 9. und vom 26. 11. 1955, BSA Archiv Wien.

[671] Siehe: Protokollauszug der Bundesvorstandssitzung vom 24. 10. 1949, BSA Archiv Wien.

[672] Lang-Kremsmayer, Aspekte zur Funktion der Intellektuellen in der SPÖ, a. a. O., S. 194.

gegenseitiger Zuschanzung von immer besseren Posten sei; sondern auch ideell, indem man behauptet, dass der BSA, wie der CV, ein Verein zwecks Erfüllung geistiger Aufgaben sein soll."[673] Das im BSA vorherrschende Klima wiederum begünstigte die Integration der in ihrer Mehrheit anpassungswilligen „Ehemaligen", die ihre eigenen Erfahrungen mit autoritären Strukturen in den BSA mitbrachten. Während einerseits die ideologischen Inhalte des BSA verwässert wurden, fand andererseits auch keine effiziente Überprüfung der tatsächlichen weltanschaulich-politischen Einstellung der beitrittswilligen ehemaligen Nationalsozialisten statt. So wurde auch im Gegensatz zu den Beschlüssen des BSA-Bundesausschusses vom Mai 1949 bei der alltäglichen Praxis der Mitgliederaufnahme kaum zwischen weniger belasteten und schwer belasteten Nationalsozialisten differenziert. In Bezug auf die Frage, ob es bei den in den BSA aufgenommenen ehemaligen Nationalsozialisten zu einer dauerhaften Sozialisierung bzw. Politisierung im Umfeld der SPÖ gekommen sei, wurde im Nachhinein von Zeitzeugen einerseits von einer „Neutralisierung"[674], andererseits von einer „grandiosen Erziehungsarbeit"[675] gesprochen. Aufgrund der in unserer Studie genauer analysierten Fälle können wir weder die eine noch die andere Einschätzung teilen. Denn beide Sichtweisen ignorieren die Tatsache, dass sich das politische Interesse des Großteils der ehemaligen Nationalsozialisten darauf beschränkte, so rasch wie möglich entnazifiziert und beruflich, gesellschaftlich sowie ökonomisch reintegriert zu werden.

[673] Günther Nenning, Erfüllt der BSA seine Aufgabe? In: Zukunft, Heft 8, 1963, S. 25 (zit. nach Hoffmann, Zur Integration bürgerlicher Intellektueller im Salzburger BSA nach 1945, a. a. O., S. 265).

[674] Vgl. Interview mit Alfred Magaziner, zit. nach Lang-Kremsmayer, Aspekte zur Funktion der Intellektuellen in der SPÖ, a. a. O., S. 194 f.

[675] Vgl. Interview mit Dr. Rupert Zimmermann, zit. nach Lang-Kremsmayer, Aspekte zur Funktion der Intellektuellen in der SPÖ, a. a. O., S. 195.

Die meisten „Ehemaligen“ strebten weder eine BSA- oder politische Karriere an, noch fielen sie durch politisches Engagement auf. In der Mehrzahl der von uns untersuchten Fälle stießen wir auf den Typus des Opportunisten, der mit Hilfe des BSA seinen beruflichen Wiedereinstieg oder den Aufbau einer neuen Karriere zu erreichen suchte. Unsere Kritik bezieht sich ja vor allem darauf, dass bei der Integration ehemaliger Nationalsozialisten keine political reeducation, keine „grandiose Erziehungsarbeit“ im Sinne der Vermittlung von humanistisch-demokratischen Werten stattfand. Gerade die offene Auseinandersetzung mit dem Nationalsozialismus und seinen Verbrechen hätte bei den Betreffenden möglicherweise ein Umdenken oder einen Gesinnungswandel bewirken können, statt dessen wurde die NS-Vergangenheit verdrängt und tabuisiert. So lag es in der Natur der Sache, dass die opportunistischen „Trittbrettfahrer“ nach dem Erreichen ihrer Ziele oftmals den BSA wieder verließen. Noch absurder wird das Argument von der „grandiosen Erziehungsarbeit“, wenn man sich jene ehemaligen Nationalsozialisten vor Augen führt, die sich noch während ihrer BSA-Mitgliedschaft rechtsextremem, neonazistischem und antisemitischem Gedankengut annäherten oder in dieses Milieu überwechselten. Eine erfolgreiche sozialdemokratische Sozialisierung bzw. Politisierung mag es hingegen möglicherweise bei der zweiten Generation gegeben haben, die bereits die Chance hatte, in das demokratische Selbstverständnis und die Tradition der SPÖ hineinzuwachsen. Von einigen Einzelfällen abgesehen, liegen dazu aber keine genaueren Untersuchungen vor.[676]

[676] Vgl. Hoffmann, Zur Integration bürgerlicher Intellektueller im Salzburger BSA nach 1945, a. a. O., S. 265.

Dieser Blick des BSA zurück ist schmerzvoll und unangenehm, er war aber schon seit langem eine unabdingbare politische, moralische und wissenschaftliche Notwendigkeit. Spät, aber doch hat sich der BSA seiner Geschichte gestellt.

14. Bibliographie

Manfred Ackermann, Erziehung zum Menschenbewusstsein, Wien–Zürich 1988.

Arbeitsgemeinschaft Kritische Medizin, Gross als Forscher und die Ideologie der NS-Hirnforschung. In: Eingriffe. Informationen der Arbeitsgemeinschaft Kritische Medizin 1/2, 1980, S. 22–25.

Peter Autengruber, Univ.-Prof. Dr. Josef Dobretsberger – vom Bundesminister für soziale Verwaltung zum Obmann der Demokratischen Union. In: DÖW-Jahrbuch 1996, S. 172–203.

Brigitte Bailer, Wiedergutmachung kein Thema. Österreich und die Opfer des Nationalsozialismus, Wien 1993.

Brigitte Bailer, L'esprit antifasciste de l'apres-guerre. In: Austriaca. Cahiers universitaires d'information sur l'Autriche, Nr. 51, 2000, Université de Rouen 2001, S. 35–46.

Brigitte Bailer-Galanda, Die Entstehung der Rückstellungs- und Entschädigungsgesetzgebung. Die Republik Österreich und das in der NS-Zeit entzogene Vermögen, Wien–München 2003 (Veröffentlichungen der österreichischen Historikerkommission. Vermögensentzug während der NS-Zeit sowie Rückstellungen und Entschädigungen seit 1945 in Österreich, hg. von Clemens Jabloner u. a., Bd. 3).

Brigitte Bailer-Galanda, Hoch klingt das Lied vom „kleinen Nazi“. Die politischen Parteien Österreichs und die ehemaligen Nationalsozialisten. In: DÖW (Hg.), Themen der Zeitgeschichte und der Gegenwart. Arbeiterbewegung – NS-Herrschaft – Rechtsextremismus. Ein Resümee aus Anlass des 60. Geburtstages von Wolfgang Neugebauer, Wien 2004, S. 120–135.

Richard Bamberger (Hg.), Österreich-Lexikon in zwei Bänden, Wien 1995.

Siegfried Beer, Monitoring Helmer. Zur Tätigkeit des amerikanischen Armeegeheimdienstes CIC (Army Counter Intelligence Corps) in Österreich 1945–1950. Eine exemplarische Dokumentation. Sonderdruck aus Geschichte zwischen Freiheit und Ordnung. Gerald Stourzh zum 60. Geburtstag, Graz 1989, S. 229–259.

Heinrich Berger/Gerhard Botz/Edith Saurer (Hg.), Otto Leichter, Briefe ohne Antwort. Aufzeichnungen aus dem Pariser Exil für Käthe Leichter 1938–1939, Wien–Köln–Weimar 2003.

Günter Bischof/Josef Leidenfrost (Hg.), Die bevormundete Nation. Österreich und die Alliierten 1945–1949, Innsbruck 1988.

Günter Josef Bischof, Between Responsibility and Rehabilitation: Austria in International Politics 1940–1950, Harvard University 1989.

Johann Blöchl, Meine Lebenserinnerungen, Linz 1975.

Heinz Boberach (Hg.), Meldungen aus dem Reich 1938–1945. Die geheimen Lageberichte des Sicherheitsdienstes der SS, 17 Bände, Herrsching 1984.

Peter Böhmer, Wer konnte, griff zu: „Arisierte" Güter und NS-Vermögen im Krauland-Ministerium (1945–1949). Mit einem Beitrag von Gerhard Jagschitz, Wien 1999.

Peter Böhmer, Die Bundesministerien für Vermögenssicherung und Wirtschaftsplanung und für Finanzen. In: Historikerkommission (Hg.), Die österreichische Finanzverwaltung und die Restitution entzogener Vermögen 1945 bis 1960. Mit Beiträgen von Peter Böhmer und Ronald Faber, Wien 2003, S. 13–150.

Vinzenz Böröcz, Kampf um Boden und Freiheit. Wo den Esterhazys das Land gehörte, Wien 1995.

Gerhard Botz/Gerald Sprengnagel (Hg.), Kontroversen um Österreichs Zeitgeschichte: Verdrängte Vergangenheit, Österreich-Identität, Waldheim und die Historiker, Frankfurt/Main 1994.

Oscar Bronner, Die Richter sind unter uns. In: Forum, XII. Jg., 1. Sonderheft, Herbst 1965, S. 1–8.

Oscar Bronner, Die Richter bleiben unter uns. In: Forum, XII. Jg., Nr. 143, Nov. 1965, S. 491–494.

Hans Buchheim u. a. (Hg.), Anatomie des SS-Staates, München 1994.

Hellmut Butterweck, Verurteilt und begnadigt. Österreich und seine NS-Straftäter, Wien 2003.

Joseph Buttinger, Am Beispiel Österreichs. Ein geschichtlicher Beitrag zur Krise der sozialistischen Bewegung, Frankfurt/Main 1972.

Doris Byer, Rassenhygiene und Wohlfahrtspflege: zur Entstehung eines sozialdemokratischen Machtdispositivs in Österreich bis 1934, Frankfurt/Main–New York 1988.

Herwig Czech, Forschen ohne Skrupel. Die wissenschaftliche Verwertung von Opfern der NS-Psychiatriemorde in Wien. In: Eberhard Gabriel/Wolfgang Neugebauer (Hg.), Von der Zwangssterilisierung zur Ermordung. Zur Geschichte der NS-Euthanasie in Wien, Teil II, Wien 2002, S. 143–163.

Herwig Czech, Selektion und Kontrolle. Der „Spiegelgrund" als zentrale Institution der Wiener Jugendfürsorge zwischen 1940 und 1945. In: Eberhard Gabriel/Wolfgang Neugebauer (Hg.), Von der Zwangssterilisierung zur Ermordung. Zur Geschichte der NS-Euthanasie in Wien, Teil II, Wien 2002, S. 165–187.

Herwig Czech, Erfassung, Selektion und „Ausmerze". Das Wiener Gesundheitsamt und die Umsetzung der nationalsozialistischen „Erbgesundheitspolitik" 1938 bis 1945, Wien 2003.

Herbert Dachs u. a. (Hg.), Handbuch des politischen Systems Österreichs. Die Zweite Republik, 3. Aufl., Wien 1997.

Matthias Dahl, Endstation Spiegelgrund. Die Tötung behinderter Kinder während des Nationalsozialismus am Beispiel einer Kinderfachabteilung in Wien, Wien 1998.

Dokumentationsarchiv des österreichischen Widerstandes (Hg.), Handbuch des österreichischen Rechtsextremismus, Wien 1993.

Klaus Eisterer, Österreich unter alliierter Besatzung 1945–1955. In: Rolf Steininger/Michael Gehler (Hg.), Österreich im 20. Jahrhundert. Ein Studienbuch in zwei Bänden, Bd. 2, Wien–Köln–Weimar 1997, S. 147–214.

Helga Embacher, Eine Heimkehr gibt es nicht? Remigration nach Österreich. In: Exilforschung. Ein internationales Jahrbuch, Bd. 19, 2001. Jüdische Emigration zwischen Assimilation und Verfolgung, Akkulturation und jüdischer Identität, München 2001, S. 187–209.

Gertrude Enderle-Burcel, Die österreichischen Parteien 1945 bis 1955. In: Reinhard Sieder u. a. (Hg.), Österreich 1945–1995. Gesellschaft, Politik, Kultur, Wien 1995, S. 80–93 (= Österreichische Texte zur Gesellschaftskritik, Bd. 60).

Herbert Exenberger, Probleme der Anfangsjahre 1945–1949. In: Der Sozialdemokratische Kämpfer, Nr. 10–12, 1998, S. 15–18.

Festschrift für Heinrich Kunnert (= Burgenländische Forschungen, hg. vom Burgenländischen Landesarchiv, Sonderheft II, Eisenstadt 1969).

Walter Feymann, Burgenland. Geschichte, Kultur und Wirtschaft in Biographien. Theodor Kery, Eisenstadt 1993.

Walter Feymann, Das Deutschnationale im politischen Denken Ludwig Lesers. In: Wolfgang Gürtler/Gerhard Winkler (Hg.), Forscher – Gestalter – Vermittler: Festschrift Gerald Schlag, Eisenstadt 2001, S. 87–106.

Christian Fleck/Heinrich Berger, Gefesselt vom Sozialismus. Der Austromarxist Otto Leichter (1897–1973), Frankfurt/Main 2000 (= Studien zur Historischen Sozialwissenschaft, Bd. 27).

Viktor E. Frankl, Trotzdem Ja zum Leben sagen: ein Psychologe erlebt das Konzentrationslager, München 1977.

Wolfgang Fritz, Der Kopf des Asiaten Breitner. Politik und Ökonomie im Roten Wien. Hugo Breitner, Leben und Werk, Wien 2000.

Eberhard Gabriel/Wolfgang Neugebauer (Hg.), Von der Zwangssterilisierung zur Ermordung. Zur Geschichte der NS-Euthanasie in Wien Teil II, Wien–Köln–Weimar 2002.

Winfried R. Garscha, Entnazifizierung und gerichtliche Ahndung von NS-Verbrechen. In: Emmerich Tálos u. a. (Hg.), NS-Herrschaft in Österreich. Ein Handbuch, Wien 2002, S. 852–883.

Winfried R. Garscha, Die Verfahren vor dem Volksgericht Wien 1945–1955 als Geschichtsquelle. Forschungsprojekt des Dokumentationsarchivs des österreichischen Widerstandes, Wien 1993.

Johann Gross, Spiegelgrund. Leben in NS-Erziehungsanstalten, Wien 2000.

Hermann Gruber, Die Jahre in der Politik. Erinnerungen, Klagenfurt 1982.

Das Grenzland ruft, 5/1994.

Heimo Halbrainer/Martin F. Polaschek (Hg.), Kriegsverbrecherprozesse in Österreich: eine Bestandsaufnahme, Graz 2003.

Ernst Hanisch, Braune Flecken im Goldenen Westen. Die Entnazifizierung in Salzburg. In: Meissl u. a. (Hg.), Verdrängte Schuld, verfehlte Sühne, a. a. O., S. 321–336.

Ernst Hanisch, Periodisierungsversuche des 20. Jahrhunderts. In: Herbert Dachs u. a. (Hg.), Handbuch des politischen Systems Österreichs. Die Zweite Republik, 3. Aufl., Wien 1997, S. 11–24.

Hans Hautmann/Rudolf Kropf, Die österreichische Arbeiterbewegung vom Vormärz bis 1945. Sozialökonomische Ursprünge ihrer Ideologie und Politik, 3. Aufl., Wien–München–Zürich 1978.

Ludwig Heller/Edwin Loebenstein/Leopold Werner (Hg.), Kommentar zum NS-Gesetz 1947, 2 Bände, Wien 1948.

Lothar Höbelt, Von der vierten Partei zur dritten Kraft. Die Geschichte des VdU, Graz 1999.

Wilhelm Höttl, Einsatz für das Reich, Koblenz 1997.

Robert Hoffmann, „Bund sozialistischer Anfänger". Zur Integration bürgerlicher Intellektueller im Salzburger BSA nach 1945. In: Hanns Haas u. a. (Hg.), Salzburg. Städtische Lebenswelt(en) seit 1945, Wien–Köln–Weimar 2000, S. 247–267.

Robert Holzbauer, Ernst Karl Winter. In: Friedrich Stadler (Hg), Vertriebene Vernunft II. Emigration und Exil österreichischer Wissenschaft 1930–1940, Teilband 1, Münster 2004, S. 458–462.

Michael Hubenstorf, Medizinische Fakultät 1938–1945. In: Gernot Heiß u. a. (Hg.), Willfährige Wissenschaft. Die Universität Wien 1938–1945, Wien 1989, S. 233–282.

Michael Hubenstorf, „Der Wahrheit ins Auge sehen". Die Wiener Medizin und der Nationalsozialismus – 50 Jahre danach, Teil 1. In: Wiener Arzt, Nr. 5, 1995, S. 14–27.

Michael Hubenstorf, „Medizin ohne Menschlichkeit". Die Wiener Medizin und der Nationalsozialismus – 50 Jahre danach, Teil 2. In: Wiener Arzt, Nr. 6, 1995, S. 16–30.

Michael Hubenstorf, Tote und/oder lebendige Wissenschaft: Die intellektuellen Netzwerke der NS-Patientenmordaktion in Österreich. In: Eberhard Gabriel/Wolfgang Neugebauer (Hg.), Von der Zwangssterilisierung zur Ermordung. Zur Geschichte der NS-Euthanasie in Wien Teil II, Wien–Köln–Weimar 2002, S. 237–420.

Clemens Jabloner/Brigitte Bailer-Galanda/Eva Blimlinger u. a., Schlussbericht der Historikerkommission der Republik Österreich. Vermögensentzug während der NS-Zeit sowie Rückstellungen und Entschädigungen seit 1945 in Österreich, Wien–München 2003 (= Veröffentlichungen der österreichischen Historikerkommission. Vermögensentzug während der NS-Zeit sowie Rückstellungen und Entschädigungen seit 1945 in Österreich, hg. von Clemens Jabloner u. a., Bd. 1).

Gerhard Jagschitz, Von der „Bewegung" zum Apparat. Zur Phänomenologie der NSDAP 1938 bis 1945. In: Emmerich Tálos u. a. (Hg.), NS-Herrschaft in Österreich. Ein Handbuch, Wien 2002, S. 88–122.

Ferdinand Kaiser, Meine Erinnerungen, Innsbruck o. J.

Alois Kaufmann, „Wenn der Wind... Pavillon 18. Erlebnisse eines ehemaligen Zöglings des berüchtigten Spiegelgrunds", Wien 1986.

Alois Kaufmann, Spiegelgrund Pavillon 18. Ein Kind im NS-Erziehungsheim, Wien 1993.

Alois Kaufmann, Totenwagen. Kindheit am Spiegelgrund, Historische Nachbetrachtung: Peter Malina, Wien 1999.

Alois Kaufmann, Zeitzeugenbericht. In: Eberhard Gabriel/Wolfgang Neugebauer (Hg.), NS-Euthanasie in Wien, Wien 2000, S. 19–21.

Elisabeth Klamper, Ein einig Volk von Brüdern. Vergessen und Erinnern im Zeichen des „Burgfriedens". In: Zeitgeschichte, Heft 5/6, Innsbruck–Wien 1997, S. 170–185.

Ernst Klee, Das Personenlexikon zum Dritten Reich. Wer war was vor und nach 1945, Frankfurt/Main 2003.

Robert Knight, „Ich bin dafür die Sache in die Länge zu ziehen.“ Die Wortprotokolle der österreichischen Bundesregierung von 1945–1952 über die Entschädigung der Juden, Frankfurt/Main 1988.

Robert Knight, Kalter Krieg, Entnazifizierung und Österreich. In: Sebastian Meissl, Verdrängte Schuld, a. a. O., S. 37–51.

Eugen Kogon, Der SS-Staat. Das System der deutschen Konzentrationslager, Hamburg 1974.

Helmut Krausnick/Hans H. Wilhelm, Die Truppe des Weltanschauungskrieges. Die Einsatzgruppen der Sicherheitspolizei und des SD 1938–1942, Stuttgart 1981.

Bruno Kreisky, Im Strom der Politik. Der Memoiren zweiter Teil, Wien 1988.

Hans Krenek, Beitrag zur Methode der Erfassung von psychisch auffälligen Kindern und Jugendlichen. In: Archiv für Kinderheilkunde, 126, 1942, S. 72–138.

Hans Krenek, Unser Kind. Ein Hilfsbuch der Erziehung, Wien 1946.

Claudia Kuretsidis-Haider/Winfried R. Garscha (Hg.), „Keine Abrechnung“. NS-Verbrechen, Justiz und Gesellschaft in Europa nach 1945, Leipzig–Wien 1998.

Claudia Kuretsidis-Haider, „Persönliche Schuld ist faktisch keine vorhanden“. Innenminister Oskar Helmer und die Begnadigung von verurteilten NS-Tätern. In: Justiz und Erinnerung, Heft 8, Wien 2003, S. 1–6.

Ulrike Lang-Kremsmayer, Aspekte zur Funktion der Intellektuellen in der SPÖ – am Beispiel des BSA unter besonderer Berücksichtigung der Wiederaufbauphase in Österreich, Diss., Wien 1987.

Franz Kreuzer, Was wir ersehnen von der Zukunft Fernen. Der Ursprung der österreichischen Arbeiterbewegung. Das Zeitalter Victor Adlers, Wien 1988.

Oliver Lehmann/Traudl Schmidt, In den Fängen des Dr. Gross. Das misshandelte Leben des Friedrich Zawrel, Wien 2001.

Josef Leidenfrost, Die Nationalratswahlen 1945 und 1949: Innenpolitik zwischen den Besatzungsmächten. In: Günter Bischof/Josef Leidenfrost (Hg.), Die bevormundete Nation. Österreich und die Alliierten 1945–1949, Innsbruck 1988, S. 127–153.

Norbert Leser, Die Entwicklung des Demokratieverständnisses in Österreich. In: Heinz Fischer (Hg.), Das politische System Österreichs, 3. Aufl., Wien–München–Zürich 1982, S. 13–30.

Ella Lingens, Eine Frau im Konzentrationslager, Wien–Frankfurt–Zürich 1966.

Ella Lingens, Gefangene der Angst: ein Leben im Zeichen des Widerstandes, Wien 2003.

Daniel Löcker, Zum politischen Diskurs über NS-Täter und Mitläufer 1945–1949, Dipl.-Arb., Wien 1993.

Kurt Richard Luther, Die Freiheitlichen (F). In: Herbert Dachs u. a. (Hg.), Handbuch des politischen Systems Österreichs. Die Zweite Republik, 3. Aufl., Wien 1997, S. 286–303.

Helene Maimann (Hg.), Die ersten 100 Jahre. Österreichische Sozialdemokratie 1988–1988. Katalog zur Ausstellung, Wien 1988.

Peter Malina, Verfolgte Kindheit. Die Kinder vom „Spiegelgrund" und ihre „Erzieher". In: Kaufmann, Totenwagen, a. a. O., S. 94–115.

Peter Malina, Im Fangnetz der NS-„Erziehung". Kinder- und Jugend-„Fürsorge" auf dem „Spiegelgrund" 1940–1945. In: Gabriel/Neugebauer (Hg.), Von der Zwangssterilisierung zur Ermordung, a. a. O., S. 77–98.

Heinz Mang, Steiermarks Sozialdemokraten im Sturm der Zeit, Graz 1988.

Thomas Mang, „Gestapo-Leitstelle Wien – Mein Name ist Huber". Wer trug die lokale Verantwortung für den Mord an den Juden Wiens? LitVerlag, Münster 2003.

Sebastian Meissl u. a. (Hg.), Verdrängte Schuld, verfehlte Sühne. Entnazifizierung in Österreich 1945–1955, Bad Vöslau 1986.

Hiroko Mizuno, „Vergangenheitsbewältigung“ in Österreich. Die österreichische Amnestiepolitik und die Reintegration der ehemaligen Nationalsozialisten 1945–1958, Diss. Phil., Graz 1999.

Manfred Mugrauer, Die Politik der Kommunistischen Partei Österreichs in der Provisorischen Regierung Renner, Dipl.-Arb., Wien 2004.

Das Nationalsozialistengesetz, das Verbotsgesetz 1947, die damit zusammenhängenden Spezialgesetze, hg. von Ludwig Viktor Heller u. a., Wien 1948.

Rudolf Neck, Innenpolitische Entwicklung. In: Erika Weinzierl/ Kurt Skalnik (Hg.), Österreich. Die Zweite Republik, Bd. 1, Graz–Wien–Köln 1972.

Wolfgang Neugebauer, Vom Vormärz zum Spätkapitalismus. Die geistige Entwicklung der österreichischen Sozialdemokratie, hg. vom Dr.-Karl-Renner-Institut, Wien o. J., (= Sozialistische Politik 6).

Wolfgang Neugebauer, Rassenhygiene in Wien 1938. In: Wiener klinische Wochenschrift, 110, Heft 4–5, 1998, S. 128–134.

Wolfgang Neugebauer, Zum Umgang mit der NS-Euthanasie in Wien nach 1945. In: Eberhard Gabriel/Wolfgang Neugebauer (Hg.), NS-Euthanasie in Wien, Wien–Köln–Weimar 2000, S. 107–125.

Wolfgang Neugebauer, Die Nachkriegskarriere des Euthanasiearztes Dr. Heinrich Gross, Wien 2002. In: Mitmachen, Mitgliederzeitschrift der Lebenshilfe Wien, Heft 8, S. 14–16.

Wolfgang Neugebauer/Herwig Czech, Die „wissenschaftliche“ Verwertung der Opfer der NS-Kindereuthanasie. Die Gehirnpräparatesammlung im Psychiatrischen Krankenhaus der Stadt Wien. In: Untersuchungen zur anatomischen Wissenschaft in Wien 1938–1945. Senatsprojekt der Universität Wien, Wien 1998, S. 477–505.

Wolfgang Neugebauer, Leben und Sterben am Spiegelgrund. In: Johann Gross, Spiegelgrund. Leben in NS-Erziehungsanstalten, Wien 2000, S. 140–155.

Wolfgang Neugebauer/Siegwald Ganglmair, Remigration. In: DÖW-Jahrbuch 2003, Wien 2003, S. 96–102.

Wolfgang Neugebauer/Siegwald Ganglmair, Exil et retour d'exil politique. In: Austriaca. Cahiers universitaires d'information sur l'Autriche, Nr. 56, Juin 2003, Universitè de Rouen 2004, S. 27–36.

Lutz Niethammer, Die Mitläuferfabrik. Die Entnazifizierung am Beispiel Bayerns, 2. Aufl., Berlin–Bonn 1982.

Thomas Nowotny, Das sozialdemokratische Exil in den USA. Die verlorene Welt. In: Austriaca. Cahiers universitaires d'information sur l'Autriche, Univ. de Rouen, Nr. 56, 2003, S. 75–88.

Wolfgang E. Oberleitner, Politisches Handbuch Österreichs, Wien 1981.

Peter Pelinka/Gerhard Steger (Hg.), Auf dem Weg zur Staatspartei. Zur Geschichte und Politik der SPÖ seit 1945, Wien 1988.

Anton Pelinka, Die Großparteien und der Rechtsextremismus. In: Dokumentationsarchiv des österreichischen Widerstandes (Hg.), Handbuch des österreichischen Rechtsextremismus, 2. Aufl., Wien 1993, S. 464–473.

Hugo Pepper, Ernst Karl Winter und die Sozialdemokratie – im Spiegel von AZ und Kampf. In: DÖW-Jahrbuch 1996, S. 150–171

Michael Pucher, Umerziehung im sowjetischen Kriegsgefangenenlager Talicy, Dipl.-Arb., Univ. Graz 1997.

Doron Rabinovici, Instanzen der Ohnmacht. Wien 1938–1945. Der Weg zum Judenrat, Frankfurt/Main 2000.

Eduard Rabofsky, Wider die Restauration im Recht. Ausgewählte Artikel und Aufsätze, hg. von Wolfgang Maßl u. a., Wien 1991.

Oliver Rathkolb, US-Entnazifizierung in Österreich zwischen kontrollierter Revolution und Elitenrestauration 1945–1949. In: Zeitgeschichte, 11. Jg., 1983/84, S. 302–325.

Oliver Rathkolb (Hg.), Politik und Gesellschaft am Beginn der Zweiten Republik. Vertrauliche Berichte der US-Militäradministration aus Österreich 1945 in englischer Originalfassung, Wien–Köln–Graz 1985.

Oliver Rathkolb, Die „Nazi-Frage". Antisemitismus und „braune Flecken" in der österreichischen Nachkriegsgesellschaft. In: Das Jüdische Echo, Oktober 2001, S. 137–147.

Oliver Rathkolb, Der Fall Kreisky. Grenzgänge zwischen Politik, Wissenschaft und Kunst. In: Austriaca. Cahiers universitaires d'information sur l'Autriche, Univ. de Rouen, Nr. 56, 2003, S. 117–130.

Manfried Rauchensteiner, Der Sonderfall. Die Besatzungszeit in Österreich 1945 bis 1955, Graz–Wien–Köln 1979.

Manfried Rauchensteiner, Die Zwei. Die Große Koalition in Österreich 1945–1966, Wien 1987.

Manfried Rauchensteiner, „Die Zwei": Die Große Koalition 1945–1966 mit einem Ausblick. In: Rolf Steininger/Michael Gehler (Hg.), Österreich im 20.Jahrhundert. Ein Studienbuch in zwei Bänden. Bd. 2: Vom Zweiten Weltkrieg bis zur Gegenwart, Wien–Köln–Weimar 1997, S. 259–304.

Ludwig Reichhold, Geschichte der ÖVP, Graz 1975.

Viktor Reimann, Die dritte Kraft in Österreich, Wien–München–Zürich–New York 1980.

Karl Sablik, Julius Tandler – Mediziner und Sozialreformer. Eine Biographie, Wien 1983.

Adolf Schärf, Österreichs Erneuerung 1945–1955. Das erste Jahrzehnt der Zweiten Republik, Wien 1960.

Adolf Schärf, Rede vor dem BSA. In: Der Sozialistische Akademiker, 11/1954.

Gerald Schlag, Burgenland. Geschichte, Kultur und Wirtschaft in Biographien. XX. Jahrhundert, Eisenstadt 1991.

Josef Schneeweiß, Keine Führer keine Götter. Erinnerungen eines Arztes und Spanienkämpfers, Wien 1986.

Roman Patrick Schnödl, Die Entnazifizierung im Burgenland. Die Auseinandersetzung der burgenländischen politischen Parteien mit den ehemaligen Nationalsozialisten und der Entnazifizierung unter besonderer Berücksichtigung der Äußerungen im Landtag und in den Pareizeitungen 1945–1949, Dipl.-Arb., Wien 2004.

Peter Schwarz, NS-Justiz, Todesstrafe und Hinrichtung am Landesgericht Wien unter besonderer Berücksichtigung der zum Tode verurteilten jüdischen Opfer. In: Untersuchungen zur Anatomischen Wissenschaft in Wien 1938–1945. Senatsprojekt der Universität Wien, Wien 1998, S. 93–145.

Peter Schwarz, Mord durch Hunger – „Wilde Euthanasie" und „Aktion Brandt" in Steinhof in der NS-Zeit. In: Eberhard Gabriel/ Wolfgang Neugebauer (Hg.), Von der Zwangssterilisierung zur Ermordung. Zur Geschichte der NS-Euthanasie in Wien Teil II, Wien–Köln–Weimar 2002, S. 113–142.

Peter Schwarz/Siegwald Ganglmair, Emigration und Exil 1938–1945. In: Emmerich Tálos u. a. (Hg.), NS-Herrschaft in Österreich. Ein Handbuch, Wien 2000, S. 817–849.

Reinhard Sieder u. a. (Hg.), Österreich 1945–1995. Gesellschaft, Politik, Kultur, Wien 1995 (= Österreichische Texte zur Gesellschaftskritik, Bd. 60).

Joseph T. Simon, Augenzeuge. Erinnerungen eines österreichischen Sozialisten, hg. von Wolfgang Neugebauer, Wien 1979.

Kurt Skalnik, Parteien. In: Erika Weinzierl/Kurt Skalnik (Hg.), Österreich. Die Zweite Republik, Bd. 2, Graz–Wien–Köln 1972, S. 197–230.

Franz Skotton, Der Aufbau einer Intellektuellenorganisation. In: Festschrift für Karl Waldbrunner zum 65. Geburtstag, Wien 1971, S. 85–109.

Gary Smith/Avishai Margalit (Hg.), Amnestie oder Die Politik der Erinnerung in der Demokratie, Frankfurt/Main 1997.

Der Sozialistische Akademiker, Heft 7/8, 1981 („35 Jahre BSA").

Karl Stadler, Adolf Schärf, Wien 1982.

Friedrich Stadler (Hg), Vertriebene Vernunft II. Emigration und Exil österreichischer Wissenschaft 1930–1940, 2 Teilbände, Münster 2004.

Wolfgang Stadler, „...Juristisch bin ich nicht zu fassen." Die Verfahren des Volksgerichts Wien gegen Richter und Staatsanwälte 1945–1955, Wien 2004.

Rolf Steininger/Michael Gehler (Hg.), Österreich im 20.Jahrhundert. Ein Studienbuch in zwei Bänden. Bd. 2: Vom Zweiten Weltkrieg bis zur Gegenwart, Wien–Köln–Weimar 1997.

Albert Sternfeld, Betrifft: Österreich. Von Österreich betroffen, Wien 1990.

Dieter Stiefel, Die Entnazifizierung in Österreich, Wien–München–Zürich 1981.

Dieter Stiefel, Nazifizierung plus Entnazifizierung = Null? Bemerkungen zur besonderen Problematik der Entnazifizierung in Österreich. In: Sebastian Meissl u. a. (Hg.), Verdrängte Schuld, verfehlte Sühne. Entnazifizierung in Österreich 1945–1955, Bad Vöslau 1986, S. 28–36.

Adolf Sturmthal, Zwei Leben. Erinnerungen eines sozialistischen Internationalisten zwischen Österreich und den USA, hg. von Georg Hauptfeld und Oliver Rathkolb unter Mitarb, von Christina Wesemann, Wien–Köln 1989.

Wilhelm Svoboda, Politiker, Antisemit, Populist. Oskar Helmer und die Zweite Republik. In: Das jüdische Echo, Oktober 1990.

Wilhelm Svoboda, Die Partei, die Republik und der Mann mit den vielen Gesichtern. Oskar Helmer und Österreich II. Eine Korrektur, Wien–Köln–Weimar 1993.

Emmerich Tálos u. a. (Hg.), NS-Herrschaft in Österreich. Ein Handbuch, Wien 2002.

Martin van Amerongen, Kreisky und seine unbewältigte Gegenwart, Graz–Wien–Köln 1977

Reinhold Wagnleitner (Hg.), Understanding Austria. The Political Reports and Analyses of Martin F. Herz, Political Officer of the US Legation in Vienna 1945–1948, Salzburg 1984.

Friedrich Weber, Die linken Sozialisten 1945–1948. Parteiopposition im beginnenden Kalten Krieg, Bd. 1, Diss. phil., Salzburg 1977.

Fritz Weber, Der Kalte Krieg in der SPÖ. Koalitionswächter, Pragmatiker und Revolutionäre Sozialisten 1945–1950, Wien 1986.

Hans-Peter Weingand, Diese Welt muss unser sein. Die sozialistischen Studierenden in Graz 1919–1991, Graz 1992.

Erika Weinzierl/Kurt Skalnik (Hg.), Österreich. Die Zweite Republik, Bd. 1, Graz–Wien–Köln 1972.

Marianne Wilhelm, SD-Hauptaußenstelle und Volkstumsstelle Eisenstadt. Institutionelle und personelle Verflechtungen, Diss. phil., Wien 2004.

Who's Who in Austria, edited by R. Bohmann and Dr. Stephen S. Taylor, 8th Edition, Vienna 1971/72.

Widerstand und Verfolgung im Burgenland 1934–1945. Eine Dokumentation, hg. vom DÖW, Wien 1983.

Simon Wiesenthal, Recht, nicht Rache. Erinnerungen, Frankfurt/Main–Berlin 1988.

Marion Wisinger, Über den Umgang der österreichischen Justiz mit nationalsozialistischen Gewaltverbrechern, Diss. phil., Wien 1991.

Michael Wunder/Ingrid Genkel/Harald Jenner, Auf dieser schiefe Ebene gibt es kein Halten mehr. Die Alsterdorfer Anstalten im Nationalsozialismus, hg. vom Vorstand der Alsterdorfer Anstalten, Pastor Rudi Mondry, Hamburg 1987.

Helge Zoitl, „Student kommt von Studieren!" Zur Geschichte der sozialdemokratischen Studentenbewegung in Wien, Wien–Zürich 1992 (Materialien zur Arbeiterbewegung, Nr. 62).

Zukunft, 1/1946.

Register

Wolfgang Neugebauer, geb. 1944, Dr. phil., Hon.-Prof. für Zeitgeschichte, wissenschaftlicher Leiter des Dokumentationsarchivs des österreichischen Widerstandes 1983–2004.

Forschungsschwerpunkte: Widerstand und Verfolgung in Österreich 1934–1945, NS-Justiz, NS-Euthanasie, Rechtsextremismus nach 1945, FPÖ, Geschichte der Sozialdemokratie.

Publikationen (Auswahl):

Handbuch des österreichischen Rechtsextremismus, Wien 1993, 656 S.; aktualisierte und erweiterte Neuauflage, Wien 1994 (Mitbearbeiter und Autor).

NS-Herrschaft in Österreich. Ein Handbuch, Wien 2000 (Mitherausgeber und Autor).

NS-Euthanasie in Wien, Wien 2000, 138 S. (Mitherausgeber, gemeinsam mit E. Gabriel, und Autor).

Von der Zwangssterilisierung zur Ermordung. Zur Geschichte der NS-Euthanasie in Wien, Teil II, Wien 2002 (Mitherausgeber, gemeinsam mit E. Gabriel, und Autor).

Austrofaschismus. Politik, Wirtschaft und Kultur 1933–1938, Wien 2005 (Mitherausgeber, gemeinsam mit E. Tálos, und Autor).

Peter Schwarz, geb. 1966, Mag. phil., wissenschaftlicher Mitarbeiter des Dokumentationsarchivs des österreichischen Widerstandes seit 1995.

Forschungsschwerpunkte: NS-Judenverfolgung, Emigration und Exil, NS-Euthanasie, NS-Justiz.

Publikationen (Auswahl):

Tulln ist judenrein! Die Geschichte der Tullner Juden und ihr Schicksal von 1938 bis 1945: Verfolgung – Vertreibung – Vernichtung, Wien 1997.

Österreichische politische Exilorganisationen/Neuordnungspläne im österreichischen Exil, beide in: Claus-Dieter Krohn u. a. (Hg.), Handbuch der deutschsprachigen Emigration, Darmstadt 1998.

Mord durch Hunger. „Wilde Euthanasie" und „Aktion Brandt" am Steinhof in der NS-Zeit, in: Eberhard Gabriel/ Wolfgang Neugebauer (Hg.), Von der Zwangssterilisierung zur Ermordung. Zur Geschichte der NS-Euthanasie in Wien, Teil II, Wien 2002.